U0040431

是設計，讓城市更快樂

HAPPY CITY

Transforming Our Lives Through Urban Design

Charles Montgomery

查爾斯・蒙哥馬利————著

鄭煥昇————譯

打造快樂城市由你我做起

中華經濟研究院研究員　李永展

你想知道每個人平均的步幅是多少公尺？你想知道紐約市民每人平均花在上班來回的時間有多久？倫敦市民呢？東京市民呢？你想知道全美國油錢花費最高的城市是哪個城市（不是大部分讀者以為的紐約）？全球第一個倡議土地使用分區管制的是哪個城市？全球第一個將公共自行車納入正式運輸體系的是哪個城市？全美國人均餐廳數前三名的又是哪三個城市？

另外，你想知道地板族、社交貧血、溫哥華主義、眾人撤守的空間、N街共同住宅、異方差、綠浪、巴黎海灘、自行車超級高速公路、廢渣地景、市／住民、龐氏騙局、麥克屋、城市修復、擴張修繕、孤獨的地理等，看似陌生卻很重要的觀念嗎？

而空間專業的理論概念，例如緊湊城市、離散城市、混合使用、都會填充、包容性分區管制、都市成長邊界；環境心理學的理論概念，例如注意力、歸屬感、心理地圖、地點效應、反社交空間、過載理論；綠色都市主義的理論概念，例如人均碳足跡、BedZED、吾納夫「分享空間」運動、享樂的永續性、溫哥華「村子」的「污水廢熱回收系統」等內容是什麼？

然後，你知不知道，走路、散步，效果就跟吃藥一樣，而且還是踏出幾步就開始作用的特效藥？你知不知道車輛的引擎，幾乎可確定是每人每公里溫室效應氣體排放量的第一名？你知不知道紐約市的街道面積超過紐約市土地的四分之一？

還有一些我們不知道的驚悚數據：二〇一一年，一個四口之家平均的交通支出超過繳稅與看病的總和；汽車造成的污染會轉化為額外數百億美元的醫療費用；車禍的生命財產損失累計高達一年一千八百億美元；全美花在用車把小孩載到學校的預算，一學年高達一百八十九億美元（約六千一百九十六億台幣），相當於每位學生七百五十美元（約兩萬四千五百元台幣）；兩、三層樓的低矮混用建物，每公畝的稅收是大賣場開發案的十倍；以每百萬美元的營收而言，舊金山在地企業創造出幾乎是全國連鎖店兩倍的工作機會；到二〇三〇年，亞特蘭大都會區每五位居民就有一位會超過六十歲；全美平均每台車輛能分到八個停車位；要比二氧化碳的排放量，歐洲跟北美加起來還比不過一個中國。

此外，空間專業領域經常探討的案例在書中也有不少著墨，例如韓國首爾清溪川，透過李明博市長及眾人的努力，形成一條有草原、蘆葦、別有洞天的私房景點；紐約市高線公園原本是退役的高架鐵軌，近年來被打造成曼哈頓西城的線形公園；林肯表演藝術中心在校園內的新餐廳，創造出一個綠色的坡面；三十三幢「普魯伊特—伊戈」公寓最後被炸掉；哥本哈根的北橋公園是測試「天下為公，世界大同」的激進實驗。

還有更多批判性及反思性的數據，可提供台灣城市相當好的借鏡，例如：

「倫敦中心區的綠地平均每個人可以分到二十七平方公尺，幾乎比溫哥華還多三分之一」——台灣的人均公園綠地面積不到五平方公尺，不只缺大型公園，也缺小型綠地。

「美國城市很多既公又私、不公不私的開放空間（也就是容積獎勵廣場），可以說對人並不友善到簡直是想拒人於千里之外」——台灣也一樣。

「快捷巴士站除了設有可以遮風擋雨的座位區，還在入口處加裝了顯眼的螢幕，上面清清楚楚地顯示著下班車跟下下班車還有多久會到」——台灣愈來愈多城市也有這種設置，的確可減緩乘客等車的焦慮感。

「民間的軟體公司已經開發出了幾十種手機app供人查詢即時的系統資訊」——台灣許多城市也有不少類似的app供人查詢。

「如果地球上每個人都過得像巴黎人，那我們可能要三個地球才夠供應人類需要的能源、物料與垃圾場，而巴黎人的環境足跡大小還只是美國人的三分之一。可見美國人的足跡會更大」——台灣的生態足跡是全球平均值的兩倍！

「溫哥華市府正在評估各種方案，看市區停車塔可以如何變更利用。其中一座立體停車場的頂層將重新規畫成都市農場」——台灣各地正在大力推動田園城市。

「巴黎的Velib'使用者間已經出現了一種默契，是會在還車的時候把座椅轉成橫的，意思是『這台車壞了別借，硬騎會出問題』」——台灣有公共自行車系統的城市也是如此！

「把社區的公園給圍起來，好讓社會底層的民眾不得其門而入」——台灣也有類似的「門禁社區」（gated community）。

「另外一部分的問題是，紐約市著名的高線公園就像引線一樣引爆了沿線的都市更新：結果公園走路五分鐘內的房價，在公園開幕的二〇〇九年的前後八年內翻漲超過一倍」——這種高房價及「仕紳化」（gentrification）現象，在台灣也愈來愈明顯。

「馬里蘭州的蒙哥馬利（「富郡」）通過了單行法，規定郡內每個新設的村鎮市，都必須提供百分之十五的住處給中低收入者，如此在郡內就業的民眾便能真正在當地生活」——台灣社會住宅／公共住宅的本意正是如此。

這麼多的新知及經驗都可在本書獲得！簡單來說，《是設計，讓城市更快樂》是一本既通俗又專業的書籍。作者查爾斯．蒙哥馬利於二〇一四年出版《是設計，讓城市更快樂》平裝本，二〇一六年我讀完原文書後，正巧時報出版社找我幫忙為中文版寫序，我一口答應。主要原因是本書作者真的對「快樂城市」的內容做了很多功課，而且書寫方式深入淺出，不只讓本書成為一般民眾如何打造快樂城市的入門書，也可提供建築、都計、景觀等空間專業理論分析及實證研究的參考。

很巧的是，書中談到的不少人事物都是我在美國密西根大學攻讀環境規畫博士時修過課或讀過文獻的真實體驗。例如，書中提到史蒂芬與瑞秋．卡普蘭夫婦的「注意力」，他們夫妻倆上課時經常提到人腦容量其實相當有限，在短時間內通常只能容納5±2種資訊，也就是三到七種資訊；換句話說，對專業者而言，他們可以記住七點以上的資訊，但對初學者而言，能記住三點便很厲害了。所以我修了他們夫妻的三堂課都沒有任何考試，只要求在期初、期中、期末時各交一張A4單面的小論文，小論文必須以5±2的觀點說明想表達的內容。其實這種小論文遠比一般考試或碩博士論文還難，不過倒是能反思真實世界經常需在短時間內精準且精簡地表達自己想法的挑戰。

作者在書中提到「注意力」，讓我回想到在課堂上與史蒂芬．卡普蘭討論到主動的與被動的注意力是可以互用的，例如，如果在球場上只是放空地在場外觀賞，那大部分使用的是被動的注意力（也就是純欣賞球賽），但如果你特別關注某個球員的表現，目光隨時盯著那名球員，那你便是在應用主動的注意力來觀察他／她的一舉一動。

書中提到的新都市主義倡議者雷昂．克利爾，更是我剛到密西根大學，建築規畫學院在Rackham Graduate School舉辦大師專題講座時見到的人物，我曾在爆滿的演講廳聆聽大師級的克利爾，詮釋他主張的新都市主義。攻讀博士時，我同時也唸了建築系的都市設計碩士班，在都市設計理論課程上不只閱讀了他的教科書，實務操作時，也剛好利用本書第十二章提到的臨海觀光市鎮西塞德作為基地，在西塞德東北方進行新都市主義的都市設計演練。這堂課的參考書剛好也是作者提到的杜瓦尼．普拉特—載柏克事務所的「智慧法條」都市設計準則，也深深體會到杜瓦尼要打破傳統分區管制僵硬手法的用心。

西塞德是一九九八年電影《楚門的世界》的拍攝地，除了都市設計實務的基地剛好坐落於此，我回台任教後，曾經利用到佛州奧蘭多出席國際學術會議後的空檔，專程開車前往參訪，感受更是真實。西塞德試圖打破美國傳統郊區化的都市擴張窘困，但由於地處郊區，即便社區內的設計採用傳統的步行街區手法，但居民大部分仍以退休族為主，缺乏社會不同年齡層的多元互動，因此不是解決都市擴張的最佳方案。不過，誠如作者指出的，西塞德的最重要貢獻是在挑戰土地使用分區管制的僵硬法條，及不具人性尺度的都市設計準則。

作者也引用了數個知名大師的著作來支持他的論點，包括已故的都市主義者珍．雅各指出，一九六〇年代格林威治村街道之所以友善而安全，是因為這些街坊為眾人共享，她也寫到在擁擠的人行道上，行人會邊進行眼神接觸邊繞著找出自己的路，就像在跳芭蕾舞。這些特質就是作者引用克里斯多弗．亞歷山大在《建築的永恆之道》中所指出的「不知名的特質」。

作者一再提醒我們，城市的設計是一個途徑，特定的生活方式才是目的；城市可以反映出所有人心中那個最好的自己；城市可以是我們希望它是的任何東西。作者從希臘雅典談到羅馬，利用西方城市發展史中的兩種公共廣場作為鮮明的對比；雅典的「阿哥拉」（廣場）之於羅馬的「議事廣場」，作者認為，「如果說雅典的哲學家曾經宣揚過城邦生活的精神層面與價值，那羅馬人則是慢慢唾棄了城市的生活」！

作者接著犀利批判現代城市過度注重汽車運輸及其衍生的城市擴張惡化現象──「郊區擴張」作為北美（以及許多國家）最具代表性的都會發展樣貌，其濫觴多少可回溯到法蘭克．洛伊．萊特視如己出、同時也在美國人心田上生出根來的獨立與自由觀念；如果說擁擠的市區是都市重畫、立法與遊說出來的結果，那都市擴張的區域也絲毫不遑多讓。都市擴張不是自然的發展，而是人為的設計；它不只危害到地球的健康，也不利於我們下一代的幸福。

至於郊區擴張所造成的「非城市」雛型長得什麼模樣，其實就是睡城、超大型商城、邊緣城市及離散城市；這些都是邊緣化的臥房市鎮。因此，作者一再提醒我們，離散的生活就像溫水煮青蛙一樣，正全面性、系統性地改變我們的人際關係。

我們必須清楚地認知到，城市不該只被當成是創造財富的引擎，城市還得是增進眾人福祉的人造體系；城市也要建立起面對經濟與環境衝擊的韌性。還好愈來愈多城市開始了解到，提升生活品質跟減少環境足跡是兩個互補而非互斥的目標，而幾乎所有連結到快樂都市主義的政策手段，都會同時影響到所屬城市的環境足跡，乃至於同樣不容耽擱的經濟與財政健康問題。

誠如作者說的，土地利用、能源、碳排放與任何一件事情的代價之間，都存在著不可分割的關聯，而人類面對氣候變遷與資源耗竭的孿生危機，首當其衝的就是都市。因此，永續城市必須拉近人與人的距離，必須鼓勵人選擇有效率的移動，必須滿足人對於感官享受的要求，必須讓人衷心感到喜悅而不損及環境分毫。

最後，作者在結語引用了大衛·哈維的名言：「有權在城市生活，不只代表人有權利用都市的資源，住在城市，代表我們有權經由改變城市來改變自己。」城市必須先尊重人，才能期待公民禮尚往來；城市要有能力給每個人一點東西，其建立就一定要所有人一起參與。對城市有一分權利，不能單純解讀為造訪城市的權利，也不能想成是對傳統城市的回歸；這只能是一種脫胎換骨的權利，一種在都會生活的權利，這權利就只能這麼擬定。

易言之，只有透過改變你我所在的城市，讓它成為快樂的城市，我們才能因此獲得心靈及視野的解脫，從而建構一個嶄新而快活的自己。也唯有此，我們才能成為昂希·列斐伏爾所說的「市／住民」以及馬克·雷克曼所說的「村民」，然後從這些基礎逐步擴大到社區／社群：最後成為建構公民社會的先鋒。《是設計，讓城市更快樂》正是一本引領我們朝此方向邁進的書，值得大力推薦。

CONTENTS

CHAPTER 1

快樂的市長

有個廣為流傳的迷思，說人只須下足內在的功夫，就可以如此生氣蓬勃；因為人的問題都源於自身，要治癒自己，只須改變自己……但真相是，個體受環境形塑影響如此深遠，其內心和諧有賴於他能與環境達成和諧。

——克里斯多弗．亞歷山大（Christopher Alexander）等人，《建築的永恆之道》（*The Timeless Way of Building*）

十二線道的高速公路旁是黯淡沉悶的水泥商辦叢林，而我游移在林中的曲折腸徑上，追逐著一名政治人物，一個渾身上下都散發著急迫感的傢伙。他嗓門大到活像個在趕場佈道的激進牧師，臉上掛著男性不想多花時間剃鬍時會留的那種短鬚，他用長腿輕快地小跑步穿過建築物的地下停車場，就像足球場上準備要大腳長傳的中前鋒在助跑一樣。

兩名保鑣在他身後快步跟上，配槍則在皮套裡搖搖晃晃。但這一點也不值得大驚小怪，畢竟他做得是這樣的工作，人又身處在這樣的地方。安立奎．佩尼亞婁薩（Enrique Peñalosa）身為職業政治家，跑選戰是很正常的，再說，這裡是波哥大（Bogotá），而這個城市的特產就是綁架跟暗殺。我們真正應該覺得奇怪的是：佩尼亞婁薩沒有鑽進哥倫比亞的公眾人物外出必備的防彈ＳＵＶ車，而是跨上了一台有霸氣輪胎的登山自行車。只見他俐落地踩著踏板爬坡，出了地下室，讓安地斯山的炙熱陽光灑在身上。離開建築物的他有如猛虎出柙，街邊的高低起伏與坑坑洞洞都難不倒可以一手騎車，還有餘裕能一邊在人行道上穿梭，一邊對著手機大小聲的他。就連他的條紋長褲都隨著微風飛揚。他的保鑣、攝影師，乃至於我，則都卯起來在後面騎車猛追，我們活像是一群追星的青少年，而他是個被捕獲的野生搖滾巨星。

要是早個幾年，像這樣在市區騎自行車會是一種「極限運動」，甚至在眾多波哥大居民的心目中會是一種「一心求死」的行為。如果你想被攻擊，想因為廢氣而窒息，或想被車給輾過去，波哥大的街頭歡迎你。但佩尼亞婁薩堅信此一時彼一時也，現在的我們應該很安全。在他的規畫之下，這座城市快樂了起來。他一直把「快樂起來」掛在嘴上，好像這說法是他的專利一樣。

妙齡女子在他經過時笑得花枝亂顫，穿著連身服的工人也熱情地對他揮手。

幾個人用西班牙語喊著「市長！市長！」，雖然那已經是六年前的事了，而他想重返市長寶座的選戰才剛開始而已。他揮動著手機對粉絲致意。

「早啊，美女們！」他對女孩們的禮數周到。

「你們好嗎？」勞工朋友他也沒忽略掉。

「哈囉，各位好朋友！」所有行注目禮的都被點名到了。

「這是我們的生活，也是一場實驗，」開始把手機收到口袋裡的他終於對我大喊：「我們或許沒辦法把經濟弄到最好、或許沒辦法讓每個人都像美國人一樣有錢，但我們可以把城市設計得讓人有尊嚴，讓人們得到心靈上的富有，城市可以讓他們『快樂起來』。」

是了，那麼多雙眼睛曾經熱淚盈眶，就是為了這個宣誓，就是為了這當中所承諾的都市改革與救贖。

#

你也許沒聽過佩尼亞婁薩，這十年來也從沒在紐約、洛杉磯、新加坡、拉哥斯（Lagos）[1]或墨西哥市跟一大群人一起給過他英雄式的歡迎；你也許從沒見過他高舉雙臂在「傳福音」，也沒聽過他在上百輛怠速汽車的引擎噪音前高談自己的理念。但他在實驗裡的雄心，跟他言談中的志在千里，使他所到之處都掀起了都市改革的熱潮。在一個正在改變全世界城市的運動當中，佩尼亞婁薩已是不可或缺的要角。

我第一次體驗到這位「快樂市長」施展魔法般的語言長才，是距此一年前的事情。當時聯合國才剛宣布，幾個月之內，某座城市裡的某家醫院會誕生一位寶寶，或者某個移民會不小心晃進大都會的貧民窟裡，然後從那一刻起，世界上就會有半數的人在都市裡生活，不只如此，還有好幾億人也排隊準備「進城」。到二〇三〇年，都市裡的人口預計將達到五十億。於是乎，二〇〇六年的那個春天，聯合國的人類住區規畫署（Habitat）[2]召集了數千位市長、工程師、官員、志工來參加「世界城市論壇」（World Urban Forum）。各界代表匯集在加拿大溫哥華港邊的會議中心，準備就如何解除世上許多城市的未爆彈來集思廣益。

當時這世界還渾然不覺金融風暴已悄悄逼近，但地球這個病人的「癒後」確實不良。問題出在哪兒呢？首先，都市是地球的主要污染源，比如人類排放的溫室效應氣體有八成來自都市。再來第二點是，所有的預測都指向都市將受到氣候變遷的重創，從熱浪、缺水，到躲避旱災、水災與戰爭的難民潮等都會是都市的大患。專家一致認為人類在適應全球暖化的過程中，四分之三以上的成本將由都市承擔，能源、稅收與就業機會將出現短缺。一直以來，都市都打出安定牌與繁榮牌，但現在看來統統要跳票了。現實逼得現場所有人直冒冷汗。

沒想到佩尼亞婁薩一上台，氣氛就整個變了。他告訴在座的市長們不用絕望，他說龐大的移民不但不是什麼威脅——完全不是！反倒移民潮是都會生活蛻變的一大契機。在貧窮城市的規模成長一倍、甚至是兩倍的過程中，我們可以避免重蹈富庶城市的錯誤。蛻變的城市可以提供公民們更好、更強大、更自由、更開心，而且是現有大部分城市都給不了的生活。但要做到這樣，市長們必須重新思考城市存在的意義，他們必須放下一個世紀以來的都市建築觀念，他們必須放棄一些原有的夢想。

為了證明自己所言不虛，佩尼亞婁薩說了個故事：

回到二十世紀的末期，住在波哥大曾經是一件很恐怖的事情——要列出地球上最不適合住人的地方，當時的波哥大一定榜上有名。難民多到爆，內戰一打幾十年，外加恐怖分子興起，丟手榴彈、汽油彈（尤其是常見而且殺傷力十足的土製炸彈，在當地稱為「馬鈴薯炸彈」）等都是問題，另外混亂的交通、嚴重的污染、蔓延的貧窮與體制的各種失能，更是讓城市的發展寸步難行。就這樣，哥倫比亞的首都在國人與世人的眼中，簡直就是個活生生的地獄。

佩尼亞婁薩在一九九七年競選過市長，當時他拒絕像許多政客一樣亂畫大餅、亂開支票，他沒打算讓大家荷包滿滿，也沒要大家做跟美國人一樣好過的夢：畢竟經濟上要追上北邊的「隔鄰哥」（gringo）[3]，起碼得經過好幾代，而且得讓都會經濟燃燒個一百年的小宇宙才行。佩尼亞婁薩不滿地說，發財夢只會讓波哥大人自我感覺變差而已。

他說，「說到成功，假如我們眼裡只有平均所得，那大家只好接受自己是二流或三流社會，而身在當中的我們全都是『魯蛇』。」不，城市必須要有新的目標。佩尼亞婁薩沒說他要讓家家戶戶都有車，也沒說要推動社會主義革命。他的政見很簡單，就是要讓波哥大人「快樂起來」。

「問題是，要快樂起來，人需要哪些東西呢？」他問。「我們要能好好走路，就像鳥兒需要飛翔；我們要能跟人打成一片；要有美麗的事物存在眼前；要跟自然產生連結；更重要的是，我們必須不受排擠，我們必須感受到某種程度的一視同仁與生而平等。」

有趣的是，雖然放棄了經濟上的「美國夢」，但佩尼亞婁薩所設定的目標其實直指美國憲法裡揭櫫的理想；他選擇的或許是一條不同的道路，波哥大人的收入或許相形見絀，但波哥大絕對有機會比「隔鄰哥」幸福。

近年來，世界上最不缺的就是幸福大師。有些大師堅稱心靈的鍛鍊是一切的解答，有些大師說我們必須向宇宙索討繁榮昌盛，他們說人賺到錢就能接近神，又說接近神能讓我們賺到錢。但佩尼亞婁薩沒有要進行集體心理輔導，也沒有要推廣宗教的教條，更無意用國家的稅金去教人正向思考，他不碰「吸引力法則」，也不提「富起來」就可以如何如何，他所傳的「福音」是要用都市主義去扭轉乾坤。城市本身就是轉動幸福的鎖鑰。無論經濟再怎麼不景氣，只要我們能改變都會生活的型態與體系，人們的生活品質就可以獲得提升。

在佩尼亞婁薩看來，有種特定的「都會性」（urbanity）具有幾乎可以凌駕一切的力量。「消費的當下確實存在極大的快感，」佩尼亞婁薩告訴我：「但只要經過幾天，這種快感就會消退，幾個月後更會煙消雲散。但好的公共空間是一種很玄的『財貨』，它會終年不斷地產出幸福，甚至說公共空間就是幸福的本體也不為過。」此話一出，原本不值一哂的平凡人行道、公園、自行車道與公車瞬間翻身，牽扯到人的心理與精神層面。

佩尼亞婁薩堅信，就像大部分的城市一樣，波哥大也被二十世紀都市的兩大發展遺緒搞得遍體鱗傷：首先是城市長期以私家車為中心發展；再者是公共空間與資源遭到大規模私有化。汽車與攤販占用了公眾的廣場與人行道，民眾用牆壁或圍籬在原本的公園裡「圈地」。在這個再窮都買得起電視的時代，市民理應共享的空間卻遭到漠視與踐踏。

這樣的都會發展不僅不公平（畢竟五戶人家才擁有一輛車），而且還非常殘酷。市民因此被剝奪了城市生活最日常而單純的快樂：在溫暖而友善的街坊中散步；跟大家四處坐著；話家常；欣賞綠草、流水、落葉與形形色色的人。還有就是「玩」這件事，波哥大的街上已經快看不到小孩了，但這並不是因為怕流彈或綁匪，而是因為橫衝直撞的車輛讓人在街道上變得非常危險。一聽到做爸媽的大喊「小心！」，波哥大人就知道又有小朋友差點被輾成肉餅了。看到這樣的狀況，佩尼亞婁薩市長甫上任的「第一把火」，就是宣戰，但他不是向犯罪宣戰，也不是拿毒品或貧窮開刀，他的矛頭指向的是：私家車。

「城市可以是人的好朋友，也可以是車輛的好朋友，但不可能同時是人跟車的好朋友。」他公開這麼說。

然後他就把波哥大市那非常進取的公路擴建計畫給砍了，取而代之的是把預算投入數百公里長的自行車道，廣大的一系列公園與行人廣場，乃至於星羅棋布的新圖書館、新學校與新的日托中心。以公車取代軌道車輛作為載具，他成功蓋起了波哥大市的第一條快捷巴士系統（BRT）。他調漲了隨油徵收的稅費，還明令民眾每周開車通勤不可超過三次。我之後會仔細介紹他的新政，但我希望各位能先了解的重點是，他的政策讓數百萬民眾的都市生活有了新的體驗與面貌，這主要是因為他完全棄絕了超過半世紀以來的都市規畫哲學。對照被北美的法律、慣例、房地產生態系、放款機構與開發觀念給捧在手掌心上的那種城市，佩尼亞婁薩所打造的完全是相反的東西，甚至於將之與被全球不知凡幾的中產階級所追捧的郊區相比，也是大相逕庭。

就任的第三年，佩尼亞婁薩大膽地把波哥大市民推進了一場實驗裡——實驗的名字是「無車日」（Día Sin Carro）。打從二〇〇〇年二月二十四日的破曉那刻起，所有私家車禁行市區街道一日。在這個特別的星期四，八十萬餘輛私人汽車一動也不動地停著，街上引擎還有在運作的，只剩下塞爆了的公車與一車難求的計程車；但這無妨，因為數十萬民眾以佩尼亞婁薩為榜樣，用自己的力量來到了街上。或走路、或騎自行車、或滑直排輪，上班上學的每個人開始了嶄新的一天。

就這樣，四年來第一次，沒有人因為交通事故而失去寶貴的生命，住院的人數因而少了三分之一，城市上空毒害人體健康的塵霾變稀，公司或學校缺席的人數也沒有比平常多。嚐到甜頭的波哥大市民投票通過讓無車日變成年度例行的公事，民調時，民眾都說他們已經好多年沒有對城市生活抱持那麼樂觀、那麼期待的心情。

佩尼亞婁薩說起這一段故事時的熱情，讓人直接想到在華盛頓國家廣場（Washington Mall）上慷慨激昂的馬丁．路德．金恩，而且台下的回應也同樣激情。我目睹出席「世界城市論壇」的三千位代表跳了起來，為這位波哥大的前市長歡呼，包括聯合國的統計學家不由自主地鼓掌，印度的經濟學者微笑著鬆開了自己的領帶，塞內加爾的代表穿著嘉年華色系的傳統衣袍舞動搖擺，墨西哥的建築師吹起口哨，而我的心則跳得好快。大家這麼興奮的原因，是因為不少城市設計者確信、卻少有人敢說出來的事，佩尼亞婁薩好像在剛剛幫我們證明了：城市的設計只是一個途徑，特定的生活方式才是目的；城市可以反映出所有人心中那個最好的自己；城市可以是我們希望它是的任何東西。

城市可以變身，而且可以變得很徹底。

全球性的運動

城市設計真的強大到可以決定人的幸福與否嗎？這是個值得思考的好問題，因為「快樂城市」的訊息正在世界各個角落生根。自從佩尼亞婁薩擔任了三年的市長之後（哥倫比亞不准市長連任），不下數十座城市派團隊來波哥大考察，大家都想看看這座城市怎能在短短三年內改頭換面。這時，佩尼亞婁薩與他曾經管理過波哥大公園的弟弟圭亞莫（Guillermo），也經徵召前往各大洲的城市去提供意見。哥哥的「佈道」之行從上海到雅加達，然後又回到南美洲的利馬，而弟弟則跑了瓜達拉哈拉（Guadalajara）、墨西哥市與多倫多等。[4] 圭亞莫另外在波特蘭號召了數百名行動派的同志，而佩尼亞婁薩則在洛杉磯敦促城市設計的主政者增加私人載具上路的難度，讓個人開車變得難以為繼而只得放棄。二〇〇六年，安立奎．佩尼亞婁薩成了曼哈頓的話題人物，因為他對著大群「崇拜塞車」的紐約客宣告，百老匯應該畫為徒步區，完全不准車輛通行。這話說完三年後，這個原本好像不可能的願景開始在時代廣場一帶落實。快樂城市的理念登上了世界舞台。

在以「快樂城市」之名出發的征途中，佩尼亞婁薩兄弟一點也不孤獨。這項運動生根於一九六〇年代的反現代主義（antimodernist）浪潮，逐漸吸引了建築師、社區發展參與者、公衛專家、交通運輸工程師、網路理論家與政治人物等多元力量參戰，這支軍隊是為了城市該有的型態與靈魂而戰——而這股力量也慢慢累積到了足夠的能量。於是韓國首爾、舊金山與密爾瓦基的高速公路拆了，建築物的高度、外形與門面開始出現不同的嘗試，鋪著瀝青馬路的郊區賣場變成了迷你村落，一個個城鎮被改造得更適合兒童成長，私設的後院圍籬被拆除，鄰里的十字路口順利收復，讓城市之所以為城市的各個體系進行了重組，決定建築物型態與功能的規則獲得了改寫。其實這些人不見得都意識到了彼此是同一個運動的同志，但他們確實都屬於同一個拆除大隊，合力用大鐵球對準了我們過去五十年來努力蓋起的很多東西。

佩尼亞婁薩堅信，世界上最不快樂的城市，是那些精心規畫來把財富變成痛苦的城市，而不是非洲或南美那些混雜的大都會。「二十世紀最繁榮的經濟體所創造出來的，是所有悲慘城市中的第一名，」佩尼亞婁薩用壓過波哥大交通雜音的聲音對我說：「我說的是美國，沒錯——亞特蘭大、鳳凰城、邁阿密，私家車已經讓這些城市都淪陷了。」

對多數美國人來說，把繁榮與他們視若珍寶的汽車文化說成是讓富足的城市遠離幸福的元兇，這種主張根本是異端邪說。讓哥倫比亞出身的政治人物來給世上的窮人建議是一回事，讓他拿從南美洲坑坑巴巴的小路上生出來的城市設計概念來對獨霸全球的美國指指點點，那又是另一回事。如果佩尼亞婁薩是對的，那錯的可就不只是世世代代的都市規畫者、工程師、主政者與開發商，而是無數的老百姓，也就是身為普羅大眾的我們，都在追求美好生活的道路上轉錯了彎。

但話說回來，從近幾十年的發展看起來，客觀的繁榮與主觀的幸福，已經在美國的土地上勞燕分飛。

幸福的矛盾

如果只談錢，那過去的五十年理應是一場超嗨的派對。以美國為首的富有國家，包含加拿大、日本與英國在內，所有人的日子應該過得樂不思蜀才對，因為錢淹完腳目又淹膝蓋，淹完膝蓋再淹腰帶。到了千禧年的尾聲，二十一世紀的前夕，新美國人比起以往更常出遊、吃得更多、買得更兇、房子蓋得更大更猛、丟東西也不皺一下眉頭。愈來愈多人圓夢，買了屬於自己的窩。多出來的車子——乃至於浴室跟馬桶，也都根本沒那麼多人用。[5]我們看到的是空前的富足與經濟成長。然後到了二〇〇八年，金融風暴終於像根針一樣扎進氣球，泡沫才終於破掉，盲目的樂觀跟隨便借都有的錢才戛然而止。

只不過幸福的感受，並沒有像這幾十年的經濟發展一樣提升。調查顯示，在這段經濟成長期，美國人對自身幸福的評價完全躺平，一點起色都沒有。同時間的日本跟英國[6]也是相同的窘況。加拿大稍微好一點，但也就一點而已。中國作為剛竄起的GDP成長新星，只不過更凸顯了經濟發展與幸福感受間的落差與矛盾。從一九九九到二〇一〇的大約十年間，中國的平均購買力成長超過三倍，但蓋洛普（Gallup）的民調卻顯示，中國百姓對自身生活的滿意程度停滯不前（不過中國的都市居民確實比他們住在鄉下的親戚開心）。

二十世紀進入最後幾個十年，不開心的美國人愈來愈多。如果拿二〇〇五年跟兩代之前的美國人來比，臨床上的憂鬱症案例是早年的三到十倍之多；二〇一〇這一年，每十個美國人就有一個表示自己為憂鬱症所苦；以二〇〇七年來說，有憂鬱症的大學生人數，是一九三八年的六到八倍。這當中固然存在不同年代的文化因素影響——憂鬱症愈來愈不是什麼不能談的禁忌了，但客觀上的心理衛生統計數據倒也讓人振奮不起來。高中生與大學生作為最方便調查的一個族群，在會讓心衛專家光提到就很嗨的「偏執」（Paranoia）、「歇斯底里」（Hysteria）、「臆病」（Hypochondriasis）[7]與「抑鬱」（Depression）等量表[8]上一路往上跑。十分之一的美國人固定服用抗憂鬱藥物。

來自於卡托研究所（Cato Institute）等自由市場智庫的分析，向我們拍胸脯保證，「經濟上的高度發展與平均所得的長足進步，是主觀幸福感受的強大指標。」也就是說有錢有閒的人賽神仙。但如果此言不虛，半世紀以來怎麼未見幸福感隨著財富爆衝？這麼多錢的效果是被什麼東西給抵銷了？

心理學家中有人把矛頭指向一種叫作「快樂水車」（hedonic treadmill）的現象：人性會按照自身的處境來調整期待值。這個「水車」理論認為，當人的錢變多了，你比較的對象也會變成比較有錢的人，同時腳底下的欲望水車也會愈轉愈快，但其實你只是在原地打轉。另外一派人則把帳算到所得M型化的頭上，數以百萬計的美國中產階級發現自己與金字塔頂端的距離被拉開，這點在過去二十年間尤其明顯。這兩個理論各成一家之言，但關於物質生活與情緒資產間何以存在落差，經濟學者分析過數據後，得到的結論是，這兩種說法雖非無的放矢，但也都只是片面之詞。

試想，在美國經濟數十年的擴張背景下，並行的社會發展從鄉村走向都市，然後從都市蔓延到都市與鄉村之間的郊區。自一九四〇年以來，都會區的成長幾乎全發生在郊區。二〇〇八年金融海嘯之前的十年間，美國經濟的成長動能有很大的一部分來自於數不清的囊底巷（cul-de-sac）[9]、屋村（tract house）[10]跟量販園區（power center）[11]全面進駐都會區邊緣的風景。有段時間，經濟成長跟「郊區化」（suburbanization）就像連體嬰，想分也分不開——這是兩件事，但也是一件事。愈來愈多人得償所願，拿到了他們覺得自己理應得到的東西。我們對「人生勝利組」的一切想像都顯示郊區的興起是幸福的表徵。但這如意算盤是哪裡撥錯了？為什麼郊區模式的聲勢可以蒸發得這麼快？二〇〇八年的次貸危機讓都市發展重新洗牌，其中首當其衝的正是美國都市裡年紀最輕、光環最亮、範圍蔓延得最廣的「郊區」。

佩尼亞婁薩認為，富庶社會使用財富的方式不但沒有解決都市的問題，反而讓這些問題更形惡化。這是否就是所謂「幸福的矛盾」呢？

現在絕對是思考這個問題的良機，因為全美不知道多少萬個新鋪好的囊底巷已歷經了六個寒暑，而不見新屋如綠芽般冒出。從美國到愛爾蘭，再到西班牙，位於郊區擴張（suburban sprawl）最前線且主要是美式的社區，都還沒有回到崩盤前的價位。都市發展的未來還在未定之天。我們來到了歷史上難得的關鍵時刻，我們看到社會風向乃至於供需市場都蓄勢待發，要迎接變革降臨在我們的生活方式與城市的設計之上。都會擴張區的房市危機是我們必須冒險踏上這趟旅程的一個原因，但我們也不能忽略其他一樣在作用中，而且同等迫切的力量。

首先可以提出來討論的，是能源敲響的警鐘。我們不能被近十年石油與天然氣過剩所催眠，沒人能保證能源價格不會再「重返巔峰」。城市的擴張需要便宜的能源、便宜的土地，跟便宜的資源，而便宜的日子不可能永無止境。但另一個更迫在眉睫的課題是：二〇一五年，一百九十餘國的領袖終於點頭要共同採取行動來因應全球暖化的問題。都市是這問題的一部分，也是這問題的解答。若真有心要與氣候變遷帶來的災難錯身而過，我們就必須要在建城與生活這兩件事上展現更高的效率。

談到這裡，幸福城市的理論投射出了一個很誘人的可能。

如果貧窮如波哥大、破落如波哥大的城市都可以透過重新規畫而帶給居民更多喜悅，那「快樂城市」的原則與概念沒理由不能像紗布一樣敷在富庶城市的傷口上。同時，既然鋪張、私有化、污染、耗能不能讓社區在幸福快樂的追求上達陣，那我們何不試試環保一點的做法，搞不好韌性十足的綠色城市不僅能拯救地球，還能挽回我們的幸福生活。這其中若有什麼科學邏輯可言，我們自然能合理地假設這邏輯也能告訴我們大家該怎麼做，才能重新喚醒村里間的美好感受。

佩尼亞婁薩的言論自然不是科學。他回答了一些問題，但也提出了一樣多的新的問題。雖然能打動人心，但佩尼亞婁薩的話畢竟不是不證自明，我們不能就此判定城市即是人類幸福與否的關鍵或開關，就像披頭四的〈你只需要愛〉（*All You Need Is Love*）也不能證明人真的「有愛萬事足」一樣。要測試這個命題的真偽，你必須先賦予「幸福」定義，你必須設法把幸福量化，你必須知道一條道路、一輛公車、一座公園、一棟建築，各能貢獻多少的美好感受。關於在車陣中手握方向盤、在人行道上跟陌生人對到眼、在口袋公園裡歇歇腳、在城市中感覺擁擠或寂寞、或單純覺得自己住的地方好或不好，種種的心理效應你必須條列分明。你必須超越政治與哲學，去覓得標記著幸福成分的地圖。

#

我記錄城市設計與所謂「幸福科學」的交集長達五年之久，而這五年間，溫哥華論壇現場的歡呼聲始終迴盪在我耳邊。這五年的探尋之旅讓我體驗到了什麼樣的街道位在世界之巔，什麼樣的街道是悲慘世界，也讓我在神經科學與行為經濟學的迷宮裡留下了足跡，有深有淺；鋪路石、火車鐵軌、雲霄飛車、建築、陌生人與我分享的生活體驗，乃至於我自身的城市記憶，都是我的線索來源。我寫這本書，是要跟大家分享我在旅程中的種種發現，以及這些發現帶來的希望與光線。

話說，這趟旅程剛開始時發生的一件事情，日後變成我收藏的一則記憶。我想我的記憶如此深刻，或許是因為關於我們時不時會在城市裡發現幸福，那當中的甜蜜感受、冷暖自知與稍縱即逝，都反映在這個事件裡，所以我才會牢記在心。

事情發生在我人在波哥大的街上、追著佩尼亞婁薩跑的那個午後。正如領頭的佩尼亞婁薩那般信誓旦旦說出的話，穿梭在波哥大的街頭不再令人心驚膽戰，我們一路騎來沒冒一滴冷汗。路上幾乎淨空，近一百萬輛車子那天都在家裡放空。是的，那天正是從實驗變成常態，一年一度的無車日。

一開始，空蕩的街道讓人有點毛骨悚然，就像影集《陰陽魔界》（*Twilight Zone*）裡某個末世場景的一隅。正常城市該有的轟隆吵雜與喧鬧全都消失無蹤，取而代之的是靜謐無聲。慢慢地，我們滲入了車輛遺留下來的空間中。我放下了恐懼，就好像波哥大鬆開了一道巨大的發條、也好像城市終於甩開了倦容而得以呼吸。天空是透明的藍，空氣也很乾淨。

為了重回市長寶座而投入競選的佩尼亞婁薩需要曝光，他騎自行車就是要讓所有人看到他。他一股腦兒踩著自行車，一邊不斷用西班牙語對任何好像對他有點印象的人喊著「你好嗎」，但這並不能解釋他為什麼在我們朝著安地斯山麓的方向通過城市北端時要急著加速。突然間，他不講手機了，也不回答問題了。即便在他前面因為騎自行車撞到人行道邊緣而「犁田」的攝影師在哀號，他也充耳不聞，只是兩手緊握著自行車的龍頭，用盡吃奶的力氣踩踏爬坡。我使盡渾身解數不被他甩掉，一條街一條街地跟，直到我們來到被高聳金屬圍籬圈起的一塊場地。佩尼亞婁薩終於下了車，氣喘吁吁。

許多身著帥氣白襯衫與成套制服的小男生開始從某個門後魚貫而出。其中一名雙眼炯炯有神的十歲男孩，推著一輛跟佩尼亞婁薩的「座車」一模一樣、只是小了一號的自行車穿過人群。佩尼亞婁薩朝他伸手，剎那間我知道他剛剛在趕什麼了。這位候選人是要來接他的孩子放學，就像同一個時區內不同緯度的爸媽都正在做的事一樣。數以百萬計的麵包車、摩托車、掀背車跟公車都在學校的外圍成群結隊，等著學童出現。從多倫多到坦帕，一樣的儀式、一樣的喇叭聲、一樣的停停走走，一樣的把孩子趕成一堆然後整群帶離。不過，只有在這裡，在這個北半球數一數二環境惡劣、經濟窮困的城市裡，父子倆才能從學校大門口踩著鐵馬回家，無憂無慮，自由隨興地穿越市中心。

這在大多數的現代化城市裡都是匪夷所思的事情；但在波哥大，這幅光景為佩尼亞婁薩的都市革命做了最好的註腳，也是快樂城市最棒的一幅無框海報。

「你看看，」市長一邊叫了我，一邊再次用拿著手機的手示意我看身邊的自行車海，「你能想像，要是我們把整座城市的設計重心都放在孩子身上，那會變成怎樣嗎？」

我們走上一條寬闊的街道，那裡確實有一大群孩子。當然另外還有西裝筆挺的上班族、著短裙的年輕女性，外加圍著圍裙、三輪車上面放個冰箱的冰淇淋小販，如果推車上裝的是烤箱，那賣的就是甜玉米餅。這幅圖畫裡的所有人都神采奕奕，佩尼亞婁薩的孩子則安全無虞——但這種安全並不是保鑣給的，而是因為他可以隨便騎。他可以不照著直線騎，也不用擔心被超速的汽車撞上。日落時的安地斯山彷彿被火燒紅，我們各自循著不同的弧度騎在開闊的街道上，然後向西接上自行車的專用道路。孩子衝在前面，佩尼亞婁薩則放下了想要拉票的心情，跟著兒子一起製造笑聲。在後頭追著的保鑣們吐著大氣，為了不被甩開而用盡全力，至於殿後的攝影師則用剛剛撞彎了的輪框，左搖右晃地前進。

其實在當時，我對佩尼亞婁薩的「意識型態」還是有些疑慮。誰有資格說城市中的移動方式孰優孰劣？對於人的靈魂究竟需要什麼，誰敢說自己權威到可以「規定」幸福城市該怎麼設計？

但那瞬間我忘記了發問，我鬆開了把手，迎著涼風舉起了臂膀。我想起了自己的童年，那個有著鄉村的道路，放學從不直接回家，沒有人趕時間，自由沒有極限的童年。好舒服，這城市屬於我。這是我旅程的起點。

快樂的市長

安立奎．佩尼亞婁薩，二〇〇七年攝於波哥大
資料來源：Andres Felipe Jara Moreno, Fundacion Por el Pais que Queremos

註釋

1 譯註：奈及利亞港都與經濟金融中心，一九九一年之前為該國首都，也是撒哈拉沙漠以南第一大、非洲全境第二大城，人口數僅次於埃及的開羅。

2 譯註：英文全稱為Human Settlements Programme，縮寫為Habitat，中文簡稱「聯合國人居署」。

3 譯註：西班牙文裡用來指稱外國人的字眼，通常是指英美系統的白人，無明顯貶意。

4 佩尼亞婁薩影響了百餘座城市。在他的建議下，雅加達、德里與馬尼拉都從私家車手中收復了街道，廣大的「線形公園」因此誕生，以波哥大為藍本的快捷巴士系統也獲得了發展的空間。「佩尼亞婁薩的公共空間理念對我們對『模範城市』概念的理解產生深遠的影響。」對我說出這話的是奈及利亞的莫吉．羅茲（Moji

Rhodes），他是該國超大城市拉哥斯的市長助理，而說服拉哥斯市府開始在新道路兩旁建構人行道的，就是佩尼亞婁薩。

5 以前美國人家裡都是簡簡單單一間衛浴。如今雙衛甚至三衛、四衛已經是過半數家戶的基本款。一九五〇年代，每三個美國人才有一輛車，但到了二〇〇七年，所有美國人，包含男人、女人，還有他們還在流口水學走路的寶寶，幾乎都可以分到一台車來開開。二〇〇八年，美國人累積的公路里程數是一九六〇年代的兩倍多，搭飛機的里程數更是一九六〇年的數字乘以十倍。美國家庭平均的人口數從嬰兒潮時期的三點七人，縮水到二〇〇五年的二點六人，但到了二〇〇八年，美國平均的房屋大小卻膨脹到驚人的兩千四百五十九平方英尺（超過六十九坪），足足是以往的三倍（只不過後來的金融風暴讓這數字下修）。甚至連垃圾掩埋場都可以顯示財富爆炸的程度有多誇張：在二〇〇七年，美國平均每人每天製造的垃圾量已逼近五磅（約二點二七公斤），這比一九六〇年代多出了百分之六十。

資料來源：美國人口普查局（U.S. Census Bureau）。“Statistical Abstract of the United States 2009.” Washington, DC, 2009.

U.S. Bureau of Transportation Statistics. “Table 1-37: U.S. Passenger-Miles.” http://www.bts.gov/publications/national_transportation_statistics/html/table_01_37.html (accessed January 1, 2011).

美國人口普查局。“Median and Average Square Feet of Floor Area in New Single-Family Houses Completed by Location.” http://www.census.gov/const/C25Ann/sftotalmedavgsqft.pdf (accessed January 1, 2011).

National Association of Home Builders. “Facts, Figures and Trends for March 2006.” 2006.

美國環境保護署（U.S. Environmental Protection Agency）。“Municipal Solid Waste in the United States: 2007 Facts and Figures.” 2008.

6 英國人在一九九三到二〇一二年之間增加了百分之四十以上的財富，而精神疾病與精神官能症的罹患比率也同步升高。英國大學生的自殺比率在一九八五到二〇〇五年之間增加了百分之一百七十，二〇〇七到二〇一二年間又再增加了百分之五十。

資料來源：

1, Trading Economics, "United Kingdom GDP Per Capita," accessed April 29, 2013, http://www.tradingeconomics.com/united-kingdom/gdp-per-capita; Collishaw, S., B. Maughan, R. Goodman, and A. Pickles. "Time trends in adolescent mental health." *Journal of Child Psychology and Psychiatry*, 2004: 1350-62; Young Minds, "100,000 children and young people could be hospitalised due to self-harm by 2020 warns YoungMinds," December 2, 2011, accessed April 29, 2013, http://news.cision.com/youngminds/r/100-000-children-and-young-people-could-be-hospitalised-due-to-self-harm-by-2020-warns-youngminds,c9194954;

Collishaw, S., B. Maughan, L. Natariaian, and A. Pickles. "Trends in adolescent emotional problems in England: a comparison of two national cohorts twenty years apart." *Journal of Child Psychology and Psychiatry*, 2010: 885-94.

Ramesh, Randeep. guarDian.co.uk. November 15, 2010. http://www.guarDian.co.uk/uk/2010/nov/15/money-happy-europe-wellbeing-income (accessed January 2, 2011).

7 譯註：指沒病的人懷疑自己有病。

8 這些量表出自於「明尼蘇達多向人格測驗」（Minnesota Multiphasic Personality Inventory），縮寫為「MMPI」。這份問卷堪稱醫療界最常使用的心理評估測驗，測驗內含的十種量表分別是：臆病、抑鬱、歇斯底里、心理變態（Psychopathic Deviate）、男性化／女性化（Masculinity/Femininity）、偏執、精神衰弱（Psychasthenia）、精神分裂（Schizophrenia）、輕度躁症（Hypomania）與社交性內向（Social Introversion）。

資料來源：Twenge, Jean M. "Birth cohort increases in psychopathology among young Americans, 1938–2007: A cross-temporal meta-analysis of the MMPI." *Clinical Psychology Review*, 2010: 145-54.

9 譯註：囊底巷基本上也就是國語的「死巷」或台語的「無尾巷」，這在台灣房市是比較不討好的設計，主要是因為風水的考量，但在美國郊區則普遍受到歡迎，原因甚多，其一是車流量會自然減少，居住起來較安全，也較為清靜。

10 譯註：美國郊區常見一整排同樣設計的平房，視覺上相當壯觀。

11 譯註：通常集合了三家或更多的大賣場，外加數條商店街的複合購物園區，通常設有共用的廣大停車場。若鳥瞰美國都市郊區，囊底巷、屋村跟量販園區是最為顯著經典的三項元素。

CHAPTER 2

追求幸福　是都市存在的初衷

生命的意義曾遭提問過無數遍，令人滿意的答案卻從未出現，或許也不容許出現……於是我們降格以求，改問從人類的行為上來觀察，人生的意義與所求為何。人希望此生能獲得什麼，又希望在此生達成什麼？這個問題的答案就非常確定了：人尋求的是幸福，人想達到快樂，然後一直快樂下去。

——西格蒙德．佛洛伊德，《文明及其不滿》（*Civilization and Its Discontents*）

任何事情能創造或者增進幸福、或一部分的幸福，我們便應該去做；任何事情會摧毀或阻礙幸福，或誘發幸福的對立面，我們便不應去做。

——亞里斯多德，《修辭學》（*Rhetoric*）

若能回到兩千四百多年前，漫步雅典城邦，你最後一定會「條條大路通羅馬」地來到古希臘稱為「阿哥拉」（agora）的市集。環視這個名副其實的廣場，你會看到為數眾多的攤販，會看到兩旁雅典統治議會的會所，會看到這裡有法庭，有大理石建成的廟宇，有神壇，有英雄人物的雕像。這個地方稱得上燦爛光輝，同一片天空下，統治者的權威與販夫走卒的隨便並存。勇往直前地穿越人潮，你會看到除了買東西的人與賣東西的人外，廣場邊上還有個大堂，台上站著蓄鬍的紳士主持著哲學對話。蘇格拉底常用問題去衝撞同胞，去激發希臘公民用新的角度觀看世界。「人不都渴望幸福嗎？或者這只是個莫名其妙的問題？」這是蘇格拉底質問一位與談者的著名場面。在得到對方那個了無新意的答案之後，蘇格拉底接著說：「那麼，既然我們都渴望幸福，我們要怎樣才能幸福？我們應該很合理地這樣追問。」

但事實上，我們若想弄清楚城市是否能經由重組來增進人的幸福，我們必須先問一個前置的問題：幸福，到底是什麼？雅典人都很關心這個問題，就像一路以來的哲學家、心靈導師、江湖術士，還有城市建構者，也都很關心這個問題。儘管大部分人都相信幸福存在，也相信幸福值得追尋，但幸福這東西是方是圓，是酸是甜，卻總是離我們的指尖就差那麼一點。幸福完全等於欲望的滿足嗎？抑或悲慘的對立面就是幸福？說到幸福，切中核心的定義也總讓人覺得主觀：僧侶心中那把測量幸福的尺，長得一定跟銀行家或護士或建築師的不一樣。有些人覺得「西阿挖ㄙㄟ」是在香榭大道上跟人眉來眼去，有人寧可在獨門獨院的後院烤一堆肉來吃個過癮。

不過有件事情可以確定：我們都會把自己對幸福的想像「翻譯」成某個「樣態」。你有沒有遐想過自家的前院要有什麼樣的花圃，或是結婚以後要搬到哪裡住？那就是了。你買車會選自己喜歡

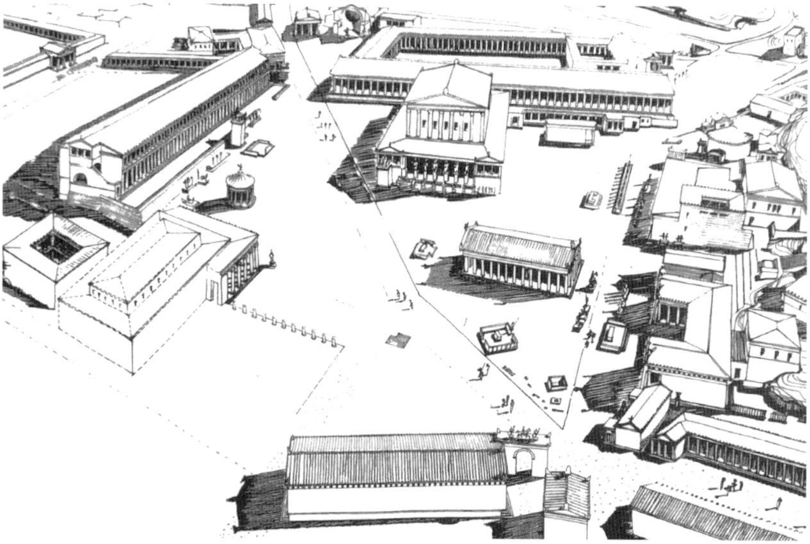

古希臘市集：阿哥拉

希臘式的美好生活哲學也是雅典市中心的核心「建材」之一。由廟堂、紀念碑、法庭與政府集會處圍成的阿哥拉，是貨真價實的「公共場所」，觀念在此自由流通，正如貨暢其流般。

資料來源：Robert Laddish, All Rights Reserved, www.laddish.net

的，是基於你對幸福的想像與翻譯；企業執行長會思考新的總部大樓要設計成什麼模樣，是基於他對幸福的想像與翻譯；建築大師規畫著社會住宅的格局，是基於他對幸福的想像與翻譯；設計師、從政者、里民大會為了社區道路、土地重畫與裝置藝術爭得面紅耳赤，是基於他們各自對幸福不同的想像與翻譯。要在城市裡好好生活，要設計出一座幸福的城市，我們就不可能不試著去了解幸福、體驗幸福，並且從社群的角度出發來打造城市。對幸福的探索會形塑城市的風貌，而城市的風貌也會回過頭來形塑我們對幸福的探索。

這點在雅典尤其明顯。從西元五世紀中開始，希臘人就認定幸福是人生目標裡的首要項目。雖然雅典人口裡只有一小撮享有公民權，但這一小撮公民確實掌握到了足夠的財富、閒暇與自由，而得以投入大量的時間去探討什麼樣算是好的生活。這當中的核心概念在希臘文裡，叫作「eudaimonia」，照字面翻譯是「有善靈（daimon）的進駐或陪伴來指引方向」，不過我們還是比較應該將之理解成一種人像花般盛開的狀態。以此為本，不同的哲學家提出了各自稍有不同的見解，但歷經了數十年的討論之後，亞里斯多德把時興的版本歸納如下：眾人大致同意好運、健康、友誼、權力與物質上的富裕，共同組成了「eudaimonia」的蒙福狀態。但即便在公民能享盡生活樂趣的希臘城邦裡，這些私有的資產也不足以構成幸福的全貌。亞里斯多德主張，人存活若只耽溺於享樂，那就是很不堪地把自己降格到動物的層次。人要達成純粹的幸福，唯有實現自我一途，而那代表著人不僅思想要純淨，行為上也得符合美德。

在此同時，城市與個人的福祉緊密地結合成一體[12]。希臘文裡所謂的「城邦」（polis），是許多雅典人帶著宗教般的熱情，共同呵護的努力成果。城市對他們來說不只是提供「一日之所需」的工具，而是一個把希臘的文化、政體、常規與歷史綁束在一起的概念。亞里斯多德點出，市民就像甲板上的水手，而帶動船隻前進是水手們的共同責任。事實上，亞里斯多德認為人要真正達到「eu-daimonia」的幸福境界，就只能透過城邦這艘「船」，所以若是誰不投入公眾事務，誰就不是個完整的人。

這些概念跟產出概念的城市設計間，存在著難以想像的密切關聯。雅典人追求諸神的眷顧——所以才用巨石替雅典娜跟其他的希臘神祇在衛城（Acropolis）的平緩丘頂上蓋了宮殿群，但比較「腳踏實地」的其他建築物，則反映著雅典人想要當家做主的態度與市民精神。話說，就在衛城正下方，雅典人在普尼克斯山（Pnyx Hill）的岩壁上挖出了一個談話的平台。任何出生在雅典城內的男性自由人——也就是公民，都有權上台針砭市政。這個渾然天成的半圓形會場可容納大約兩萬名公民，這代表平等發言的原則才初出茅廬，就有幸創造出相當壯觀的景象。柏拉圖、亞里斯多德與伊比鳩魯（Epicurus）的學院裡都激辯過「eudaimonia」的內涵；但是，對話最終還是會回到城邦中心、對所有人都敞開的「阿哥拉」。不同於現代很多大城用市中心的廣場來作為政治權力的象徵，阿哥拉的開放性是一道邀請，是希望城邦的生活由人來共同參與。

究竟是這些開放性的建築推動著雅典人在公民社會的進程往前一步，抑或是公民社會作為一種哲學催生出了這些建築物，難以定論。但這兩者結合在一起，就形同要求公民能出於美德來暢所欲言甚至大放厥詞，為公共的集會處注入強力乃至於會招致危險的生命力。確實，即便是在古典的希臘，百分之百的言論自由也是做不到的。蘇格拉底就因為在阿哥拉鼓吹群眾反思諸神的角色，結果著力太深而被判處死刑，罪名是妖言惑眾，玷污雅典的年輕心靈。從此之後，言論自由、公共空間與社會秩序之間的張力就左右城市設計至今。

變形記

隨著幸福的學說產生變化，城市設計也不願守成。羅馬人就跟雅典人一樣，對他們的城市有著深深的依戀，所以羅馬城的存在本身就具有其精神層面的意義。對自身城市抱持的驕傲，造就了工程與建築裡的英雄事蹟——水道、公路、溝渠、大港，到具有肌肉線條的宗廟與聖殿（basilica）；而後這些公共建設也讓羅馬茁壯成人類文明裡第一個超大型城市（megacity），人口曾破百萬[13]。羅馬在廣大帝國的資源餵養下心寬體胖，他們的公民也新納了一個幸福之神：西元前四十四年，凱撒點頭同意，在元老院集會的赫斯提亞議事廳（Curia Hostilia）不遠處，為這位快感、命運與生育之神菲麗西達（Felicitas）建廟。菲麗西達開始出現在羅馬錢幣的背面，正面則是羅馬皇帝。國家權力與幸福一體兩面。

但說到建城，羅馬菁英培養出了一種興趣，用雄偉的建築物來彰顯自身的榮耀。「戰神廣場」（Campus Martius）作為羅馬的公共區域，慢慢變成了帝國建築物的大雜燴與藏寶盒，而且這些建築物幾無例外地採用封閉式設計，所以彼此間要聯繫相當困難。比起聯繫羅馬跟帝國各角落，四通八達的道路系統，戰神廣場內的道路設計真是簡陋、狹窄、不足到讓人想流下兩行清淚。作為區內兩條主要的道路，「聖道」（Via Sacra）跟「新星之道」（Via Nova）都勉強只有約五公尺寬。一代代皇帝接連將打著自身名號而且愈來愈大的議事廣場（forum）給塞進這一區，但多數都未能把這些建築物納入整體的都市計畫中。建築所負擔的雄心還有費用，日益膨脹到荒謬的境地。西元一〇六年前後，圖拉真皇帝（Emperor Trajan）在征服了達契亞（Dacia）的外西凡尼亞（Transylvania）地區後，即被迫拍賣掉五萬名達契亞戰俘來籌錢，只因他想豎起一根約三十五公尺高的大理石柱，然後上面還要刻以螺旋狀的浮雕來描繪他的戰功。

就這樣，私人的榮光騎到了公益頭上。對底層的庶民來說，羅馬城儼然成了不平等的化身。平均每一座大理石蓋的多慕斯豪邸（domus），背後就有二十六條街區的擁擠住宅。雖然凱撒試圖透過限制高度與防火規定來稍微整頓一下這些貧民窟，但住在這裡頭的生活還是非常嚴酷。狹窄的街道上隨處可見垃圾，想圖個清淨難如登天，樓房整棟倒塌也時有所聞。面臨市民的信心與情感流失，公共設施與景觀被當成救兵，用以安撫日漸不滿的中下階層，包括超大型的公共浴池與購物空間——這也包含圖拉真蓋的一座高達五層樓的莫卡托（mercato），堪稱人類文明第一座大賣場。另外像血肉橫飛的角鬥士廝殺，馬戲團，異國的動物展示等等，都是統治者用來讓人分心的工具。

如果說雅典的哲學家曾經宣揚過城邦生活的精神層面與價值，那羅馬人則是慢慢唾棄了城市的生活。羅馬最偉大的詩人賀拉斯（Horace）曾經幻想過重返單純的務農生活[14]。可見返璞歸真不是二十世紀的專利，早在羅馬時期，古羅馬的貴族就知道鄉村別墅或那不勒斯灣區是遠離塵囂的好場所。

隨著羅馬帝國式微，歐洲城市能提供的福祉被壓縮到只剩下最基本的安全與存活。這種最低限度的「幸福」有兩類代表性的建築物：一是在中世紀初期，所有的城市都得設法透過堅強的防禦工事來防止掠奪者的侵擾，否則人民將難以存活；另一樣也同樣關鍵的是教堂，教堂對幸福做了種獨樹一幟的承諾。

就跟有都會文明以來的所有城市一樣，原屬羅馬帝國轄下的基督教與穆斯林社群都會把他們視為神聖的建築，安排在都市的中心。回教的伊斯蘭信仰禁止繪製穆罕默德的形象，但基督教會卻透過形式來呈現教義。教堂的平面圖就是個十字架，而十字架直接指涉的就是基督受難。不過進到教堂裡面，其建築樣式卻是希望讓人超脫俗世痛苦。中古時代的教堂運用高牆與拱頂，好讓人只要踏進教堂，就都能親身體驗到基督的「升天」（Ascension）。即便時至今日，任何人站在巴黎聖母院裡面，目光都會不由自主地愈來愈往上，最後停留在教堂正殿（nave）上方的內部屋頂。社會學家理查・桑內特（Richard Sennett）曾說過這就像一路旅行到天堂的地基一樣。當中的訊息很清楚：幸福不在這裡，幸福在來世等你。

但中世紀的教堂還有著另外一樣訊息：教堂是城市之「錨」，是賦予城市意義、將之與天界連結的地方，而這樣一個地方，是屬於所有人的。教堂的外圍往往是負責畫分世俗與神聖邊界的開放空間，父母會把嬰孩遺棄在教堂的陰影裡，染上瘟疫者可獲包容在此休憩，走投無路的你也可以來此乞求憐憫，看誰能助你一臂之力。在城市的中心，塵世與天堂的過場，這裡承諾的是一顆惻隱之心。

感覺超爽的

幸福的哲學定義，始終在柴米油鹽的生活與超脫塵世的希望中拉鋸，而化身於建築之中的幸福，則不斷在私人享受與公眾資產間往返。幾個世紀以來，天堂與救贖是歐洲人的堅定信仰。但啟蒙時代動搖了這個信仰。財富、休閒時間與壽命的快速成長，讓十八世紀的思想家相信，幸福是很自然、而且在此生就可以普遍達到的狀態。政府有義務帶給每個人幸福。在剛成立的美利堅合眾國裡，立國的先賢宣示追求幸福是天賦的人權。

但這種幸福跟古希臘的「eudaimonia」八竿子打不著。

英國社會改革者邊沁（Jeremy Bentham）提出了「效益原則」（principle of utility），而他把這種新的幸福歸納如下：幸福其實就是快感減去痛苦的餘額。他說，無論任何問題，都可以用一目了然的數學來判斷政府與個人最好的選擇。把快感最大化、並把痛苦降到最低的做法，就是正解。有了這樣的觀念，剩下的問題就很清楚：我們得想辦法來測量快感與痛苦。

啟蒙運動的學者最愛做的事情，就是循科學的途徑去探究社會問題。效益主義者如邊沁，作為一個很跟得上時代的人，首創了一組極其複雜的圖表叫作「幸福計算法」（felicific calculus），藉此來衡量某一種行為可能導致的快感或痛苦程度。把被稱為「效用」（util）的計算單位加總起來，這個演算法就可以判定讓高利貸合法、拿錢投資基礎建設，或是採取某種建築設計等各種舉措，能帶來多大的效益。[15]

但是真實的感受卻總是拒絕為邊沁的計分表背書。邊沁發現很多樂趣，比方說像飽餐一頓美食、無私地助人，或是聆聽到鋼琴的天籟，這些快樂都很難量化。而沒辦法量化，他的數學公式就沒數字可以套，當然也就導不出幸福生活的配方了。

幸福或許微妙難測，但人類還是想在現代建築中加入幸福的元素。在倫敦，皮革商強納生・泰爾斯（Jonathan Tyers, 1702-1767）把位於泰晤士河南岸的沃克斯廳園（Vauxhall Gardens），改造成按次收費的洛可可風綠蔭戶外寫生樂園，賣點包括懸掛的燈籠、露天的演奏與美麗的風景。威爾斯親王（Prince of Wales）固然曾經大駕光臨，但其他人只要擠得出不算多的一先令，絕對不會被拒於牆外。人人平等的享樂主義在此大放光芒。這裡有走單索的表演讓幾千人看得目不轉睛，有轟隆隆的煙火秀，也有母親繞著花園裡綠油油的迷宮尋找著自己講不聽、愛亂跑的女兒。

在法國，啟蒙運動的理念流入了公共的範疇，貫穿了政界，也滲透了革命。舊制度（Old Regime）[16]的統治者鐵腕審查平面出版品，迫使民眾在公園、花園與咖啡店交流新聞快訊與各種風聲。繼承了遼闊的巴黎皇家宮殿（Palais-Royal）後，身為奧爾良王朝（House of Orléans）領袖與盧梭平權理念支持者的路易菲利浦二世（Louis Philippe II）決定對百姓敞開御用花園與拱廊的大門。皇家宮殿就這樣成了普羅大眾的娛樂中心，書店、沙龍、點心、咖啡樣樣不缺。這裡是享樂與消遣的集散地，但也是哲學與政治運動的發祥地。在皇宮這樣一個萬頭攢動，庶民生活、休閒活動、政治主張相互衝撞與激盪的場所中，「幸福是人權」的啟蒙言論最終將促成法國大革命，讓決定開門的路易菲利浦二世人頭落地。

道德重整

自啟蒙運動以降，建築與城市設計運動就把自個兒能滋養社會心智與靈魂的這塊餅給愈畫愈大，其中「城市美化運動」（City Beautiful Movement）[17]的成員更是大言不慚地把這類豪語掛在嘴上。一八九三年，哥倫布紀念博覽會（World's Columbian Exposition）[18]在芝加哥舉辦，活動設計者丹尼爾·伯恩罕（Daniel Burnham）宣稱美感本身即具社會改革與公民道德啟蒙之效。伯恩罕在活動中主打的是個集啵亮白色「布雜藝術」（Beaux-Arts）[19]風格紀念碑於一身、任何窮酸味都遭刮除殆盡的模範城市展示。至於針對芝加哥市中心的其他區域，伯恩罕提倡的是「美麗城市」：由雄偉的街道與優雅的建築物相互交疊，回復城市曾有過的「視覺與美學和諧，進而創造出社會和諧萌生的基本條件」（關於為了騰出空間讓芝加哥城得以煥然一新，被迫「轉移陣地」的窮人得到了什麼好處，伯恩罕倒是避重就輕）。

沃克斯廳園—林蔭大道，吉爾瓦尼・安東尼奧・卡納爾（Giovanni Antonio Canal）
攝於西元約一七五一年

在啟蒙運動期間的倫敦，想找樂子當以沃克斯廳園為首選。林蔭大道與表演攤位一應俱全，印證著享樂主義的一視同仁，入場費低到連普羅大眾也不需要省。
資料來源：the Compton Verney[20]藝廊館藏。

但野火燒不盡，建築感染力的信仰在政治光譜的極端處找到了生機。史達林對二戰戰後的東歐重建工作採行所謂「社會主義風格的現實主義」（Socialist Realism），其設計初衷是要流露出權力、樂觀與足夠的公共美感來說服群眾，讓他們相信自己跟同階級的大家一起「出頭天」了。至今你仍可以「穿越時空」，在德國柏林的卡爾馬克思大道（Karl-Marx-Allee）上看到當年殘存的光景。這條道路寬達近九十二公尺，除非專供大規模閱兵使用，否則根本一整個空蕩蕩。卡爾馬克思大道的兩邊現有辦公大樓，跟依舊寬敞但風華不再的工人公寓，在半世紀前，這些公寓在建築壁磚、圓頂塔樓與人物雕像的襯托下，曾被暱稱為「婚禮蛋糕」。若是不去管史達林的所做所為如何罄竹難書，走一回這條大道，還真能使人對他的大言不慚點頭稱是。史達林說：「我的朋友，生活變好了，生活開心多了。生活既然開心，那工作是不是應該更起勁。」

還有些人想透過純然的建築效率來嘗試打造出理想社會。「人類的幸福已經存在於數字、數學，乃至於具巧思而合宜的設計與計畫裡，計畫裡的幸福城市已經躍然成形！」登高一呼說出這話的是瑞士裔法籍建築師柯比意（Le Corbusier）。在兩次世界大戰間，以柯比意為首的建築界現代主義運動興起於歐洲。一九二五年，柯比意提議將巴黎右岸瑪黑區（Marais）的古老社區剷平，以棋盤狀的超級街區取而代之，然後街區裡會蓋起六十層的楔形塔樓。這計畫自然沒有執行，但柯比意的想法受到社會主義政府的普遍接納。這些國家追隨了這位現代主義建築大師的堅持，新的社會主義理想於是透過建築在歐洲遍地開花。

若干現代改革者力陳幸福的祕密在於從城市中徹底逃離。羅伯・潘柏頓（Robert Pemberton）這位邊沁的有錢學生，相信老舊城市裡建築物與街道的銳利幾何角度，是罪惡與心理疾病的成因。他提案要在紐西蘭建構一個「快樂殖民地」（Happy Colony），採取同心圓的設計，其中外圍是一圈圈合計約有兩百八十一平方公里的農業墾殖區，核心則包含大學、小工廠，以及以巨大星圖妝點的集會廣場。透過他受觀星啟發而設想出的圓形／環狀設計，潘柏頓確信殖民地的百姓生活可以臻於「完美與幸福」。可惜這理想始終只是個理想。

在英國，十九世紀的尾聲，年輕時曾嘗試在美國中西部種田的倫敦人埃比尼澤・霍華德（Ebenezer

Howard）[21]，規畫了隔著一條寬廣的「綠帶」與倫敦毗鄰的「花園城市」（Garden Cities）網，他篤信城鎮與鄉村的融合，可以讓居民自然養成他在內布拉斯加州（Nebraska）莊稼漢身上看到的「遠親不如近鄰」。結果雖然蓋起了好幾座花園城市，但實際的運作卻未如霍華德夢想中那般自給自足。在都市計畫這個複雜而不完美的世界中，真正出現的是一系列住來舒適的通勤城鎮，居民必須完全仰賴長途交通，在自家與遙遠的市中心之間往返，而這也為此後的城市風光奠定了發展方向。

在美國，汽車的出現給了亨利．福特（Henry Ford）跟法蘭克．洛伊．萊特（Frank Lloyd Wright）[22]這類的創新者靈感。他們宣稱人類的解放就在公路的盡頭。這一派認為有了私家車，人就可以逃離市區，去建構屬於他們的自有自足小天地，那會是一個介於都市與鄉村之間的個人烏托邦。在萊特所擘畫的廣畝城市（Broadacre City）[23]裡，市民會開他們自己的車子到幾分鐘車程以外的地方去從事生產、經銷、進修或休閒活動。「可悲可憐的受薪階級不願生活倒退，而想朝著自己與生俱來的權利前進，誰可以說這樣是不對的？」萊特寫下過這樣的文字，「去吧，前往良田美土，在自由的城市裡成家立業。」科技發展與人口分散擰在一塊，產生出的便會是貨真價實的自由、民主與自給自足。

人類對幸福的追尋至今未產生出萊特希冀的廣畝城市。實際的歷史發展，是數以百萬計的人類跟銀行借了一大筆房貸，住進了附有說小不小、說大不大的草坪的獨棟房屋——地點離公司很遠，四周景色會告訴你這就是現在我們熟知的「郊區擴張」。「郊區擴張」作為北美最具代表性的都會發展樣貌，其濫觴多少可回溯到萊特視如己出、同時也在美國人心田上生出根來的獨立與自由觀念。這樣的「根」入土極深，上承啟蒙時代的幸福觀念與公益精神。

有價的幸福

邊沁及他的信眾固然在量化幸福的嘗試上鎩羽而歸，但早年的經濟學家仍看上了他效益主義論述中的效用概念。不過經濟學家很聰明地把邊沁的「幸福計算法」化約為可以數數兒的遊戲。快感或痛楚或許無法用單位去衡量，行善或健康或長壽或爽快也沒辦法加減乘除，但有一樣東西可以量化，那就是金錢與我們花錢時的決策。於是乎，經濟學家便使了招偷天換日，把「效用」代換成了「購買力」[24]。

與邊沁同時期的亞當．斯密（Adam Smith）在其所著的《國民財富的性質和原因的研究》（*Inquiry into the Nature and Causes of the Wealth of Nations*），也就是眾人所熟知的《國富論》當中，對人類發出警語。亞當．斯密說僅有財富與舒適就能帶來幸福是一種假象，但這沒有說服他的徒眾或他們所提供建言的各個政府，讓他們不要在之後兩個世紀中日益倚賴粗糙的收入量尺來評估人類的發展進程。只要數據持續成長，經濟學者們就會堅稱生活變好了，人類更幸福了。在這種偏執的分析底下，離婚、車禍、戰爭，乃至於任何會增加財貨與服務消費的悲劇，其實都會很諷刺地放大我們對於幸福的評估數據。

郊區的屋村社區是由大膽且將本求利的開發商操刀做出的興業壯舉。建商的這些「產品」——獨門獨院的居住單位，許諾給新來乍到住戶一個私有的舒適空間。這樣的發展可以說與雅典式的城市理念完全背道而馳，但卻扎實地創造出了財富：隨著人從圓心的市中心移居日益向外蔓延輻射的獨棟住家，能把一個家填滿的家具、家電，乃至於把愈分愈開的點與點連起來所需要的車輛，都是

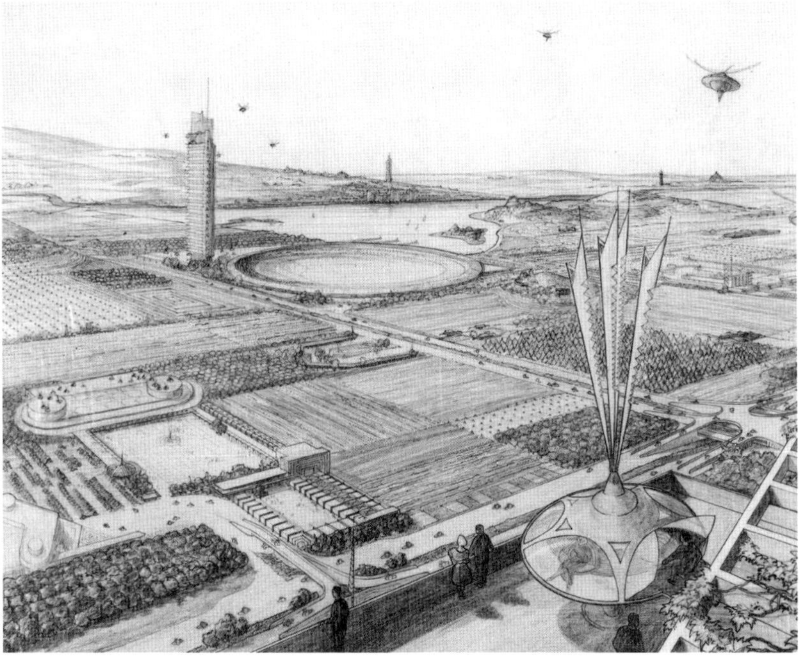

廣畝城市

法蘭克．洛伊．萊特的極端人口分散願景。這位建築師認為公路、以及很顯然他覺得完全可能製造出來的飛行機器，將可以讓都市居民在鄉間的自家土地上自由地安居與耕作。

資料來源：Frank Lloyd Wright drawing is Courtesy The Frank Lloyd Wright Foundation Archives (The Museum of Modern Art | Avery Architectural & Fine Arts Library, Columbia University, New York). © The Frank Lloyd Wright Foundation, Scottsdale, AZ.

不可少的消費。

市場派經濟學家支持郊區擴張的說法是：如果你可以觀察人花錢的方式來判斷他們的幸福與否，那麼都會擴張區域的獨棟房屋熱賣，就證明了這樣的生活方式可以帶來幸福。一如羅伯特．布魯格曼（Robert Bruegmann）與喬爾．科特金（Joel Kotkin）這群作家所主張的，都市擴張除了滿足了美國人對於隱私與移動的需求，也呼應了他們想遠離高密度環境中種種問題的心情。按照這樣的理論，都市擴張反映的是每個個體與生俱來的權利——每個人都有權利追求效用的最大化。

但是，這樣的詮釋忽略了幾個礙事且讓人不想面對的真相。首先是我之後會討論到的、人類的偏好——包括我們買的東西與我們選擇的住所，並不能保證我們長遠的幸福。第二點、也是更顯而易見的一點，那就是都市擴張作為都市發展的一種型態，是人為規畫出來的、並挹注以大量的預算補助、授予合法地位，然後隔很久才有人真正決定要在那兒買房。如果說擁擠的市區是都市重畫、立法與遊說出來的結果，那都市擴張的區域也絲毫不遑多讓。都市擴張不是自然的發展，而是人為的設計。

我們該如何去評斷古往今來或現代城市設計者與公民的幸福處方之良窳呢？獨門獨戶的郊區住家真能讓屋主出落得獨立而自由嗎？雅典的民主集會場所真的推動著古希臘人更靠近「eudaimonia」的幸福境界了嗎？筆直的公路真的比狹窄蜿蜒的小路感覺更無拘無束嗎？美觀的建築物真的能讓眾人產生共通的樂觀心情嗎？哪些偉大城市設計者的設計曾真正催生出邊沁用來計算效用的「單位快樂」（hedon）？佩尼亞婁薩與所有信誓旦旦要透過城市設計讓人快樂起來的傢伙，哪幾個有能站得住腳的理論？

要回答這一連串問題，我們得回頭去求教於蘇格拉底：幸福的本質究竟是啥？現在正好是我們重新探究幸福定義的天賜良機，理由是從郊區開發加速到最終大崩盤的幾十年間，一個由心理學家、腦神經學家與經濟學家所組成的人際網，投入了這個曾經讓希臘人興致盎然的課題研究，打臉了啟蒙時代的學者，還順便提供了豐富的材料給設計與行銷都市生活方式的人士。

幸福的科學

甫進入一九九〇年代，威斯康辛大學的心理學家理查．戴維森（Richard Davidson）便曾嘗試要分離出人腦中的正面與負面情緒來源。醫界長期觀察發現，腦部左前側（左側前額葉皮質層）受過創傷的人，偶爾會很突然的失去享受生活的感受，也比一般人更容易陷入憂鬱。藉由這樣的觀察，戴維森發現了幸福神經科學的一條線索。他把用來測量電流活動的腦波監控貼片黏貼於受試者的頭皮上，然後放用來誘發幸福或莞爾或厭惡感受的短片給他們看。結果戴維森發現，像微笑的嬰兒這類快樂主題的影片，會增加腦前額葉左側的活動，而畸形嬰兒的影像則會刺激前額葉右側的運作。受試者的反應為他畫出了好／壞感受的腦部地圖。

有了這張地圖，戴維森又訪問了受試者的感受，並且將他們一一送進磁振造影（MRI）的機器裡受測（MRI的機台會追蹤與血氧濃度高低相關的磁性反應，藉此擘畫出人腦的活動狀況）。結果他發現相對於右側，自認快樂的受試者會有較多的血液流向前述的前額葉左側。在另外一項研究當中，科學家讓日常工作中的受試者每二十分鐘評估並記錄自身的情緒起伏，同時每兩個小時抽血一次。結果自認情緒愈差者，血液中的可體松（cortisol，與壓力跟焦慮關係最顯著的人體荷爾蒙）濃度就愈高。

這種種的研究，乃至於近二十年來數十筆近似的實驗，都指向一個看似理所當然、但我們直到最近才得以證實的見解：如果你想要知道一個人快不快樂，你只能直接開口問他們。[25]

多數人跟科學家說自己快樂，他們說的是心裡話，而且也是真話。這聽起來好像不值得大驚小怪，畢竟一般人都不會搞不清楚自己到底快不快樂。問題是這一點所打臉的不是別的，而是經濟學裡的經典教條：經濟學的假設是「只有消費的決定能夠真正顯露出我們的快樂來自於何處」。現代的經濟學家與心理學者拜科技之賜，已經可以透過「民意調查」去了解海量受訪者的主觀感受，由此我們又朝邊沁一心想上溯人感覺好壞的源頭的夢想邁進了一步。

邊沁的這個夢想有一個新世紀的急先鋒，他就是普林斯頓大學的心理系教授丹尼爾·康納曼（Daniel Kahneman），史上唯一一位非經濟學家的諾貝爾經濟學獎得主。

一反幾十年來的經濟學家都透過極其簡化的數學算式來建構人類的決定與滿意感受的模型，康納曼與其同僚的做法是，以有血有肉的人在真實世界裡會為了什麼事情感到快樂或不快樂來進行實驗。康納曼的團隊把這項嶄新的科學取名為「享樂心理學」（hedonic psychology）。跟邊沁很類似的一點是，康納曼的團隊主張要判斷幸福與否，就必須地毯式徹查人生中好與壞的點點滴滴。康納曼早期的一項研究確立了幸福快樂與都市生活間的連結。他詢問了超過九百名在德州工作的女性，請她們以事件為單位，將前一天的生活加以「分鏡」，就像電影裡的場景轉換一樣，然後再請她們描述自己在每個場景中做的每件事情、與當下的感受。結果在一整天的行程當中，最能取悅女性的第一名是性交，雖敗猶榮的第二名是社交；至於最讓女性不開心的一件事情？答案是通勤。

若純粹想透過追求快樂去達成幸福的都會生活，那第一步就是要確定城市的存在會如何影響人的心情，然後設法將好的東西最大化，壞的東西則要趕盡殺絕。環境心理學在這方面是一個資料的寶庫，比方說專家已經證實蛇、蜘蛛、鋒利的邊緣、大小聲、意料之外的噪音、黑暗與死巷是會讓人不舒服的壞東西；而新意、柔軟的邊緣、好聞的香氣與溫和的驚喜會讓我們開心，同時人也樂於想起美好的回憶。

有這麼一個地方可以同時滿足這一切，包括把現代都市所有令人不適與醜陋的線索都統統抹去。如果你有孩子，那他們多半要求過你帶他們去這個地方：一九五五年開幕時打著「世界上最快樂的地方」的招牌，迪士尼樂園被打造成你花了錢就可以來玩、就可以把正開始稱霸南加州的高速公路跟擴張中的市郊拋諸腦後的地方。

直到今天為止，進到迪士尼樂園，裡頭的每一個建築細節、每一個角度、每一幅地景、每一趟交通、每一宗感官刺激，乃至於人行道的質感與空氣中的嗅覺，都純粹是設計用來創造快樂的體驗。灰姑娘的城堡是許多人的兒時幻想，也是完美宇宙運行的中心點；蒼鬱的花園或茂密的森林彷佛就在轉角後面；「飛越太空山」（Space Mountain）會使人胃酸翻攪的旋轉與陡降不長也不短，剛好夠讓「同梯」的遊客都覺得好危險喔，但又不足以讓人分泌壓力荷爾蒙來損及我們的免疫系統。所以人進入跟離開迪士尼樂園，經過美國小鎮大街（Main Street USA），都會看到街上一整排可愛卡通人物的周邊商品店面，都會感受到那有點忙又不會太忙的生活節奏，直指電影、電視乃至於幕後的迪士尼等「娛樂機器」不斷烙印在我們心上的完美小鎮形象，而這一切都與巧合無關。只需要轉開那些人造記憶的水龍頭，迪士尼就可以讓不同國籍、不同出生地的每個人感覺自己回到家了。只有不買帳到極致的懷疑論者，才沒辦法享受這種美好的感覺。

如果幸福不過是虛無飄渺的歡樂，那麼迪士尼樂園就是「世界上最快樂的地方」了。建築師與造鎮者以迪士尼為本，在世界各地複製購物中心、市中心的鬧區與鄉里社區，神經科學家讚嘆著迪士尼的設計是多麼地逼真（後頭我會稍微解釋迪士尼的成功祕訣）。但就像迪士尼的動畫電影一樣，迪士尼樂園所帶來的幸福必須以「不可置信」的懸疑感作為前提。你必須配合超活潑的店員與吉祥物一起假裝，而他們的職稱就是「劇組演員」——我知道這名字讓他們合約裡的微笑義務變得很諷刺。進到迪士尼，你必須很配合地忘記那隱藏在美國小鎮大街背後的辛勤工作與日常掙扎，你必須對那條把南加州的重畫區給阻擋在外的護堤視而不見。當街頭藝術家班克斯（Banksy）在迪士尼園區裡架起一個關達那摩灣（Guantanamo Bay）監獄囚犯的充氣娃娃時，迪士尼樂園的火車毫不誇張地停駛了，好讓園區得以排除這不堪的真實人生指涉。這場百分百的喜劇容不下一丁點的差錯，這台精心打造的快樂製造機禁不起這樣的脅迫。

由此而去，我們要問的一個問題是：如果你很快樂，那真相還重要嗎？哲學家羅伯特．諾齊克（Robert Nozick）曾經提出一個很尖銳的提議。他要人去想像世上有一種「經驗機器」，可以讓使用者陷入終生的夢境當中，就好像是永遠不會醒來的昏迷一樣，只不過這種昏迷容許神經心理學家激發你的腦部，去產生直搗想像力極限的至樂。諾齊克主張接上這台機器就等於是自殺，他認為多數人會選擇「爽度」沒那麼高，但能讓人親身體驗挑戰、掙扎、愉悅，甚至於痛苦的真實人生。即便一輩子活在迪士尼樂園裡是一個選項，「eudaimonia」流的幸福之道也需要我們把眼光放遠。我們得不被迪士尼的商業表象所蒙蔽，我們得面對米奇與米妮卸下頭套之後的掙扎，我們得活在能撐起「經驗機器」的都會系統之中。迪士尼樂園跟遊客都得為護堤外交通流量的增加與都市黑暗面負責，我們不能把快樂跟創造快樂的體系分開，也不能對自己在創造系統中所扮演的角色視而不見。我們該問的另一個問題是：真實場所的真實設計，要如何把我們願意付錢去換取的感性與感官享受，融入到真實人生中？這麼做正確嗎？

讓城市超越表面的享樂

對於經驗機器的抗拒，會帶著我們回到古希臘所高舉的那更深更廣的幸福概念，這一點與康納曼的「享樂經濟學」如出一轍。在這個新興的領域裡，康納曼與其同儕嘗試著理解社會的整體幸福受到哪些因素的影響，為此他們取材自人口普查報告、與極大範圍的世界價值觀調查（World Values Survey），還有蓋洛普組織之全球民調等第一手訪查。這些訪查並非單純地測量人的「情感」、也就是人在當下的相對樂觀程度；他們徵詢的是受訪者對人生整體的感受[26]。他們的希望是把「eudaimonia」流的幸福濃縮成單一的數字，然後以之與所得、失業率、通勤時間長度、朋友圈的人數等各種想得到的變因進行比對，藉此了解生活滿意度所有的構成要素。[27]

這些調查推動了經濟學的變革，部分原因是調查的結果質疑了增加的消費力讓社會變得更快樂的能力。許多國家在達成了第一世界國家在一九六〇年前後觸及的生活水準後，幸福程度與國民生產毛額（GNP）的行進軌跡就從一條線變成兩條[28]。所得自然有其重要性，但錢本身並不能一手遮天。

確實，如果你生在貧窮的國家，「富裕起來」這件事會跟變幸福息息相關。這非常合理。沒有錢讓孩子吃飽穿暖、有家可歸外加安全無虞，你能說自己快樂嗎？但在地球上的富裕國家中，努力賺錢的魔力會在你跨過平均所得標竿的瞬間冰消瓦解，在那之後的世界，每多賺一塊錢，邊際效益就會開始遞減。

如果錢不是所有問題的答案，那麼幸福的全貌究竟為何？亞當．斯密的古典經濟學派徒眾從沒有給過個確切可行的答案，但相關的訪查倒是給了我們一些方向。教育程度愈高，對自身幸福的評價也比較高；有工作的人比失業的人快樂，而且這一點並不會因為生活在社會福利傲人、失業了也沒什麼大不了的歐洲國家而有所改變。

地點是生活滿意度的一大決定因素[29]。一般來說，小鎮居民要比住大城市的人快樂，住在海邊的人自認比較快樂，而住在機場航道旁是幸福殺手，另外強風也是個問題。不過我們對環境因素的反應並非都那麼合邏輯，比方說住在垃圾堆旁與住在有毒廢棄物棄置場旁兩者相比，比較讓人不開心的竟然是前者，原因恐怕是垃圾的臭味聞得到，而某些有毒物質則無臭無味。眼不見為淨，鼻不聞是清，大抵就是在說這種情形，至少短期間感覺上是如此。

幸福的主觀感受取決於許多錢買不到的東西。休閒時間與較短的通勤時間都可以加分，身體健康也是（只不過「感覺」健康重於「真正」健康，而人際關係會比醫療規畫更有利於人感覺健康）。有個神可以信也有幫助，雖然你可能不相信，但單單是上教堂（或去廟裡拜拜）也可以在幸福的感受上推我們一把。再來就是參加跟宗教完全無關的志工團體，也可以有產生幸福的效果。我們居住的環境真的有差，負責倫敦格林威治區的公衛官員以政策補貼住宅[30]為對象，比較了各式各樣的環境因素，結果不意外地發現，公寓裡有黴菌，會比街上的環境或人行道上的狗屎，更不利於人的主觀幸福感受。

但在威斯康辛大學與理察・戴維森合作的發展心理學家卡蘿・萊佛（Carol Ryff），主張這些東西仍不足以讓我們近距離掌握亞里斯多德會願意背書的美好人生定義。事實上她對「幸福快樂」這類字眼非常跳腳：

「亞里斯多德描繪出一幅牛隻徜徉在原野上，滿足地反芻著草泥的光景。但他非常清楚這不是eudaimonia的精義，eudaimonia的內涵是每天早上起床後辛勤工作，讓人生朝著有意義的目標努力付出，而且這樣的努力並不見得會讓人馬上獲得回饋與滿足，」萊佛對著我說：「事實上eudaimonia跟人覺得滿不滿足完全無關。eudaimonia關乎才華與潛能的開花結果，也就是自我實現。」

萊佛會做出這樣的結論，是因為她先做了一個很特殊的實驗來測試自己的觀點。首先她參考上世紀所有大師級心理學者的看法，設計出一張清單，裡頭包含了各種「理想狀態」（well-being）的指標。她的全明星「古希臘式幸福」陣容頗有可觀之處，包括以下六項：

- 自我接納，抑或我們的自我感覺要好到某個程度
- 適應環境，成為環境的主人——我們必須有方向，有能力在這個世道存活下來，發光發熱
- 與人建立正向的良好關係
- 終生學習與成長
- 覺得活著有意義與目的
- 有獨立自主，能自食其力的感受

乍看之下，這清單的內容好像抄襲自白天播出的談話性節目，超健康的，但萊佛有生理學的證據可以為這張清單「加持」。萊佛訪問了一群六十到九十歲之間的年長女性，由她們對自己的心理

狀態進行各項指標評分，然後再將評分結果與這些長者的身體健康狀態做對照。結果在萊佛的「考卷」上拿到愈高分數的女性，她們的健康狀況也大勝其他低分的受試者。她們對關節炎與糖尿病的「抵抗力」較佳，唾液裡的可體松濃度也比較低，這代表她們不僅主觀感受到的壓力比較小，而且得到心血管乃至於其他疾病的機率也比較低。她們的睡眠時間比較長，入睡程度也比較深。31

心理學家早已認定幸福的感覺與健康狀況良好之間有所關聯，但萊佛的研究顯示了有意義、有挑戰性與人際關係健全的生活裡，各種因子都具有能相輔相成的「綜效」（synergistic power），而這正是希臘人倡導、且在雅典建立起來的東西。適量的英雄式奮鬥對你有好處。

萊佛把這種理想狀態稱為「逆流而上」（challenged thriving）。很多人明明可以住大房子、享清福、在俄亥俄州的阿克倫（Akron）老家過著錢不一定多、但肯定事少離家近的生活，卻寧可為了追夢而願意到像紐約這樣吵雜、混亂與迷宮般的大城市裡咬牙吃苦，相信希望自己能「逆流而上」的心理狀態是一個原因。萊佛本身在美國西北華盛頓州的奧卡斯島（Orcas Islands）老家看夠了幾天海邊的景色、與吸夠了清新不刺激的空氣之後，心癢地想回到漫天風雪的威斯康辛大學實驗室裡受挫，想必也是同一個原因。

城市不僅僅是各種「爽」的百貨公司，城市還是我們奮戰的舞台，我們每個人都需要在城市裡擔綱自己人生大戲的男主角或女主角。城市可以提升、也可以侵蝕我們日復一日回應生活挑戰的能力；城市可以奪走我們的獨立性，也可以賦予我們發光發熱的權限與自由；城市可以提供一個我們能悠遊其中的環境，也可以打造出一連串非人的關卡，讓我們終日垂頭喪氣、身心俱疲。建築與體系中所暗藏的訊息可以讓人出落得自信十足或異常無助。城市的好壞不應該完全取決於景點的多寡與便利性，居民間永不下檔的生存遊戲、與對意義的追尋，究竟受到城市環境的何種影響，也是我們應該詳加思量的重點。

在城市對人產生的各種心理影響當中，最重要的一項就是環境如何緩和我們與旁人的關係。對個體與整體社會的福祉來說，這最後的一點考量是核心，且如此不可小覷，以至於研究這項課題的學者簡直傳起福音來了。就以經濟學家約翰．赫利韋爾（John Helliwell）為例，這位英屬哥倫比亞大學的榮譽教授曾經投身量化總體經濟學、貨幣政策與國際貿易的研究數十年，學術地位超群，但自從他晚年對快樂經濟學產生興趣以後，現在他都自我介紹自己是亞里斯多德的研究助理，上課前還動不動就會帶台下學生合唱小朋友的歌曲〈當我們同在一起〉（*The More We Get Together, the Happier We'll Be*）。他這歌不是唱好玩的，他提出的實證讓城市、國家與聯合國都願意付耳傾聽。

赫利韋爾教授與他的團隊用他們的統計系統，把世界價值觀調查與蓋洛普組織的全球民調給跑了幾輪，結果他們「輾磨」出來的結果是：說到對生活滿意度的影響，人際關係完勝收入高低。比方說民調中問到，受訪者遇到困難時有沒有朋友或親戚可以依靠？結果從一個朋友都沒有進步到至少有一個朋友或家人可以談談，這過程中的爽度就相當於薪水變成原來的三倍。

經濟學家就愛把人際關係化為數據，赫利韋爾教授也不例外。他呈現在世人面前的是：只要覺得自己人生中有人可以倚靠的人多個百分之十，那一國的生活滿意度就可以得到相當於所有人都加薪百分之五十的提升。但有影響的不單單是我們與親朋好友的緊密關係，我們對鄰里、警方、政府，甚至廣大陌生人的信任程度，都是幸福的關鍵因素——收入一樣完全不是這些信任感的對手。

想像一下你在外面掉了皮夾，你覺得鄰居、陌生人或警察發現後還給你的機率各有多高？這個問題看起來「人畜無害」，但回答這個問題就等於填入了一整組指標的數據，你與家人、朋友、鄰居，乃至於跟整個社會的關係好壞，都能一目了然。

把掉皮夾的問題拿去問夠多人，你就能判斷一個城市的幸福程度。赫利韋爾把皮夾問題安插到在加拿大進行的多個城市調查中，結果他發現，凡是覺得皮夾拿得回來的地方，市民的生活滿意度都名列前茅。進一步調查這些都市裡的不同區域，結果也維持一致。信任是一切的關鍵，收入在這方面完全不是信任的對手：加拿大最大、最有錢的三座城市——卡加利（Calgary）、多倫多、溫哥華，剛好也是加拿大境內人與人互信程度最差、住起來最不快樂的三座城市。反觀聖約翰市（St. John's）是座蓋在岩盤上的邊境城市，也是怎樣都富不起來的紐芬蘭（Newfoundland）的首府，但這座城市卻是信任與幸福榜上的常勝軍。同一時間，丹麥作為最相信鄰居、陌生人，乃至於政府的國度，也總是能在世界幸福調查的排名上穩居領先群。心理學、行為經濟學與公共衛生等領域的研究都不斷提醒我們類似的狀況。幸福是一棟房子，裡面有很多房間，但房子的中間必然是溫暖的爐火，我們會在這兒與家人、朋友、鄰居，甚至偶爾闖入的陌生人一起圍爐，然後一起找到那個最好的自己。

搞了半天，人類有互相信任的本能，這點並不因為我們難免的防人之心而有所改變。經濟學曾經把這點完全歸諸於「自利」的驅動：我們愈是彼此信任，我們就愈能最大化各種經濟「效用」。比方說，我們可以抱持信任去交易商品與服務，而貿易也會有利可圖。但南加州克萊蒙研究大學（Claremont Graduate University）經濟學家保羅．扎克（Paul Zak），用神經科學家的角度切入「信任」這個主題，結果他發現信任的深層有著生理學的機轉。扎克是個比赫利韋爾還「自然嗨」的人，他設計了不同的遊戲讓匿名的玩家跟陌生人反覆流通金錢，然後他會幫受試者驗血。結果扎克果然很嗨地發現，能帶著合作與信任的心情與人交換金錢者，他們的血液裡滿滿的都是一種分子叫作——催產素（oxytocin）[32]。

很多人都知道女性會在生產或哺乳時分泌大量的催產素，另外就是，特定的哺乳類會在發現可信任的對象時，釋出催產素到血流中。一旦你的大腦釋放出催產素到體內的循環裡，這種荷爾蒙就會讓你有一種既舒服又平靜的感受。短則幾秒，長則二十分鐘，你會在催產素的作用下傾向於相信別人。你會比平常配合度高，也會複製別人對你的慷慨或善舉而對人大方和藹起來。

拉鋸戰

關於催產素的研究顯示，社會上的互信帶有一股動能跟一種創造的屬性。催產素的分子對利他主義而言既是動機，也是獎勵。得到社交上的正向回應，這包括有人對你笑、跟你握手、跟你約定的事情說到做到、好心讓你能切入快車道等，你都會因此「爽到」。而且無論跟朋友或陌生人一起強化這種信任感，感受都一樣好。還有就是，無論在廚房裡、隔著圍籬、在人行道上、在雅典的「阿哥拉」廣場上，面對面的互動都可以達到最好的信任效果。另外距離與幾何關係也會對人際互動產生影響，這點容我們稍後再提。

信任的這種生理反應有哪些延伸的意義，值得我們在這裡進一步說明。自從達爾文開始思考特定蜜蜂的犧牲行為（用有倒鉤的螫針插入入侵者的話，蜜蜂會在拔出螫針時死去）以來，演化論的生物學家就一直對不少動物都有著所謂的「利他主義」行為嘆為觀止[33]。群居動物要獲得好的發展，個體間就必須彼此合作。普遍的共識似乎認為這種合作不僅僅只是習慣而已，這種本能其實是鑲嵌在蜜蜂、黃蜂、白蟻，乃至於猿猴與——沒錯，社會性最顯著的生物——人類的遺傳密碼裡。催產素的效果就是這種本能的生理學證據，但當然這也是哲學家與精神導師們一貫的主張。因此，古典經濟學的支持者有多強調人性的自私，亞當．斯密就有多緊抓人性需求的二元分立。在他另外一份重要的論述《道德情操論》（*The Theory of Moral Sentiments*）裡，亞當．斯密主張人類的良知來自於社會關係，同時他還認為因為身處於人群中而產生出的自然同理心，除了是身心安頓的重要成分，也應該是我們行動的圭臬與準則。他的當代徒眾或許不太想承認，但這位經濟學之父其實有著很「雅典」的一面。

人類面對本能，自然不會像蜜蜂那麼沒有招架之力，但我們所有人身為大我的一部分，都還是可以因為部分人的犧牲小我而受益；合作也可以讓眾人雨露均霑。正如催產素的研究所顯示，人腦會看到我們合作得很好而給我們獎勵。而在同一時間，每個人都想要最大化自身利益的自私動能，會創造出一股衝勁與財富，然後這股衝勁與財富會溢流氾濫到整座城市中。人無論走到哪裡，身上都帶著自私與利他間的這股張力。

這樣的矛盾交織於城市的紋理之中。希臘人一方面追求著個人的成就，並築牆建屋保護家族，另一方面卻又建立阿哥拉廣場上的城邦與公民社會。羅馬的興起伴隨著其財富注入到下水道與道路建設等公共利益上，而帝國的衰落則反映在財富遭囤積在私人別墅與宮殿中；巴黎最耀眼的公有花園是為了統治菁英的享受而建成，如今卻為普羅百姓提供了感官的饗宴。上世紀一群有高度理想性的現代主義者把建築當成倫理的推土機，硬推著一個個社區朝著有象徵意義、強迫中獎，同時不見得所有人都能打成一片的近距離生活前進。已故的偉大都市主義者珍・雅各（Jane Jacobs）宣稱一九六〇年代的格林威治村（Greenwich Village）街道之所以能出落得友善而安全，完全是因為這些街坊為眾人共享。但在光譜的另一個極端，我們看到的是千百萬的美國人追逐著私有的幸福，落腳在疏離的建築結構中，希臘人名之為「阿哥拉」的融合精神已蕩然無存。

隨著哲學、政治與科技的演變，這當中的平衡點也會往復擺盪。這平衡存在於私有與公共的資源與地景之間，存在於我們利用獨特的建築來凸顯自我的方式中，也存在於牆垣的高度中、家家戶戶的距離中，甚至是我們移動旅行的方式與速度裡。

對都市幸福的追求，會需要我們去承認這股張力背後的真實需求，會需要我們找出方法來平衡這樣的矛盾。

但我們都不能忘記一個事實：雖然現代都會讓人能以前人難以想像的方式與鄰居跟陌生人拉開距離，但人性最大的滿足仍存在於與人合作進行的工作與遊樂中。無論我們多珍視隱私與獨處，強韌而正向的人際關係都是幸福的根基。無論我們如何連滾帶爬著要搶先別人抵達終點、無論我們多麼好勝，城市都永遠是所有人的共同創作。就像亞里斯多德的城邦一樣，城市是個我們可以集眾人之力來形塑共同利益的地方——有些事情不是一個人一雙手可以做到的。

「我們有著同樣的未來」作為一種認知，其重要性已站上空前的高點。愈來愈多證據顯示人類生存所繫的全球生態系正受到嚴重威脅，而為了解除這個危機，種種必要的犧牲都有賴於高度互信與一股「命運共同體」的認知。並且，現況是，人類的表現還遠遠不及格。一如經濟學家傑瑞米・

里夫金（Jeremy Rifkin）所說，同理心的圈圈必須擴大，必須超越家庭、社區，甚至超越國家，如此我們才能真正去關心自己所屬的物種、生態系與這顆星球。稍縱即逝的快樂或預支下一代或不知多少代的幸福而換來的恣意妄為，就跟羅伯特．諾齊克的「經驗機器」一樣，只能帶給我們虛妄的快感。

我們能不能讓同理心突破瓶頸而達到民胞物與的境界，尚在未定之天。但可以確定的一點是：作為一項社會工程，城市給我們的挑戰不僅僅是要共存；我們還得設法共榮，畢竟人類的未來就是四個字——榮辱與共。我們有著不能分割的命運。

快樂城市：城市的職責所在

人會選擇不同的幸福之路，關於幸福的定義不可能有共識。幸福既不能歸納成我們的生產與消費，也不可能用神奇的「幸福計算法」得出一個總分。但電光石火般的突觸傳導、人體血液中的化學反應，乃至於人類群體選擇與主觀意見的統計大勢，卻總會勾勒出一張與古時聖賢所見略同的「幸福地圖」。生理反應與主觀感受，反映出大多數地方的大多數人，都有著如出一轍的基本需求與大致相同的欲望；這些反應與感受傳達出直覺早就告訴了我們、但我們不太願意承認的事情。崇山峻嶺下的不丹王國以「國民幸福毛額」（Gross National Happiness）取代「國民生產毛額」（Gross National Product）來衡量國家的發展程度，是有智慧的決定；英法等國與西雅圖、聖塔莫尼卡（Santa Monica）、首爾等城市的政治領袖決定更看重新一代的幸福指標，在所得以外考量到住民的主觀感受，也值得我們肯定。幸福科學所昭示的種種真相應該已說服了我們，佩尼亞婁薩等一行人在世界各地宣傳的主張是對的：都市不該只被當成是創造財富的引擎，都市還得是增進眾人福祉的人造體系。

綜合哲學家、心理學家、腦科學家與幸福經濟學家的種種見解，我在此提出一幅「都市幸福」願景的骨幹。扣除基本的吃住與人身安全，一座城市究竟該達成些什麼？

- 城市要努力把在都市中生存的喜悅拉到最高，辛酸壓到最低。
- 城市要帶著居民朝健康邁進，並遠離大小疾病。
- 城市要提供我們不打折扣的自由，讓我們能照自身的意願去度日、移動，並打造心目中的理想生活。
- 城市要孕育生活的高度：我們要能覺得生活操之在己，要能感到舒適，要能覺得自己是自己的主人。
- 城市要能幫助我們在生活中建立意義與歸屬感。
- 城市要助人建構財富。但這種財富建構的過程必須在空間、服務、機動力、喜悅、酸楚與成本等項目的分配或分擔上，追求眾人的參與和公平性。
- 城市要建立起面對經濟與環境衝擊的緩衝能力與韌性。

更重要的是，城市必須有利於我們建立並強化與朋友、親人跟陌生人的關係，因為只有這些關係才能賦予生活意義。這些人際連結代表著城市最偉大的成就與機會。一座城市要是能接受並慶讚我們共同的命運、要是能敞開大門深化同理心與人際間的合作，那我們面對二十一世紀的種種嚴峻考驗就不怕無法因應。

這些都不是不切實際的目標，但我們當前的挑戰是要判斷出何種城市面貌與體系可以促進這些目標的實現。城市設計與幸福地圖之間的對應關係若能獲得確認，那我們會採取何種不同的方式去建城，又會以什麼樣不同的態度在城市中生存？如果做得到，我們會改變些什麼？

認定只要改變城市的面貌就可以創造出幸福，自然是一個很大膽的想法，但要是不勇敢去追夢就太笨了，畢竟證據已經告訴我們城市確實可以左右我們如何移動，我們如何感受，以及我們如何對待彼此。城市設計的腳本，就是我們心情與生活的藍圖。

註釋

12 即便是被現代人酸成嗜酒如命，而且被想像成派對動物的享樂主義者（Hedonist），事實上都堅信「極樂」存在於符合美德的行為中。不過在當時，思想家也大多認為極少人能活得完全無礙於美德，除非是神。

13 羅馬人腦中的規範與控制意識，清楚地體現在三大洲（最北到蘇格蘭）各個邊城重鎮的棋盤狀設計裡。雖然不見得跟幸福哲學本身有所關聯，但羅馬帝國所提供的安全感無疑是橫跨幾個世紀、遼闊疆域中繁榮昌盛的來源。

資料來源：Ibid, 29.

14 賀拉斯寫道：

快樂的人，無慮無憂（Happy the man who, free from cares,）

就像前人，耕耘依舊（like men of old still works,）

父執之田，己身之牛（his father's fields with his own oxen,）

快樂的人，無債不愁（encumbered by no debt.）

資料來源：Horace, Epode II （Beutus ille） in Horace: The Complete Odes and Epode, trans. David West （New York: Oxford University Press, 1987）, 4. [FROM MCMAHON, P.71]

15 邊沁曾不太光彩地跑去研究建築這一塊，而他的表現正好毛骨悚然地提醒了我們一點，那就是把城市設計當成社會發展的工具有其極限，不宜無限上綱。「圓形監獄」（Panopticon）作為一種監獄，是把多層樓的囚室設計成一個圓圈，並且全都面對著圓心處的獄卒監視塔。塔上的窗戶全數被遮了起來，如此囚犯就會設想自己是二十四小時遭到監看。邊沁主張這種有如神祇般的全知全在（omnipresence）不僅有助於節省納稅人的錢（可以少請獄卒），還可以教化獄友。他希望連醫院、療養院，甚至學校都能採用這樣的設計。在寫給友人的一封信中，邊沁提到自己設想的學校裡「為禁絕玩耍、閒聊——亦即所有會讓學生分心的事情，手段上最主要的是校園中央設置密不透光的校長室，輔以在學生之間裝上隔間或簾幕」。邊沁認為有校長的監視，加上無法跟朋友溝通，學童會逐漸把校長的監視內化（為心裡的小警總），想玩跟害怕被罰之間的緊張關係也會獲得舒緩。他認為這證明了在科學的「指點」之下，建築的確有能力控制居於其中者的思想與行為，而社會與人心的弊病也可以得到化解。現在看來，圓形監獄儼然是一個讓人背脊發涼的警示：人要知道，自己不能毫無節制地在硬體設計中「置入」社會性的目的。

資料來源：Bentham, Jeremy. *The Panopticon Writings*. Edited by Miran Bozovic （London: Verso, 1995）. 29-95.

16 譯註：意指十五到十八世紀，從文藝復興晚期到法國大革命前夕的法國政局，這時期剛好見證了法蘭西王國的衰落。

17 譯註：一八九〇到一九〇〇年代盛行於北美洲的建築與都市改革計畫，企圖利用雄偉的紀念碑式建築來美化市容，進而凝聚公共利益，鞏固社會秩序。芝加哥、底特律與華盛頓特區為其發源地。

18 譯註：又名「芝加哥（世界）博覽會」，為紀念哥倫布發現新大陸四百周年而舉行。

19 譯註：布雜藝術表達的是學院派的新古典建築風格，首見於有三百多年歷史、巴黎左岸法國美術學院（École des Beaux-Arts）的課堂之上。布雜建築強調對稱（symmetry）、平衡（balance）、壯美（splendor）。

20 前身為英國十八世紀宅邸，後人改為藝廊，現有英國最大的民間（俗）藝術館藏。

21 譯註：田園城市運動創始者。

22 譯註：美國建築師與室內設計師，曾以作者與講者的身分四處活躍。一九九一年被美國建築師學會選為當代最偉大的美國建築師。

23 譯註：一九三〇年代出現的一種都市計畫發想，主張取消人口集中的大都市，並改以汽車來聯繫以農業為本的散居人口。

24 經濟學家對於無法量化人類感受的絕望與放棄、乃至於他們如何熱情地擁抱了消費統計的準確與清晰，可歸結成一八七一年威廉・斯坦利・傑文斯（William Stanley Jevons）的這段話語：「我不太覺得人類會有能夠直接測量人心感受的一天；我們只能從人的感受產生了什麼樣的結果、只能從量化了的數據中去回推幸福的相對大小。」從這話聽得出傑文斯相當悲觀。

資料來源：Jevons, Stanley. *The Theory of Political Economy*. London: Macmillan and Co., 1871.

25 其餘的研究顯示，表示自己快樂的人較可能被朋友評價為快樂，較可能對求助者有所回應，較不易蹺班，較不易與人爭執，並且較無須尋求心理諮詢。生理上，這群人較長壽，同時他們的心理健康測驗得分也比較高。

資料來源：Frank, Robert. *Luxury Fever*. Princeton: Princeton University Press, 1999.

26 若干研究會請受試者標明他們自認處於生活狀態從最壞到最好的哪個位階；還有些研究則會遵循傳統的問法：「整體而言，你覺得自己多快樂，是非常快樂、還算快樂，或者不是很快樂？」除了少數特例以外，大部分主觀幸福感受的調查，都未能在規模上達到足以以城市為單位進行比較的程度。

27 光是問一、兩個人過得快不快樂，你大概得不到太多線索。面對這麼主觀的問題，人會很自然地不知從何答起。他們會因為天氣不好，會因為支持的美式足球隊昨晚輸球，會因為下班回家途中被某個王八蛋插隊而心情很差，進而回答出反映不了真相的答案。所幸只要訪查的對象達到數千人或以上，數量本身就會發揮去蕪存菁的能力，把滲透進來的錯誤答案給淹沒到無關輕重。只要樣本數夠大，相關的調查就可以清晰地呈現出與社會幸福亦步亦趨的經濟與社會發展條件。

資料來源：Gilbert, Daniel. *Stumbling on Happiness.* Toronto: Vintage Canada, 2007.

28 二○○八年，在美國，主觀的安適與幸福程度在金融風暴期間隨經濟表現同步驟降。但才不過到二○一○年，蓋洛普組織的媒體策略資深總監艾瑞克·尼爾森（Eric Nielsen）就表示，幸福的主觀感受在美國已經返回經濟衰退前的水準，這進度遠遠超前美國經濟的復甦腳步。

29 在二○○九年的一項研究當中，經濟學家篩選分析了超過一百萬筆訪查的回應，進而首次彙整出了美國各州的生活滿意度排行。學者們接著把這樣的排行拿去與早期以氣候、風速、海岸線總長、國家公園數、有害廢棄物安置場、通勤時數、暴力犯罪件數、空氣品質、地方稅高低、地方政府的教育與公路建設預算，與生活基本消費等客觀數據為基準的生活品質排行進行了比較。結果生活滿意度與生活品質的排行對起來了（你可能覺得這是應該的，但這對快樂經濟學派的學者來說是令人振奮的好消息，因為這是第一次有實際證據顯示，人對自身生活滿意度的看法，和真實世界的生活品質吻合。畢竟成千上萬的人不開心，背後一定不會沒有個原因）。但話說回來，這研究也顯示出，美國人可能在買房選址的時候都很不精準，主要是紐約州與加州的房地產價格始終居高不下——意謂著大家都想搬往這兩個地方，但這兩個州在美國幸福感受的排行上卻都吊車尾，其中紐約州「雄踞」最後一名，加州好一點，四十六名。

「人生中的好康常藏在聚光燈外。」此項研究的共同作者安德魯·奧斯華（Andrew Oswald）教授如是說。下一句是：「看來最宜居的地方也是完全一樣的道理。」

資料來源：Oswald, Andrew J., and Stephan Wu. "Objective Confirmation of Subjective Measures of Human Well-Being: Evidence from the U.S.A." *Science*, 2010: 576-79.

30 譯註：原文為council housing estate，這是英國與愛爾蘭的政府福利政策的一環。低收入戶可透過地方議會（local council）登記排隊入住，月租比行情低，並且一段時間（通常是五年）後可以選擇購入，成為私宅，所以在性質上類似台灣目前的國宅。

31 生活感覺比較有意義、自我成長比較順遂的女性，唾液中的可體松濃度較低，發炎指標（inflammatory markers）的數據也比較低。

較能適應環境、人際關係較佳、自我接納程度較高的女性同時具有較低的糖化血紅蛋白（glycosylated hemoglobin），這是種胰島素抗阻的指標物質。而與自我成長、生活意義呈正相關的是高濃度的高密度脂蛋白膽固醇（high-density lipoprotein cholesterol），這是種可以保護我們不受心臟病（變）侵擾的好膽固醇；環境掌握度較高，人際關係較佳者的「快速動眼」（rapid eye movement；REM）熟睡期較長，而且可以較快進入這樣的狀態。獨立自主的程度不算，各項心理指標都高的人會顯現出較不易出現憂鬱傾向的腦部活動特徵。

32 有個特別能「揭發真相」的遊戲是這樣進行的：首先有兩個人，分別是「先發者」與「終結者」。科學家答應給他們十塊錢玩遊戲，然後帶他們到電腦前就位。他們從頭到尾都不會打照面，不過他們各有一次機會可以對對方極其大方或小氣。每位玩家會各輪到一次，其中先發者會先決定要給終結者十塊裡的多少，然後這份禮物會自動乘以三倍進入終結者的帳戶。這時終結者會有時間可以計算：如果先發者給他四塊，那他其實能拿到十二塊，再加上科學家給的十塊，就有二十二塊，CP值算是不差。另外，終結者還會知道先發者很大方，而先發者手上只剩六塊錢。然後就輪到終結者了。她可以「恩將仇報」一毛不拔，也可以「傾囊相授」，又或者她可以摸著良心，認真思考怎樣的回應算是公平。終結者出手後，遊戲就告一段落了。

傳統的經濟學家會說玩家無一例外，都會想辦法帶走最多的錢。他們理論中的「無臉人」都一定得是這種思考模式。但扎克的受試者顯然有自己的玩法。

不意外的是，先發者大多會送錢給終結者。這是出於一種風險計算。你讓一些甜頭先行，搞不好素昧平生的玩伴也會對你相濡以沫。讓人想不到的是，終結者雖然可以掉頭就走，但他們還是不計利害地給了先發者錢。翻譯起來就是：他們「擇義忘利」。

按照傳統經濟學，玩家應該會不擇手段最大化自己的獲利，理論裡的人必然唯利是圖。但我們剛預告過，扎克的受試者不這麼玩。扎克的玩家當然會計算風險，所以先發者才會願意給錢，他們希望可以藉此拿回（或許更多的）錢。但扎克也發現終結者會感念先發者的慷慨，而把完全可以吞掉的錢分一點回去，即便這樣對他們並沒有任何實質上的好處，而且雙方從此也不會再見面。為什麼人會做這種傻事呢？老派的經濟學家對此只能兩手一攤交張白卷，他們完全沒辦法解釋這種現象，甚至連先發者自己也不知道怎麼解釋終結者的回饋，但催產素提供了一種生理學上的解釋。人腦的下視丘（hyopthalamus）區域中有腦下垂體（pituitary gland），而由腦下垂體分泌出的催產素是一種神經傳導物質，其首要任務是通知腦部快感中心的受體：你該感覺到暖呼呼與飄飄然囉。這種快感會沿著迷走神經（vagus nerve）向下抵達胸口，然後人的心跳就會放慢到一個比較舒緩的頻率。

33 在寫下《物種源始》（*On the Origin of Species*）的過程中，達爾文曾納悶過：蜜蜂為什麼會為了整巢的同伴犧牲自己的性命？當時他提出的看法是，螫針的使用固然會拉出內臟，造成個別的蜜蜂死亡，但此舉卻對蜂群有益。儘管利他的蜜蜂成仁，但其犧牲可以換得一整巢親戚的生命延續。生物學家間持續爭論著合作的動力是家族層次的遺傳衝動，還是一個認為廣大的社群可以因為個體的犧牲而更加繁盛的高階模型——抑或是兩者都是。這爭議在近期有了新的發展，主要是生物學家E．O．威爾森（E. O. Wilson）捨親族選擇（kin selection）而倒向群體選擇（group selection），大意是說演化的力道不僅會作用在生物個體上，也會作用在社會群體的層次上。二〇一二年七月九日，艾瑞克．邁可．強森（Eric Michael Johnson）在他的「科學美國人」（Scientific American）部落格裡，發表過一篇名為〈靈長類日記〉（*The Primate Diaries*）的文章，對此一爭論有精闢的解析。

資料來源：Darwin, Charles. *On the Origin of Species by Means of Natural Selection: or the Preservation of Favoured Races in the Struggle for Life*. New York: Appleton & Company, 1869: 80, 209.

“The Good Fight,” in The Primate Diaries, Scientific American blog, July 9, 2012. Accessed on Aug. 20, 2012. http://blogs.scientificamerican.com/primate-diaries/2012/07/09/the-good-fight/

CHAPTER 3

(崩壞的)社會現場

沒辦法在社會中生存，或因為自給自足而沒必要在社會中打滾的，只有兩種人——野人或神人。

——亞里斯多德，《政治學》(*Politics*)

……耶和華下來，要看看世人建造的城和塔。

耶和華說：「看哪，他們同是一個民族，有一樣的語言，他們一開始就做這事，以後他們所要做的一切，就沒有可以攔阻他們的了。來，我們下去，在那裡混亂他們的語言，使他們聽不懂對方的話。」

於是，耶和華把他們從那裡分散到全地上，他們就停止建造那城。

——創世紀第十一章四到八節，新國際版聖經

請你畫一幅城市的風情畫，那會是什麼樣的光景？會是高樓大廈或紀念碑塔的都市森林？會交錯著計程車、自行車、公車或地鐵？會整條街上都是商家，紅男綠女川流在紅磚道上、公園裡或廣場上？如果你真的拿出這樣一幅畫來，大部分人都不難猜出你在畫的是一座城市。

但這又會讓人納悶，因為全球各地正在規畫與興建中的城市，長得都不像這樣。從墨西哥克雷塔羅（Queretaro）的囊底巷到中國北京的豪門郊區，乃至於像沙烏地阿拉伯的「阿布杜拉國王經濟城」（King Abdullah Economic City）等股票公開上市城鎮裡的沙漠大道，大部分的嶄新城市都沒有……嗯……城市的模樣。

但這些新城市卻又莫名地讓人覺得熟悉，這是因為這些地方的根源都可以追溯到同一個模子。這個模子不難想像，想知道這「非城市」（non-city）的城市雛型長得什麼模樣嗎？在每個美國都會區的邊緣都找得到。不想要重蹈覆轍，不想要再犯下讓千百萬美國人吃足苦頭的離譜錯誤，那你一定要去這種地方「觀摩」一下。我自己的第一站開始於加州史塔克頓（Stockton）的停車場，那是二〇〇七年，美國夢變成惡夢的一年。

希薩．迪亞斯是個講起話來滔滔不絕，兩頰豐潤的超級業務員，他服務的公司是史塔克頓當地的合格不動產集團（Approved Real Estate Group）。他是那種消息再壞都樂觀得起來的人，就算是次貸風暴已經開始席捲全美，迪亞斯也一樣打死不退。距舊金山東方幾個小時車程的聖華金郡（San Joaquin County），是加州當時的「法拍屋首都」，郡內集合了一群由農業鎮轉型而成的「通勤者港灣」（commuter haven）都市，裡頭多得是屋主繳不出房貸而被銀行收回的房子。在二〇〇七這年，聖華金郡的郡治史塔克頓，是全美第二多人失去房子的城市，只輸給重災區的底特律而已。迪亞斯一口氣租了兩台小巴，用塑膠包膜將兩輛車裝飾成買房者笑開懷的模樣，然後到處邀請人跟他去撿便宜，美國夢大特價就在聖華金郡。

一個陽光普照的星期六，我跟著迪亞斯與其他業務員，領著幾十位潛在買家，搭上了這兩台巴士。他們準備了汽水跟洋芋片給貴客，畢竟有來客就有機會成交。迪亞斯口沫橫飛地要我們相信次貸危機其實是天賜良機：房市樂觀的銅牆鐵壁終於露出了破綻，讓還沒進場的人有機會予以迎頭痛擊。

我們從史塔克頓破落的市中心出發，上了五號州際公路的交流道。一路暢通的途中，先是能俯瞰到星羅棋布的工業園區與暢貨中心，然後過沒多久，就換成由人工湖、高爾夫球場與寬闊靜謐街道所湊成的「拼貼作品」，散落其中的街道名，提示著被它們給蓋掉的地景：溪濱街、金橡道、松原路。途中車子只要開過被烤乾了的草坪或雜草叢生的凌亂庭園就會減速，因為這都代表房子可能已經被法院查封。三個小時內我們去了十二戶，一路上，車內空氣隨著無形的幸福感受振動著，那是一種「自己真好運」跟「快要等不及」的雙重頻率。「大家來！」迪亞斯會英西夾雜地招呼整團人在「廉售」的招牌前下車。「這一間的房價是對半砍喔！」

有敲邊鼓的業務在一旁帶動氣氛，讓看房客踏過草坪朝著一間間仿岩外牆的門口衝去，彷彿被動物的嘴給吞進去一樣。進了門，一行人會快速掃過所有的房間，上下樓梯，拿手機拍下所有受損的牆壁，翻起地毯一探究竟，並且敲敲維多利亞風的壁爐，看看灌模是空心還是實心的。

其中有一站比較特別，團員得排隊進入一戶特定的房屋。雖然說是房屋，其實迪亞斯在傳單上的介紹詞是「高官度假屋」（executive home）。這間豪宅位於東史班諾斯公園（Spanos Park East）這個高級住宅區的管理社區內，有容得下三輛車的車庫、富麗堂皇的玄關，媲美高檔餐廳的用餐空間，乃至於實木百葉窗都一應俱全。這無疑是個高檔的物件，但迪亞斯並沒有對其另眼相看。我發現他人站在屋外，不屑地瞅著前院的草坪。從凌亂的程度判斷，這草坪應該遭棄置有幾個月了，視覺上比較像一團枯黃的稻草。

「銀行應該要派人來噴一噴。」迪亞斯說。

「你是說澆水嗎？」我問。

「不是，我是說噴成綠色，噴上綠漆。」他氣呼呼但十足認真地解開了我的疑惑。他的意思是，史塔克頓的法拍屋實在太多了，任何一點瑕疵都會讓已經快要沒勁的房價泡沫消氣。他覺得銀行跟賣方必須要維持好門面，這樣買方才不至於美國夢醒，才會願意掏錢。

迪亞斯叫這種看屋行程「法拍屋之旅」，但這話只說了一半而已。這行程也可以讓人一探全球最大造鎮實驗的前沿。看過這趟旅程中的點點滴滴，你就等於看過了近幾十年來美國四分之三的建築行為。（這其實是一種全球性的現象：從第二次世界大戰結束以來，格拉斯哥〔Glasgow〕、利物浦、米蘭、那不勒斯與巴黎都有市區的成長速度遠遠趕不上郊區的狀況。同時不意外的是，私家車的數量在英法荷等國都成長為原本的三倍。）

郊區的發展模式簡單且優雅：這一頭是住宅區，主要的特色是獨棟的房屋、寬廣的草坪與開闊而曲折的街道，另外每一區都有一間小學讓人安心；另外一頭是商業區或大賣場的專區，全美連鎖的零售商會進駐倉庫般四四方方的店址，一家家大賣場就像黑色停車海中的島嶼一樣。這之外還有一隅是辦公室跟工業園區，而此處的平面停車場面積也相當霸氣。高速公路與聯絡各區的主幹道是如此的大手筆，幾乎讓距離上的遠近失去了原本的意義。這些道路圈住了各個經加工而成的高密度分區，繞過了舊有的市中心，通過農場與山脈，有如一箭穿心，終點則是曾經感覺遙遠的都會區。就這樣，距離變成了一個抽象的概念，家與其他點的距離既可以說近、也可以說遠，總之特定時間的車流量大小才是一切的關鍵。陽光普照的周六早上，從小遊覽車的車窗看出去，這片地景上的生活可以說是一派祥和整齊。

很多人觀察完這種城市組織的風格，會想替它起個名字。最早的時候，當人們從核心的市區遷到外圍且自成一格的住宅區時，我們稱之為「郊區」（suburbs）；等郊區慢慢擴大到離都會的邊緣有點遠，有人想到了另一個新詞是睡城（exurbs）[34]。後來，進入一九八〇年代，美國企業開始大批搬到由高速公路擔任生命線的產業園區與超大型商城（megamall）中，《華盛頓郵報》記者喬・葛若（Joel Garreau）稱這些新出現的團塊是「邊緣城市」（edge cities）。但事到如今，都會型態的生活已經延伸到一個程度，以至於郊區、睡城跟邊緣城市已經聯手形成了一個獨特的體系，而這個體系又回過頭來重新定義了整個都會地區的功能性。這個體系慢慢被人稱為都會「擴張地區」（sprawl），而我則號之為「離散城市」（dispersed city），因為離散二字幾乎定義與涵蓋了這種體系的所有面向。

就在世界上的建築評論家與所謂的意見領袖，都將注意力放在具有代表性跟稀有的設計上時，通往快樂城市的旅行卻必須從無止盡複製貼上的形式、還有離散模式炸彈開花的平原上出發。世上每多開闢一個嶄新的都市廣場、每多一座明星建築師操刀的高塔、或每多一套俐落耀眼的輕軌網絡，離散城市中就會多出現十萬條囊底巷。要說有什麼環境元素可以定義美國人與全球百萬計富有城市居民的生活、工作、休閒方式與世界觀，要說有什麼環境因子可以說明數百萬計的一般人會隨著城市回到金融海嘯前的發展軌跡而過著什麼樣的日子，離散城市絕對是第一名。既然要討論什麼是「現代都市」，我們只能回歸這一切的原點，回到都市爆炸半徑的邊緣。

話說這些新的社區有幾項畫時代的「壯舉」：無論是所占用的人均空間，抑或是興建與運作所需要的預算，這類新社區都搞到「用滿用完」，這點肯定會讓歷史上曾出現過的都會架構都「驚呆了」。這類新城市需要更高的人均道路長度，更多的水管、溝渠、電纜、瓦斯管線、人行道、路標與造景；維繫新社區的運作需要市府投入更多預算，保障居民安全需要有關當局新增急難救災服務，同時污染與碳排放也都是新模式的「強項」。簡單來說，離散城市是種生活方式，也是隻會吃錢、吃資源，吃土地的怪獸，我們只要對人有能力做出正確的決定、有能力判斷何謂幸福有點信心，就應該會覺得把這麼多錢投資在離散城市上頭，人該要過得更健康、更安全、更強韌、更開心才是。以百萬計的人類不都把這樣的新城當家嗎？我們是不是應該合理期待離散城市能創造出更大的幸福？

法拍屋之旅的隔天早上，我開車在聖華金郡內四處晃，這座「離散城市」的外表只能說是滿面愁容——無論怎麼看，這都是座靠自己會撐不下去的城市。車行至史塔克頓南方，五號州際公路邊上的韋斯頓牧場（Weston Ranch）社區裡集合了幾百戶不大不小、室內約七十坪的房屋，而我只花短短的五分鐘，就數到二十四個寫著「售」的立牌，外加六組看起來就像被掃地出門的一家人，在把床、椅子、大螢幕電視搬上租來的搬家卡車[35]。

就像許許多多的美國人一樣，迪亞斯也相信法拍風暴的震盪與考驗終將是「過眼雲煙」，這只是「貪婪銀行家」那臭名在外、吃人不吐骨頭的濫貸行為所引爆的短暫狂歡。房價在漲的時候，很多迪亞斯的客人都禁不住優惠的次貸方案誘惑而陷了下去，結果是可變的利率飆高，讓他們措手不及，只能眼睜睜看著房子從自己的變成銀行的。這很慘，迪亞斯也承認，但逝者已矣，那些人都已經不見了，眼前的這一團不會有人想知道那些人怎麼了，叫什麼名字，他們只知道史塔克頓的房價一定會漲回來，最壞的時候已經過去了。只要房價下跌到一個程度，買得起的新屋主就會進來接手，然後這些邊緣社區又會漲起來。同行的看房團成員就是這種看法，於是我們還沒回到迪亞斯的辦公室，他們就已經在算自己要開價多少錢了。

但這樣樂觀的邏輯裡有一個漏洞，那就是都會體系本身的角色被忽略了。沿著查封文件的「公文旅行」溯源而上，我們最終會看到一張離散城市的地圖，我們會從圖中了解到聖華金郡內的睡城在設計之初，就已經埋下了不安定的因素。

想像你就住在……嗯……韋斯頓牧場中艾瑞克森圓環（Erickson Circle）的和緩彎道邊。想喝牛奶，你得開車去，而最近的雜貨店距離超過三公里，那可能是主打「吃得省一點」的Food 4 Less；想靠運動保持身材不變，你得開車到八公里以外，加州四號州道旁的In-Shape健康俱樂部。確實，你的孩子可以走路上學，但最近的社區游泳池有十公里遠，酷一點的賣場Park West Place[36]更在五號州際公路北上十九公里處。上班的話，除了極少數的例外，你應該會跟大部分鄰居一樣開車近百公里到舊金山，運氣不好的話這就是來回四小時的車程。但不要以為自己這樣就有什麼特別，買進韋斯頓牧場社區的，大多是想逃離灣區高房價的通勤者。在當時，韋斯頓牧場的居民跟遙遠的大都會——舊金山，關係比較近，跟他們自己的城市——史塔克頓，倒是不太親。

這種「開長途」的生活模式不是不可行，但有一個前提是，加油得很便宜；但我們在房市崩盤前夕所看到的並不是這樣的情形。以當時「貴桑桑」的汽油價格而言，開車在聖華金郡與灣區間通勤的油錢是一個月八百多美元——對某些人而言，這已經相當於掏出薪水的四分之一以上來開車上下班，甚至很多人每個月的房貸都沒這麼貴。有孩子的家庭就更慘了。距離加上高油價，是壓垮睡城通勤者的最後一根稻草。

二〇〇八年，美國都市領袖聯盟（CEOs for Cities）的一份報告顯示，綜觀整個美國，各個離散社區有著相同的處境。搬到都會邊緣的決定讓「逐不動產而居」的國內移民必須長期大筆投資在車輛與燃油上。在多數的邊緣郊區中，每戶人家都得有自己的「車隊」；每個住在睡城的家庭，平均得比住在靠近職場、商家、校園與娛樂場所的一般家庭多養一台車，同時這些家庭光是日常所需的移動時間，就是一般家庭的兩倍。對於生活在離散環境中的居民來說，開車的錢幾乎不可能省。而這也是何以在二〇一一年，四口之家平均的交通支出甚至超過繳稅與看病加總的原因（這也部分解釋了何以一棟房子距離繁榮的市中心愈遠，當年崩盤時被查封的機率就愈高。跌價的斜度愈陡，幅度愈深，之後也比較少漲回來，目前的房市分析師也愈不看好其未來的價值[37]）。

所以純粹從經濟學的角度來看，離散城市家族的新成員在房價的基本面這點上算是考了個鴨蛋。在都會的邊緣投資購買獨門獨院的房屋，就像拿原油期貨與國際地緣政治來賭博，而燃料價格永遠有起有落。當然房價可能不堪一擊這件事，不僅僅是個經濟問題，還是社會問題。人失去了房子，就會一併失去與當地的連結，這包括人際關係會被切斷，家戶與社區的生活面也會被弄得千瘡百孔。過去幾年，這類揪心的故事已經在熱門的媒體上被大肆報導過，所以我在這就不贅述了。對我來說，更引人入勝、更發人深省的故事來自於法拍風暴下的倖存者：在都會邊緣撿到便宜，順利入主夢幻新窩的那些人。但在跟他們近距離接觸之後，我發現自己一點都不羨慕他們。相反地，他們的舟車勞頓就像敲響了一道警鐘，提醒著我們「距離」的社會成本，乃至於各國城市發展以美國都會擴張馬首是瞻的危險。

被拉長的生活

就讓我們來看看藍迪．史特勞塞的案例。他是一位工作認真、混得還算不錯的離散城市居民，而且他還簽中了「法拍屋的樂透」。時間拉回二〇〇七年，當時房市正在狂跌，而藍迪跟太太茱莉在聖華金郡一個叫作「山屋」的半完工睡城社區裡，買下了一棟加州風的牧場式平房（ranch house），位置在史塔克頓南邊。當時韋斯頓牧場正是法拍屋數量最多的冠軍，而第二名就是山屋。這對史特勞塞一家來說真是天大的好消息，他們用差不多一半的價格就買到了跟鄰居一樣的房子。物件本身看起來也很完美：固定的基本家具都很高檔，冷暖空調該熱就熱、該冷就冷，看出去還有整條綠蔭加河流環繞。按照法拍看屋團對美國夢的描述，幾年後跟我見面的藍迪應該要樂不思蜀才對。

但他沒有。而他的不爽正透露出，離散城市能夠從根本上重組我們的社交與家庭生活。只要你認同幸福科學所傳遞的關鍵訊息，那這個故事就值得你好好探討，因為幸福科學告訴我們一件事：那就是世界上沒有什麼事情比人際關係更重要，這是真理。

藍迪的問題在於他跟聖華金郡大概四分之一的人口一樣，都是在山另一頭的聖荷西（San Jose）上班，事實上他們一家子都是長途通勤者。上班日一破曉，藍迪、藍迪的七旬老母南西、藍迪的女兒金，就會一個個開上公路，而且通常都是獨自從各自的住處出發，一路上得穿越兩座山脈、外加路過六座城市，最終才能抵達在灣區的工作崗位，如此來回就是一百九十公里起跳。藍迪每天要花三、四個小時在公路上，而這還沒算他身為冷暖空調技師需要跑來跑去的部分。只不過鄰近舊金山的房價仍舊是高不可攀，像藍迪這樣的一般人也只能住在「優質」社區裡的獨棟好宅，然後每天上班像在開拉力賽。

某個傍晚，我跳進藍迪的愛車福特「漫遊者」（Ranger）貨卡的前座，跟著他駛離產業園區的辦公室。伴隨著正要下山的舊金山灣區的夕陽，我們的車開了好長一段路，從一〇一號國道匯進六八〇州際公路的車流。層層疊疊的高架橋以各自的弧度形成落日餘暉上的剪影，但藍迪好像什麼都沒看見，因為他得專心才能從交流道的匝道切進內線。他伸展了一下手指，重新把方向盤緊緊抓牢，然後「喬」了一下耳朵裡的藍芽。他眼睛盯著在六八〇公路上集合的眾車尾燈，然後開始對我介紹起他一天的行程。

一巴掌按掉清晨四點十五分的鬧鐘、沖澡，早餐先省略，五點上高速公路以避開車潮，六點十五分到、在公司吃早餐，下班趕在五點半以前開上六八〇州際公路。

下班的尖峰交通比上班時難纏，他能在七點半前到家門口就算阿彌陀佛。開車的途中他不喝咖啡，也不聽廣播裡的談話性節目，這些都會讓他脾氣不好，而他得控制怒氣，保留理性，回應高速公路上的各種壓力。

「但只要能回到位在『山屋』的家，一切都值了吧。」我嘗試緩頰。這時我們剛高速經過普萊森頓（Pleasanton）的一個個企業園區，四十分鐘的車程後，我們幾乎來到歸途的中點。

但他搖了搖頭。若是當天下班時的交通真的很亂，藍迪到家會先拿起水管去庭院澆花，這是他讓自己冷靜下來的辦法。然後他會跳上踏步用的橢圓機（elliptical trainer）來拉開他疼痛的背部肌肉；如果是交通真的亂到爆，開車讓他的疲勞與壓力大到全身「頂叩叩」的時候，他下交流道不會馬上回家，而會一路多開二十分鐘，到崔西市（Tracy）的「高苣」——世界健身俱樂部（World Gym）運動。

他運動就是真的運動，不會慢條斯理地跟猛男正妹有的沒的亂聊，而是會把老隨身聽裡的「范・海倫」（Van Halen）[38]開到最大聲來飆汗洩恨。然後回家淋浴睡覺。

在此請先忘記藍迪因為開車而引發的背痛（還有像山屋這樣的離散社區，會讓居民去哪都得開車，而使他們變胖生病的事實），也先拋開他跟其他用路人之間的不快，還有他對於得花這麼多時間耗在高速公路上所累積的恨意——畢竟不是每個人都介意開長途通勤，像藍迪的媽南西就跟我說，她喜歡開兩個小時的車到鄰近帕羅奧圖（Palo Alto）的門洛帕克（Menlo Park）上班。不知道有沒有關係，不過她開的是金色烤漆的凌志（Lexus）。總之，過這種每天開車開到昏天暗地的日子，受傷最嚴重的是藍迪的人際關係。

藍迪不喜歡他現居的社區到了一個極致，他恨不得早點搬離山屋。但問題並不是出在社區不夠美，也不是因為這地方還是跟他與妻子茱莉搬進來時一樣飄逸空靈、修剪整齊；讓他受不了的是人。藍迪說他與鄰居有「三不」，分別是：不認識、不喜歡，不太相信。我拿經濟學家赫利韋爾的信任問題問他：要是皮夾不小心掉在外面，你覺得拿回來的機率高不高？

「下輩子看有沒有機會吧！」他笑著說。「我跟你說，我們才剛搬來就被闖了空門。警察劈頭就說東西找不回來了。這在這裡不是什麼稀奇的事情。大家都只顧自己，不管閒事。守望相助？門都沒有！」

這是因為山屋社區剛好吸引到一批牛鬼蛇神嗎？應該不至於。藍迪的沒信心其實戳到了皮夾問題的微妙之處：人對皮夾能找回來的信心，與丟失的皮夾被找回來的比率，兩者幾乎沒有關係。這是兩筆獨立的數據。就像說到對所住地方的安全感，大部分人對社區內的塗鴉多寡比較敏感，至於

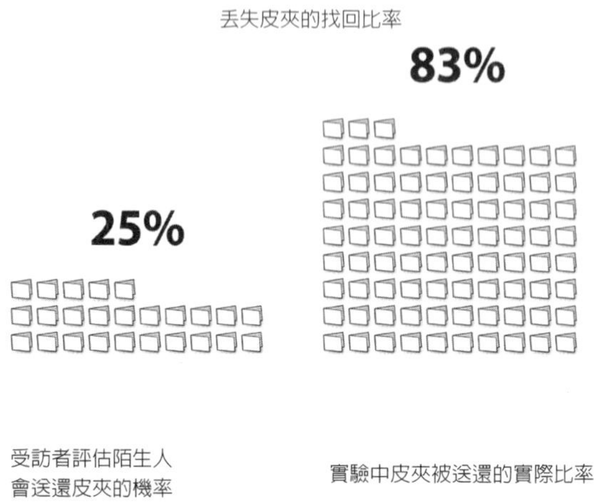

陌生人比想像中更值得相信

受訪者評估陌生人會送還皮夾的機率僅百分之二十五，但多倫多的實驗結果是，在「正港的」陌生人之間，「物歸原主」的機率更接近百分之八十。

繪圖：Scott Keck；資料授權使用：John Helliwell and Shun Wang.

資料來源：Helliwell, John, and Shun Wang. Trust and Well-being. Working Paper, Cambridge: National Bureau of Economic Research, 2010.

對扒手的密度則不是那麼有感。多數人對皮夾問題的反應，除了取決於環境中的真實人性，也取決於他們與社區鄰里的社交互動質量，包含品質與頻率——這是赫利韋爾告訴我的。我們可以生活在高尚、誠實、拾物不昧的好人身邊，但要是少了與他們的良好互動，我們還是不太可能與之建立信任關係[39]。

藍迪抱怨雞犬相聞的鄰居不懂得相互照應。他們在路上遇到不會聊天，也不會想要彼此混熟一點。

但這能怪他們嗎？都會體系有給他們這樣的機會嗎？五千多人以未完工的山屋社區

為家，但在地卻幾無就業機會，公共服務也少得可憐，能拿來說嘴的不過是一間小圖書館、兩間學校與一家不大的便利商店。開車上班的大人幾乎都早出晚歸，而且回來也是直接進車庫，關鐵門。白天還在的肯定是小孩。所以說，至少在某個程度上，藍迪對鄰居的不信任是人為引發的結果。日常的行程被都會體系拉長成這樣，哪個社區的人還會有那個「美國時間」去跟左右鄰居慢條斯理地互動。

而且，山屋不是個案，我們不能等閒視之。

社交貧血對城市的影響

就在二〇〇八年金融海嘯來襲的前夕，一群來自義大利的經濟學家在史提芬諾・巴托里尼（Stefano Barrolini）的帶領下，嘗試解開美國人所得增加、但幸福感停滯的落差之謎，而他們為此用上了統計學中的迴歸分析（regression analysis）[40]。這群義籍學者嘗試把模型中各種經濟與社會資料的不同成分抽掉，結果他們發現拉低主觀的幸福感、而且用再多錢也補不回來的唯一因素沒有別的，正是社會資本（social capital）存量的下滑——而所謂的社會資本，指的就是讓我們能與外界維持連結的社交網路與各式互動。比起惡名昭彰的貧富差距，社會資本的減少其實還更具腐蝕性。

社交網絡如果健康，看起來就會像老樹的團根。最重要的人際關係位於團根的中央，而細根則以不同的強度與密度向四方往其他熟人延伸。大部分人的人際網絡會朝內收縮，一方面「拱衛」自己，一方面繞著配偶、伴侶、雙親與子嗣，纏得一天比一天更緊密。這些是我們最看重的人際關係，但只要種過樹的人就懂，團根收縮得太小，颱風一來就很容易倒。

早在二〇〇〇年，社會學家羅伯特．普特南（Robert Putnam）就警告過，人類社會中這些利害關係沒那麼強的人際關係網已衰退了有幾十年之久，而且煞車一直都修不好，以至於現代人愈來愈獨來獨往。回頭看一九八五年，典型的美國人自承，身邊大約有三個人是可以掏心掏肺的。到了二〇〇四年，這人數減到了兩個。聽起來好像還好，但有近半的受訪者說自己完全沒人、或只有一個人可以吐露心聲。如果考慮到這調查涵蓋受訪者最直接的血親，我們就可以認知到社會連結衰退的幅度有多深。其他的一些調查顯示，人類跟鄰里與社區的關聯正在流失。比起幾十年前，現在的我們比較無法說自己相信旁人或體制、比較不會邀請朋友來家裡吃晚飯，也比較不參加社交或志工組織。就像藍迪．史特勞塞一樣，大部分美國人已經連認識鄰居都做不到了。事實上，就算是家人間的關係，也不比從前。二〇〇四年的狀況是，每天一起吃晚餐的美國家庭不到三成，將近四分之一的家庭，一星期在晚餐餐桌前看不到彼此四次。隨著都市範圍向外蔓延，這樣的問題也不斷擴散。一整個星期都一起用餐的加拿大家庭不到半數，而二〇一〇年的研究發現，三分之二的英國兒童渴望回復家人共食的傳統（有十分之一的家庭完全不一起吃飯）。在韓國，社會孤立的比率飆得有多高，該國的自殺率就飆得有多高。這一切的一切都有個共同的幫兇，就是都會離散，這點容我稍後解釋。此刻我想先說明上述的現象何以構成幸福的一場災難。

雖然每個人都會覺得某些人很難相處，但這都比不上身處「社交沙漠」對心理健康的殺傷力。針對瑞士各城市所進行的研究顯示，包含精神分裂在內的心理疾病，好發於社會網絡稀薄的鄰里。社交孤立有可能正是都市生活最可怕的環境風險——什麼噪音啦、污染啦，甚至擁擠啦，相較起來真的還好而已。我們跟家人或社區的關係愈緊密，感冒、心臟病發、中風、癌症與憂鬱症就愈不會找上門。簡簡單單、平平凡凡的在地友誼是經濟不景氣時最好的洩壓閥——事實上，社會學家發現，如果成年人能擁有這樣的友情，他們的孩子會比較感覺不到爸媽的壓力。有人際連結護身，我們夜裡會睡得比較好，面對逆境會更有戰鬥力，人生的旅程會比較長，主觀的情緒也會比較穩定。

美國社會的支持網會一縮再縮，成因很多。別的先不說，婚姻關係不若以往長久、工時長、常搬家（包括金融風暴時期，大批屋主被銀行掃地出門）都是幫兇，但這樣的社交貧血（social deficit）很顯然也與都市的形貌間存在緊密的關聯。瑞典有一項研究發現，一個人每天通勤只要超過四十五分鐘，離婚機率就會提高百分之四十[41]。住在功能性單一，沒車就寸步難行，且位於都會區中心以外的社區，會讓人變得不容易相信人，這點跟住在可倚賴步行、住商混合、公共服務與職場都唾手可及的地域一比，落差就非常明顯。住得遠的人比較沒辦法認識鄰居，比較不會參與各類社團，甚至比較不會插手政治。這些人不會參與請願，不會在造勢現場現身，也不太會是政黨或社會請願團體的成員。另外，跟在地連結性強的居民比起來，都會擴張地區的民眾常不知道他們所屬區域的參議員姓啥名誰[42]。

這點很重要，不僅是因為參與政治是公民的責任，也不只是因為這可以為幸福加分（我沒有唬爛：對關係到自身的決定有參與感，確實會讓人感覺快樂），而是因為都市一天比一天更需要我們站出來與人交流。在以社會資本的價值說服完世界的幾年之後，社會學家羅伯特·普特南「生」出了證據，證明了在主要城市中，愈來愈明顯的族群複雜性正導致社會信任的程度低下。這是很令人難過，也很危險的一個現況，因為信任是城市發展與興盛的基石。現代化的都會型城市需要我們用超越家庭或部族的層次來思考事情，需要我們相信長相、穿著與行為和我們南轅北轍的人會公平對待我們，需要我們尊重與承諾，需要我們在關心自身福祉的同時也顧及別人的利益，還有最重要的一點是——城市需要我們為了公眾利益而有所犧牲。共同的問題像污染與氣候變遷等議題，需要所有人攜手共同解決，說到底，文明不是一人能夠完成的功業。

滿地寂寞芳心

不可否認的是，離散城市已經影響到了我們與人交會錯身的方式與速率。離散的生活會讓我們走不到每天都要去的地方，進而壓縮掉人生中的邂逅與良緣。從這種觀點出發，山屋社區其實很像韋斯頓牧場。不管你需要什麼東西，只要這玩意兒比冰棒更大一點點，你就得繫上安全帶，開車到別的市鎮去買，而這也是所有鄰居的選擇。藍迪．史特勞塞或許付得起這點油錢，但這種動輒公里起跳的移動方式，會影響到的是他的社交地景（social landscape）。巷尾那位在為草坪澆水的先生，對於要開近十三公里到崔西市的FoodMaxx商場補貨的藍迪．史特勞塞來說，只是個「秒不見」的模糊身影。在大得像山洞一樣的FoodMaxx裡頭，藍迪或許會跟一個人點點頭，但他們這輩子應該也就只會見這麼一次而已。這樣的藍迪，他的人際網絡廣不到哪裡去，頂多就在他的社交核心打轉而已——一棵樹養在盆子裡，你覺得它能長多高呢？

社會資本的凋萎並不是個僅限於睡城的現象[43]。但仔細觀察這些調查的結果，我們會發現離散的生活是像溫水煮青蛙一樣全面性、系統性地改變我們的人際關係。決定我們社交地景的兩大因素，是社區位於都會區的什麼位置、以及居民每天要為了生活移動多遠的距離。愈多時間得花在通勤上，我們就愈不可能參與團隊性質的體育活動、愈不可能跟朋友喝咖啡聊是非，愈不可能去慶典遊行現場湊熱鬧，也愈不可能參與外界的社團。事實上，遠距生活的效應之強，二〇〇一年一項針對波士頓與亞特蘭大所進行的研究顯示，社區或鄰里的社交連結會預先反映在有多少居民需要開車過日子的統計數字上。愈多人需要開車上班，就愈少人會成為彼此的朋友。

慢著，你可能會說：我們很多人都有一堆朋友啊，而且東一個西一個。機動性讓我們不再受地域的限制，就像城際高速公路讓我們能以每小時九十六公里的速度穿越都會中心去上班一樣。這點是真的。但距離會拉高每一次聯絡感情的成本，這成本是油錢、是你拿來開車的時間，是你之後恢復元氣需要的時間。長途通勤也會改變我們友誼網絡的地理分布，進而改變我們能從友誼當中獲得的好處，二〇〇九年一項針對瑞士通勤者所做的研究可以支持這個論點。在瑞士，許多人開車到像日內瓦與蘇黎世這樣的國際性都市上班，而研究結果毫無意外地顯示，長途通勤會對人的社交網路產生離散的效果：通勤的距離與時間愈長，人的朋友圈範圍就會愈大，意思是不同朋友間會住得比較遠，就像蜘蛛網往各個方向被拉長一樣（精確一點說，是每多通勤十公里，受試者的朋友就會離自己多遠個二點二四公里，這些朋友則會距離彼此多遠個二點三五公里）。人與人距離變遠有一個影響：長途通勤者會比較不容易交上朋友，他們彼此永遠都會是有著共同朋友的陌生人，而這代表著通勤者要面對面聯絡感情，得是各個擊破，而沒辦法一網打盡，也代表通勤者的資源消耗會比較嚴峻。所以說，即便通勤者的朋友數量看起來不少，他們還是沒辦法得到應有的情感支持。

用以聯絡感情的當面社交時間有那麼重要嗎？我這兒還有一筆資料：二〇〇八年一份由蓋洛普

愉悅與幸福感顯著、憂愁與壓力尚可的受訪者比率

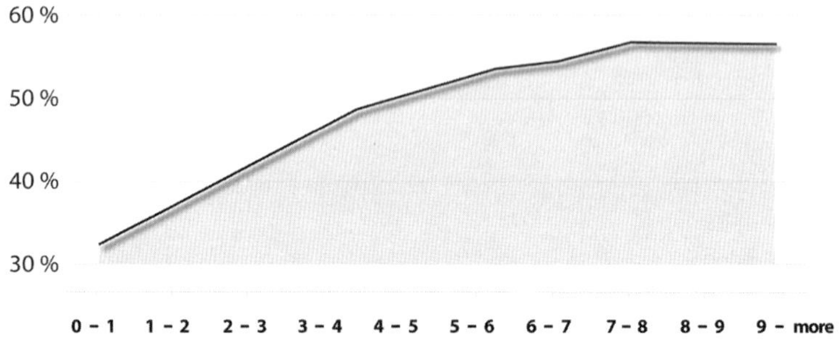

每天的社交時數（小時）

社交時間多的好處

美國人十分強調獨立與隱私，但蓋洛普民調顯示，花愈多時間社交的美國人，表示自己愈快樂而且壓力愈小。每天的社交時間要高達七到八小時，社交的好處才會進入持平的高原期。

繪圖：Scott Keck, with data from Gallup-Healthways Happiness-Stress Index, Copyright 2010 Gallup, Inc. With permission from Eric Nielsen/Gallup-Healthways.

組織與「健康之道」（Healthways）共同主持的研究，發現幸福程度與休閒時間之間有直接的關聯。愈多時間能跟家人或朋友泡在一起，人的主觀幸福與愉悅程度就愈高，壓力與焦慮也會比較少。跟喜歡的人混在一起是好事，不值得大驚小怪；值得大驚小怪的是我們對社交行為的胃容量有多大。研究顯示，幸福曲線要到每天社交的第六個或第七個小時後才會持平。但像藍迪．史特勞塞一樣，超過四分之三的美國通勤者都是獨自開車上班。到了二〇〇〇年代中期，歷經了半世紀的巨額公路投資與都會路網拓展後，美國人的通勤時數已經超過了他們度假的時間。

孩子們何辜

二〇一〇年，我回到聖華金郡去考察睡城復甦的情況。我去史塔克頓的韋斯頓牧場兜了一圈，結果那地方已經面目全非。草坪與灌木一整個「不修邊幅」，而且明顯澆灌不足。圍籬褪色傾頹。我停下腳步，跟一群在人行道中間喝酒「開趴」的青少年搭訕，發現他們都是十年前跟著爸媽從奧克蘭搬到睡城居住的，他們的如意算盤是能逃離都市中的幫派文化。沒想到在驕傲地露出他們皮帶上、圍巾上與帽T上的幫派代表色——北方人血紅（Norteño blood red）[44]之後，這些孩子做了每代郊區兒女都會做的事情：他們開始「婊」起自己住的地方。他們說自己像是被困在這個「陷阱」裡，哪也去不了，任何下一站都像遠得要命的王國。這種抱怨其實沒有什麼新意，但在這個算不上城市的城市裡卻顯得異常中肯。他們的年紀卡在成年的邊緣，想找工作、受教育或買東西，都無助地不知該去哪裡，更別說像樣的派對、電影院或餐廳，連個影子都沒有。我把自己在研究城市與幸福／快樂的身分據實以告，結果一位女孩拉下了帽T，露出了辮子頭，她的意見是：「你知道怎樣會讓我快樂嗎？來開家店吧，在轉角幫我弄家店，賣點什麼，做點什麼都行，有東西就好。」

「別作夢了，」她的朋友大聲蓋過她：「我們需要的是一台車跟一桶油。」

不過這些孩子最擔心的還不是啤酒喝完要去哪買。我要走的時候，他們警告我不要天黑了還在韋斯頓牧場的路上晃來晃去，晚上會有槍。我覺得他們這樣說只是在嚇唬我，只是想讓自己感覺很酷。但我後來從在地報紙《紀錄報》（*The Record*）的頭條看到，韋斯頓牧場接二連三地發生槍擊案與人身攻擊事件，從兒童只是從窗戶探出頭來就被流彈打到腦部（二〇〇九年）、到有饒舌歌手在附近的亨利隆恩公園（Henry Long Park）凳子上被槍擊身亡（二〇一二年），什麼都有，什麼都不奇怪。

史塔克頓儼然已經「發展」出加州境內最為嚴重的青少年幫派問題。這座城市有其貧窮與移民的問題需要處理，但薄弱的親子關係與不堪一擊的社交連結，才是幫派成員大增的兩大元兇。

韋斯頓牧場是幫派招募新血的「重點區域」，這是我從史塔克頓青年幫派預防計畫主委那聽來的壞消息。主委解釋，很多鑰匙兒童沒有爸媽在一旁輔導照料，幫派於是趁虛而入。但這真的也是剛好而已：聖華金郡有四分之一的勞工通勤到其他郡，其餘很多人則開車在郡內的不同村鎮間往返。孩童在地理上與社區服務和家族親友間被隔離開來，像聖華金郡有近半數的五年級與七年級學生，在放學後完全沒有成年人監護。韋斯頓牧場裡的大谷小學（Great Valley Elementary School）為了能跟那些遠距離通勤的家長見到面，不惜把懇親會排在深夜。

很多人搬到郊區邊緣，願意受通勤之苦，心態是為了孩子犧牲。可惜的是，安靜的囊底巷並不如我們所想的適合養育孩子與青少年。這樣的環境地貌會讓下一代擱淺——即便是來自富裕郊區的青少年，都比市區的同儕更需要處理社會適應與情緒上的問題。

在針對美國東北部富裕郊區的青少年進行研究的過程當中，哥倫比亞大學的心理學家蘇妮亞・盧瑟（Suniya Luthar）發現，這些孩子雖然享有各種資源、醫療服務，乃至於高度適任的雙親，但處於青春期的他們的焦慮與憂鬱，還是遠比住在市中心的同齡青少年嚴重很多，而後者才是真正面對著各式各樣的環境與社會弊病的人。照理講，郊區青少年生長的環境條件得天獨厚，但他們卻比市區同儕更傾向於抽菸、喝酒與吸食高純度的毒品，尤其是在他們心情不好的時候。「這種狀況，」盧瑟分析說：「可以解讀成孩子們是在自我用藥。」

這種種研究裡的年輕人除了不快樂以外，還有一個共通點：他們都欠缺與父母關係緊密而帶來的安全感。孩子只要能確實而穩定地跟雙親之一共進晚餐，學業成績就會進步，情緒問題也會減少。這年頭做父母的有太多事情可忙，但我想主張「全馬等級的通勤、得大老遠去買東西、得千里迢迢去跟各地的朋友聯絡感情」等離散城市特有的狀況，會剝奪掉與孩子們的親子相處時間。這樣的現象當然不是睡城獨有，這類社區無疑在設計階段就埋下了居民時間不夠用的遠因。

這些情形，藍迪．史特勞塞都了然於胸。他承認自己的家庭就為了自己作息被拉長而付出了代價。藍迪剛成為超級通勤族時，他的一雙兒女——金與史考特都才剛學會走路。後來矽谷的科技泡沫吹起，加州的房價開始狂漲。而跟很多要賺錢養家的爸媽一樣，藍迪走新開通的高速公路穿越代阿布洛山脈（Diablo Range）到聖華金郡的崔西市上班，兩個孩子於是周間都看不太到爸爸，他的第一段婚姻則以失敗作收。等孩子到了十幾歲的時候，金跟史考特搬去跟他的前妻住，但她也是個以睡城為家的超級通勤族。

那些年，這兩個青少年期的孩子得自理晚上的一切。對金來說，幫小弟熱好冷凍食品當作晚餐是家常便飯。雖說長姐如母，但她畢竟也只是個孩子。欠缺關心與管教的史考特最後開始走偏。剛開始是四處塗鴉，後來變成蹺課逃學，順手牽羊，狀況一天比一天更糟。

「現在，」終於到了回山屋的高速公路出口，藍迪語氣沉重地說：「史考特在鹽湖城作客。」他的意思是：史考特在鹽湖城的郡立看守所坐牢。我們換一個話題好不好。

路的盡頭

有時候需要一整個世代，我們才能看出自己的人生如何流失在高速公路的交流道與交流道之間。

藍迪的女兒金告訴我，她也在高中畢業後不久陷入同樣的長途通勤生活。她先是嫁給了高中時的男朋友凱文．賀布魯克，然後生了個小男生。產後他們搬到崔西市一棟陽春的牧場式平房生活，也不知道為什麼，反正好像長大就是要這樣。他們得想辦法過日子，但在離散城市中要賺錢可不是街角就有工作。後來金在門洛帕克的惠利特基金會（Hewlett Foundation）找到了一份行政助理的工作，但門洛帕克離崔西市西邊足足有八十公里遠。

這時金才發現，自己得清晨五點從被窩裡爬出來，把連路都還走不好的兒子賈斯汀往日托中心一放，然後上路開兩個小時的車，往上翻過代阿布洛山脈、往下穿越卡斯特羅谷（Castro Valley）、繞過低窪的舊金山灣南端，再走上二八〇號州際公路，爬上紅木市（Redwood City）頭頂的丘陵，然後才能下坡抵達門洛帕克。有時候剛好配合得上，她會搭祖母南西的便車，因為她們祖孫在同一個基金會上班。但其他時候，她就只能開著自己的小雪——雪佛蘭邁銳寶（Malibu）房車——隻身一人上路。去程兩個小時，回程又是兩個小時。她就這樣開始加入了「雙城記」的卡司，就像她的父親、祖母，還有老公一樣。累不在話下，但為兒子她只能拚了。

有一天，金辦公室的電話響了，打來的是崔西市的日托中心。對方告知她小兒子人紅得像甜菜根一樣，但他們說的不是受歡迎的紅，而是小朋友發燒了，而且摸起來就像滾水一樣燙，遊戲間到處都是他吐出來的東西。金慌了，她覺得自己的小孩快死了，而且他離自己有八十公里遠。身為媽媽的金衝下樓去開車，鑰匙一插就猛踩油門，往公路入口衝。她的一顆心蹦蹦蹦地在胸口跳到不行。金完全不知道自己的車速快到了什麼樣的程度，她只是一直想著再快一點、再快一點。

果不其然，交警的警笛聲在她身後響起，熱淚開始在她的臉上流成兩條小河。在崔西市第十一大道被攔了下來的她，沒有力氣跟警察杯杯解釋自己在趕什麼，她只是很配合地讓他開罰單，然後直直看著眼前的道路，倒數著警察說自己可以走了的那一秒。

好不容易，金用力推開了日托中心的大門，兒子的嘔吐物已經有人拖乾淨，而他的高燒也降下來了。金一把將兒子擁入懷中，撥開他汗濕的頭髮、露出額頭，當場「抱緊處理」。小朋友的狀況已經開始好轉，但當晚金就跟老公商量，說她不能、也不想再重蹈她爸媽的覆轍，她不想再過上一代的那種生活。小倆口於是下定決心，要想辦法把被拉長的生活回復成原狀。

認真重新思考自身與城市之間的關係的人，不是只有金一家子。過去的十年間，都會離散的趨勢已經放緩。具有樞紐地位的市中心或大城市，從曼哈頓、倫敦到墨西哥市，都觀察到有一群內遷的新住民願意再給「近」這件事一次機會，他們願意嘗試與舊愛重修舊好。但要逃脫都市離散效應的魔掌，並不如你我所想的那麼容易。扭曲金的人生、拉長她作息的這個體系，事實上是流動而存在於建築物、公共空間、基礎建設預算、司法與機動交通網路的種種環節當中，影響及於美加，乃至於全球愈來愈多都會區的每個大小角落。

想要終有一日掙脫離散效應對人的影響，我們必須理解，離散是一套建城、規畫與思考的體系。我們必須轉過頭去，想想自己是如何走到今天的這步田地，我們必須思考離散從何而生。

註釋

34 譯註：此為Extra suburbs的縮寫。

35 當時縱觀全美，住戶被銀行撤銷房貸後收回房屋比例最高的社區，就是韋斯頓牧場。

資料來源："Welcome to Stockton: foreclosure capital USA." *China Daily*. September 17, 2007. http://www.chinadaily.com.cn/world/2007-09/17/content_6111808.htm (accessed January 7, 2011).

36 譯註：位於橡樹林區域公園（Oak Grove Regional Park）的西邊。

37 二〇一一年的統計顯示，包括史塔克頓在內的「第十八國會選區」裡，有四分之三的房子處於「沒頂」（underwater），亦即房價低於房貸金額的狀態；事隔四年，房價依舊沒有起色。

資料來源：Depaul, Jennifer. "The Angriest Democrat in Congress Attacks Obama." *The Fiscal Times*. November 30, 2011. http://www.thefiscaltimes.com/Articles/2011/11/30/The-Angriest-Democrat-in-Congress-Attacks-Obama.aspx#dTS00kkvug5hWazl.99 (accessed August 20, 2012).

二〇一二年，美國智庫「需求研究所」（Demand Institute）的一份報告預測，房價將於未來數年持續復甦，唯雖然「基本面好，適於步行」的地點可望在二〇一四到二〇一七年實現百分之四到五的年均漲幅，但整體的平均房價仍將受到房市最弱一環的壓抑。這「最弱一環」指的是人口零星進駐的外圍社區，步行難度高，各項設施距離遠。

資料來源：Louise Keely, Bart van Ark, Gad Levanon, and Jeremy Burbank. The Shifting Nature of U.S. Housing Demand: The U.S. housing market is growing again—but not as we knew it. Demand Institute, May 2012.

http://demandinstitute.org/sites/default/files/blog-uploads/tdihousingdemand.pdf

38 譯註：美國知名重金屬搖滾樂團。

39 《多倫多星報》（*Toronto Star*）故意丟了一堆皮夾在多倫多市區，藉此測試市民靠不靠譜，結果多倫多人證明了他們其實比想像中可靠多了。在信賴問題上，加拿大人認為四個陌生人裡大約只有一個人會把皮夾拿去還，但《多倫多星報》的實驗顯示，超過八成的皮夾能找回來。這很了不起，因為皮夾要找回來不光是民眾要誠實、公務員不「歪哥」，還需要撿到的人不惜為了非親非故的某人大費周章來日行一善。這證明了社會學者一而再、再而三確認的一件事情：我們以為在社會上，自己被陌生人搶、騙、殺的機率比較高，但事實是他們更可能會幫素昧平生的我們撿皮夾，會幫有需要的人一把。

資料來源：Helliwell, John, and Shun Wang. *Trust and Well-being*. Working Paper, Cambridge: National Bureau of Economic Research, 2010.; Ackerman, G, et al. "Crime rates and confidence in the police: America's changing attitudes toward crime and police." *Journal of Sociology and Social Welfare*, 2001: 43-54; Truman, Jennifer. "Predictors of fear of crime and the relationship of crime rates and fear of crime." *The University of Central Florida Undergraduate Research Journal*, 2005: 18-27.]

40 這牽涉到把獨立的變數加入或移出統計配方（statistical recipe），然後觀察結果會有什麼改變。比方在餐廳喝到一碗「神」湯，然後你想在自家廚房研究出湯的配方，你會排列組合各種不同的香料，直到成功複製出稍早的味道。

41 二〇一一年由艾瑞卡・參道（Erika Sandow）所執行的研究發現，長距離通勤會製造出家庭內部的衝突：一旦婚姻中有一方需要「不遠千里」去工作，配偶就會被迫承擔更多的家務與責任，也因此可能得屈就於兼職或低薪的工作。即便是在進步開明如瑞典的先進國家，犧牲的一方都難免以女性居多。

資料來源："Long-Distance Commuters Get Divorced More Often, Swedish Study Finds." *Science Daily*. May 25, 2011. http://www.sciencedaily.com/releases/2011/05/110525085920.htm (accessed March 3, 2012).

42 與居住在離散地區存在高度正相關的一件事情可能會讓人吃驚，那就是我們會因此從公眾事務中銷聲匿跡，但這是「社會資本社區標竿研究」（Social Capital Community Benchmark Survey）在二〇〇〇年調查了近三萬名對象後，得到的深刻分析結論。這種「政治冷感」的源頭很難一清二楚地說「喏，就是這裡」。有一種可能是住在離散城市裡的人可是砸了大錢，把自家弄成金窩銀窩，在裡頭舒服到可以阻絕外界所有的紛擾與問題；另一種理論是，會受擴張區的環境吸引的住戶，本身就是對社會或政治事務的參與感不強的人。這兩種可能性，嗯，都有可能，但證據顯示三度空間的地景也絕對有影響。第一點是長途通勤的人自承比較沒機會掌握時事，而社會學者則點出說郊區很「厲害」的一點是可以像篩子一樣把社經地位相似的人湊在同一個社區當鄰居。再者就是。擴張區的建築也在先天上限制了需要面對面進行的政治活動。這倒不是說都會擴張讓政治活動變得完全不可能，但因著集會空間的私有化與居民活動路徑的散射，政治集會的條件確實比較欠缺。比方說要示威，你總要有場地吧？商場無論大小都保留有不歡迎「鬧事」顧客的權利，包括在看似自由開放的室內穿堂或室外停車場，店家都可以視情況趕人。另外，離散的生活型態本身就排除了陌生人互動時的摩擦。社會學家大衛・布連（David Brain）的說法是：都會擴張把陌生人從我們的生活中隱去，進而過濾掉了我們與極端不同視角磨合的能力。

43 調查顯示，社會信任在部分郊區的狀況還贏過市中心，但這有一部分是自我篩選（self-sorting）造成的結果：幾十年下來，新郊區已經與「人生勝利組」畫上了等號，加上與內城生活的脫鉤，美國一些新畫定的郊區幾乎全面性被富裕而有孩子的家庭占領——這完全就是一群「待得住」的人，而這也是他們的在地連結比較強的條件與原因。
資料來源：Williamson, *Sprawl, Justice, and Citizenship*, 94-97.

44 譯著：北方人（Norteño）是西班牙文，指的是北加州的西班牙裔幫派。南加州的西裔幫派則叫作「南方人」（Sureños）。

CHAPTER 4 回首來時路

現代都市很可能是這個星球上最不討喜，
人工斧鑿最深的場景；
最終的解決之道就是拋棄它……
我們必然得靠著離開城市來解決城市這個問題。

——亨利・福特，一九二二年

我們從法拍屋之旅巴士上看到的城市，並不是自然發生的現象，那東西既不有機，也並非隨機，更不符合自由市場裡的市民理想。形塑出離散城市的，是強大的利益驅使、龐大的公共投資，以及定義土地與道路應該如何開發使用的嚴密規定。但獲利、投資與規定都只是工具，而這些工具所服務的對象是城市的幸福概念。要對離散城市有所了解，我們不妨稍微去看看那年代城市裡的工廠霾害如何將天空掩蓋、市容何等不堪、犯罪多麼氾濫，剝削無所不在，一副要過河拆橋、把生養自己的社會給反噬的醜態。

存心改革的安德魯・米恩斯（Andrew Mearns）是一位神職人員，他曾於一八八三年深入工業革命時期的倫敦貧民窟，然後做出了這樣的觀察：「未來讀到這篇文字的人，恐怕很難想像傳染病叢生的這些住所是什麼慘況。數以萬計的貧民擠在一起，恐怖的程度直讓人想起耳聞過的奴隸船。」這些人沒錢，好幾個家庭擠在一起，窩在污穢的集合公寓中的同一間房裡。窗戶破了也只能用破布塞著來擋住冷風。空氣中瀰漫著煤煙的氣味，喝的水混雜著霍亂的病原。這樣的城市彷彿罪惡與不幸的洪水，米恩斯提出警告，這人禍可以像天災一樣摧毀人類社會。

大西洋彼端的美國也有市區裡的貧民窟，而且狀況並沒有比較好。就以紐約市為例，一八九四年的「集中式住宅管理委員會」（Tenement House Commission）提及，市區裡過度擁擠的廉價出租公寓是：「疾病、貧困、惡行的集散地；如果在這種地方長大的孩子變成竊賊、酒鬼或娼妓也不值得驚異，值得驚異的是，竟還有許多人能在此成長而成為守法自愛的個體。」一八八五年，《美國雜誌》（*The American Magazine*）的一位撰稿者形容紐約的廉租宅人口：「無知、無法無天、無底線到不太像是人類，」然後毒舌地補上一句：「廉租宅居民的死亡率超過百分之五十七，讓人欣慰到簡直想慶祝一下。」

喜歡思考的觀察者相信，都市地景所破壞的不只是人的健康，就連居民的思想與最核心的靈魂都會受到斲傷。人要如何得到救贖？解決之道是改造城市、拋棄城市，還是把怪獸殺死，然後以雄大且嶄新的版本取而代之？這些觀察者的提案可以說是五花八門，各式各樣都有，但那個悲慘年代中，有兩支城市設計的意識型態，得以於日後塑造了二十世紀的城市風貌，包括後世的建築師、改革者與從政者都以這兩支想法為尊。這兩支想法滲透進了文化的脈絡中，而文化也是這些思想的力量來源。

其中第一種哲學可以稱作是「分離學派」（school of separation），認為美好生活的大前提是城市中的不同功能必須嚴格區分，以便特定的居民可以避免城市中最極端的毒害。

另外一派，我們可以稱為「速度學派」（school of speed），這一派把自由的概念翻譯成速度——意思是我們能愈快離開城市，我們的自由程度就愈高。

一如我在第二章裡所解釋過的，城市的形塑一向取決於各種有關於幸福的信念。但能從根本上改變城市與這個世界的，真的就是這兩個學派。

各安其所

首先我們來思考一下分離學派的發展歷程，基本上這是針對工業革命的黑暗面所產生的自然回應。既然當時擁擠不堪的城市因為煤煙與水溝的異味而喘不過氣來，那人會想要逃離城市中的種種不悅——或至少把這些亂七八糟的事情給隔離開來，也就沒什麼好奇怪的了。埃比尼澤．霍華德正是出於這樣的志向，而規畫出了「花園城市」；對於有能力撤退到半鄉村環境的倫敦人來說，花園城市承諾了可以用力呼吸的新鮮空氣，以及和善的鄰里關係。

法蘭克．洛伊．萊特的廣畝城市，同樣豪氣地承諾了廉租宅住戶只要願意舉家遷離曼哈頓的垂直煉獄，就可以在精神上得到救贖。在歐洲，現代主義者的反應也類似地受到駭人城市的刺激，只不過現代主義相較之下樂觀許多。在造車的亨利．福特與眾多工業先驅的帶領下，科技與量產技術有了令人瞠目結舌的進展。而深受啟發的現代主義者，設想城市問題的解決之道在於將之重建為高效率的生產線。「以汽船、飛行機與汽車之名，我們主張人有得到健康、理性、勇氣、和諧與完美的權利，」柯比意寫下這樣的話語：「我們必須拒絕對現況做出任何一丁點的讓步。現況就是一團糟……在現況裡找不到解決的辦法。」我之前提到過，對柯比意來說，幸福之道在於幾何與效率。但柯比意的信念就跟他的美國同儕一樣展現出分離主義的色彩：他認為大多數的都市問題都可以獲得解決，只要在總建築師所繪製的簡潔理性圖樣指導下，城市可以規畫為各具單一功能的分區。柯比意的「光輝城市」（Radiant City）計畫體現了這套建城哲學的極端簡練：這個象限裡是生活所需的機器、那個象限裡是工廠專區、再旁邊的象限是購物區，一個個分區像積木般，也讓人想到IKEA裡的系統家具。

這段日子以來，這些由一個個完美幾何圖形所拼成的分離主義設計，為健康而提出的存在理由大致上已經站不住腳。廢氣排放的控管與下水道系統的建立，讓大部分先進經濟體的市中心不再那麼「毒」，至少不會毒到讓人的肉體活不下去。不過分離主義作為一種意識型態還是傳承了下來。反差有點大的是，讓分離主義發光發熱的主舞台，竟是理論上思想最開放自由的亞美利堅。隨意瞥任何一張現代美國郊區的設計圖一眼，包括法拍屋之旅途經的地方，你看到的都會是一組組一目了然的土地利用，包括數字與顏色的編碼都一應俱全。整片土地看起來就像一格格標好順序的著色本一樣，從三萬英尺的高空鳥瞰肯定壯觀。

剛開始，典型的離散擴張計畫，感覺像是融合了逃離主義者的花園城市，與現代主義者的完美分區機器樂園。像這樣分際嚴明、中央集權的城市設計，究竟何德何能，怎麼會在奉自由為圭臬的美國找到生機呢？一世紀前的烏托邦願景是如何演變成今日的都市擴張？包括實用主義（pragmatism）、人性的貪婪、種族主義與各種恐懼，都曾經是發展過程中的風景。

美國人並不怎麼認同自己是個對權威逆來順受、上面丟個大計畫下來就照單全收的民族，但如果要支持法律規定來限制自己的財產權，他們的配合程度倒也不輸給加拿大、英國或歐洲人。一八八〇年代，加州莫德斯托（Modesto）的市議會通過新法，禁止都市核心的市中心開設洗衣店與自助洗衣處（剛好都是華裔經營的）。後來曼哈頓的零售商家要求城市的不動產使用分區要加以重畫，目的是不希望工商業利益進駐，而「玷污」了紐約第五大道上的購物區風貌。一九一六年，紐約市真的照辦了，還引發了數百座美國城鎮跟進。土地使用分區管制（zoning）的初衷是要降低交通壅塞、改善居民健康、讓商業運作更有效率。但高於這一切的是要保護不動產的價值，而這或許也解釋了為什麼人會這麼奮不顧身地去擁抱都市的分區利用。

倒也不是沒有反彈。一九二六年，一家在地的建商槓上俄亥俄州的歐幾里得村（Euclid），主要是建商在法庭上要求歐幾里得村不得以分區使用為由，限制工業發展。這場法律攻防一路打到美國的最高法院，由歐幾里得村獲勝。緊接著沒多久，美國聯邦政府就賦予了所有村鎮這樣的權利。此後，在大多數的美國行政區中，城市的新建與改建都必須恪遵彈性甚小的相關規定，偏離者概以違法論處。使用分區與都市開發的法條，明訂了你在私人土地上可以蓋什麼東西跟做什麼事情，也搶在任何人來得及去開發新土地之前載明了土地面積、建築物由路緣向內退縮的距離，乃至於建築物本身的長寬高深。更強大的是，法律嚴格規定了生活、工作、購物與休閒在都市內要「各有所歸」，井水不犯河水。二戰之後，幾乎所有的美國新郊區，都拿不掉緊箍咒般的分區管制。

分離主義計畫按照其逃離主義的精神，熱切追求讓郊區成為經濟發展的引擎，但另外一個比較不好說的陰暗動機是：對人的恐懼。表面上，美國聯邦房貸保險計畫的內容非常直接好懂：郊區的建案就拍拍手，都市更新或內城開發就皺眉頭。很多老社區裡的二手屋房貸根本貸不下來，就算你是自住也一樣。你必須搬到都會區蛋白或蛋殼區的新社區，才拿得到貸款。當然說到美國的郊區擴張，我們也不可能不提到種族與階級間的緊張關係。聯邦政府曾長年實施種族隔離政策。美國聯邦住房管理局（US Federal Housing Authority）（權責包括對各社區進行房地產鑑價）曾常態性地拒絕全黑人社區的房貸保險，直到一九六〇年代的民權法案立法成功，做法才改弦易轍。但傷害已經造成，這種開膛破肚的政策讓市中心成為一座空城，而「白人的外逃」則讓新畫的郊區一層層擴散出去。

表面上，所謂的「排他性分區」（exclusionary zoning）管制只是禁止了某些建築物與業務不得在特定社區中立足，但它們的深層目的根本是要排除所得級距偏低的人口移入。這一招到今天仍舊管用。想要讓窮人進不了你的社區，你只需要做一件事情，那就是禁止雙拼跟多層公寓——而這剛好都是新郊區可以蓋的東西。研究城市設計策略的陶德．李特曼（Todd Litman）總結都市分區使用的效應是：「表面上看起來是自由市場的客觀運作造就了種族隔離、是無數個決定要住哪裡的個人堆砌出的最終結果——但房子就那麼剛好全是獨棟的透天、住戶就如此巧合地都是金髮碧眼。這背後，政府伸了隻看不見的手。」

令人百思不解的是，美國人明明熱愛自由，卻願意接受法律對私有不動產的全面限制，以此來提供養分給分散式的城市。一塊地只要被畫歸某種分區，接著當所有符合條件的成員進駐，就會像被照了張拍立得當成遺照一樣，永世不得翻身。而且好像嫌政府的分區還不夠緊似的，近幾十年來，郊區建商還會設立權力大得不得了的管委會，來鼓勵居民彼此牽制。就這樣，明明是最不信任政府的美國人，自己創了一個全新的小政府來搞死自己。

如今在聖華金郡的睡城當中，膚色的區隔已經不再那麼顯著，但那種「保證來到世外桃源」的心態仍根深柢固地存在於住戶管委會的章程中，裡頭詳細規定了你自己的土地可以幹嘛，又不能夠幹嘛。會參加法拍屋之旅的人請注意：史塔克頓臨溪西屋住戶管委會立了條法規，要求屋主必須按照管委會的標準來修剪草坪。全美國如今都是這個狀況：任何人想要在地下室多隔個套房，要把車庫改裝成糖果店，抑或是要在前院種小麥，都會很快體驗到管委會的厲害。就算你住的地方沒制度化到有管委會，官方的城市監察員也只要收到任何一筆申訴，就可以立刻跑到你家門口告訴你一個壞消息，那就是你家不是你的城堡，怎麼弄不是你說了算。

這裡有一個很大的重點是，這種空間區分的概念是大型零售商與大手筆造鎮建商的好朋友，因為這兩種法人都很愛把很單調的設計往超大空地擺，因為這樣搞又方便、又省錢，因應當地的特色去客製化建築物的CP值實在很低。面對為了招商而無所不用其極的地方政府，這些富甲一方的零售商與建商很容易就可以成功爭取到減稅的優惠，這當中的故事我們等到第十二章再深入的談。

到了二十世紀的尾聲，郊區的分區畫定與發展規定已經壯大成了一隻頂天立地的怪獸，力大無窮又難以撼動。在這隻怪獸的淫威脅迫下，出錢出力建設大部分美國郊區的人都快忘了要怎麼蓋別的東西，他們只知道一種選擇，就是開車才到得了、跟開車才出得去的擴張社區。「什麼叫作自由市場？這東西在不動產市場缺席已經八十年了。」與人合著《改造郊區》（*Retrofitting Suburbia*）的喬治亞理工學院建築系教授愛倫．丹南—瓊斯（Ellen Dunham-Jones）對我這麼說：「而且因為要『亂蓋』是不合法的，所以誰想硬幹，誰想在分區管制的包圍下找到缺口或誘發變革，誰就得要有長期抗戰的心理準備。但對建商來說，時間就是金錢，所以戰事很少爆發。」

這些規定與慣例確保了一件事情，那就是如果比誰的市內分區比較各玩各的，美國絕對不會輸給冷戰時期蘇聯的住屋規畫。因為有這些成文與不成文的規定存在，所以距離市中心還算比較近的第一代郊區，並沒有變得稍微多元化或人口稠密些。這些規定把新開發案外推到了不斷向後位移的都市邊緣，完全沒有極限。而且多少也就是因為分區管制，精華的舊金山灣區的房市供給才會如此緊俏，進而迫使包含藍迪在內的數十萬名灣區上班族得往北、往南、往東搬，然後再反過來每天開兩小時的車到灣區工作。這些規定也讓新開發的郊區一個個學會什麼叫作「以不變應萬變」，讓每個郊區的居民都失去改變的動力，或學會乖乖聽話。

走味的自由

這樣的都市重組之所以能發生，有一項不能不提的原因是多到令人咋舌的道路與公路補貼。這是一項長達數十年的計畫，而且這計畫所代表的「文化大革命」，就扎根在美國人視為珍寶的一個概念中：一個世紀前，美國人重新定義了什麼叫「在都市裡自由自在」。

自從有城市以來，街道都是給「人」走的。道路不只是道路，道路也是市集、是遊樂場、是公園。是的，你沒聽錯，幹道與公路都是給人走的。但當然古時沒有紅綠燈、道路標線或斑馬線。事實上，在一九〇三年以前，不要說交通標誌，城市裡連交通錐都沒有。任何人都有權使用街道，而每個人也都每天在街道上生活。「亂」是一個很客氣的說法，真相是「實在有夠亂」。踩到馬糞是

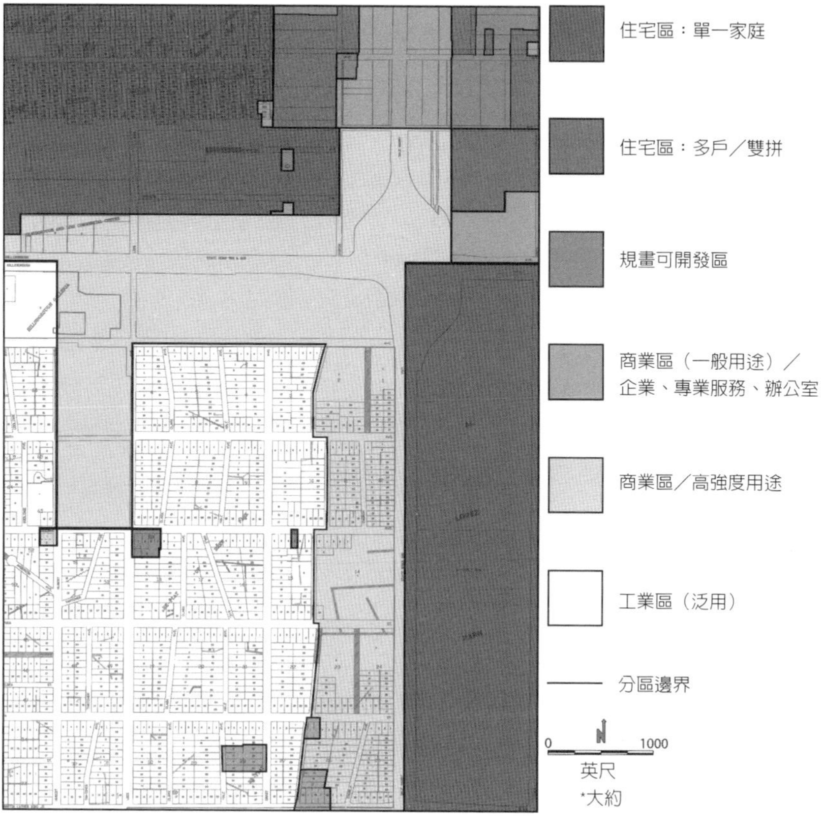

佛羅里達州的坦帕：城市被當成簡化了的機器

生活分區的意識型態存活在美國的郊區規畫中。這幀佛羅里達州坦帕的分區利用圖，顯示的是極盡簡化之能事的分區管制，並嚴格限制每區可以蓋什麼東西、做什麼事情。這些系統對計畫者來說或許一目了然，但這些區分既禁絕了複雜性，也限制了人的自由，控管的有效程度毫不遜於蘇聯時期的城市畫定。

繪圖：Cole Robertson/City of Tampa

家常便飯，有人飆馬車也不需要奇怪。但這種亂，代表了自由是當時的王道。

汽車與卡車開始滲透城市，是在亨利・福特於密西根州高地公園市（Highland Park）打造出流線形的生產線，讓汽車量產變為可能的幾年之後。這之後的發展按照都市史學家彼得・諾頓（Peter Norton）的驚悚形容，是一種「前所未見的集體死亡」。諾頓追蹤記錄了一九二〇年代的美國道路文化變遷。資料顯示，在一九二〇到一九二九年的這十年間，美國有超過二十萬人死於機動車輛的「車禍」，而且多數都在城市裡，大部分的死者是行人，其中又有半數是兒童與年輕人。

剛開始，私人的機動車輛是城市居民普遍害怕與鄙視的對象。汽車的出現被視為是一種侵略，是對公義與秩序的一項威脅。不小心造成行人死亡的汽車駕駛會被群情激憤地圍毆，到法院被判的也不是交通違規，而是過失殺人。剛開始，社會的各階層會團結在一起保護屬於大家的街道。警方、政界、報社編輯與為人父母者都勇於要求限制車輛的路權。車子不能到處開，不能想停路邊就停，時速更不能超過每小時十六公里。

但是後來，駕駛人與賣車跟造車的商人聯合起來，發動了一場思想戰，而戰爭的結果賦予了城市街道新的定義[45]。這群人想要得到開快一點的權力，想要有更多空間停車，想要逼行人、自行車騎士與軌道電車把路給讓出來。美國汽車協會（American Automobile Association）把歷史上的這場新運動稱作是「汽車王國」（Motordom）的濫觴。

「他們得改變街道用途的定義，而這需要有心靈層面的變革。想法不改，真實的改變就不可能出現，」諾頓對我說：「短短幾年的時間，利益與汽車一致者就完成了這樣的文化革命，而且這革命還非常地鋪天蓋地。」

共享街道的最後留影

一九一七年左右的底特律伍德沃德大道（Woodward Avenue）：路面電車與私家車速度甚緩，因此所有人可以共享街道。接下來的十年，速度加上汽車俱樂部與車廠，合力改變了這樣的局面，這樣的畫面從此一去不返。

資料來源：Library of Congress, Prints & Photographs Division, Detroit Publishing Company Collection,

汽車王國也曾經苦戰過。而不必身為工程師，我們也可以看得出來，要把一大堆人移進移出高密度的擁擠市區，最有效率的做法是靠電車或公車。在芝加哥市中心的洛普區（Loop），路面電車只占用百分之二的道路空間，但卻能載運四分之三的用路者[46]。放愈多車輛在道路上跑，全體用路人的速度就會一起變慢。所以汽車王國的戰士只好在思想戰中高舉兩面大旗：安全與自由。

他們得說服大眾的第一件事情是，要改善安全問題必須控制行人，而不是控制車。在一九二〇年代，汽車俱樂部展開與都市安全委員會的正面交鋒。汽車俱樂部大打宣傳戰，內容基本上就是帶風向、替駕駛人開脫，同時把車禍的責任歸到行人頭上。自由自在地過馬路先是被貼上了一個戲謔性質的標籤——「樫鳥走路」（jaywalking），然後又變成了法律禁止的罪行[47]。

成功帶領風向以後，輿論慢慢接受街道不是「自由廣場」，你不能在上面想怎麼走就怎麼走。但這其實還滿諷刺的，畢竟「汽車王國」的口號之一就是自由。

「雖然三不五時會向一堆規定或官僚體制低頭，但美國人畢竟是支獨立的民族。他們的先人就是追求自由與冒險才來到新大陸。」大言不慚地說出這話的是哈德遜汽車公司（Hudson Motor Company）的老董洛伊．查平（Roy Chapin），他說：「汽車讓人有一種可以從對個人的壓迫中逃開的感受。美國大眾會在這麼短的時間內，這麼熱切地接受汽車，不是沒有原因的[48]。」

以一種趁勝追擊的氣勢，汽車產業與外圍汽車俱樂部的支持者揮軍報紙與市府，他們要繼續把自身的價值給推出去。為此他們自行聘請了工程師來從事城市街道的設計與提案，而設計的考量自然是駕駛人優先。一九二〇年代，在由時任美國商務部長的赫伯特．胡佛（Herbert Hoover）召開的一場國家交通安全會議上，這些專家穿梭在會場內，而由他們擬定的交通法規參考範例，則把行人與等待轉乘的路人逼到有著明確界線的街角，像是行人穿越道或路面電車的上車區。這些參考範例在一九二八年頒布，數百座城市隨即採行，因為車輛交通在當時代表著移動方式的進步，一個個城市都迫不及待要撲上去。這些法規設下了文化的標竿，影響了往後數十年的地方民意代表。

未來光景

第一位讀到交通博士的美國人，是一位年輕宅男，叫米勒．麥可林塔克（Miller McClintock）。一九二四年從哈佛畢業之後，麥可林塔克就呼籲美國要嚴格立法來規範車輛與城市，而這當中的三個關鍵字是效率、公平性與速限。但後來斯圖貝克汽車（Studebaker）讓他執掌公司注資成立的一個交通基金會，有新婚妻子與小孩要養的麥可林塔克於是「痛改前非」。既然有斯圖貝克默默在背後撐腰，麥可林塔克在訓練美國第一代交通專家的過程中，便搖身一變成了美國街道與交通的權威。一天天過去，他對於城市的診斷愈來愈向資助他的汽車本位靠攏。等到一九二八年，他對著美國汽車工程師協會（Society of Automotive Engineer）演說的那天，口吻已經像是另一個洛伊．查平了。

「我們的立國精神是自由，」他慷慨陳詞：「而汽車所帶來的是美國精神中不可或缺的一個部分——遷徙與移動的自由。」

隨著新時代的來臨，自由也變化出了獨特的意義。移動自由不再是人的自由移動，而是汽車可以「鶴立雞群」地在路上橫衝直撞，任何原本在街道上有一席之地的人事物都要讓開。麥可林塔克宣稱這種「自由」的敵人是各種「摩擦因子」！對他來說，這國家需要的是道路，而且是不受十字路口、路邊停車，甚至行道樹等摩擦因子阻礙的道路。

在一九三七年於底特律召開的國家規畫會議（National Planning Conference）上，麥可林塔克掀起了這個絕美願景的蓋頭：一座充滿未來感的城市，珍珠色調的摩天大樓穿過格狀的高架高速公路、與四葉苜蓿般的交流道系統，拔地而起，行人穿越道、街角的商家、緩慢的路面電車統統沒有出來拉低城市的格調。這些景片由麥可林塔克與場景設計師諾曼．貝爾．紀迪斯（Norman Bel Geddes）合作出力，由殼牌石油公司（Shell Oil）出錢，然後會茁壯成都市計畫史上最無孔不入的宣傳工具。

到了一九三九年，紐約的萬國博覽會中，紀迪斯把上述的模型發揚光大成一個超大型的攤位，招牌上寫的是「未來光景」（Futurama）。「未來光景」讓人瞥見人類可望在一九六〇年進駐的夢幻世界——當然前提是城市得擁抱汽車王國所擘畫的願景。參觀的動線上有電動椅供人乘坐，遊客可以輕輕鬆鬆飽覽有美式足球場那麼大的立體模型，裡頭有玩具車會自動穿梭於超級高速公路的兩端，一會兒在城市，一會兒在鄉間。到了參觀行程的尾聲，遊客得自己散步到架高的行人步道上，俯瞰下方專屬於大量新車的完美街道。這是真人比例的「汽車城市」模型：未來活生生地呈現在眾人眼前，而我們得鼓掌感謝通用汽車（General Motors），他們是這項展出的贊助商。

這模型被定位為自由市場的夢幻世界，但卻怎麼看怎麼像柯比意那主張人人平等的「光輝城市」。光譜兩端的建城哲學竟同時愛上了科技，進而生出了類似的分離主義願景。但未來光景主要是對速度的崇尚。有了精美的公路，市民便能從井然有序的城市前往清新脫俗的開放空間，速度可以解放都市居民這點似乎不證自明，就像法蘭克·洛伊·萊特所保證的那樣。

那一年，排隊只為「見未來一面」的民眾超過兩千四百萬人次，雜誌與報紙也紛紛介紹起這個展覽。「未來光景」以一攤位之力吸引了整個國家的目光，讓贊助商的高速哲學變成顯學，也讓美國的庶民文化朝不能沒有汽車的日子進行了巨大的位移。

同一時間，一家由通用汽車、泛世通輪胎（Firestone Tire）、菲利浦石油（Phillips Petroleum）與標準石油（Standard Oil）合資成立的公司，橫掃了全美數十座城市。數以百計的私有路面電車線被買下後拆掉。陰謀論滿天飛，有人說這是車商的詭計，他們想用剷除大眾運輸工具，來強迫民眾買車開車。

未來光景

左圖：一九三九年的紐約萬國博覽會上，大手筆的通用汽車攤位給了人一窺未來的機會：為了汽車而打造的城市面貌。

資料來源：GM Media Archive

右圖：「未來光景」所昭示的願景已經實現在全球的城市當中。作為杜拜有實無名的主要商業街薩伊德酋長路，竟廣達十四線道，而且全採高速限，行人基本上無縫可鑽。想到達另一邊，人要先有能沿路步行好幾公里的體力。

資料來源：Author Photo

這搞不好是真的，但其實車廠根本不需要這麼大費周章，街道定義的改變早就讓路面電車重傷，路面電車早已淹沒在車海中，呼吸不了。

擊倒舊城的最後一拳，是由州際公路系統揮出。一九五六年，美國聯邦補助公路法案（Federal-Aid Highway Act）挹注了上百億美金[49]的補助款到高速公路的新建工程中，當中包括直搗市中心的數十條寬敞道路。這法案有兩位好搭檔，分別是聯邦房貸補貼與分區管制規定——這兩項配套在實質上排除了都會擴張以外任何的可能性。而這三位一體基本上是在鼓勵美國人棄守市中心，然後用高速公路讓市中心的住宅區萬箭穿心，飽受蹂躪，算是對想留下來的人略施薄懲。於是東起巴爾的摩，西抵舊金山市，任何人只要搬得起，沒有不搬的。

汽車王國不只是美國的風潮，英國道路聯盟（The British Road Federation）也在一九三〇年代展開了自身的「政府教育訓練」。這單位一度領著數百名道路調查員與國會議員踏上公費參訪之旅，考察德國的「無限速高速公路系統」（Autobahn），然後讓這些人帶著提示小卡回家，免得他們忘記自己看到了、學到了些什麼。但跟美國不同的地方是，英國城市在認真開始追求速度前先做了一件事情，那就是嚴肅看待道路安全。最高層下了一道用心良苦的指令：一九六三年，英國交通部任命了頗具聲望的都市操盤手柯林．布坎南（Colin Buchanan）來芻議如何保護行人不受機動車輛傷害，布坎南為此寫了一本《城鎮交通》（*Traffic in Towns*），裡頭三句不離公共安全；問題是，他提出來的對策卻莫名其妙地讓人聯想到「未來光景」。首先是裡頭提到沿著都市的主幹道嚴格的畫分功能性分區，而這樣的切入角度，讓造鎮者不得不把行人像趕羊一樣趕上高架的步道，或把他們逼到分隔島上，而且手法經常是用上水泥屏障或金屬圍欄。而這些人造障礙物都是汽車之友。愈多這些東西，開車的人就愈肆無忌憚，而行人與自行車則會為了活命而學著自我設限。慘的是，《城鎮交通》在英國被捧成是此後一直到二十世紀末的都市計畫藍圖，結果就是讓老市街被扼殺，新市街被詛咒，雙雙成為開路機輪下的犧牲品。

離散系統的複製增生

城市是一種系統，跟很多系統一樣無法免於「自我生成」（autopoiesis），你可將之想像成病毒在進行安營紮寨、複製與擴張的過程。離散城市不僅附生在或許醜但很耐用的建築物、停車場或公路中，也陰魂不散地附於把城市格局捏在手中的專家與他們的意識型態裡。一旦離散系統在新生的郊區中建立起來，這寶貝就會開始一個案子接一個案子地自我複製貼上——這不是因為離散到哪兒都是正解，而是因為其背後有「自我生成」的力量在推動，這是有預算考量的城市設計者為了圖方便，用「考古題」來求穩定所造成的結果。然後時間一久，這些人就會腦袋瓜「孔骨力」，養成明明要蓋個新社區，卻只會反射性對建築與分區管制法規唯命是從的慣性。於是乎，帶著隔離色彩的土地分區管制系統，原本在一九二六年創生時是為了防止工商業挺進俄亥俄州的純樸村莊，一段時間後卻進化成國家機器手中的利器，最終更濃縮、「升華」為制式、可下載、被民營線上業者「城鎮法典出版公司」（Municode）[50]拿來販賣的法律條文，這基本上意謂著窮到脫褲的美國鄉鎮，現在可以滑鼠點一點就把不動產的使用法規下載到手。同時間，由汽車王國供養的工程師所開發出來的道路設計法條，則成了聯邦公路管理局（Federal Highway Administration）編纂《道路交通管理標誌統一守則》（*Manual on Uniform Traffic Control Devices*；*MUTCD*）內容的重要基石。要知道這本手冊對全美都會區大部分的道路工程而言，都是聖經般的存在。離散像病毒一樣感染著一座又一座城市的「作業系統」，而這些城市染病後又會複製出離散病毒的ＤＮＡ，以此類推。

離散系統那效率極高、變化極少，並且感覺永無止盡的複製過程，在很長一段時間裡，於人們眼中是一件很神奇的事情。離散體系的發展為因，空前的財富成長循環是果；離散為因，車輛、家電與家具的穩定需求是果，而這些需求又推動著北美以製造業為主的經濟。營建業有數以百萬計個工作機會都靠這個，更別提土地開發背後那是多大的利益。多少人夢想著遠離市中心的噪音、快節奏與污染，多少人渴望在自己的土地上有自己的房，是離散的郊區給了他們圓夢的機會，這可是人類歷史上從來沒發生過的機遇。

一八八三年那位在服事上帝之餘，勇闖倫敦的貧民窟、進行過田野調查的安德魯．米恩斯，要是活在今天，並且跟我一起去參加法拍屋之旅，那他肯定會覺得自己在郊區景色中目睹人對抗城市之惡的勝利。他會注意到下水道的惡臭不見了，爭先恐後的你推我擠不見了，煤煙與爬竄的鼠患不見了。他會忍不住讚嘆起寬敞的草坪與生機勃勃的陽光和煦，他會頌揚家家戶戶共享的安寧、管線與隱密性。他肯定會感恩離散，讚嘆離散，認定離散城市是偉大的成就與功績。

他或許不會發現鐘擺已經過猶不及地盪到了另一個極端，或許看不出幾何距離造成的經濟與社會動盪，也察覺不出離散的體系已經侵蝕都會的其他角落到如何離譜的程度。但這個體系確實已經滲透進現代化城市裡的每一隅。在凍結住帕羅奧圖等第一代郊城發展的分區管制法規裡，每一頁都有離散的指印，南西．史特勞塞曾在那兒養育她的孩子，如今南西的孩子與孫兒卻恐怕再也沒錢住回來。核心的城市也同樣受害，因為所有東西都被改成為了速度服務——有些社區被高速公路撕裂，更有些街道的紅綠燈、柏油路跟人行道都被改成方便讓私家車行進的設計；至於在地的居民？誰理你們啊。

離散這種發展會將城市吸進一場零和遊戲：離散一邊把若干物質上的享受給提煉出來變成私有財產，讓人可以在妥善隔離的郊區家中獨享，一邊則把危險跟不舒服的東西丟包在稠密的市區街上。離散會與一早把布魯克林居民給吵醒的汽車喇叭聲共鳴，會被住在克拉科夫（Krakow）[51]跟上海且決定走路上班的人給吸到肺裡去，會如涓涓流水滲進曾經安靜的洛杉磯郊區。說曾經安靜，是因為原屬住宅區的巷弄已被長途通勤的車流搞到雞犬不寧，駕駛人一個個都想抄捷徑來避開回堵到爆的高速公路，結果就是在街上玩球等於玩命，大人不准、當然也沒有小朋友敢。離散隱身在人跡罕至的校園，荒廢的公共空間與貧血的大眾運輸系統，這是不受青睞的內城社區必須承受的命運——住在這裡代表你已經被政府拋棄，被有錢人拋棄，而一轉眼半世紀已經過去。

離散讓城市的預算遇到了大旱。離散迫使城市把稅金花在鋪路、埋管、挖下水道跟延伸各種服務到遙遠的擴張社區，剩下的資源根本不足以讓市中心適於人居。真相是，在美國，核心城市居民對生活的滿意度與社交上的聯繫程度，比被我罵到臭頭的郊區還差。但這一點所訴說的並不是都會擴張區有多好，而是說明離散的系統性效應無所不在而且鋪天蓋地，而其產生的苦果必須要由無辜的人來扛。

如今，新一波的都市主義者讓垂直城市去迎戰都會擴張，他們主張曼哈頓或香港的硬體與文化密度提供了一個永續未來的模範。但通往快樂城市之路不能只是在核心市區或外圍郊區二選一。大部分的核心城市若已交雜著車流、人流、噪音、污染、車禍，就不見得會比擴張區更能滿足我們對於幸福的需求。我們必須重新設計城市的地景，重新設計把城市裡外連結起來的抽象材質，並且設計的理念必須符合我們一開始所要追求的東西。

為了確認這些新設計會呈現出什麼樣的風貌，我們必須了解地方、群眾、景觀、建築與移動方式會如何左右我們的感受，並且必須確認有哪些看不到的體系會影響我們的健康或控制我們的行為。尤其我們必須弄清楚，人類在理解都會環境、跟在決定自己如何在這環境中自處的時候，懷抱的是什麼樣的哲學或理念。

註釋

45 比方說芝加哥汽車俱樂部（Chicago Motor Club）的主席查爾斯・海斯（Charles Hayes）在跟朋友聊天時說，解決之道就是說服城市裡更多的人，「街道本來就是給車子跑的。」

資料來源：Norton, Peter D. *Fighting Traffic: The Dawn of the Motor Age in the American City*. (Cambridge, MA: MIT Press, 2008), 66

46 一九二六年七月號的《國家商業雜誌》（*Nation's Business*）裡，有一則西屋電氣（Westinghouse）刊登的廣告，裡頭提到了這樣的數據。

資料來源：Norton, *Fighting Traffic*, 161.

47 一九二三年，帕卡德汽車公司（Packard Motor Company）在底特律豎起了一座巨大的墓碑，上頭的文字是：「特建此碑紀念『樫鳥走路』先生——他看都沒看就走出路沿。」隔年南加州汽車俱樂部出錢讓警方設置了「禁止任意穿越馬路」的立標。等到一九二五年，美國汽車俱樂部的幹部艾爾卓吉（M. O. Eldridge）被遴選為首都華盛頓特區的交通局長之後，他用新獲得的權威下令將過馬路超過斑馬線邊邊的行人予以逮捕起訴，結果幾十個人遭到收押。法庭放人的條件是這些行人要去參加一個「小心走路俱樂部」（Careful Walker's Club）。

資料來源：Norton, Peter D. *Fighting Traffic: The Dawn of the Motor Age in the American City*. (Cambridge, MA: MIT Press, 2008), 76-77

48 查平最終加入了胡佛政府的內閣，擔任商務部長。

資料來源：Norton, *Fighting Traffic*, 205

49 譯註：起始授權金額是兩百五十億美元。

50 譯註：全稱為「Municipal Code Corporation」。

51 譯註：波蘭第二大城。

CHAPTER 5 誤會大了

「說真的，幸福本身不是一件『東西』——幸福只存在於跟不幸的對照之中……而且別忘了，新鮮感一過，反差一鈍化，幸福也就不幸福了，然後你又得去另覓新歡。」

——馬克・吐溫，〈史東菲爾船長的天堂之旅〉（*Captain Stormfield's Visit to Heaven*）

「生命中所有的事情都是因為你在想才重要，你不想，它就不重要。」

——丹尼爾・康納曼

前往快樂城市的途中有個相當棘手的問題，而且這問題任誰都躲不掉。在心理學界與行為經濟學者之間，有一項慢慢凝聚出的共識，那就是無論是個人或全體人類，都欠缺做出正確的決定來讓自己幸福的天分。無論是要住在哪裡，或者要過什麼樣的生活，我們都會重複犯下愚蠢至極的錯誤。人類關於居住的決定，往往是被地景所形塑出來的，而負責創造地景的建築師、規畫者與決策者，卻也都經常犯下跟我們一樣的錯誤。我意識到這一點，是在一個囧到爆的節骨眼上。

我生於加拿大西岸的溫哥華，那是個被大海與山林簇擁的城市，也是世界宜居城市榜上排名很前面的常客。那兒的一草一木只能用環境絕佳來形容，新鮮的空氣、溫和的氣候、美麗的雨林都讓各國的退休族、投資者與想擁有第二個家的人難以抗拒。換句話說，絕佳的條件讓溫哥華自動集合了一群高身價與高身分地位的社會菁英。再加上熱錢從世界各地湧入，要炒高房價的食材就一應俱全了。

和很多生在一九六〇年代的「五年級」一樣，我不太能想像長大以後會住在千篇一律的公寓當中。我想要一棟自己的房子，我想要擁有一片法蘭克．洛伊．萊特說的「好地」（good ground）。我會懷抱這樣的願望，不是出於任何功利的計算。我只是很確定自己會因為達成這個願望而快樂。有這種想法的我，於是在二〇〇六年，大溫哥華地區（Metro Vancouver）的獨棟透天均價漲到五十二萬美元的時候[52]，買下了一個老朋友房子的部分產權。那是棟兩層樓，需要整頓整頓的寶物，至於地點在以藍領為主的溫哥華東區。

這棟房子完全可以住人，只不過它長得不太像，或應該說非常不像吾友——也就是另外一位屋主凱利蒐集的居家雜誌上拍的那般美輪美奐的照片。這地方被角度很彆扭的牆壁切過來切過去，地板鋪的是美容院裡那種棋盤式的亞麻方塊。原木梁柱是上百歲的爺爺等級，所以二樓只要有人在「恩愛」，這些「爺爺」就會禁不住跟著晃蕩。這間房子太暗，風太強，然後我們私心覺得空間太小，於是我們把字簽一簽，辦了二胎房貸，準備拿這筆錢去把嘎吱作響的梁柱給弄挺。我們心一橫，要把房子拆到剩下骨架，然後重新打造出自己夢想中的小窩。我們盤算著約三公尺高的天花板、強化過的耐磨杉木地板、開放式的廚房、兩個客廳、增建的一層樓，外加多隔出來的兩套衛浴，林林總總應該很夠了。就像不知凡幾的廣大中產階級一樣，我們很篤定多出來的坪數與空間會讓我們開心，為此我們多背二十五萬美元的債也在所不惜。我們想像著自己超有氣質地在吹製玻璃吊燈下喝著紅酒，夏日涼風飄盪在露台上的閒適氣氛中。

隔年春天正式動工。首先房子與地基分離，然後被用鐵軌枕木給架高一層樓。就在這個時候，我像是被一台看不見的火車給狠狠撞了一下，我突然警覺自己正在掉進一個心理陷阱，而已經有很多人在這個坑裡。撞我這一下的，是南茲．佛利，當時她是加州霍利斯特鎮（Hollister）的不動產經紀人，而且才剛剛文情並茂地在地方的《尖峰報》（*Pinnacle*）上發表了一篇專欄文章，內容正是警告準屋主不要被想成家的夢想給沖昏頭。水往低處流，人往高處爬，佛利自己的客戶也都想把房子愈換愈大，這包括庭院要比舊家寬敞，社區的定位要比之前更加尊爵不凡。而客戶只要有夢，佛利都會盡量幫他們圓。但經過幾輪的銷售循環之後，她留意到大房子並沒有讓客人開心。「一而再、再而三，」她對撥電話給她的我說：「我會走進美到破表的家中，卻只發現精美的游泳池沒人游，遊戲間什麼設備都有，就是看不到屋主的朋友。而屋主呢，屋主的表情就是一整個囧。」

正所謂「大厝歹拚掃」，很多人的新家很大沒錯，但愈大代表愈多表面要擦拭，愈多死角要保養，所以「豪宅」的打掃完全是一個全新的「結界」。另外就是大房子、新房子都比較貴，房貸比較高，所以屋奴不得不更加努力工作來供房。佛利有天跟著一群房仲同業去看一戶大坪數的灰泥屋村。她看到的是牆壁幾乎全新——她印象深到連那油漆顏色叫「納瓦霍沙色」都還記得，地毯也一塵不染，無懈可擊。問題是，這房子的室內活像個野營的場地。一台電視機孤零零地蹲坐在木條箱上，但它還算幸運，因為其他所有的東西都只能席地而立，衣服、書本、工具一堆堆疊得整整齊齊。臥室的地毯上散落著床墊與蒲團，很顯然買房已經讓這家人傾家蕩產。他們恐怕已經把積蓄花到完，已經沒辦法再為家具或園藝素材擠出任何一分錢來。因此院子大歸大，卻只是一團爛泥巴。總歸一句，這一戶是剛出爐的菜鳥「地板族」（Floor People），佛利這麼叫這些人，是因為他們窮到只剩下地板。

看到這樣的「慘狀」，我們不禁要問的是：這麼多人在想什麼？怎麼會有這麼多人自願跳坑？佛利回答了這個問題，而她找到答案的地方是（一九九二年）諾貝爾經濟學獎得主蓋瑞．貝克（Gary Becker）與其芝加哥大學同僚路易斯．拉約（Luis Rayo）共同掛名的一篇論文。這組學術搭檔把最先進的心理學、演化理論與腦科學知識集合在一組演算法中，並以此來解釋經濟學家眼中一種人傳人的迷思與陷阱。就讓我們一起來認識這則「房流感」的演算法：它的正式名稱是「演化幸福函數」（Evolutionary Happiness Function），這個方程式解釋了一個雙重的心理過程，一方面我們對於房屋坪數的渴望會被放大，一方面我們也確定會在搬進新家後沒多久就開始失望。函數告訴我們，失望是必然的。而一想到我的房子也在愈變愈大，我立馬陷入恐慌，而撥通了拉約的電話。

拉約說，等式所描繪的過程很簡單。

價值對人來說不是一件絕對的事情，從來都不是。就像肉眼在分析物體的顏色與亮度時，是以周遭環境作為基準一樣，人腦也會不斷地調整需求的內涵來維繫樂觀。大腦會比較我們當下擁有什麼，曾經擁有什麼，跟接下來會入手什麼；大腦會比較我們有什麼，跟別人有什麼。比完之後大腦會重新設定終點線的位置，讓我們與終點之間的距離產生變化。但即便是所有的客觀條件都維持原樣，終點線的位置也一樣會改變，這是因為人類是「習慣」的動物，而習慣會讓人疲乏。所以說，

$$H(y_t) = y_t - E\left[y_t \middle| \varphi_t, \Omega_t\right]\Big|_{\varphi_t=1} = w_t - w_{t-1}$$

幸福這檔事在這些經濟學家的特殊設定中，並不是一種心理狀態，而是一種虛無飄渺的存在，它不會停下來等你，你也永遠不會有跟它並肩相依的一天。

在這樣的框架之下，史前的人類祖先應該會覺得這則幸福函數「非常勵志」。對以狩獵採集度日的人類祖先而言，愈是把「不滿」當成生活的基本款，愈是會像得了強迫症一樣不停往前，滿腦子想的都是今天要比昨天殺死更多獵物、採擷更多莓果 他們就愈有機會可以撐過寒冷的冬天，看到明天的太陽升起，也愈有機會把自己的基因給傳下去。在這樣的模式底下，幸福完全不是一種狀態，而是一股衝動，一種DNA用來督促生物努力工作囤糧的工具。進入農耕時代的這一萬年來，人類的腦部幾乎沒有升級，「欲求不滿」已經寫入我們遺傳物質的韌體中。

「演化至今，人類仍受到狩獵策略的制約，」拉約說得堅定：「我們總是會拿自己有的東西去跟其他東西比較。人類沒預期到的是，無論我們擁有再多，這種比較的本能都不會消退。事實上，我們根本沒有自己正在比較的自覺。人很自然會進行比較，但自然不見得就是美或好。」

確實，對於以都市為家的現代人來說，這樣的差別心有害無益，至少在衣食無缺的國家是如此。大理石流理台面、不鏽鋼衛浴組，乃至於各種炫富用的「戰利品」，應該無助於基因的傳遞吧？而且光靠這些東西，我們也不會離那條變來變去、名叫「滿意」的地平線更靠近。

拉約保證我要好幾個月以後，才會開始拿我裝潢好的新房去跟其他物件比較。

二〇〇九年，南茲．佛利繳回了她身為房仲時公司配給她的各種行頭，改行跑去種田。

這一頭的我多了一間大房子跟一大筆房貸，外加一顆不知道該放大還是調小的徬徨雄心。

一錯再錯

新古典經濟學（neoclassical economics）能縱橫二十世紀後半葉，其根本的假設在於人類完全有能力靠決定來達成效用的最大化。這學派最具代表性的「經濟人」（economic man）無所不知而且過目不忘，然後會冷靜而理性地根據選擇做出最好的決定。

但心理學家與經濟學者愈是探究決策與幸福之間的關聯，他們就愈覺得「經濟人」是什麼鬼？根本瞎說。人一天到晚都在亂做決定好嗎？事實上我們在狀況外的頻率之高與範圍之全面，就算因此說行為經濟學（behavioral economics）是門「從來沒對過」的學問也不為過。就算是能將全部的資料都拿到手（光這點就不太可能），我們還是很容易因為偏見與誤判而犯下一連串超明顯的錯誤。不完美的選擇刻畫著現代的城市——所以也形塑了我們的人生。

就拿住家跟工作之間要隔多遠的判斷為例。撇開經濟上的負擔不說，得忍受長途駕駛的人會比工作離家近的人要容易有高血壓跟頭痛的毛病。另外他們也比較容易有挫折感，到了公司或回到家裡也會有另類的「起床氣」。

所有「經濟人」的信徒都會認定，人會願意忍受長距離通勤的痛苦，一定是房價、空間或薪水讓他們在整體評估後覺得利大於弊；他們一定是掂量過付出與回收，才會理性判斷通勤的CP值可以接受。

但蘇黎世大學有兩位經濟學者察覺事情並不單純。為了比對，布魯諾．費萊（Bruno Frey）與阿洛伊．史都哲（Alois Stutzer）先請教了德國通勤者自估的上班時間，然後單刀直入地問他們：「考慮各種因素後，你對於生活整體的滿意程度如何？」

結果真是毫不意外：通勤時間愈久，大家就愈不爽。在你覺得理所當然而不想知道更多之前，別忘了兩位教授測試的不是開車的滿意度，而是生活的滿意度。所以他們的「發現」不是通勤會損及生活品質，而是人選擇了錯誤的通勤方式而損及了生活品質。受試者很顯然沒有在長途通勤的辛苦與其他方面的愉快中找到平衡——無論是高所得、低房價或郊區的大空間，都沒能讓最後的總分逆轉。從行為上來看，這些德國人肯定不是「經濟人」。

被這種所謂「通勤迷思」（commuting paradox）打臉的，是大家習以為常、認為千百萬通勤族的自由意志可以篩選出最適都會型態的論點。事實上，史都哲與費萊發現，通勤一小時的人必須要多賺四成的薪水，生活滿意度才能趕上走路上班的人。另一方面，對單身的人來說，從長途通勤變成可以走路到自家附近上班，心理上的效果等同於找到新戀情[54]。但即便知道了長途通勤對幸福生活的殺傷力，會採取行動去調整生活的人也是鳳毛麟角。

有一種東西會在差勁決策的熊熊烈火上倒汽油，讓事情變得更糟，這東西就叫作「適應」：我們習慣事情的過程。「滿意」的終點線與其說是線，還不如說更像條蛇。有些地方會看到我們靠近

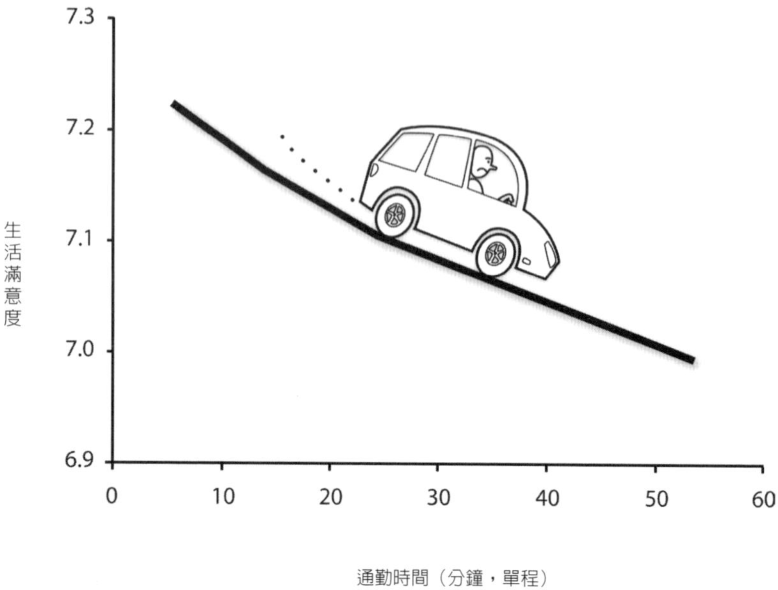

開往不開心

通勤時間愈長，人們主觀上的整體生活就愈不幸福。這有系統地顯示出，長距離通勤者未能成功達到「客觀效用」的最大化。

繪圖Graphic by Dan Planko

資料提供：data used with permission from Bruno S. Frey.

資料來源： Stutzer, Alois, and Bruno S. Frey. "Stress that Doesn't Pay: The Commuting Paradox." The Scandinavian Journal of Economics, 2008: 339-66.

就向後退，有些則不會；有些東西我們很快可以習慣，有些事情我們怎麼都習慣不了。關於「通勤迷思」是怎麼回事，著有《快樂為什麼不幸福？》（*Stumbling on Happiness*）的哈佛心理學家丹尼爾・吉伯特（Daniel Gilbert）對我做了如下的解釋：

「無論好事壞事，大部分的事情都會隨著時間過去而被我們『適應』，然後好的感覺會變得沒那麼好，壞的也不會感覺那麼壞。不過，我們會比較容易適應穩定不變的東西，不容易適應會變化的東西。所以我們會在很短的時間內適應新家變大的喜悅，因為無論我們回家幾次，房子都是一般大小。反觀開車上班就沒有那麼好適應，因為慘歸慘、累歸累，但每天的慘法跟累法還是有點不一樣，比方說昨天按豐田車喇叭，今天你按賓士喇叭；昨天塞車是上交流道的時候，今天塞車是下交流道時；昨天的天氣不好，是豪雨，今天的天氣不好，是颱風，以此類推。」

對我們有幫助的一個辦法是，我們可以大致區分出哪些目標可以提供長久的回饋，而哪些沒有辦法。心理學家將能激發人採取行動的人事物分成兩類，分別是外在與內在的動機。

顧名思義，外在動機往往來自於外部的獎勵：這包括我們可以買來或贏到的東西，或者是可以改變我們身分地位的東西。不過，全新的花崗岩流理台面或出人意表的加薪固然可以讓我們開心一陣子，但這些改變並不會對我們的長期幸福有太大貢獻。薪資級距躍升的喜悅會在一年之內揮發殆盡，而這就代表幸福的終點線又會往後退。

反觀內在動機則是跟過程有關，跟目的地在哪兒則沒有太大的關連。內在動機的獎勵源自於活動與狀態，乃至於這些活動與狀態背後，我們內心深處對人際連結、對成就感、對獨立與對當家作主的渴望。這一切的一切所挹注的硬底子幸福，即為卡蘿·萊佛在她「古希臘式幸福」的規畫中總結出的那樣，而且因為底子夠硬，所以這種幸福很耐久。有些好東西是我們怎麼也不會習慣的：運動（打球、路跑）、需要創意的消遣與活動，以及需要專注力的工作。當你做一件事情的回報就是這件事情本身的時候，這東西愈用不會愈少，反而會愈多。這一點在社交的領域中尤其明顯，比方說朋友之間愈常見面，雙方的友誼就會愈加親密與深厚。

問題是，我們對很多事情的判斷，往往會讓人懷疑我們是不是分不出什麼叫一下子、什麼叫一輩子。我們會一錯再錯。

校園難解之謎

這種決策能力的錯誤百出，每個人都會有，這裡說的「每個人」也包括部分的美國年輕菁英。說到這，我們來看看哈佛大學的住宿生在焦慮什麼。在入學第一年的尾聲，哈佛的小大一們都會知道抽宿舍的結果，這場「樂透」的結果會決定他們未來三年大學生涯的住所。這被認為是大學生活的轉捩點，畢竟他們在畢業前要住在哪裡、住在誰跟什麼東西的旁邊，乃至於某個程度上他們的社交生活，都決定於這場抽籤的籤運。

哈佛的宿舍有著各自大異其趣的建築風格、歷史源流與社會風評。其中最尊爵不凡的洛爾館（Lowell House）有著精美的紅磚外牆與喬治亞復興（Georgian Revival）的經典風格。除了其藍色封頂的鐘樓造型是當地的地標，洛爾館出身的校友更不乏如作家約翰．厄普代克（John Updike）與後來成為日本太子妃的小和田雅子（Owada Masako）之類名流。

哈佛比較新的宿舍建於一九七〇年代，而其社交地位與審美價值都被認定落在光譜上錯誤的那一端。其中馬瑟樓（Mather House）這座鋼筋水泥塔，被學生報紙《深紅報》（*The Crimson*）說成是「由監獄建築師所設計出來預防暴動的大怪獸」，不過這地方倒是有一個已臻傳奇地位的「酒神節肥皂泡沫派對」（bacchanalian soap foam parties）。至於出身馬瑟樓的知名校友，則有脫口秀主持人康納．歐布萊恩（Conan O'Brien）。

審美影響判斷的明證

哈佛學子以為住在洛爾館（左）會比住在馬瑟樓（右）快樂，但結果並非如此。
攝影：Photos by Kris Snibbe/Harvard University

抽到不好的宿舍，會被認為是心理上與社交生活上的大災難。現為加拿大英屬哥倫比亞大學心理學家的伊莉莎白·鄧恩（Elizabeth Dunn），參加過一九九六年的哈佛宿舍抽籤，當年抽籤結果是破曉前會有人塞進門縫，鄧恩回憶說，有同學會煞有介事地對諸位「住宅之神」祈禱，希望神力能保祐他們不要被分到不好的宿舍。

「我所有的朋友都想住在洛爾館，」鄧恩對我說：「那裡又漂亮，又有超經典的餐廳、地下室的壁球場，跟鑲木內裝的圖書館——完全符合我對哈佛生活的夢幻想像。」

撕開抽籤結果的信封，知道

鄧恩跟一票姐妹們都被分到洛爾館後，她們欣喜若狂。她們會這麼開心，自然是認為宿舍的不同決定了她們今後是會快樂還是難過。

但她們這麼想是對的嗎？經過幾年的時間觀察新鮮人參加宿舍抽籤，並且在同時間在丹尼爾·吉伯特教授底下研究心理學之後，鄧恩的想法開始有點動搖。於是，在吉伯特的指導下，鄧恩開始著手調查。

首先，鄧恩找了一批菜到爆的大一新鮮人，請他們預測自己分到哈佛十二棟宿舍各自的快樂程度。再來，她跟同僚分別在他們入住宿舍一年與兩年之後，訪問了同一批學生，看看他們到底快不快樂。

訪談的結論可能會讓不少哈佛的新鮮人嚇一大跳，因為分到爛宿舍的學生過得比他們預期中快樂，而分到「第一志願」宿舍的人則不如他們預期中高興。住在洛爾館不錯，但住在被嘲笑的馬瑟樓也不差。整體而言，住在被捧高高的宿舍，跟住在被評為很糟糕的宿舍裡，快樂的程度並沒有明顯的差異，尤其前者也沒有特別開心。

這麼聰明的學生，何以預測自己的快樂程度會這麼失準？鄧恩注意到，學生們有一個跟我們大多數人都相同的模式：他們很容易注意到外顯的差異，比方說所在地點與建築風格；而不太注意那些不容易一眼看出差異的地方，比如說社群意識與宿舍內的潛在人際關係品質。快樂的關鍵不只是建築物美不美、歷史悠不悠久或裝潢潮不潮，校園生活的品質還有賴於同儕間的友誼，乃至於由資深舍監與輔導學長姐所滋養出來的社交文化。比起洛爾館那莊嚴高尚的用餐大廳，馬瑟樓的肥皂泡沫派對恐怕更有讓學生心花怒放的效果。

有趣的是，大部分學生都說比起宿舍的建築，社交生活更能左右他們的幸福程度，但他們還是像飛蛾撲火一樣地被宿舍硬體牽著走。這是很標準的外在與內在價值之比重錯置：我們可能會在聊天的時候說無形的體驗比有形的硬體更重要，但我們卻老是言行不一地做出一堆打臉自己的決定，彷彿我們自己也不太相信自己的話一樣。

哈佛的同學們比較幸運的是，他們只是在預測自己的幸福程度，他們對於住到哪間宿舍並沒有置喙的空間。但在城市的其他角落，千百萬的民眾也同樣一而再、再而三的在幸福課題上撥錯了算盤，但是，他們就得為錯誤的決定付出青春歲月作為代價。

看會看走眼，測也測不對

快問快答：怎樣你會比較開心？是住在陽光普照的加利福尼亞，還是相對陰沉的美國中西部？如果選擇加州，那你就跟大多數人——包括大部分中西部人——的想法一致，要知道，連中西部人自己都在受訪時說他們很確定加州人比較快樂，而加州人也同意這一點。但他們全都錯了，因為論及生活的主觀滿意程度，加州人跟美國中西部人幾無差別。

那麼為何我們會答錯這樣的問題呢？有一部分的原因在於我們「框定」了決定的方式，也因為一個叫作「專注幻覺」（focusing illusion）的認知異狀。人會傾向於專注在不同選擇間的一、兩樣顯著差異上——這通常是我們可以目睹或想像的東西，像是天氣；而同時我們會沒看到或忽視掉不那麼招搖但其實很重要的細節，像犯罪率、通勤時間、社交網絡與環境污染等。無論住在俄亥俄州有多麼友善與自在，我們腦海裡揮之不去的，永遠會是加州陽光與中西部的寒冬及路邊融冰所形成的強烈對比。

悲哀的是，一個地方愈受歡迎，當地的幸福因子就愈會受到毀滅性的打擊。我們愈是聚往代表身分地位的城市去享受人生、汲取當地的財富、商機與創新，這些地方就會一天天變得更擠、更貴、更髒、更塞。結果呢？研究顯示，愈是住在「尊貴不凡」的州，美國人就愈不快樂；加拿大人也是，愈是住在「了不起」的大城市，像是經常盤踞在國際生活品質榜上前幾名的多倫多或溫哥華，生活滿意度反而愈比不上住在小地方，或「荒郊野嶺」如魁北克省舍布魯克（Sherbrooke）、或安大略省布蘭特福德（Brantford）的同胞[55]。只不過我們還是前仆後繼地往這些地方去，結果就是來的人愈多，這些原本令人期待的地方反而愈達不到我們許多人對幸福的期望。

我們在決定事情時的不理性，往往遠超乎我們自身的想像。如今已經有神經科學家解開了人腦的謎團，我們慢慢知道了，原本應該是極其理性的判斷，是如何在我們腦中變成邏輯與情感在比誰大聲的口水戰。

被誤導的決定

具有建築師身分的大衛．海爾賁（David Halpern）也偶爾擔任英國政府的顧問。他曾經主導過一個實驗，內容是讓一群自願者評估一系列人臉與建築物影像的討喜程度。受試者當中一部分是建築系的學生，一部分不是。針對人臉部分，受試者的反應相當一致，但進入建築系時間愈久的受試者，對建築物外觀的品味就愈像個「分歧者」。相對於一般人都樂於見到迪士尼樂園裡美國小鎮大街的山寨版維多利亞外牆，準建築師們則頭皮發麻到有點受不了。反倒是路德維希·密斯·凡德羅（Ludwig Mies van der Rohe）的西格拉姆大廈（Seagram Building）外常有來朝聖的建築系學生駐足良久，但在素人的眼中，這不過是曼哈頓的一個「黑箱子」，唯一的美學妝點不過是一副由工字鋼梁所構成的外骨骼，讓人有看沒有懂。

所以是這些人自以為了不起囉？那倒也不能這麼說。建築師的腦子或許是因為念了建築系跟讀了建築哲學的東西，而產生了具體的改變。維吉尼亞理工學院的神經生物學家尤瑞奇·寇克（Ulrich Kirk）與同僚，使用磁振造影分別觀察了建築師與素人的腦部如何回應建築物圖像。典型的建築師在被要求評價一棟建築物美醜的時候，腦中負責「衡量我們會因為某個決定而得到多少回報」的中眼眶額葉皮質（medial orbitofrontal cortex）會比素人的同區域多很多亮點，而建築師腦中的「海馬迴」（hippocampus）完全活躍的程度也明顯高一些。

不是要貶低建築師這個行業，但科學家發現類似的反應會出現在大眾做的某樣決定，也是個普通到不能再普通的庶民選擇：可口可樂V.S.百事可樂。光是印有可口可樂標籤的鋁罐映入眼簾，受試者的海馬迴就會產生比實際喝到可樂更高的活躍程度，進而讓人產生對可口可樂的偏好（百事可樂的標籤就幾乎無法引起海馬迴的反應）。我想說的是，暴露在文化訊息下，會導致我們大腦的運作方式改變，印象與感覺的沉積物會被撈起，而改變我們對事物的體驗[56]。人腦作為結構複雜至極、神經元動輒數百億的一個器官，其運行就像是人類社會的縮影。正如同千百萬人的聲音與行動結合起來，決定了整體社會的決定，不同集團的神經元也會在大腦的決策過程中競爭。

「到最後，你的判斷會取決於資訊的匯集，」神經科學家詹・羅韋恩斯（Jan Lauwereyns）這麼對我說：「特定類型的資訊會成為腦中的媒體寵兒，就像現實中有人會搶到黃金時段的電視新聞報導一樣，而這樣的『曝光率』差別就會導致我們的偏見。」

如果說建築師會因為自身的學術專業而產生偏見，那我們每個人也都會拖著重重的文化包袱到處走。海馬迴跟腦中的其他部分會在我們不知道的時候打來打去，它們爭搶的是特定訊息在特定決定裡的排名高低。

話說到底，我們對於「好」的評斷絕對是一點都不客觀，或者可以說是完完全全的主觀。大腦會在綜合了記憶、文化與影像的強大力場中被左右拉扯，所以我們覺得哪間房子、哪輛車子或哪個社區對味，除了是基於理性分析以外，也絕對等量齊觀地取決於我們過往的快樂回憶，同時也必然取決於媒體灌爆了我們大腦的意象。

考量到現代城市住民在海馬迴裡建檔的內容，這樣的資訊風暴很容易讓我們產生不切實際的期待。小女孩人生的第一個夢想的家：娃娃屋，就是個很好的例子。美泰兒（Mattel）作為美國玩具業的巨擘，曾經在二〇一一年辦過一個比賽，讓參賽者為他們旗下最有代表性的芭比娃娃設計新家，結果優勝的作品是超過一百三十七坪的玻璃帷幕豪宅，建地更超過三千六百坪。真要拿這樣的設計圖去蓋，營造成本將近一億台幣。除了夢幻的家當然要是粉紅色的以外，這樣的規模也會一樣地烙印在一整個世代的女孩心上，有天她們長大了就會想要這樣的房子。

我曾經參加過單身男同志位於西雅圖郊區的家中的耶誕派對。派對上的耶誕樹夠大，上面的燈飾也夠閃，但我印象最深刻的是他大得誇張的主臥室，跟有點「遼闊」的院子。很顯然除了有活動時，這房子平常空蕩蕩的。四個房間裡有三間早上不會有人睡醒，院子裡也沒有小孩嬉戲。這麼大的空間要說有什麼用途，幾乎只能說像裝置藝術在象徵著什麼一樣。主人說這地方讓他想起幼年溫暖的家，但曲終人散，朋友總得開十幾公里的車回到位於國會山莊區（Capitol Hill）的公寓，夜深人靜也只有聖誕樹能與他作伴了。

當然，現下遭到嗤之以鼻的鄰里與設計，有朝一日也可能成為身分地位的代表，端看文化怎麼用不同套路的訊息與價值去帶風向，而我們只能風行草偃。不過，風往哪邊吹，每天都在改變。年復一年，電視上演的美國家庭與社交生活都是郊區風格，但在過去二十年間，《六人行》與《欲望城市》裡看起來很潮的主角們都棲身在鬧區的公寓裡。原本不入流的鄰里如曼哈頓的東村（East Village）正在被「向上流動」的人口入侵，而出自明星建築師手筆的獨立產權公寓（condo）[57]大樓，也見縫插針地在老公寓之間竄起。新世代的成長有著完全不一樣的「記憶藏書」，嶄新的故事情節正雕塑著他們對居家的品味。

上梁不正

讓人不得不為之一嘆的是，在選擇如何生活、如何移動的時候，多數人並不如我們想像中的自由。我們的選擇不僅極其局限，而且定義這些選擇的人盡皆是都市規畫者、工程師、從政者、建築師、商人跟炒作土地的人，他們的共通點就是把自身的價值給強加在屬於眾人的都市地景上。形塑城市面貌的力量除了我們本身有瑕疵的判斷力與機率以外，也包括上述這些陌生人。他們的一時衝動、他們對身分地位的渴望，以及他們系統性的決斷錯誤集合在一起，也同等決定了我們住在什麼樣的城市裡。就像我們每個人都可能在選擇住家跟理想通勤時間時犯了錯，這些有力量左右城市風貌的人物也一而再再而三地證明，他們很不善於站在我們的角度來計算利弊。他們這群人就跟我們一樣，會在同樣的點上犯下相同的認知錯誤。

常見的一個陷阱是，人會傾向於過度簡化多重面向的問題。這個世界何其複雜，但人卻總想要簡化事情，總想要用比喻與故事來理解事情。引領當代思潮的人類學家李維・史陀（Claude Lévi-Strauss）[58]發現這一點，是他人在巴西，與前工業（pre-industrial）部落相處的期間。居於山林間的這些民族會把知識組織成各種神話，而這些神話都有著類似的論述架構：所有事情都被「降」成二元對立的體系。幾乎所有代代相傳的偉大神話都有著這樣的架構貫穿其中。一邊是理想，另外一邊就是對理想的否定，而這也就是我們熟悉的善惡之別，再來就是敵友之分。回想你的人生、你的記憶，裡頭的故事是不是愈講愈簡單，簡單的目的是不是要讓故事聽起來更合理。明明生活中就充滿了兩點之間的混沌、還有令人眼花撩亂的複雜、模式交疊重覆，但多元想像對我們來說卻是那麼痛苦。

城市更是集矛盾衝突之大成。不信你可以想想集居住、就業、購物、休閒與其他功能於一身的那些地點，裡頭會有多少根深柢固的複雜與糾結。柯比意自己也承認，都市規畫者眼前有不知凡幾的可能性與狀況需要考慮，「人腦難免會在極度的疲勞裡迷失方向。」柯比意與「柯粉」把極度簡化當成信仰。透過他們口中「超凡入聖」的修長直線與一絲不苟的功能區分，柯派讓城市在紙張上一目了然，但你以為城市會像送分題一樣乖乖就範嗎？

我們就拿最最標準的現代主義城市來一探究竟。一九五〇年代，建築師奧斯卡・尼邁耶（Oscar

Niemeyer）[59]成為巴西規畫新首都的舵手，眾人的希望是新都城巴西利亞（Brasilia）可以成為巴西未來井然有序、身心健康與人人平等的象徵。巴西利亞的初稿像架飛機，也像隻大鳥展開了雙翼，俯視令人相當振奮。尼邁耶沿著大鳥身體的兩軸進行了功能的畫分。頭部的「三權分立廣場」（Plaza of the Three Powers）是個兩側排列著政府部會的巨大平面，而「國家議會園區」（National Congress Complex）則是這鳥首的「頂戴」。再來鳥的脊梁鋪設著筆直的大道，視覺上極其壯觀；整齊畫一的超級住宅區更是沿鳥的兩翼一路堆疊下去，彷彿是複製人大軍。這樣的設計，用意是要用簡單的幾何圖形設計來解放巴西利亞，讓巴西利亞可以擺脫巴西城市典型的各種亂象。建築師用筆就趕走了貧民窟、犯罪與塞車等都市之瘤。行人與車輛完全分流，每位居民正好可以分到二十五平方公尺的綠地。巴西利亞落實平等原則還不僅於此：所有居民都會住在大小基本相同的屋子裡，人事物在此都有固定的去處。若是純粹紙上談兵，巴西利亞絕對是集中式設計在個人平等精神上的一大勝利。

只不過當第一代的居民進駐，在此生活與工作，這凡事過度簡化的做法就隨即破功。因為房子實在太像了，所以很多人連家都回不了，他們在有條不紊的環境與超大尺度的「空」間中不知該往哪去。大家開始回想起老舊擁擠外加磨肩擦踵的市街，開始懷念起雜亂無章、旁支錯節與不期而遇的人情、豁然開朗的奇景，乃至於撲鼻而來的各種氣息。居民間甚至傳開了一個新詞叫作「brasilite」，翻成中文就是「巴西利亞病」。他們想表達的是：活得沒有樂趣是一種病，而他們所說的樂趣包括「歷來巴西城市那樣的戶外生活，與街頭巷尾那俯拾皆是的情緒變換、語意流轉、浪漫互動，乃至於心誠則靈的各種行禮如儀」。單調、理性的都市規畫殺光了凌亂公共空間中隱含的社交資產，代之以居民非常陌生的沉重心理負擔（最終巴西利亞的發展還是溢出了原本的規畫，如今「化外之境」又擴散了，像大鳥雙翼以外一個分岔糾結的鳥窩）。

危險也分吸睛不吸睛

二十世紀的極端現代主義者（high modernist）有著像在傳福音一般的篤定，這讓人很容易就可以挑到他們的毛病。但喜歡把複雜的事情加以過度簡化本來就是人性。二十一世紀的都市規畫者也是同一副德性，有的還把事情搞得更慘更嚴重。

有人想把城市設計得更加安全。這是個很崇高的目標，但這卻遭到了包括城市設計師與工程師，所有人在面對危險時的思考方式的阻撓。

獲得諾貝爾獎的心理學家丹尼爾．康納曼認為，在做出有風險的決定時，人會根據經驗創造出一些簡單的規則，又名「捷思」（heuristic）。這麼做有它的道理在。無論是自己被車撞或看到有人被車撞，下次你過馬路就會變得更小心謹慎。問題是人的記憶力不算真的很準確，再者就算是有存檔在記憶裡的事情，我們讀取也需要時間，然後就是不同的記憶也不見得都可以產生一樣大的推力。

想想未來有什麼事情會讓你半身不遂或一命嗚呼……你是不是在腦海裡馬上跳出空難、幫派械鬥，或炸彈客恐攻？如果你想到的盡是這些驚人的畫面，那麼恭喜你，你的腦子很正常，只不過正常不等於精確。人類的主流文化充斥著以暴力與死亡為主題的驚世影像與故事情節，所以上述這幾類危險很自然會在我們的印象中成功「蹲點」。我們會變得很擅長這類危險的「視覺化」與「檔案存取」，並且這類危險也比較具有能左右我們的情緒的能力——危險這玩意很難計算，但很容易感

現代主義的經典之作

巴西利亞的居民發明了一個新詞，來反映他們在整齊、寬敞、綠意盎然的現代主義區域裡那種失去方向感與沒有歸屬感的心情。
資料來源：Bruno Daher

覺。比起平凡而不起眼的日常記憶，鮮明而承載大量情緒的記憶會比較容易在決策時跳出來；而你愈容易召喚或想像出一個事件的光景，你就愈會相信或肯定它發生的可能性。所以說在做決定的時候，我們會一不小心就太在意很有爆點但也極少實現的威脅，而太忽視「溫水煮青蛙」式的潛在危險[60]。

這也就難怪社會會那麼用力想透過城市設計去閃避與工業革命有關的各種可怖之事。工業革命所帶來的危險確實怵目驚心。直搗人肺部的煙塵霧霾、爭先恐後造成的各種堵塞、暗無天日的貧民住宅、污染水源，環境帶來的危害與窮困使人鋌而走險變成罪犯，這種種城市的黑暗面直到今天都依舊很有「畫面」。只不過為了躲避這些舊危險，我們也順便打造出了新的城市與滿滿的新危險。

「我們是聰明反被聰明誤，」加州大學洛杉磯分校的環境衛生科學系教授兼系主任李察・傑克森（Richard Jackson）在二〇一二年接受《紐約時報》訪問時說。「因為住得離職場遠，我們減少了空間上的壅塞，改善了空氣與飲用水的品質，而這些條件都讓傳染病的罹患率下降。」這些都很好，但乍看之下又安全又健康的離散郊區，其所代表的卻是種我們可以合理視為致命的生活體系。

最危險的事情一定是最低調、你最不會提防的東西。所以說「什麼都不做」所造成的病態，其實極其危險。公共衛生專家甚至已經造了一個新詞叫「致胖」（obesogenic）——也就是「製造脂肪」，來形容像韋斯頓牧場這樣的低密度社區。而這部分說明了何以排除掉習慣坐著的沙烏地阿拉伯人與部分南太平洋的島民，美國人已經是地球上最肥的一群人。有三分之一的美國人符合「肥胖」的定義，同時每五個美國小孩就有一個超重。加拿大跟英國小孩超重的比例分別是四分之一強與百分之三十[61]。更遠一點的中國的肥胖率也幾乎是三十年前的三倍。

四分之三以上的肥胖成年人躲不掉糖尿病、高膽固醇、高血壓或冠狀動脈病變，也就是說他們至少會中一樣。疾病防治中心（Center for Disease Control）警告說生活方式不良所造成的糖尿病已經普及到了「流行病」（epidemic）的程度。在此同時，在低密度的擴張區生活會讓居民暴露在關節炎、慢性肺病、消化道問題、頭痛與泌尿道感染的高風險下，而家家戶戶都開車所造成的空氣污染應該跟其中一些症狀有關。不過除了廢氣，最具殺傷力的病因還是住在一個非開車不可的社區裡。要知道，光是住在都會的擴張區，人的外表就會比實際年齡老上四歲。

幾十年下來，郊區始終扮演著避風港的角色，我們會為了各種顯而易見的危險而搬到郊區，像是暴力犯罪或所謂市中心的各種亂象。離散的社區有著理論上的保障，一方面是因為距離，一方面是因為近期愈來愈常見的鐵門、警衛與防盜牆，可以讓宵小或殺人犯要嘛嫌遠、要嘛不得其門而入。但如果我們的目標只是要避免傷於或死於陌生人之手，那都會邊緣的鄰里才是最爛的志願。維吉尼亞大學的建築系教授威廉·H·魯西（William H. Lucy）在檢視了美國數百個郡有關「陌生人殺人」的統計資料後，發現了這樣的弔詭之處。為了精準呈現陌生人構成的風險，魯西把陌生人殺人的數據跟交通意外死傷的數據結合起來，結論是：在擴張區撞死陌生人的車手數量之多，他們手染的鮮血遠超過其他類型的兇手。事實上，任何人走出位於擴張區外圍的住家大門，使他們死於陌生人之手的機率就要遠高於其他美國人。唯一的差別是前者撞死人通常不是故意的。

某個程度而言，因為都會擴張，逼著美國人每天要花更多時間開車，美國的道路交通死亡人數始終居高不下，每年有四萬人之譜，這比被槍殺的人還多三分之一，比二〇〇一年九一一恐怖攻擊的死亡人數多十倍有餘。給各位一個概念：想像每三天就有一架客滿的波音七四七班機去撞大樓，無人生還，你就知道美國公路上每年死多少人。環顧全球，交通意外是十到二十四歲人口的最大殺手[62]。理性行為者（rational actor）應該要被郊區的道路嚇得皮皮挫、理性的政治領袖應該與敵國化干戈為玉帛，他們應該宣戰的對象是能殺人的車禍。

感情用事的工程師

不幸的是，有些為回應道路交通危險而產生的「人氣」設計，產生了反效果。幾十年來，道路設計者謹遵的是人車分流、避免駕駛人分心與拓寬線道的行事標準。工程理論也長年奉路愈寬、愈平整乾淨就愈安全的概念為天諭。這背後的心態是，車子愈容易撞到些什麼東西，我們就盡量把那些東西搬遠一點，這樣車禍就不會那麼頻繁，大家也就更安全了。換句話說，修路的時候，我們的解決之道是最花錢、最明顯也最直覺簡單的那一種。

但隨著時間流轉，看到黑影就開槍的做法開始出現層出不窮的副作用。一九二〇年代，汽車王朝開始「剷除」馬路上各種會讓汽車分心的東西，包括行人，但沒了這些東西只是讓交通更危險而已。問題出在這種頭痛醫頭的辦法忽略了用路人的心理複雜性。用圍欄、路阻與分散的斑馬線把行人隔開，工程師向駕駛者傳遞的訊息是：你現在可以把油門踩到底了。研究發現，人開車時的速度不是根據速限，而是根據道路給人的安全感。結果是：老社區的傳統窄巷裡撞死一個人，寬敞的郊區住宅街道就得死四個。理由是：寬敞的路面給了駕駛者安全感，讓他們敢於開快。奪走行人生命的不是撞擊，而是高速撞擊。車速每小時五十公里跟四十公里差十公里，撞到行人後的致死機率也剛好差十倍。但要是兩旁可以停車，或分隔島上有行道樹——也就是我們原本認為危險的那些東西，駕駛人反而會把車速降到比較不那麼致命的水準[63]。要是路上很多人，也很多讓人「分心」的東西，那駕駛人反而會因為不放心而很「專心」開車，車禍意外的死亡率也會大幅降低（第九章我會再回頭補充這個論點）。

另外一個用意良善、但同樣離譜的錯誤，跟想避免居家火災這類顯而易見的危險有關。在二次大戰之前，美加典型的住宅區巷道僅約八點五公尺寬。如果兩邊停滿車輛，那會車的空間就只剛好過得去而已。於是有人覺得這怎麼行，尤其是救護車或消防車過不去還得了。如果連小轎車都有擦撞的危險，那消防車在巷口進不來會有多可怕。於是滿腦子都是煙啊、火啊、在陽台呼救的小孩啊的有關當局，立刻著手規畫。就這樣，自一九五〇年代以降，緊張兮兮的公務員把道路設計得愈來愈寬，但行人的死亡案例卻也因此加速累積[64]。

如今很多住宅區的路寬都已經達到十二公尺的標準，但研究者卻發現這種「打擊主要敵人」的做法本身也成了個滿手鮮血的大反派。因為道路變寬了，駕駛人想熱血飆速的心也「寬」了，結果就是巷道撞人致死的案例升到原本的四倍之多。

（對郊區民眾來說，殘酷而諷刺的是，這些體貼消防車的道路並沒有發揮任何救火的功能。郊區的巷道寬敞新穎，但死於火警的人還是一樣的多。而這有一部分的原因是離散區域占地太廣，街道太寬，以至於公部門沒有那麼多預算讓消防隊四處駐點，而大老遠開來的消防車往往救災不及，正所謂「遠水救不了近火」[65]。）

明天？跟今天不一樣就叫作明天

以對人類都市型態的影響力而言，有一種「認知錯誤」完勝所有同類，此乃「現世至上」（prest-entism）是也。所謂「現世至上」就是說，我們會以今論古，並且也用現在的狀況去判斷未來。說白話就是我們會覺得現在的做法與想法可以千秋萬代，永遠不更改。

喬治亞州的亞特蘭大是全球數一數二離散的都會區，被三條州際公路貫穿。假設時間拉回一九六〇年代，而你被困在這三條公路中某一條的通勤車陣中，你第一個想碎念出來的想法應該會

速度考量的設計差異

如左方的郊區道路設計會導致較多車禍意外，因為駕駛往往會想挑戰道路設計的極限。
攝影：（左）John Michlig，（右） Mark Kent

是市政府或州政府應該要增加道路的胃納量來紓解車潮吧。至少幾十年來，工程師與政治人物都是如此有志一同。

一九六九年，亞特蘭大新添了繞都會區一圈的環狀線，緊接著就是一蓋三十幾年的公路大建設。

這裡頭有個問題是：柏油路改變了市民的整體心態。到處冒出的公路改變了成千上萬的市民對道路的認知，然後他們的行為也跟著改變。原本不開車的人看到路好寬喔，就也開起車來了；原本就開車的人開始換路線開。還有些開車的人一看到路這麼多，就靈機一動決定搬家，或換個遠一點的

「好」工作。與此同時，建商也看到了一日生活圈愈來愈大的商機，開始蓋起了房子，一時間彷彿每個人都有機會可以住得更遠，或者到更遠的地方高就。

想知道交通運輸專家所說的「人造車流」是什麼東西嗎？看看亞特蘭大就懂了。「人造車流」的特徵包括：無論公路新蓋多少條，拓寬成幾線道，都一定會塞爆，因為新的公路會把居民帶到新的郊區，然後新的郊區會有無數的新手駕駛要在兩頭跑來跑去，接著搞不好你車貸都還沒繳完，原本不塞的地方也開始塞車了[66]。想知道新的公路胃納量被新的車流塞滿，平均需要多少時間嗎？答案是五到六年。如今雖然不少路段已經膨脹到十二線道，但尖峰時間的亞特蘭大環狀線還是會完全卡死。

更慘的是，環顧世界各個城市，比亞特蘭大蓋得更兇、塞得更久的城市還所在多有。鏡頭拉到中國，以都會為主的高速公路網於二〇〇〇年到二〇一〇年間成長了將近五萬三千公里，壅塞的情形也隨之大幅增加。北京市把某條高速公路的不少路段闢成驚人的五十線道，但尖峰時間照樣塞到完全動彈不得。住在北京，平均的通勤時間已逼近兩小時，為此北京市得付出的成本是每年接近一百一十億美元。[67]

公路建設潮的結果？駕駛人得到了他們想要的新路，但每天上下班還是照塞不誤。不過人總是健忘的，他或她終究不會記得建設解決不了問題，繼續要求蓋更多的新路。

關於危機的一點思考

看到上述的個人或群體判斷錯誤，我們會覺得有挫折感，會覺得震撼，但終究我們還是會把這些挫折與震撼看得微不足道，畢竟跟「認知阻礙」所堆到我們眼前的危險比起來，人類的這一點點錯判真的算不了什麼。一邊是都會的生活形式，一邊是地球乃至於人類一族所面臨的巨大風險，這兩者間明明存在著密切的關聯，但認知阻礙卻使我們對這關聯視而不見。

如果環境啊、下一代什麼的，對你來說都是過眼雲煙，你還滿無所謂的，那麼請儘管跳到下一章去吧。我們最後還是會殊途同歸。在下一章見到面後，只要記住我之後會以幸福之名提出的都會革新建言，搞不好也可以順便拯救世界。

先來說些大家都知道的事情：

地球的大氣層正以空前的速度在加溫，而其主因是人類的活動排放出溫室氣體。這一點大家是有共識的，從同儕審核（peer-reviewed）的每一本該領域期刊，到加拿大、中國、巴西、印度、俄羅斯、德國、法國、義大利、日本、澳洲、墨西哥、英國、美國，以及另外幾十國的國家級科學研究機構[68]，乃至於聯合國底下的政府間氣候變遷專門委員會（Intergovernmental Panel on Climate Change; IPCC），大家都只有一種看法。其中IPCC更創下史上集最多科學家之力研究單一課題的紀錄。

這就是說，窮盡人類所知，我們正把甲烷、臭氧、氮氧化物，還有最要命的二氧化碳往大氣中吹，而控制地球整體與局部氣候的精密系統根本禁不起這樣的折騰。

我們知道氣候變遷有可能引發熱浪、乾旱、強風豪雨，包括颶風與龍捲風，低地城市可能被淹沒，傳染病可能孳生，作物可能歉收，飢荒可能一下子造成數十萬人喪生，活著的人則陷入貧困，更別說到了二〇五〇年會有百分之十五到三十七的物種滅絕。我們知道氣候的變遷已經是進行式，我們知道改革的動作愈慢，地表就會暖化得愈快，氣候變遷的效應就會愈朝極端發展。我們對上述發展的掌握，已到了科學家跟地緣政治策士夜不成眠的程度。保險業也在剉咧等，要知道，從一九八〇到二〇〇九年，氣候造成的天災理賠成長為開始時的四倍。

在此同時，我們確知人類耗用植物、動物、礦物、水、能源的速度讓地球根本來不及「補貨」。我們使用原物料的架勢根本是置後世人類的福祉於不顧，根本打算讓後人出生在命定的貧窮與艱辛中。還好不是每個人吃東西、蓋建物、移動旅行、丟棄物品的模式都跟美國人一樣，否則別說一個地球不夠用，我們可能需要九個地球才不會被搞垮。這就像我們所有人都把信用卡刷爆，但從來也沒存過一毛錢到地球這家銀行裡一樣。

我們還知道，人類面對氣候變遷與資源耗竭的孿生危機，首當其衝的就是都市。比起緊縮的市中心，呈離散發展的都會遭極端熱浪侵襲的機率是將近兩倍，部分原因是大部分的地表都被鋪了（人造的）東西。結果是熱空氣會造成霧霾增加，而霧霾又會讓氣喘等問題惡化。熱浪在一九九五年燒到芝加哥，當時有七百多人喪生；二〇〇三年再橫掃歐陸，死亡人數是七萬。像這樣等級的熱浪未來只會更多，不會更少。放眼中國，污染與霾害每天造成四千四百人死於非命，一年下來就是一百六十萬人被毒死。要比二氧化碳的排放量，歐洲跟北美加起來還比不過一個中國。

都市裡的居民，尤其是老的跟小的，都得面臨熱浪的持續施壓與呼吸道疾病的惡化。

我們知道氣候變遷從現在到二〇三〇年，將把超過一億人推進貧困的火坑。環境科學家正在把三樣東西連在一塊：氣候變遷、政治局勢不穩、席捲世界各國的難民危機。二〇一五年爆發的敘利亞難民危機，或許只是開始而已，後頭搞不好會緊接著氣候難民的海嘯，屆時不知哪一個政府招架得了。

有些城市將被迫吸收數以百萬計的氣候難民，屆時民生物價都會變貴，而由於公共運輸與私人載具系統幾乎完全都仰賴化石燃料推動，所以城市恐將難以繼續在人口密度過低的社區營運公車體系。這些東西不會只有非洲的貧困城市需要擔心，北美洲現在這種體制下的離散區域居民也要把皮繃緊點才行。距離不會再是一個抽象的概念，每天都要走的行程會變得更貴、更花時間，到時候保證有感。而慢慢地，當大家負擔不起，以長途客為主的路線恐怕就只有裁減一途。

我們知道這些事情，有時也不諱言事情的嚴重性，但我們還是一直複製原本的城市體系，還住得很開心，結果是威脅一天比一天更嚴重。城市明明只承載了大約半數的世界人口，但人類名下的能源消耗卻有四分之三發生在城市中，溫室氣體更有八成是城市的責任，而其中最浪費、最「討債」的算是離散區的城市。郊區的透天不僅「吃」掉了農地，冷暖房的效率比起向上發展的公寓或連棟屋更是差勁。因為建築物跟土地的利用被拉得很開，所以離散的現象讓高效率的在地能源或運輸系統使不上力。就連郊區的草坪都是一種公害：吃汽油的割草機排放的污染是新車的十一倍。平均而言，郊區的人均溫室氣體排放量是稠密市中心的兩倍左右。

所有不被蒙蔽的分析都證明了，這樣的城市跟它所代表的生活方式，是對地球福祉的直接威脅，甚至有可能影響到人類的物種存續；所有秉持著理性的幸福評估都應該納入我們子子孫孫的安全與風險考量。所以對於形成中的「完美危機」，合乎邏輯的反應應該是改變我們個人與群體的行為模式，以求避開禍事。這代表我們得降低能源與原物料的用量，得以更具效率的方式移動，而且得縮短日常移動的距離；這意謂著我們得住得更近，共享更多的公共空間、牆垣與交通工具。同時這也象徵著我們要懂得追求美好的主觀體驗與精神生活，而不要囤積物質上的財富與享受。

只不過面臨再清楚也不過的威脅，國家與政府、城市與民眾，都沒能普遍去採取有意義的行動來整頓自己。像二〇一五年「巴黎協定」（Paris Accord）之類的合議不是沒有指標性，但實務上，各國政府就是無力減少排放溫室氣體，遑論讓氣候災難的威脅遠離。就在城市不斷擴張的當下，與你我無異的凡人或許會回收家中的廢棄物，或許會選購環保的油電車輛，但試問有多少人會劍及履及地去抹掉我們的碳足跡，讓全人類在面對如此駭人的危機時能有一些些勝算？我們會如此的沒有作為，可以部分歸咎於都會系統的「自我生成」，畢竟都會體系已經累積出自身的動能與慣性，但人類的意志也確實太過軟弱。

心理學者說：要說有哪種危機會讓人樂於當溫水裡的那隻青蛙，第一名絕對非氣候變遷莫屬。很多人根本沒意識到我們活在問題裡。對一部分人來說，科學所描述的一切令人難以接受，因為那些東西跟我們的世界觀落差實在太大：如果你篤信只有上帝與自然之母能改變氣候，那麼再怎麼多的證據也不可能改變你的想法[69]。至於對其他對科學沒有「過敏體質」的人來說，這些危險總感覺沒有鮮明到令人要採取行動的程度。這些危險彷彿很遙遠，感覺像是很久以後才會發生的事情，於是我們總不當一回事。就像是寫滿了算式的黑板，無聲而費解，我們聽不到氣候科學在夜裡對我們聲嘶力竭，也感受不到科學如蜂螫或火焰——如果說不見棺材不掉淚，那棺材顯然還沒出現。雖然令人痛徹心扉的天災——如卡崔娜颶風（Hurricane Katrina）——的身後愈來愈看得到溫室效應的影子，但大部分人還是認定這當中的因果關係就像天空中的水蒸氣，不夠清晰。同一時間，石油公司、遊說國會的公關公司、自由市場裡的智庫等卻異常團結，他們眾口一聲地告訴我們兩件事情：一、危機不是真的；二、想做點什麼的話，你就太想不開了，你要有得開始過苦日子的心理準備，要有經濟發展回到石器時代的覺悟。

而且人的恥力超強，即便再如何曉以大義，也動搖不了人類這群屁孩半分。「訴諸罪惡感或恐懼的活動，其宣傳效果通常都很差。要人為了很久以後才會付出代價的壞事改過自新，豈只是一個難字而已。罰錢或祭出其他處罰只會讓政府更顧人怨，即便他們自己做的事情真的非常不環保。」亞歷克斯．波士頓這麼說。亞歷克斯任職於顧問公司HB Lanarc，他們的主要業務是針對氣候與能源政策，向市級公部門提供不同的視角與建言。

結果是：社會上一片「河蟹」，你不動，我不動。我們就像躺在卡車輪胎上緩緩地隨波逐流，不會轉彎的未來只能是又悲慘、又危險。想轉彎嗎？大家的內心這麼被動，這麼懶惰，怎麼轉？

答案是：我們可以請大家盡量「自私自利」一點。

我們知道離散城市不是光對地球兇，對幸福也非常壞。它不僅耗能最多、占地最廣、排碳最狠，它剛好還得為無數的疾病、肥胖、貧窮、寂寞與能源衝擊案例負責，天知道這些人原本可以活得健康、纖瘦、富足、溫暖外加不用停電。這是我們最好的切入點。

永續的城市必須開出比現行「待遇」更好的幸福條件。永續城市得住起來更健康、更有面子、更不無聊，而且比離散區域更令人欲罷不能。相較於離散城市把人拆散，永續城市必須拉近人與人的距離，必須鼓勵人選擇有效率的移動方式，必須能滿足人對於感官享受的要求，必須能讓人衷心感到喜悅而不損及環境分毫。有什麼樣的城市，就有什麼樣的人與想法，這是定律。相對於離散城市局限了我們的選擇，迫使我們得把生活的距離愈拉愈長，要當「救世主」的城市必須從行為經濟學裡學到教訓：正確的選擇也必須是快樂幸福的選擇。城市必須讓人知道選擇環保永續，就是選擇幸福。

這樣的城市已經慢慢在孕育中了。環顧世界上的許多城市，或許是在不起眼的某個角落，或許是在不知名的某條巷弄，我們已經可以瞥見新城市的雛形了。新城市出現在市中心居民爆氣的瞬間，他們受夠了在「放雞屎有，生雞蛋無」的長途通勤者的屁股後面收拾殘局；新城市也在社區的「揭竿而起」中找到了生機——這有時只是純粹的機緣巧合，有時則是有俠骨柔腸的大咖公民路見不平，非替弱者出頭不行。這鮮少是因為有人真正高舉著氣候變遷、生物多樣性的大旗，要逆轉悲劇的來襲，但剛探出頭來的新城市一隅，證明了只要人肯以自身的幸福為念，我們就可以一邊打造快樂的城市，一邊拯救這個世界免於毀滅。這本書接下來要講的，就是這樣的一個故事。

註釋

52 現今溫哥華獨棟透天的最新均價已登上百萬美元。

資料來源：“Vancouver house prices still highest in Canada.” *CBC News*. June 14, 2006. http://www.cbc.ca/news/canada/british-columbia/story/2006/06/14/bc_house-prices20060614.html (accessed March 3, 2012).

Real Estate Board of Greater Vancouver. “Greater Vancouver housing market trends near long-term averages as spring market approaches." Real Estate Board of Greater Vancouver. March 2, 2012. http://www.rebgv.org/news-statistics/greater-vancouver-housing-market-trends-near-long-term-averages-spring-market (accessed March 8, 2012).

53 拉約與貝克的「演化幸福函數」可以簡化為：幸福 = 出息 − 期待值 = 你主觀認知自己的社會位階。

授權使用(Courtesy) Luis Rayo.

資料來源：Rayo, Luis, and Gary Becker. "Evolutionary Efficiency and Happiness." Journal of Political Economy, 2007: 302-337.

54 反過來說，長途通勤造成的痛苦會像病毒一樣在駕駛人的家人中傳播：伴侶花愈多時間在通勤上，受訪者的主觀快樂程度就愈低。你可以把這想做是「路憤怒」的「延遲直播」。

55 另外，英國的研究顯示，倫敦人是英國全境最不快樂的一群人，雖然倫敦明明比其他任何一座英國城市都有錢。

資料來源：Hall, James. "Men in their late 40s living in London are the unhappiest in the UK." *The Telegraph.* February 28, 2012. http://www.telegraph.co.uk/news/newstopics/howaboutthat/9110941/Men-in-their-late-40s-living-in-London-are-the-unhappiest-in-the-UK.html (accessed March 3, 2012).

Office for National Statistics. "Analysis of experimental subjective well-being data from the Annual Population Survey, April to September 2011." February 28, 2012. http://www.ons.gov.uk/ons/rel/wellbeing/measuring-subjective-wellbeing-in-the-uk/analysis-of-experimental-subjective-well-being-data-from-the-annual-population-survey--april---september-2011/report-april-to-september-2011.html (accessed March 3, 2012).

56 在另外一項實驗中，寇克觀察到「文化效應」在所有自願者的腦中產生作用，而要激發這作用，只需要提供一點點背景脈絡。他與同僚請受試者評價幾十件藝術作品的美醜，這當中，只要簡單告知特定的圖像來自於某家藝廊的收藏，而不像其他的作品是從圖庫中隨機抓取，受試者就會比較欣賞那個「家世背景」好的東西。不變的是，不同資訊脈絡會刺激腦中不同區塊，進而使人的喜好帶有偏見。

資料來源：Kirk, U., M. Skov, O. Hulme, M. S. Christensen, and S. Zeki. "Modulation of aesthetic value by semantic context: An fMRI study." *Neuroimage*, 2009: 1125-32.

57 譯註：condo與apartment均名為公寓，雖然condo屬整棟共管，但重點在於各單位的產權獨立，因此可獨立出售或轉手，比較接近台灣房地產市場中對於「公寓」的解讀；至於apartment則無獨立產權，主要作為出租之用，類似包租公擁有的「套房」概念。另有合作公寓（co-op），跟condo一樣屬於整棟共管，但合作公寓的所有權人不是屋主，而是管理該建築物的公司，屋主僅是該公司的股東，因此condo屬於不動產，co-op則否。

58 現已與世長辭的他在二〇〇四年的電話裡跟我分享了這個發現；另外在所羅門島民間遊歷時，我也發現居民會把大部分的歷史轉換成二元對立的神話。

59 原始的城市草圖出自魯西歐・柯斯塔（Lucio Costa）之手，尼邁耶接棒加以發揚光大。

60 這也部分說明了人為什麼會高估自己被謀殺，同時低估自己會死於胃癌的可能性；雖然其實後者的發生機率是前者的四倍。

資料來源：Lichtenstein, S, P Slovic, B Fischhoff, M Layman, and B Combs. "Judged frequency of lethal events." *Journal of Experimental Psychology: Human Learning and Memory,* 1978: 551-78.

61 從一九六〇年到二〇〇四年間，美國人超重的比率從不到人口的一半飆高到三分之二。

62 車禍意外是三十五歲以下死亡的首要原因。放眼全球，人類世界最可怕的殺手不是戰禍，而是車禍──每年超過四十萬人死於輪下。另外，交通造成的傷害是十到二十四歲之間死因的第一名。世界衛生組織估計死亡的部分不計，每年全球光是內外傷影響作息、醫療費用與財產損失等車禍的總成本就超過五千一百八十億美元。

資料來源：Brown, David. "Traffic deaths a global scourge, health agency says." *The Washington Post.* April 20, 2007. http://www.washingtonpost.com/wp-dyn/content/article/2007/04/19/AR2007041902409.html (accessed January 11, 2011).

63 多年來，工程師的專業建議都是把路緣的灌木、喬木等「雜物」清空，來避免駕駛者分心。這看似很有道理，但德州農工大學（Texas A&M University）交通運輸系的助理教授艾瑞克・丹柏（Eric Dumbaugh）發現，行道樹其實與撞車的次數減少有關，理由是街景的「複雜化」讓人不自覺放慢速度。空蕩蕩的路肩反而增加中線的撞車頻率。

64 如今許多住宅區的路寬都已經達到十二公尺的標準，研究者卻發現這樣的「未雨綢繆」讓人未蒙其利就先受其害。巷弄拓寬等於變相鼓勵開快，結果是老舊的窄巷每死一人，新的寬巷子就要死四個人。

資料來源：Condon, Patrick M. *Seven Rules*, 42

65 派翠克・康登（Patrick Condon）在《永續社區的七條金律：後排碳世界的城市設計策略》（*Seven Rules for Sustainable Communities: Design Strategies for the Post Carbon World*）的第五十六到五十七頁對這樣的動態提出了精闢的說明。康登援引的資料包括了一九九八年彼得・史威夫特（Peter Swift）的研究，與二〇〇五年一月三十日比爾・戴德曼（Bill Dedman）在《波士頓環球報》（*Boston Globe*）上所撰寫的報導。

66 這些公路把亞特蘭大人口成長中的九成從都會區的核心帶離，然後分散到喬治亞州綿延不絕的鄉間。誘發需求經數十份研究證實為真。

資料來源：Todd Litman lists some in: *Generated Traffic and Induced Travel Implications for Transport Planning*, (Victoria: Victoria Transport Policy Institute, 2010).

Interview with Howard Frumkin of the Centers for Disease Control in the webseries: American Makeover, Episode no. 1, "Sprawlanta." http://www.americanmakeover.tv/episode1.html (accessed February 2, 2011).

67 光從二〇一一到二〇一三年，北京單日通勤的時間就增加了二十五分鐘；二〇一〇年，北京出現了回堵一百二十公里的「神」塞車，持續長達超現實的十二天之久。

資料來源：China Daily, 'Traffic jams cost Beijing $11.3b a year'http://www.chinadaily.com.cn/china/2014-09/29/content_18679171.htm(Accessed on December 3, 2015)

68 簡單調查一下在氣候變遷發現上支持IPCC的國家級科學機構，得到的結果有：巴西科學院（Academia Brasileira de Ciências）、加拿大皇家學會（Royal Society of Canada）、中國科學院（Chinese Academy of Sciences）、法國科學院

（Académie des Sciences）、德國國家科學院（Deutsche Akademie der Naturforscher Leopoldina）、印度國家科學院（Indian National Science Academy）、義大利猞猁之眼國家科學院（Accademia dei Lincei）、日本學術會議（Science Council of Japan）、俄羅斯科學院（Russian Academy of Sciences）、英國皇家科學院（Royal Society of the United Kingdom）與美國國家科學院（National Academy of Sciences）——以上單位共同連署了二〇〇五年的「全球科學院聯合聲明：對於氣候變遷的全球性回應」（Joint science academies' statement: Global response to climate change）。另外還有美國氣象學學會（American Meteorological Society）、美國地球物理聯盟（American Geophysical Union）、美國科學促進會（American Association for the Advancement of Science），最後還有八大工業國（G8）的政府。

69 認知語言學者喬治．雷可夫（George Lakoff）形容人對世界的了解會在腦中形成物理性質的實體，那是一種神經迴路，並且被雷可夫稱之為「理念幀」（frames）的框架。這些框架的設定可以出於經驗之手，可以源自根深柢固的道德觀，甚至於廣告夠洗腦都做得到。這些框架定義了我們感覺何者為真，並且我們會運用這些框架去理解新進的資訊。「真相若與框架扞格，留框不留『真』。」雷可夫寫道。所以當有人提出「氣候變遷」一詞，而又與聽者的成見產生衝突時，人腦就會傾向於接納懷疑的想法或情緒，而排斥腦中「行動派」的指令。

資料來源：Lakoff, George. "George Lakoff Manifesto." 2004. This is a summary of his thoughts from his book, *Don't think of an Elephant: Know your Values and Frame the Debate*.

CHAPTER 6 過來一點嘛

家的本質就是人能在此處覓得平靜：
家予人庇護，我們在家時不僅不會受到實質的傷害，
也不用擔心恐怖、質疑與分裂的侵擾……

——約翰．拉斯金（John Ruskin），《芝麻與百合》（*Sesame and Lilies*）

乍看之下這是個很直白的挑戰：想逃離都會離散發展的負面效應？那就讓稠密的地區更能滿足我們的心理需求吧。我們得把稠密地區變成只要我們選擇住下，它就會以報恩的心情使我們開心，給我們照應，讓我們獲得滋養的地方。但這個任務其實一點都不簡單，因為人跟簡單二字向來無緣。我們心中總是糾結著各種需求，而其中一組孽緣最難解、拉扯最激烈的冤家，就是相依與獨處。從某個角度來看，人類的需求簡直就在內戰。

我們一方面需要照顧，需要其他人的溫暖幫助，一方面也需要來自大自然的療癒與安撫。我們需要走出去與人接觸，也需要躲起來把自己包住。

住得近些有其方便之處，但代價就是刺激與擁擠過度。

都會生活如何達成永續的難題將永遠無解，除非我們能對上述這些矛盾衝突有所體會，並且順利化解當中的張力。我們與旁人之間需要保持多少空間、多少隱私、多少距離？我們需要大自然到什麼程度？有沒有哪種設計可以集離散與毗鄰，集敬而「遠」之與「近」在咫尺的優點於一身？

證據顯示，我們若想讓彼此的關係更近，我們需要多一點距離，跟多一點的大自然——只不過不能多太多，而且我們需要的可能不是大家想當然耳的那種自然。

為了讓真相大白，我會先從自然談起。

然後我會再來分析鄰居的問題。

靠過來之首部曲：大自然的紅利

二〇一一年，我應古根漢美術館（Solomon R. Guggenheim Museum）之邀，加入了紐約市生活舒適度的調查團隊。古根漢任命了來自日本的Atelier Bow Wow建築公司，由他們負責在東村一處空地搭建非永久性的遮風擋雨之處。以此為據點，古根漢自全球各地邀來一群夥伴，而這裡就會是我們研究與實驗的基地。美術館的諸高層希望這個BMW古根漢實驗室（BMW Guggenheim Lab）可以扮演火車頭，就城市生活的新解進行探索。他們有這個錢，也請得起助理。我則打算善用他們的資源來蒐集資料，看看城市空間對於人的情緒與行為會有什麼影響。這是個難得的好機會，試想，要研究極端的都會環境，你的第一志願還有比紐約的曼哈頓更好的嗎？

這個橫跨東村與下東側兩邊的實驗室是一個綜合體，它有廉價出租的無電梯老公寓的參與，也有低屋齡／中樓層的獨立產權公寓的基因，外加橫衝直撞的交通動脈與擁擠龜裂的人行道在其中「阡陌縱橫」。對於初來乍到者來說，這裡就像遊樂場一樣有趣。紐約市的強韌、吵雜、忙碌、驚奇與各種可能性，統統都濃縮在這裡。我第一次從位於東十三街的公寓走到那裡——漫步大約十五分鐘——發現了那個月裡我有可能需要造訪的每種商家，包括五金行、銀行、大小不一的雜貨店、刺青店、美甲店、乾洗店、手工冰淇淋店、酒吧，乃至於為數不少的用餐處。每隔幾條街，就看得到向下的樓梯間通往地鐵。比起我曾在聖華金郡開車經過的既寬敞又空蕩蕩的大道，紐約這一帶就像是個平行宇宙。單憑一雙腳，你就可以在這裡生活、工作、購物、填飽肚子、找人聊天、陷入愛河。要我形容，我會說這裡稠密、便利、人際互動滿點，外加取之不盡用之不竭的刺激。

這兒的地景給了我很好的第一印象，但我想要好好「解剖」這個地方，我想要了解在稠密的城市裡，不同的人行道、建築物與開放空間，各自會對人產生何種不同的影響。

為此，我找上了柯林·埃拉德（Colin Ellard）合作。作為隸屬於滑鐵盧大學（University of Waterloo）的心理學者，柯林在與市區移動相關的神經科學研究上成績斐然。我們聯手把設備裝在幾十位自願者的身上，主要是要測量他們在社區中移動時的情緒起伏。柯林改裝了一組黑莓機來查訪受試者在各個停駐點上的情緒展現（當下的幸福感）與受撩撥（或興奮）的程度，然後我們另外在部分受試者身上綁了腕帶，來記錄他們在移動過程中皮膚的導電性。因為皮膚的導電性跟流汗程度直接相關，所以其對情緒受撩撥程度這點提供了非常優異而客觀的測量數據。

我們為什麼選擇測量這些東西？首先情緒表現測試是送分題：快樂比難過好，應該是大多數人的共識。而受撩撥的程度則可以讓資料更明確：按照情境的不同，人的相對興奮程度可以是好事，也可能是壞事。平靜而快樂或興奮而快樂都會讓人愉悅，但長時間興奮會對人體的免疫系統造成負擔；至於既興奮又情緒低落——也就是激動而痛苦，則顯然再糟糕不過。很多人說的「崩潰」，大致上就是這種情形。

每隔幾天，一組組全新的志願者就會在我們的嚮導帶領下漫遊此處鄰里，並且為我們提供寶貴的心理／生理讀數。我們發現隨著城市地景流轉，人的情緒也會隨之變化。走進莎拉・羅斯福公園（Sara Roosevelt Park）內的姆芬達・卡侖加長者花園（M'Finda Kalunga seniors' garden）的鐵門才一下下，受試者就顯示幸福感直線上升，興奮的程度也獲得舒緩，而園丁這時都還沒放出駐園小雞呢。

我們並沒有為此感到驚訝。枝繁葉茂的各式植物、灌木、老樹讓這個花園出落得像是叢林一般，同時近幾十年來累積的有力證據顯示，光是置身於大自然，人就會感覺良好。住院病人若能享有自然景觀，他們需要的止痛劑量就會減少，痊癒的速度也會優於只能面對牆壁的病友。即便是人造的自然景觀都好。比起整天跟抽象藝術大眼瞪小眼，樹木、流水與森林的照片會讓心臟手術病人的焦慮改善，劇痛程度降低；牙科候診室的牆上若有自然主題的壁畫，等著鑽牙的患者壓力就會小些；學子們看得到大自然，考起試來也會比較得心應手些[70]。自然景觀已經開始融入到高壓人造環境的設計中。自從建築師在加州聖塔羅莎（Santa Rosa）的索諾瑪郡立監獄（Sonoma County Jail）裡安上草原風的壁畫後，監所登記區的警衛就不再一直忘東忘西了。

這些研究結果都支持著艾德華・歐・威爾森（Edward O. Wilson）名之為「親生命性」（biophilia）的概念，意思是人會發自內心因為自然界的特定場景而感覺平靜或恢復元氣。為了解釋大自然帶給人的好處，有個理論把重點放在人集中注意力的方式上。這個由環境心理學家史蒂芬與瑞秋．卡普蘭（Stephen and Rachel Kaplan）連袂發展出的理論，主張我們會以兩種完全不同的方式注意到周遭的環境：一種主動，一種被動。人在有意識地解決問題或在都會巷弄中穿梭前進時，運用的是主動的注意力。主動注意力會消耗大量的專注力與能量，所以久了會讓人疲倦。的確，在擁擠的市街裡走一段時間後，人會比較難以專心或記住事情，而這問題主要是出在人造的世界裡充斥太多刺激，我們迫於無奈得馬不停蹄地決定要注意什麼東西，比如迎面而來的公車、正在打開的門、變換的紅綠燈，乃至於要無視什麼東西──比方說抽脂廣告招牌。相對之下，我們給予大自然的就是被動的注意力，而被動在這裡就是毫不費力的意思，你會覺得自己像是作白日夢、彷彿有首旋律流淌在你的腦中。搞不好你根本不會「注意到」自己在注意什麼東西，但在不知不覺中，你的能量甦醒，你整個人煥然一新。

樹與社交生活

雖然我的用語是「煥然一新」，但請相信我這話說得並不浮誇。

在一九九〇年代中期，環境心理學家法蘭西斯．明．郭（Frances Ming Kuo）與威廉．蘇利文（William Sullivan）在芝加哥一處名為艾達．比．威爾斯（Ida B. Wells）的低樓層社會住宅區裡逛了一圈，有了許多令人驚奇的發現。讓他們瞠目結舌的是社區裡不同中庭的巨大差異。有些中庭像水泥凍原一樣光禿禿，有些則種著花草樹木。寸草不生的水泥中庭一個個空蕩蕩的，看來很空虛；綠化過的中庭則固然不算整齊，甚至有點不修邊幅，但十分生氣勃勃。你會看到女性坐在那邊剝豆莢，或者角落會有小孩在嬉戲。「他們簡直像是把中庭當成了客廳，」郭教授說：「我們想說，欸，這個發現好像有點重要喔。」

覺得事情「並不單純」的郭與蘇利文找來了鄰近住宅的居民，觀察並記錄「艾達・比・威爾斯」住戶的來來去去。果然無論是一天當中的何時，綠色中庭都有某種形式的社交生活在進行，而荒涼的中庭裡則永遠一片死寂。

郭教授已針對市內的其他住宅區研究過景觀對於居民的影響，而她發現租屋者能看到綠色造景跟只能看到水泥叢林，這當中的差別難以言喻。「視覺上感到枯燥的居民表示，他們的心頭很疲憊，而且一不小心就會爆粗口、失控，也比較會在盛怒中賞人耳光。簡單講，他們過得很辛苦。」郭說。他們忍不住對自己的孩子大小聲的比率也較高。

學者調閱了警方的紀錄，結果發現成堆的白紙黑字顯示，缺乏綠意與當地的犯罪率有關。若從建築物往外一眼望去有樹木與草地，則該棟住宅的暴力犯罪率就會腰斬成槁木死灰處的一半。環境愈不綠，就會有愈高的人身攻擊、傷害、搶奪與謀殺等犯罪率。這點很有趣，因為犯罪學者的看法是，樹叢與喬木會讓不法者方便躲藏。

郭認為，親近大自然的機會被剝奪，不僅僅有礙於健康，而是根本就很危險。一方面是因為遠離自然會讓人的動物性與攻擊性更為彰顯，另一方面是因為寸草不生的地方根本沒多少人待得住，而人少的地方當然不容易守望相助，也比較容易「藏污納垢」。

郭的發現確認了自然環境、幸福感與行為模式之間的顯著關聯，但她的發現不僅止於此。她還

綠等於好

在研究過芝加哥的住宅區後，學者下了個結論是，社區周遭的綠意可以改造居民的情感與社交生活。中庭像左圖那樣綠樹成蔭，居民就會比較開心、親切，也比較不會訴諸暴力，像右邊那樣光禿禿的中庭就少了這些優點。雖然整體來說兩邊的環境維護都不算周延。

資料來源：W.C. Sullivan

觀察到自然環境隱含的社交元素。活在綠色空間的人會與鄰里打交道，也會覺得鄰居比較可靠、親切。他們會比較常邀人來串門子，也比較能體會到什麼叫歸屬感。

會有這種情形，一部分的原因是中庭是一塊福地，大家會自然而然聚在那兒聯絡感情，但這當中可能還有更深一層的「化學反應」，一種晚近才由羅徹斯特大學（University of Rochester）心理學者們發現的現象。事情是這樣的：學者放了內含「親生命性」畫面的投影片給一群受試者看，而在歷經這種「隔靴搔癢」的視覺浸潤後，受試者在大自然景色的薰陶下對其他人的態度丕變。比起只能看城市天空的對照組，看過大自然的實驗組比較樂於表示自己很重視與人的交往。反之，瞪著市區看的人則比較著重於屬於「身外之物」的目標，比方說發財。每位受試者還會拿到五美元，然後他們可以選擇跟其他人分享或自己留著。很神奇的是，暴露在大自然當中愈多，就愈不會為了這五塊錢小氣巴拉。

這樣的實驗結果也順利反映在現實生活中。洛杉磯的一項研究顯示，住家附近的公園愈多，人就愈能不考慮貧富或種族去幫助或信任別人。大自然不只能讓我們變健康，它還能讓人變得善良。

非洲大草原的視覺吸引力

乍看之下，這些發現好像根本不能替稠密的城市加分，尤其以人類喜好的城市地景而言，走在其中根本像迷宮一樣。

一九九三年，俄羅斯藝術家維塔利・科瑪（Vitaly Komar）與亞歷山大・梅拉米德（Alexander Melamid）找了專業民調公司，幫他們調查住在非、亞、歐、美洲等國的人類喜歡盯著什麼東西看。然後就以調查的結果作為參考，搬出了畫筆與帆布，創作了一幅幅以統計學角度而言，理論上最能讓各國人目不轉睛的一幅畫。這樣的起心動念顯然是想諷刺什麼（其中名為〈美國人最想要的〉（*America's Most Wanted*）那幅畫作上的就是個跨大步的喬治・華盛頓，畢竟他也曾經是美洲大陸上的「頭號通緝要犯」），但這並不影響各國的畫作透露出的共同模式。每個國家的畫作都有著類似的風景：開闊的原野，不遠處矗立著幾棵樹木與草叢，也許有一些野生動物出沒，至於往深處瞧，則能發現寧靜清澈的水。穿過統計學的透鏡，肯亞人、葡萄牙人、中國人與美國人的品味看來出奇相近。

兩位藝術家所昭示的東西，呼應了幾十年來，數百份針對人類地景偏好研究所得到的結論。大部分人都喜歡非洲大草原（savannah）般的景色，其中的經典元素包含中高等級的開放程度，覆蓋著低矮草本植被的土地，乃至於一株株或散或聚的樹木。人數愈多，我們的選擇就愈集中：在自由意志下，人們都會說想看到樹，而且還得以樹幹高度中等、枝葉層層分生，外加樹冠寬闊者為宜。

這些當然不是巧合，這剛好就是數千年來人類祖先方便採集狩獵而獲得滋養的那種林地景色，涵蓋了人腦開始加速演化，大舉超越其他動物的年代。演化理論的學者主張我們生來就有喜歡這類地景的基因，因為喜歡這類地景讓我們舊石器時代的祖先得以存活下來。英國地理學家傑・艾波頓（Jay Appleton）則認為，多數人仍會無意識地評估地面環境的威脅與機會多寡，我們會根據所在地資源的質量來決定應該樂觀還是擔心。我們喜歡開闊的視野，但我們也喜歡安全——這就是艾波頓名之為「眺望」（prospect）與「藏匿」（refuge）的兩種價值。

對學習地景建築的當代學生而言，簡稱為「眺匿」的「眺望—藏匿理論」（prospect-refuge theory），是他們在課堂上熟到不能再熟的東西。的確。從有地景建築這行以來，從業人員就一直想要複製這樣的理想狀態，而且有時他們並非刻意為之。

作為一位地景建築師，十八世紀的亨佛里・瑞普頓（Humphry Repton）曾為英國數十筆知名的不動產設計私家花園，他因此在甚為講究的塔頓公園（Tatton Park）、沃本修道院（Woburn Abbey）與西海維康（West Wycombe）等園地中精進了這門技術。瑞普頓的理念展現在他為地主客戶所繪製的草圖中，圖上可以看到他會把樹木從森林邊緣遷到開放空間，會讓低頭啃食草葉的動物進駐，會安排有如水坑般的湖泊來提供水源，而這些都是在模擬非洲大草原。他的「同梯」甚至會挖掘叫「haw-haw」的壕溝，在不破壞景觀的狀況下限制動物漫遊。

同樣的格局完整地複製在若干超大型城市中，包括提供蔭涼處的樹木、廣袤的草地與市中心的湖泊，一應俱全。倫敦的海德公園（Hyde Park）是一例，墨西哥市的查普爾特佩克市立（Bosque de

理想地景的演化

心理學家相信非洲大草原風格的景色可以讓人平靜，因為人腦就是在看著史前的這種風景時加速演化的。建築師將之畫成壁畫，放到加州的一間監獄裡，結果警衛的心跳頻率降低，做起事來也不再忘東忘西。資料來源：istockphoto.com

十八世紀地景建築師亨佛里・瑞普頓繪製的理想地景，他後來也以此為藍圖，打造出豪邸裡的英式花園。資料來源：Observations on the Theory and practice of Landscape Gardening
London: printed by T. Bensley for J. Taylor, 1803.

郊區建商為每個人創造出有形無體，成分完全一致的草原復刻。資料來源：Todd Bennett/© 2013 Journal Communications Inc.

Chapultepec）公園[71]又是一例，紐約的中央公園（Central Park）與展望公園（Prospect Park）則是佛德列克·勞·奧姆斯德（Frederick Law Olmsted）[72]的兩筆傑作。

在很多方面，我們對於地景的偏好都支持著自十九世紀延續至今的一種觀念，那就是城市本身是個有毒而且不自然的環境，而離散則是我們的自然回應。確實，回想聖華金郡都會區邊緣的法拍屋之旅，過程就像是穿過一片廣闊地帶，進行了一場狩獵的壯遊。無論從哪一戶法拍屋的門口向外望，那幅景色都是人類「復刻」出的舊石器時代地景：寬闊的前院與草坪裡，有沿著建築物邊緣鋪陳的低矮樹叢、有可供乘涼的樹木（無論高矮）。在五號州際公路那刻意抬高的路面上，你可以瞥見一定面積的公園，有郊區版非洲草原必備的高爾夫球場或人工湖。就連作為公路邊界的護堤，都貼心地種值了草坪與樹叢。

如果以草坪為核心的風景真的那麼老少咸宜，那自中心城市向外的發散發展肯定是美到傾國傾城。但這種對非洲草原的復刻究竟是不是對人腦最有益，沒人能拍板定論。

弄了半天，幸福的矛盾——我們的選擇與幸福的正解間的鴻溝——也一樣沒有放過地景這塊。「在討人喜歡的地景與對人有益的地景之間，存有巨大的差異。」生物學家理查·富勒（Richard Fuller）試著解釋給我聽。富勒跟同僚調查了英國雪菲爾（Sheffield）一帶公園的訪客，而研究結果顯示，現代社會想複製非洲草原地景的努力可能有點失焦。逛的人表示公園裡如果有各式各樣的樹啊、鳥啊，那待在裡面真的會讓人覺得比較健康、孤單，而且能「接到地氣」；但如果公園裡只有「精選輯」式的草坪跟零星兩、三棵樹，這種「大自然」就沒那麼有效。基本上，公園這東西是愈像「狗窩」，地景愈多樣化，那效果就愈佳。

在生物複雜性中探索美感的價值，腳步才剛剛開始，但現有的資料顯示，「真空包裝」的草坪與象徵性的樹林，對渴望接觸大自然的人腦而言，恐怕只是沒營養的垃圾熱量。嗯，有點雞肋啦。

多樣性景觀在正面的心理衝擊上完勝「美容」過的草地，其實相當合理，畢竟前者才比較可能帶人進入深層的「被動注意力」，讓我們的心靈得到撫慰。但生物複雜性要如何在城市中立足呢？嗯，我們可以讓綠色空間去自由撒野，或者我們可以採取主動，在城市中把這樣的複雜性給種植（培育）出來。當然這肯定不容易。就我在各地看到的狀況而言，我發現愈是驅車深入睡城，複雜而豐富的前庭花園就愈少見。每天得長途通勤外加照顧超大的院子，正常人根本沒剩下多少時間顧花。但另一方面，在稠密的都會區，極端現代主義者也一樣在親近生命複雜性的測驗上考了不及格。上世紀的社會住宅裡，雖然有大型草坪扮演著「綠色空間」，但跟理想中的狀態相比，這種草坪簡直與沙漠無異。

所以我們是要在空蕩郊區的人造非洲草原上孤獨，還是要在超稠密的市中心忍受讓人無力的「綠意全無」，這當中的平衡點位於何處？

「看了我的書，讀者會認定離散是我們該走的路，他們會想到：草坪、低密度、大棟距，」郭教授說：「但真相完全不是這樣！去看看有關於大自然影響力的研究文獻，你會發現規模不是重點。綠意的效益可以在任何尺度上發揮出來。」她說得鏗鏘有力，健康生活不是來自綠意的總量，而是定期定量，每天都能得到一些大自然的調劑。所以值得我們好好研究的是，如何為稠密地區注入自然的元素與複雜性。有一個實驗很值得我們參考，該事就發生在我的故鄉。

從景觀出發的都市主義

加拿大的溫哥華用過去三十年的時間把人拉回稠密的市中心，下重手把近半世紀往郊區擴張的態勢給扭轉回來。這場實驗始於一九七〇年代初期，當時有個計畫是要用像緞帶一樣的高速公路把市中心給綑成麻花捲，但被溫哥華市民打了回票。所以今天的溫哥華是北美唯一沒有被某條公路「一箭穿心」的大城。在那之後，溫哥華也守住了底線，堅持不再為汽車創造更多的空間[73]。此外，溫哥華四面環海，崇山峻嶺唾手可及，外加有一處限制郊區成長的農業保留地。有這些條件，再加上穩定的移民流入，市中心的建設熱潮在三十年間未曾停歇，而同時間在北美的其他地方，大城可是一個個被掏空。

溫哥華的都市核心，是一個長度有二十條街區長、兩側鄰海的半島地形。頭頂著史丹利公園（Stanley Park）中的壯闊雨林，這片精華區的蛻變速度不可謂不快。從一九八〇年代晚期到現在，超過一百五十棟住宅高樓在這裡拔地而起，至於一九六〇與一九七〇年代加起來也有一百多棟。另外從一九九一到二〇〇五年間，溫哥華的人口幾乎翻了一倍。就在美國人爭先恐後往郊區衝的過程中，溫哥華人則是向鬧區擠。溫哥華人會為了買預售屋熬夜排隊，高塔般的獨立產權公寓連地基都還沒灌漿，錢就已經一百萬一百萬這樣收進來了。

矛盾的地方來了：溫哥華愈擠，就愈多人想往這裡擠，然後溫哥華在全球宜居城市上的排名不降反升。無論是美世諮詢（Mercer）、《富比士雜誌》，還是經濟學人智庫（Economist Intelligence Unit）所統計的生活品質排行，溫哥華往往都能獨占鰲頭或至少高居前幾名[74]。短短十五年間，不少高級公寓的單戶房價已經漲到原本的三倍，但溫哥華強就強在擁有北美主要城市中最低的「人均碳足跡」——而這得要歸功於大家住得比較近，所以交通與居家暖氣的耗能都可以降低[75]。

溫哥華的「垂直發展」之所以會是個成功的實驗，並且令人歆羡，有部分的關鍵在於居民的「親生命性」需求得到滿足。當地居民對於景觀的執著，使溫哥華的新市中心有了現在這番氣象。雖然冬天很暗，但溫哥華幾乎沒人要「坐北朝南」，即便太陽公公偶爾會從南邊的雨雲中跑出來露個臉也一樣。溫哥華人的本能是會看北邊跟西邊：因為那兒才有山脈、雨林與海洋——而這三樣東西交織成的便是大自然豐富的層次。任何建築只要稍微擋到北岸山脈（North Shore mountains）的景觀，我保證所有人都會跳腳。城市的規畫者對此的回應，是立法去規範天際線的輪廓。溫哥華以單行法規（bylaw）創造出一系列所謂的「景觀廊道」（view corridor）來貫穿市區，確保了從南邊幾個制高點望向北邊，看山景的視線可以暢行無阻。城市的規畫者甚至為此強迫營造商改變建築物座向，就是要保護景觀廊道的完整性。

住在產權獨立的公寓裡，住戶會希望窗外能看到的是自然的全景，而普羅大眾也有抬頭就能「看山是山」的基本權利，這樣的拉鋸與張力造就了在地的建築標準，就像紐約客對於建築物量體與投影的疑慮，決定了好幾代以來曼哈頓摩天樓的型態。一九一六年，紐約通過「分區管制決議」（Zoning Resolution），內容規定建商必須根據建築物的高度來降低量體，於是代表性的「曼哈頓大廈」（Manhattan Tower）就出現了頂端層層退縮的經典設計，而這也多少讓日照還能抵達路面。不過，溫哥華的垂直設計不是借鏡紐約，而是師法香港，畢竟香港正是一九八〇年代大量溫哥華新移民的老家。在寸土寸金的香港，當年的建商面對人口爆炸，他們想出來的辦法是「卯起來往上疊」。機關

香港／溫哥華主義

寸土寸金的香港（左）常見超高密度、住商混合的上下分工建築物，下方是作為基底（podium）的裙樓，上方則是住人的塔廈；精神相仿的設計到了溫哥華（右）便入境隨俗，鄰路的裙樓變扁，作為住宅的塔廈間則加大棟距。成功的溫哥華主義兼顧了街坊的生氣勃勃與景觀權的人人平等。
資料來源：香港：Charles Bowman photo.溫哥華：author photo.

行號會一層層濃縮在一個緊綳的街區中，然後上頭再加蓋五、六棟，甚至更多的住宅大廈。有些時候你已經在三十樓了，但看出去還是四處碰壁。所以這個模式要套用在景觀至上的溫哥華，需要一些調整。城市的規畫者把建築物下方的基座從五、六層減少到三、四層，把建蔽率[76]縮小，並且將棟距加大，以便最終形成天際線的建築像高瘦的玻璃片，棟與棟之間還有很多空間。經過這一番調整，幾乎每一棟建築物的居民都可以在視覺上與遠方的自然產生連結，而街上行人的視線也不會完全無縫可鑽。低樓層的基座部分就交由連棟的住宅與商用的營業空間填滿，於是乎街道上仍舊能生氣勃勃，店家與各類機關團體都還是「如火如荼」在辦理業務，這讓溫哥華的生活就像紐約一樣十足便利。

因著這種都市型態的高人氣，加上建商有利可圖所以也很支持，「溫哥華主義」（Vancouverism）一詞於焉誕生。溫哥華主義被複製貼上到聖地牙哥、達拉斯（Dallas）、杜拜，但這些徒子徒孫似乎都沒有抓到祖師爺的精髓。這點可能是因為其他的城市不像溫哥華如此得天獨厚地具有「IMAX」等級的自然景觀，也可能是因為在把稠密的好處給推回公共領域時，別的城市著力不若溫哥華深。

不同於其他城市的對口機關，溫哥華的都市規畫人員在評估新開發案的時候，享有極大的行政裁量權。運用這種權力，他們會拿容積率去跟建商交換，建商可以蓋高一點，但你得把對社區有利的東西給吐出來。高級華廈想多蓋幾層嗎？沒問題，但你得替大家蓋座公園來交換，要不來個廣場、日托中心、社會住宅用地也不賴。透過這種方式來各取所需，溫哥華成功的把變更地目而創造出來的開發利益要回了八成。人口密度可以升高，但同時間社區的生活必定要有好處可撈。結果是市區確實人多了，但居民享有的公共綠地只增不減。身在溫哥華核心的鄰里，你一定能在幾分鐘內走到公園，或繞著溫哥華半島的防波堤與無敵海景。

少量多餐

擁有一望無際的自然景色或大片的綠色空間，好處無庸置疑。但光看城市的公園空間總量，並不足以讓我們一窺居民的個別自然「攝取量」。像倫敦中心區的綠地平均每個人可以分到二十七平方公尺，幾乎比溫哥華還多三分之一。但溫哥華人的「體感綠意」卻一點虧都沒吃，甚至還狂贏，畢竟他們會覺得公園永遠都在轉角。我們再看看紐約客體驗到的中央公園：我在下曼哈頓的BMW古根漢實驗室裡訪問了數十位紐約客，結果沒一個人在前一個禮拜內真的去過中央公園。他們可能覺得有個公園在那兒很好，但他們並沒有享受到公園的好處，因為他們既沒看到，也沒摸到公園裡的一花一草。我並不是在打壓美麗的中央公園，也不是要怪罪曼哈頓的居民不「腳勤」一點去造訪裡頭的「綿羊草原」（Sheep Meadow），我只是要點出綠地的規格比例跟可及性是我們必須思考的問題。我必須說，正解絕對不是單一個超大的公園。

「我們不可以把中央公園往那兒一蓋，一擱，然後就說『嘿，做完收工』。」郭教授說：「自然必須融入生活的一部分，必須要是我們日常的『棲息地』與『必經之地』。」為了讓紐約客可以像海綿吸水一樣吸收到草木蔥鬱、鳥叫蟲鳴的好處，自然必須要「織」進都會生活的材質裡。

經過在實驗室裡進行了一番非正式的測試，我們有一個甚具參考價值的好消息要提供給沒辦法住在大型都會公園旁邊的市民：即便只是驚鴻一瞥，自然也可以創造出心理上的「漣漪效應」（ripple effect）。

在跟埃拉德用黑莓機查看志願者情緒起伏的過程中，我們發現受試者心情最低落的一站，就是社會住宅建案的裸磚立面。其實距離這裡不過十來步的地方，就有家餐廳的外牆跟社會住宅用了一樣的廉價磚塊，唯一的差別只是有人把餐廳外牆漆成了土黃色，還弄了兩盆生龍活虎的藤蔓，爬得比人還高。我們的受試者表示，在滿分是四分的快樂量表上，這兒的感覺比剛剛那個「素顏」的社會住宅外牆還要高出整整一分，而這相當於他們的心情瞬間大好。當然我們沒辦法完全排除掉其他的因素，包括旁人的對話、餐廳門後傳出披薩香味等等，但至少受試者的回饋代表綠意的介入確實造成了很大的差異。

我們還帶過一批人到附近一條街道艾倫街（Allen Street）的中線，結果有了更驚人的發現。艾倫街是條既吵雜又壅塞的主幹道。馬路的中央分隔島用了兩道低矮圍籬隔起來，然後兩邊各有條自行車道，除了這兩點外，艾倫街就與一般的馬路無異，一樣是車潮鋪天蓋地、計程車叭來叭去，引擎聲讓人不得安寧。幾位遊民在這分隔島上住下，多半是因為這裡還沒有人搶。這個分隔島的兩翼便是足以把紐約客逼瘋的許多刺激，但我們的受試者卻在這留下了心情被撩撥而開心的生理證據。

一整個覺得這很「謎」的我，特別挑了個熱鬧的日子去分隔島考察了一番。結果我發現這地方的視野奇佳，向北望去先是艾倫街與休士頓街（Houston）的交叉口，然後是糾結成一團的建築牆壁與立面，最後在第一大道（First Avenue）後面是紐約的中城（Midtown）。換句話說，這分隔島是來紐約「觀光」的其中一個首選地點——而這也說明了何以外地人在這裡比紐約人開心多了。但就在我讓自己浸淫在這個「景點」之中的同時，我發現分隔島上的「自然紅利」顯而易見。原來這一路下去都是楓樹。就算不特別注意，你也聽得到楓葉沙沙作響，也會察覺光影漏過葉隙在路面上展現舞技。坐在那兒的我與其說是看到了樹，還不如說是我感覺到樹。這時的我心中平靜，甚是感激。

綠色的療程

關於自然好處的研究，顯示了城市裡的綠色空間不應該被當成是選配或奢侈品。一如郭教授所大聲疾呼，綠色空間是人類棲地中所不可或缺的。我們一定要能在日常接觸到綠意。如果你看不到也摸不到自然，那麼自然再好也與你無關。大自然的遠近絕對有差，而且多比少好，少比沒有好。

這意謂著我們必須把各種尺度的自然內建到都會的體系中。是的，城市需要大到人可以悠遊其中的景點型公園，但城市也需要中型公園與社區公園，坐落在家家戶戶的腳程距離內；也需要口袋公園或綠帶（green strip）與盆栽和活生生的綠牆。就像小名「吉爾」（Gil）的圭亞莫說過：城市需要小綠、中綠、大綠與大大綠，各種尺寸的綠，否則人類就無法擁有完整的生態系。

即便在房地產的黃金地段，親生命性的環境也不是天方夜譚，我們需要的只是市府與市民可以就事情的輕重緩急有所調整與判斷。李明博（Lee Myung Bak）就創下了這樣的一個現代典範。李明博是誰？勇於任事的他做過韓國首爾的市長。市內整整八公里的高架高速公路他說拆就拆，就為了讓底下的古老水路可以重見天日，當時是二〇〇五年。脫離水泥陰影的禁錮後，如今的清溪川（Cheonggyecheon River）流域廣達四平方公里，形成一條由草原、蘆葦、別有洞天的私房景點，與迷你濕地共同交織出的美麗緞帶。整治完工開放的那個夏天，就有七百萬人次造訪，有人散步、有人把草地當床、有人坐在岸邊的淺塘旁踢水。二〇一五年晚秋的某個晚上，我也來到清溪川尋寶。我從雜沓的輕工商市集往下探尋，結果發現改頭換面的清溪川在夜裡有數百個美麗的燈籠閃爍，想在浪漫燈火與溪壑間漫步的遊客絡繹不絕，市府甚至得聘請年輕的工讀生拿著指揮棒來引導動線。

水道裡，闊別多年的蟲魚鳥獸回來了。再加上增設了嶄新而便捷的公車路線，曾經讓高速公路變成大停車場的車潮也不見了。首爾循著親近生命的軌跡，發現了自己的靈魂。無怪乎這位高速公路殺手後來從市長寶座更上層樓，變成了韓國的總統。

效率低下或久經荒廢的交通硬體是城市改造的絕佳起點，也是親生命性可以生長的肥沃良田。我們可以看看高線公園（High Line）的實例，讀完你會更有信心。高線公園原本是退役的高架鐵軌，近年則被打造成曼哈頓西城的線形公園。公園的前面幾段有如一條狂野不羈的線頭，跨越十九個街區，推著訪客去與他人及自然的生態系進行近距離的接觸。一方面沿著高線公園漫步，你可以從瞭望台上鳥瞰辦公室內部、私人的客廳，還有底下的街道，夜裡的車水馬龍還能幻化為一條光河；而另一方面，近在眼前的是早在改建前就已落地生根的數百種植物，從野櫻到柳樹，到匍匐蜿蜒的覆盆莓，再到秋生沼草，人彷彿置身在野生植物園。這樣心機又讓人玩興大發的環境，使人不自覺卸下心防，於是某月某日天氣晴，我收拾起對身邊的陌生人的介意，光著腳丫，像大家一樣跳進了只有拇趾深的小池塘。

有了這個成功的案例，每座城市的都市主義者（urbanist）都吵著要蓋「高線公園」，但城市跟人一樣有自己的秉性，發展的條件與機遇也各異。像「天使之城」洛杉磯就正在設法把洛杉磯河（Los Angeles River）沿岸長達五十公里的「蚊子」水泥地，改造成翡翠項鍊般的公園與步道。

很多人不知道，但城市其實有不小的空間可以與自然共存。參與高線公園興建的建築事務所「迪勒．史科菲迪歐＋阮夫洛」（Diller Scofidio + Renfro）在北邊幾十條街區外的地方故技重施。這次他們翻新的是林肯表演藝術中心（Lincoln Center for the Performing Arts）。他們在林肯中心所屬的校園內新蓋了

清溪川

首爾把市內的高架橋拆掉，讓原本被高速公路埋沒的溪流能夠復活。首爾用一條會塞車的馬路，換得了市中心一條生意盎然的美麗緞帶。

餐廳，並藉此創造出了一個綠色的坡面。事情是這樣的：餐廳的屋頂從廣場的地面抬升起來，形成一個有斜度而不對稱的平面——專業的術語是「雙曲拋物面」（hyperbolic paraboloid）——然後上面種了綠草，藉此「招攬」經過的人來「癱倒」在這片有角度的草地上。用Google Earth當一下上帝，把焦距拉到最近，你會看到隔壁茱莉亞學院（Juilliard School）的學子在草坪上東倒西歪，躺成一個個大字形，就像是房間裡沒收好的玩具一樣。

新出爐的研究把距離自然近的好處又帶到了一個新的境界。與大自然的極度親近——不只是用看的，而是動手去摸、去「喬」植物與土壤——對我們有想像不到的好處。生物學家發現土壤中的天然細菌會刺激實驗室裡的老鼠的血清素（serotonin）分泌，並降低焦慮。同時，他們有理由相信人吸進或攝取到這些細菌，也可以產生同樣的效果。這種點石成金般的發現令人炫目，但我們原本就知道從事園藝能強化自然帶來的親生命性效益，畢竟比起對植物行注目禮，拈花惹草需要人更加專心。

園藝也可以是種社交行為，特別是在人口稠密的都市裡。二〇一二年的夏天，我跟一群年長的女士在貝洛林納（Berolina）中心處的草坪集合。不知道貝洛林納是啥嗎？那是前東柏林裡一個超大型的蘇聯住宅合作社（Soviet housing co-operative）。凡是你想得到的極端現代主義能使人疏離的幾何特點，貝洛林納樣樣不缺：一整排房屋長得要命（最長的一段竟有四百公尺），像是在給廣大的綠色空間站崗，但這樣的「大」沒有意義，因為這些空間幾乎無用武之地。有些建築在一九九〇年代的翻修後多了陽台，而樓與樓之間的公用空間則以輕度造景妝點，只不過我看到的草坪還是保持著種空虛的無菌感，少了人滋潤就是這個下場。

那天早上在草坪上集合的許多女性都在貝洛林納住了四十幾年。但直到命運的那一天，她們才第一次把公用空間真正拿來「公用」。柯琳．羅斯（Corrine Rose）是位關心與致力於都市發展的心理學家，是她說動了這些前東德的阿嬤來跟柏林洪堡大學（Humboldt University）的農業學家合作，建設一座小型的社區花園。我人到的時候，這群娘子軍已經戴上螢光色的工作手套，也已經開始把一袋袋的黑土倒進有高度的植栽箱中。

「看什麼，上工了！」一名氣色紅潤、頭頂狂野白髮的前共產黨員笑著吼了我。我們勞動到最後的戰績是種了羅勒、麝香草、月桂葉、椒類與萵苣。農忙完沒有人能全身而退，事實上大家多少都有點灰頭土臉，但大家都有玩到，都很開心。透過化身為翻譯的柯琳，剛剛那個臉頰紅通通的女士告訴我，有幾台植栽「花車」會先空著，到時候可以跟當地的小學生一起同樂。什麼叫作喜形於色，看她的臉就知道。這方花園不只是親生命性的一種療程，同時也是台創造社交互動的機器。

我們在紐約設計實驗時沒計算到的就是這一點：我們以為只要眼睛看到都市中的自然元素，人的心情就會好起來，但其實我們應該拿「自己動手做」來測試看看效果如何才對。不過總之證據已經擺在那兒了：假以時日，從事「綠色」志工活動的人，會比其他類型的志工要來得健康快樂[77]。每當有某片市區的土地被改造成社區的花園，就代表有健康的能量會流淌在胼手胝足的城市花農心上，甚至只是剛好路過，也可以獲得一點迴向。

在此同時，這些被嵌入城市環境裡的大綠小綠，也都發揮著環境醫生的作用。植物與水的作用就像城市裡的空調——在首爾那條新生的清溪川沿岸，目前測到的夏季氣溫要比鄰近的區域低大約攝氏三點六度，而各位要知道，韓國的夏天是非常熱的。植被可以濾清空氣中的有毒粒子，可以製造氧氣，可以捕捉並封存住碳。有些城市會為了防治豪雨成災而打造出「生態草溝」（bio-swale），也就是道路兩側半自然的集水區域，而這也等於順便創造出了「微野外」（micro-wilderness），一方面能讓都市人的心靈得到撫慰，一方面也能讓城市的生態足跡獲得縮減。

所以，結論是我們確知自然可以在城市中扮演「開心果」與「維他命」，讓我們快樂而健康。我們知道了自然會讓我們變友善，變暖男（或人美心更美的正妹）；我們知道了自然會方便我們與旁人建立起密切的關係，也讓我們對在地的事情更加關心。只要把自然的多元性與層次感內建到城市裡，讓我們能在城市裡感受自然、接觸自然、像小孩一樣去玩自然，我們就不用擔心要如何滿足「親生命性需求」。建築密度會不會太高不是問題；生物密度夠不夠高，才是我們應該在意的事情。

靠過來之二部曲：社交機器

住在曼哈頓能帶來刺激感與想像空間，這點無庸置疑，畢竟那兒的人行道戲碼豐富，絕無冷場。某天步行上班的路上，我就目睹了一個遛狗人被狗鍊給纏成麻花手；一位瓜達拉哈拉的鄉親在裁花求售；一對超辣姐妹花尖聲聊著八卦，像在為熱褲品牌走秀；沙威瑪小販一邊用臉頰跟肩膀夾著手機，手還忙著刮下烤串上的羊肉；一隊穿著制服的學童一邊蛇行，還不忘記要小手牽小手；最後同場加映人瑞級的女士捧著戰利品像在行軍。於是我不行了，每個初來乍到的「新紐約人」都會感染的「天真爛漫」，也在我身上起了疹子：遇到每個人我都想認識；我會到處找人幫忙，但從來不被打槍；面對眼神接觸我完全不閃躲；我會逢人就點頭致意，就會心微笑，就若有似無地擦肩而過。這城市是多麼有生氣，充滿活力，與記憶中金玉其外的聖華金郡完全不同。

華特．惠特曼（Walt Whitman）在十九世紀寫成的傑作〈輪渡布魯克林〉（*Crossing Brooklyn Ferry*）詩中，曾描寫到他與幾千位陌生人萍水相逢時，所體驗到的那種「落地為兄弟，何必骨肉親」的心情。紐約曼哈頓就是如此：

> 這些人看到我走近，便用悅耳的聲音毫不遲疑地呼喊我的小名，還用手將我牢牢握緊，這樣的境界哪位神能觸及？
>
> 這些人不分男女皆看著我的眼睛，讓我覺得彼此間有著某種關係，這當中有什麼樣的玄機？
>
> 能讓我們在一瞬間水乳交融，有志一同，有什麼比這更令人感覺神祕？

對惠特曼來說，這就好像在眾目睽睽之下、在你推我擠跟人與人的肢體接觸之中，這座城市施展了一種無以名狀的手法，創造出了一種單一的親密感，一種靈魂在大我小我中難分難捨的狀態。時至今日，你只需要多花點時間在紐約走上一段，這樣的感覺還是在——我就是最好的人證。

但任何人只要住在超高密度的城市裡，他們都會告訴你，一直待在人堆裡，人是活不下去的。這點我在東村的公寓裡很快就察覺到了。

我的住處位於東十三街廉價老公寓的二樓，含廚房、客廳、浴室與臥房在內的格局，大概等於街邊兩個停車位的大小，看出去是磚牆，是裝著空調的髒窗戶，還有鏽跡斑斑的防火逃生梯。我第一次開窗，深吸了口氣，立刻想到的是發霉，跟沙拉油不知道放了多久。公寓的下面有一個採光頗差的「院子」，東倒西歪地堆放著被棄置的家具與建材。唯一映入眼簾的綠色來自一盆棕櫚科植物，孤零零地待在底下滿布灰塵的空地上。我試著探出頭去，想看看天空在哪裡，結果答案是往上六層樓，你可以看到既小氣又沒元氣的一小抹藍色風景。

經過曼哈頓一整天的刺激，人渴望的是獨處，但廉價公寓在這方面很不給力。從第一晚開始，城市就硬要跟我擠在同一張床上。燈一熄，我就聽得到街上傳來的笑聲、然後是歌聲。隨著時間過去，歌聲惡化成拉長音的「大學牌」鬼吼聲、吵架聲，最後壓軸的是（剛狂吐完的）乾咳聲——而這全套的演出都在我的窗外正下方發生，我就像買了專屬的前排「包廂」一樣。不過後來我還是睡著了，凌晨四點又醒來一下。弄醒我的是玻璃裂掉跟卡車引擎轟隆隆的聲音，這一幕叫「深夜收垃圾」；清晨五點，汽車的喇叭正式開「叭」，而且不是那種可愛可愛的輕輕點一下，而是沒耐心加大爆氣，狠狠按下去，聲音響徹天際。

撐到六點我正式放棄，拉起了百葉窗，往窗外的「空谷」看，結果我看到有一個形狀像是臉的東西出現在對面積了厚厚灰塵的窗框裡。睡眼惺忪的我花了一、兩秒對焦，然後我才認出那東西不是像臉，它就是張臉，而且臉上還有雙眼睛在盯著我看。我嚇得縮回來，反射性地把百葉窗拉上。

我開始被這個地方弄得身心俱疲。沒有景觀、採光欠佳、底下的內院髒亂這都不是大問題，我受不了的是這地方讓我的幽閉恐懼症跟孤獨同時發作。尤其我家人來看我的時候更是雪上加霜，這地方狹窄到所有的動作、聲音與味道都要你配合我我配合你，大家才不會火氣那麼大。

然後我突然意會到，就是因為有太多像這間公寓的地方，都市人口才會如潮水般朝郊區出走。當然我個人的不舒服事小，一百年前的人在這裡承受的高度污染與蝸居事大（其實說起來，香港的九龍與印度的加爾各答都還有廉租公寓「維持」著百年前的生活水準）。但這居所確實榨乾了我原本可以用來探索曼哈頓的能量，也壓縮了我與人群間的緩衝。藍迪・史特勞塞對山屋的鄰居帶有多麼深的敵意，我這時對紐約的鄰居就有多沒耐性。對於逃到都市邊陲的人、寧願在內華達的沙漠裡以拖車為家的人、日文中的「引き籠もり」（hikikomori），也就是超過七十萬的「繭居」者大軍——完全退出社會生活，賴在家中的日本人，我一下有了全新的理解與同情。我覺得自己就像一九七〇年代的實驗室裡，被科學家逼到「擠到爆」籠子裡的某隻老鼠。那些老鼠忘記了怎麼築巢，忘記了如何社交，最後連幼鼠都被親代啃食。

這就是人口密度帶來的另一項重大挑戰：擁擠不只不利於美感，就連社交關係也會連帶變得岌岌可危。

一九四〇年代，亞伯拉罕・馬斯洛（Abraham Maslow）畫過那個很有名的金字塔，來說明人類動機的不同層次。其中最下面的那層就是「生理需求」——飢渴與性欲。按照馬斯洛的看法，人一旦在生理的層次上獲得滿足，就會朝下一個層次邁進。所以溫飽之後人想到的就是安全。至於要進階到卡蘿．萊佛說的「古希臘式幸福」——愛、自尊與自我實現，安全這關一定要先過，否則你就會被「擋修」。在現代都市中，會讓我們覺得不安全的不是惡劣的氣候或虎視眈眈的掠食者；對大多數人而言，吃不飽也不是我們擔心的事情。讓我們皮皮挫的是有人會製造噪音，會污染空氣，會動手傷人，會拿槍濫射，會偷東西，靠得太近，晚餐吃到一半跑來推銷，乃至於用任何一種辦法讓我們「不舒服」或心情不美麗。人多不代表就會被搶或攻擊，事實上這兩件事情發生的機率相當低，問題是，光是「跟太多人擠在一起」這件事本身就能把人逼瘋。

幾十年來，心理學家相信稠密的城市會毒害人的社交生活，主要因為城市很「擠」。科學家發現高人口密度與失眠、憂鬱症、易怒及緊張等身心症間存在著正相關。住在高樓大廈裡的人就算是有景觀可賞，也一樣比住在平地上的人要更容易提心吊膽，鬱結難抒，因此自殺率也會同步提高。

身邊太多陌生人會讓你同時有兩種壓力纏身：一種是社交上的不確定性，一種是沒辦法控制環境。心理學家史丹利．米爾格蘭（Stanley Milgram）出身紐約的布朗克斯區（Bronx），據他觀察，比起大城市，小鎮上的人比較願意對陌生人伸出援手。他認為這當中的差別在於一樣東西叫作「過載」（overload），也就是城市太過擁擠而創造出太多刺激，居民不得已，只好自我關機來擋掉噪音，否則他們真的會發瘋——而拒人於千里之外就是這個過程的副作用。米爾格蘭感覺到城市生活的基本配備是孤傲與距離感，結果就是擁擠雖然代表著我們肉體上比較靠近，但我們的人際關係反而拉開了距離。

證據站在米爾格蘭這一邊。就像高樓的居民一致告訴心理學家，他們覺得「在人群裡感到孤單」。更多的研究則表示，一旦感覺到擁擠，人就會變得較無意願去尋求鄰居的協助，或提供對方協助。他們會為了逃避而顯得退縮，但這也讓他們失去了有社會支持的好處。米爾格蘭說，當退縮的人達到一定的數量，自掃門前雪就會變成社會的主流：路見不平會變得非常多餘，拔刀相助會變成你是隻豬。

這一章節，我好像罵「人口稠密」罵得很過癮，但我必須聲明，我並沒有要把密度打成永世不得翻身的黑五類。「擁擠」是一個主觀感受的問題，也是個設計的問題，是個可以解決的問題。至少只要能對社交互動的微妙之處有所理解，事情就可以獲得部分解決。

首先第一點，很關鍵的是，我們必須理解人口密度與擁擠不是同一回事。前者是客觀的物理狀態，後者是主觀的心理狀態。就以最經典的擁擠風景「公共電梯」為例：大家都心知肚明從一樓坐到十樓的幾十秒到數分鐘可以有多尷尬，多有可能引起幽閉恐懼症爆發。但心理學家發現，無論電梯有多麼擠，只要稍微喬一下姿勢，你的主觀感受就會「彼一時，此一時也」。站在控制面板旁邊，除了讓你可以選擇要去哪一層樓以外，也會讓你覺得電梯不僅不那麼擠，而且好像還反而變大了。電梯當然不會變大，唯一改變的是你覺得你控制了別人的電梯搭乘體驗。

只要我們知道自己隨時可以閃，我們對旁人就會更能忍耐。跨國的研究顯示，即便居家附近的街道擁擠，人的感受也可以因為一項條件而獲得明顯改善，那就是擁有一個可以躲進去的房間。幸福感與人均的房間數量存在正相關，但這牽涉到的不是平方公尺，而是人需要一個地方去緩和自己與旁人的接觸。即便是家中的坪數不大，沒辦法一人一間房，這種緩衝也可以由僻靜的公共空間來提供[78]。

人會不惜付出極大的代價，在自己跟陌生人之間築起一道長城，包括隱居到郊區的邊緣，或在都會區的公寓裡加裝保全。但這樣的習慣會剝奪我們生命中很多精采的互動：我說的是「陌生人以上，朋友未滿」的那個灰色地帶裡的曖昧。

社會學家佩姬·索伊茲（Peggy Thoits）訪談了數百名男女，來了解他們在生活中扮演的各種社交角色。從他們身為人妻或人夫、為人父母，乃至於食雇主俸祿的各種責任與定位，到他們主動到學校擔任愛心媽媽（爸爸），一番詳查顯示出，無論對象是其他志工夥伴、鄰居，還是我們經常會例行性「萍水相逢」的陌生面孔，輕鬆愉快的關係都有助於我們的自尊心、行事俐落與身體健康，而這三樣可以促成卡蘿·萊佛稱為「逆流而上」的理想樣態。比較讓人不能接受的真相是，配偶、子女與同事都有本事使我們感覺疲累，反之，生活中比較輕鬆寫意的關係則可以帶給我們安慰與信心，其中「輕鬆」是個關鍵字[79]。

這就讓我們陷入了一個難題。就像藍迪·史特勞塞在山屋所學到的教訓，遙遠離散區中的獨棟房屋是一款威力無比的工具：它可以讓我們跟核心家庭成員縮成一團，頂多再讓左右兩旁的鄰居「報隊」，然後就沒了；但說到要培養具有強度與張力的人際關係，這種郊區獨棟的房子就「爛透了」。在郊區跟獨棟的社區中，不存在意外的互動，社交跟看牙齒或面試一樣得預約而且正式。緣分這玩意會連同時間一起被通勤吃掉，被擋風玻璃跟車庫的鐵捲門給聯手阻隔在外。另一方面，生活在擁擠到你控制不了的空間裡，你會被刺激過度而感到疲倦不堪，這會讓人想要一個人躲起來。

無論距離是過還是不及，同樣的是我們會錯失能豐富我們人生，讓人生增色，而不再度日如年的各式互動。這點在家庭規模愈來愈小、愈來愈多人獨居的今天，尤其是個警訊。美國平均家庭規模已經降至二點六個人；更慘的英國在一九六一年的時候有三點一人，如今只剩下二點四人。亞洲國家愈來愈富裕，但生育率卻背道而馳地愈降愈低，於是在包括台灣在內的許多地方，家戶的平均人口已經遠低於三點四。一個人住、一個人通勤、一個人吃飯，都愈來愈不是什麼稀奇的事情。事實上，自己獨居已經是美國最普遍的家庭型態[80]，而這也是跟不快樂與心理健康惡化最脫不了干係的一種生活型態。

這些地方需要的是不同的設計，而設計的重點得放在人際互動獲得緩衝，但我們又不用完全退到牆壁之後。

人際距離的底線

好消息是，我們可以把「不會失控的環境」與「人間處處有溫情」調配成一個黃金比例，然後融入到建築物的設計當中。這種設計的第一道曙光出現在一九七三年，當時心理學家安德魯・鮑姆（Andrew Baum）在一項令人為之驚豔的研究中，比較了兩組住校學生的行為。主要是紐約的石溪大學（Stony Brook University）有兩棟天差地遠的大學宿舍，而鮑姆看的就是兩邊住校生的不同表現。其中一間宿舍，沿著單一條長長的走廊排列的雙人房共住有三十四位同學——有點像旅館或飯店，只差在大家還共用走廊盡頭的一間大浴室與一間交誼廳；另外一間宿舍的學生數相同，但每層被拆分為一間間的套房，每兩、三間套房共用一個交誼廳與一間小浴室。宿舍本身是隨機分配，但學生的反應卻可看出一些趨勢。

住在走廊型宿舍的學生覺得擠，覺得有壓力。他們不滿於不請自來的社交互動。這當中的問題出在，長形的走廊設計讓他們沒辦法「調節」自己會不會遇到誰，也不可能控制多久遇到一次，任何人都可能在最後一刻開門出來，就像驚喜箱一樣。這樣的格局中緩衝是不存在的。你只能在「寢室裡宅著」或「跑到交誼廳曬人」裡二擇一。

除了讓住校者寢食難安外，這樣的設計還改變了學生之間的互動。照理來說，學生時代交朋友是很容易的事情，但長形宿舍的年輕人卻反其道而行，反倒是套房宿舍那邊的交友狀況正常多了。長形宿舍的學生不太相互照應，甚至還會彼此玩起躲貓貓。排斥社交的狀況隨著時間過去，只有一天天惡化。

接下來，令人吃驚的事情發生了。這些學生把他們受宿舍形塑的行為模式給帶到了生活中的其他領域。在某個時間點上，這些住宿生被叫到某間辦公室，他們收到的指示是要坐著等候面談，這時跟他們一起等的會是一位來自同間宿舍的同學。結果長廊宿舍的學生跟套房宿舍的學生表現南轅北轍，其中後者很容易彼此聊起來，眼神接觸也很自然，同時他們普遍會彼此鼓勵，甚至還會愈坐愈近。

社交性高低的問題核心不在於居住密度本身，而在於我們主動控制社交時機與互動量的能力。隔離與過度刺激是一體兩面。個人的內心幸福與社區的整體幸福，某個程度上取決於我們微調社交界設定的能力[81]。

回顧一下過去的現代主義，與現實脫節的環境會對社交性造成多大的衝擊，便可不證自明。翻

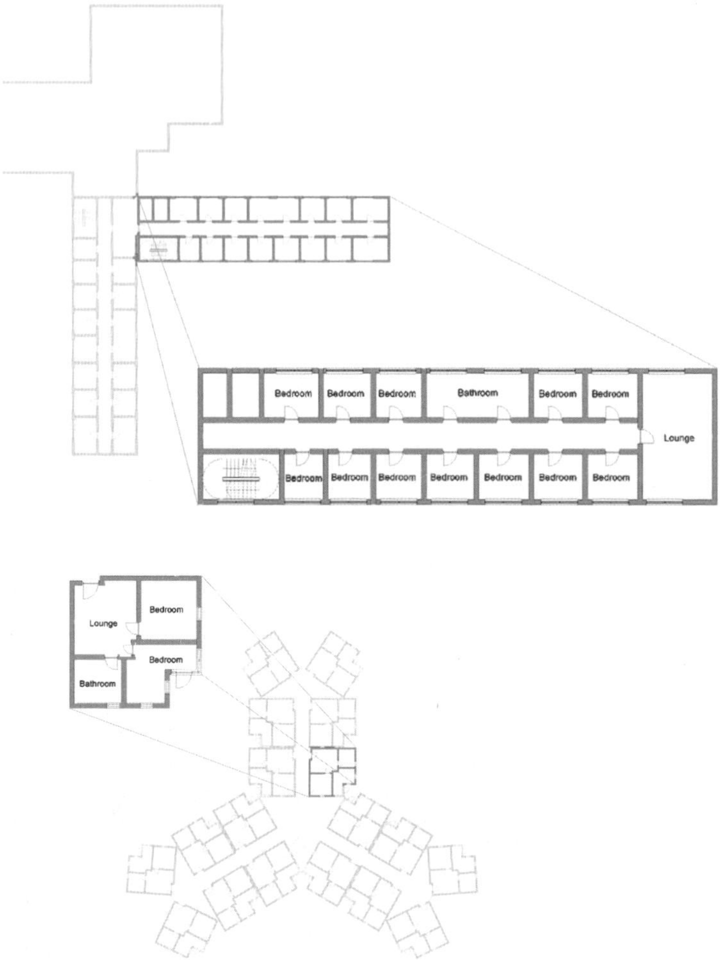

設計的友善與否

住在套房宿舍（下圖）的學生表示壓力比較小，在宿舍的朋友也比較多，主要是社交互動的頻率與時機掌握在他們手裡；這點與住長廊宿舍（上圖）的學生形成對比，後者顯得風聲鶴唳，而且比較自閉。

資料來源：Valins, S, and A Baum. "Residential Group Size, Social Interaction, and Crowding." Environment and Behavior, 1973: 421. Redesign by David Halpern and Building Futures.

找極端現代主義裡最一敗塗地的代表性案例，不容我們錯過的極品是日裔美籍的山崎實（Minoru Yamasaki）於一九五〇年代建於聖路易、那一組三十三幢的「普魯伊特—伊戈」（Pruitt-Igoe）公寓。這個建案的初衷，是要在汪洋般的「草坪海」中，蓋起嶄新而整齊的一落落公寓，來取代原本破落的排屋，藉此恢復市中心這貧困社區往日的榮景。山崎的建築示意圖裡有母親與孩子在公共的藝廊裡遊憩，在彷彿公園般的中庭空間嬉戲，但實際蓋好後的社區名聲卻繞著髒亂、破壞、吸毒與有安全之虞打轉而不堪聞問。建築物之間的草坪大歸大，卻沒有人敢踏，因為住在這的人都覺得害怕。

建築師奧斯卡・紐曼（Oscar Newman）曾在「普魯伊特—伊戈」爛到一個極致的期間去拜訪，而他發現社區的格局設計直接塑造了居民的心理健康光景：「各層樓梯間的迴轉空間如果只由兩家人共用，那維護的狀況就相當理想，但由二十戶共用的走廊，乃至於多達一百五十戶共用的大廳、電梯與樓梯，狀況就只能說是慘不忍睹——這些公設完全無法喚起居民的身分認同，甚至會使人因為控制不了環境而產生無力感。」在這些樓房的公用露台上，在棟與棟之間那陽春至極的廣大空間中，紐曼觀察到一種後來因為他而變得有名的「社區失能」現象，叫作「眾人撤守的空間」（indefensible space）。人如果對公共空間沒有歸屬感，覺得公設的所有權不在自己身上的時候，垃圾就會開始堆積、破壞橫生，而毒販也會開始在此出沒。歲月流轉，二十年過去，「普魯伊特—伊戈」有多達三分之二的單位遭到棄置。先天不良的「普魯伊特—伊戈」有貧窮與管理不當的問題，這是事實[82]，但後天的格局設計也絕對是共犯。「普魯伊特—伊戈」的崩壞與對街的排屋社區形成強烈的對比。對面的居民有著類似的社經背景，但他們卻成功地在同一個二十年裡守護住自己的家園。一九七二年，聖路易住房管理局（St. Louis Housing Authority）出手炸掉了普魯伊特—伊戈公寓。

當然帶有國宅性質的補貼公寓（subsidized housing）會讓人住得這麼不開心，不能全怪到設計的頭上。失業、貧窮、流離到異地、單親，甚至於文化衝擊，都是這類社區居民所常見的問題與處境。我必須說，「樓仔厝」的名聲會這麼差，這麼多專家說人住在裡頭是找罪受，多少跟社科界特愛研究它們有關。在比較過數百份人口密度的研究之後，大衛．海爾價（David Halpern）表示，大部分的報告都著眼於各國最稠密的都會區，甚至是這些區域裡的社會住宅與貧民窟，而這些地區原本就以赤貧跟沒有資源的人口為大宗。換句話說，科學家一開始就找了日子不好過的人來研究，他們不快樂是應該的，會快樂才有鬼。

我們慢慢發現，密度的效應有其微妙之處。首先，有錢一點的人居住滿意度比窮人高。這主要除了有錢可以負擔得起管理費、修繕、植栽、裝飾（潢）與托幼之外，出於選擇（而非被迫）住在這裡，也代表他們會對公寓本身有比較高的評價。當建築本身成為人類身分的延伸，家的感受就會跟著提升（建築物在人心目中的地位高低可以完全和外在的良窳無關。即便不經裝修，同一棟建築的地位也可以因為主觀因素而扶搖直上。倫敦中心區的社會住宅曾經遭棄如敝屣，但拿到公開市場上試水溫時，卻獲得中產階級買家的追捧，他們在這些物件上看到復刻現代主義的無窮魅力）。

讓社交又愛又恨的人口密度

但即便在狀況沒這麼慘烈的高級環境裡，社區的規畫與設計也一樣會影響我們的社交生活。證據顯示那句老話是對的：籬笆不會壞，鄰居就會乖（good fences make good neighbors），因為「籬笆」所代表的阻隔物讓我們能控制人際互動的發生。身為派駐溫哥華的外交人員，勞勃．麥克道爾（Rob McDowell）看中耶魯鎮（Yaletown）裡一棟又有設計感、又潮的「五〇一」獨立產權公寓建案，砸錢買下了當中的第二十九樓。勞勃單身，也沒小孩，所以十四坪的室內空間感覺相當夠用，尤其房內落地窗的大面積環景更是無敵。他可以端坐家中，將大海盡收眼底，也可以眺望遠方的島嶼，不會被其他樓房擋到他欣賞北岸山脈的坡面林地。每當雲霧匍匐而至，他便覺得自己彷彿漫步在雲端。對他來說，買到這個家就像抽到福袋的頭獎——這地方既有親生命性的景觀，又是稱職的身分地位象徵，同時二十九樓也算高樓層，隱私性不用擔心。

「我超爽的。還找了一堆朋友來家裡看風景。」他跟我說：「當時我真的是樂不思蜀。」

但好景不常，幾個月後事情有了變化。

麥克道爾只要離開這間公寓，到走廊便要跟二十位住戶共用，電梯跟將近三百人共乘。電梯門就像恐怖箱一樣，他永遠不知道門後出現的會是誰，唯一可以確定的是一定不會是他同層的鄰居。進了電梯，彼此之間的距離只能留大約三十公分，個人空間的結界被突破不說，尷尬的電梯之旅會延續多久也無從掌握。麥克道爾與這位「鄰居的鄰居」會很努力地不要彼此對到眼，所以LED的樓層顯示就快要被他們的眼光給射穿了[83]。就像鮑姆的研究裡住長廊宿舍的大學生一樣，麥克道爾愈來愈覺得自己有幽閉恐懼的問題。景觀很美，但他還是沒有人陪。「反正你回家就是搭電梯，進公寓，門關起來以後就只剩下美景跟你，」他說：「我一點都不開心。」

在自然景觀的引入與身分地位的投射上，麥克道爾的溫哥華小豪宅絕對都是高分過關，但作為社交工具，它卻得死當重來。

這當中的落差會變得如此一目了然，是因為麥克道爾的人生出現了一個轉圜。

市府強迫「五〇一」的建商沿麥克道爾家樓下的裙樓興建了一整排的連棟屋（townhouse）。這些成屋真的不大，但它們的大門都正對著位於裙樓三樓屋頂的花園兼排球場。麥克道爾發現連棟屋的住戶都會去這花園打排球，而且還滿頻繁的。理論上麥克道爾跟所有高樓層的住戶也都有資格加入，但他們從來不敢，那感覺就好像因為樓下的人住得近，所以花園排球場就是他們的禁臠。

後來是因為有幾個朋友搬進了連棟屋，麥克道爾也才捨美景而跟著成了樓下的住戶。結果搬家才短短幾星期，他的社交風景就整個改觀。他認識了所有的新鄰居，至於周末辦在公設花園的雞尾酒與排球派對，麥克道爾也都沒有缺席。他的新感想是：這才叫作家嘛。

麥克道爾的新鄰居本身並沒有比高樓層的住戶加倍友善。既然如此，是什麼讓他們能這麼快打成一片？在某些層面上，他們的行為並沒有脫離數十年來的社會學研究的手掌心，包括鮑姆的校園研究在內。連棟屋的前門都通往半私人的前廊，可以俯瞰裙樓的花園，由此他們經常有機會在沒有壓力的狀況下從事簡短的人際接觸。這些前廊是一個緩衝區，你可以視心情在此放鬆或放空（你能想像高樓的住戶心血來潮，突然想要去鄰棟的走廊上放鬆嗎？無聊跟不舒服就不說了，有人報警說有變態只是遲早的事情）。雖然是無心插柳，但麥克道爾跟鄰居所測試出的人際距離底線，也正是丹麥都市主義者揚．蓋爾（Jan Gehl）所確認到的「社交幾何法則」。蓋爾研究了丹麥與加拿大人在前院的行為模式，結果發現有一種「進可攻，退可守」的格局會讓人格外想與路人閒聊，這種院子的深度不會太深，否則你講話路人聽不到；但也不會太短，否則你會沒地方「靜一下」。想知道跟路人「交關」的黃金庭院縱深嗎？這個長度是三點二五公尺。

再來就是社交規模的問題。相對於每天在大樓跟三百多個陌生人玩電梯樂透，「下到凡間」的麥克道爾現在只會重複遇到不到兩打的人。這代表圍繞著公設花園而發生的交際圈，並不會讓他有「小孩開大車」的感覺。這樣的花園會讓人聯想到「法瑞吉」（fareej），也就是阿拉伯世界裡常見的、可同時容納數個大家庭的居家內院（enclosure）。所有會經過他家門口的人，麥克道爾都叫得出名字。

這些友誼新歸新，但並不免洗。九年過去，麥克道爾會幫忙顧鄰居的小孩，還有他們家門的備份鑰匙。其他的連棟屋住戶在社區的管委會裡擔任要角，而且大家也會把假排在一起去玩。相對於高樓把人拆散，連棟屋的中庭會把人「送作堆」。在連棟屋的二十二位鄰居，過半數是他眼中的好朋友。

「你會用『愛』來形容這裡面多少人？」我趁他帶我參觀的那個下午詢問。這其實是個很直接、很私密的問題。但是他臉紅歸臉紅，還是伸出了手指來數。「你是說像家人一樣愛嗎？六個。」這其實是個很驚人的數字，畢竟這二十年來，大部分人都說自己的社交網絡在縮水。「而且我們每個人都戀家，每一個人唷。」

神奇的三角形

這些感受——愛你的家、愛你的鄰居——是有關係的，而且這關係還很深。約翰·赫利韋爾根據全國性調查所做成的研究顯示，連接「信任感」與「生活滿意度」的網路還延伸到另外一樣東西，那就是會讓人熱淚盈眶的「歸屬感」。事實上，把這三樣東西連起來，我們得到的就是個完美的三角形。

對自己的社區愈有歸屬感，人就愈快樂。

愈信任自己的鄰居，人對社區的歸屬感就愈強。

歸屬感的強弱，會受到社交接觸多寡的左右。

對培養歸屬感與信任感來說，自然而然發生的互動——比方像星期五晚上的排球場邊會發生的互動——就像你得與親朋好友相處一樣重要。

我們很難說這「三兄弟」裡是誰在扶持誰——赫利韋爾自己也承認，他的統計分析只說明三者當中存在連動性，而不能直指當中的因果關係——但是清楚到不能再清楚的一件事情是信任感、歸屬感、社交時間長短、幸福感，這幾樣東西就像是氣球綁成一串，大家同在一艘船上。這項發現有很多層意義，其中一層便是我們千不該萬不該在設計城市的時候只想著核心家庭，而犧牲掉了其他類型的關係，這是一個很離譜的錯誤。

但這當中還有另一層意義，那就是，即便溫哥華主義所代表的「垂直主義」（verticalism）是多麼等同於人生勝利組、多麼搶手、多具獨特的親生命性，我們都不能將之想成是萬靈丹。二〇〇八年，赫利韋爾發表過一份報告顯示，住在高樓林立的城市蛋黃區裡，並不會讓人比較開心。住在市中心，或許是別人眼裡的「幸運兒」，但他們的主觀幸福感其實還輸給城市其他角落的居民。溫哥華主義者並不慘：滿分十分，以市區為家的這些人給了自身生活滿意度七到七點五分（基本上跟多數美國人是同一個水準），問題是，人口密度低些的社區可以再多拿個一分多。

溫哥華的垂直社區有一個問題，那就是太多的「過客」以這裡為家：外國學生、年輕人與租屋者都不可能久待到足以建立起深厚的地緣關係。拿住在核心半島地帶的高樓住戶與在外圍的其他溫哥華市民相比，前者硬是相對地比較不信任自己的鄰居[84]。

不過城市設計與人際互動的熱絡程度之間，倒是有一個很穩定的連結。溫哥華基金會（The Vancouver Foundation）作為全市最大的公益團體，針對市民的社交連結進行了訪查。一翻兩瞪眼的結果是，比起透天住戶，高樓的居民自認感覺比較孤獨，人際連結也比較不足。另外從受訪時回推一年，高樓居民中有幫過鄰居忙的比例，不到透天住戶的一半；他們比較常孤零零的，也比較不知道去哪裡交朋友。

高樓大廈是很多人的最愛，也有很多人有本事在大樓裡過得很活躍。這些人懂得在城市裡因地制宜，運用在地特有的工具——咖啡店、社區活動中心、聯誼或運動俱樂部、鄰里間的花園等等。他們懂得「化腐朽為神奇」，像約翰·赫利韋爾就堅持坐電梯時一定要跟人聊天。愈來愈多人運用網路或手機／平板app來跟人搭上線。只不過這些人是高手，對於其他只能誤打誤撞、只能讓社交生活被動發生的大眾來說，生活空間的規模與設計無疑是社交性的還魂丹或催命符。要藉幾何設計之力來創造出人際互動，並不是件容易的事情。沒有人喜歡被送作堆，我們需要感受到自己有著某種程度的主動權。「生意盎然」的環境有一個特色，那就是我們覺得自己可以想來就來，想走就走，要搭訕就搭訕，想神隱可以神隱。這類的緩衝區（soft zone）可以如何透過設計而成為稠密社區的公共空間一隅，我會在下一章說明。但至少勞勃·麥克道爾的故事為我們說明了一件事情，那就是為了讓城市具備永續性，我們需要創造出一定的人口密度，但在做法上，我們不能獨尊單一的特定形式。

往中間找甜蜜點

如果真的有心要為彼此競逐的人性需求找到平衡點，讓隱私、接觸大自然、交朋友與食衣住行的便利性可以被兼顧，你最終會得到的結論就是「混血」——也就是垂直城市與水平城市的折衷。

就像麥克道爾跟他的鄰居在距離地表三層樓的地方找到了不無聊也不孤單的生活，世界各地還有很多故意或不小心形成的幾何設計，為人帶來驚喜與快樂。在哥本哈根，建築師比雅克．英格爾斯（Bjarke Ingels）所做的嘗試，是想把郊區與都會的特色融合在同一棟建築裡。英格爾斯的「山居」（Mountain Dwellings）集合了八十個公寓單位，戶戶都有大面積的庭院，高達十一層的斜坡式屋頂向下延伸，與社區的停車場毗鄰。每一個家都有自己的私人「後院」，南向的山景在丹麥算得上令人稱羨——同時公寓所在地區的人口密度也剛好跨過了交通方便性的門檻。

但其實誘發快樂的幾何設計不需要這麼絞盡腦汁或高不可攀。無論是何種規模、何種系統，只要能與關鍵的人口密度有所交集，我們就可以期待事情變得相當神奇；我們可以在各個開發中國家裡看到快樂的幾何設計，因為分區管制的法律還沒有閹割掉住商混合的古怪精靈；我們可以在南太平洋的島嶼村落裡、可以在被墨西哥市吞沒的普韋布洛（pueblo）[85]部落裡找到有趣的案例，也可以在義大利托斯卡尼的山丘小鎮裡看到讓人快樂的設計——因為汽車還沒問世時，這些城鎮就已經規畫完畢。

我們還可以在某些英國的鐵路通勤城鎮中看到快樂的幾何設計，至少對裡頭不需要天天長途跋涉到倫敦上班的居民來說，快樂確實唾手可及。我造訪了倫敦西南方一個相對新興的社會資本[86]綠洲，這地方從海克布里吉（Hackbridge）火車站走路只要十分鐘。貝丁頓零耗能發展社區（Beddington Zero Energy Development; BedZED）很積極地在精巧的一排排低樓層建築物裡融合住宅、工坊與商辦，建築物頂端還搭了像天線寶寶般的風向儀。因為不少居民就在當地就業，所以BedZED捨三分之一的停車位，重新規畫為公共花園。開發商普蘭・德賽（Pooran Desai）本來說要當我的地陪，但那天卻沒辦法好好帶我參觀，因為我們沿路一直被人打斷，動不動就有鄰居找他聊天。對此我只能說數字會說話：調查顯示英國人平均只知道三個鄰居的姓名，而BedZED的數據是嚇死人的二十個。

超過一世紀前，有一種幾乎臻於完美的都市幾何設計在眾多北美城市中獲得了完備。這種設計不是出於烏托邦規畫者或社會學家之手，而是由腦筋動得快的俗人所發想出來的。至於在這些人的背後，我們可以看到的是突破不了的科技與死而不僵的銅臭。

一八八七年，第一輛由電力驅動的路面電車在維吉尼亞州的里奇蒙（Richmond）問世之後，軌道線快速在數百座城市中擴散開來，在通勤者中一炮而紅；從波士頓、多倫多到洛杉磯，都有人一股腦開始奔向新崛起的「電車郊區」。私家車在一戰前是很稀罕的東西，所以土地開發商若想吸引買家前來，軌道線就必須要先鋪設好，然後下一步才是在步行可以輕鬆到達的地點蓋房。買家還會要求要有商家與學校，甚至外加公園，而且所有的服務與設施都必須走得到才行。你不提供整套的東西，你的土地就賣不出去。所以說在電車郊區的黃金年代，不動產開發與路面電車開發就像是「雙胞胎」。

「運輸系統廠商與不動產廠商之間的關係顯然你儂我儂，雙方的利益完全重疊，兩造都希望為商業與運輸創造出足量的客源。」派翠克・康登如是說。他是任教於英屬哥倫比亞大學的都市主義者，兩者間的動態關係就是他的研究方向。

康登表示，賺錢的關鍵就在於把數學算對。開發商（如今看來還滿準確）的假設是大部分人都還滿樂意走個五分鐘或約四百公尺，好在自宅與商店或路面電車間移動。但為了要創造出一定數量的電車乘客與不動產買方，廠商必須要將建地的面積控制在一定的大小之下。以溫哥華的電車社區為例，典型單一家庭住屋的離街寬度（street frontage）僅約十公尺，每一千兩百坪至少可以容納八個家庭——這表示電車郊區的居住密度相當於許多現代郊區的二到八倍[87][88]。學區的校園也都小小的，教室往往蓋成二到三樓來騰出空間給操場。

搞了半天，幾何設計如果適合賺錢，逼近完美的幸福生活規模也會自動出現。市街欣欣向榮，摩肩擦踵，往裡走則有靜謐而枝繁葉茂的居住巷弄。大部分人都有自家專屬的住宅與庭院。現在看起來會是車庫的地方，當時的配置是前廊，所以住戶看得到外頭街上的狀況。小孩可以自由走路上學。不像現代郊區的院子超大、路超寬、住商分區那樣地「油水分離」，住在電車郊區裡，代表無論你需要任何東西，幾乎走路五分鐘或坐一小段電車都找得到。在電車郊區裡，商人的貪婪替我們找出了人口密度的「甜蜜點」。

電車城市 2.0

大部分的電車郊區在一九五〇年代之後沒落。他們的式微是因為受到各方面因素的夾擊。不少社區失去了他們的路面電車，是因為汽車所代表的勢力進駐。路面電車系統被買斷，然後被巴士取

電車郊區

路面電車被無軌電車[89]取代多年之後，東溫哥華的這個區域在人口密度與土地利用間取得了平衡，居民對隱私、社交、便利與自然的需求可以同時獲得滿足。

商業街（右下圖）或許不修邊幅，但卻集合了商業、運輸與公寓住居的功能；有行道樹的街道（右上圖）提供獨門獨院或公寓型的居住空間，包括就學、聯外交通與主要商業街都在步行可及的距離之內。

資料來源：繪圖/Scott Keck. Author Photos/Google Maps

而代之。電車所代表的悠閒與風情被一夕間爆發的汽車風潮給侵蝕殆盡，交通要道遭到汽車入侵，路面電車跟巴士都寸步難行。高速公路是刀，被畫過的社區本體就像不堪一擊的奶油；許多社區被政府與中上階層的市民拋棄，他們去了更遠的郊區。人散了，代表沒了稅基，學校與各種服務因此難以為繼。隨著家庭數量的縮減，零售商跟著出走到都會的邊緣，社區規模、公共系統與人口密度間的神奇平衡遭到了破壞。所幸電車郊區的幾何設計沒有斷了香火，反而在像多倫多、西雅圖、波特蘭與溫哥華等地獲得了成長與新生。

我會發現電車郊區完全出於意外。前面提過，我在二〇〇六年跟朋友凱利合夥買房，一頭栽進了房地產市場。但我當時的動機非常俗氣。我想要更多房間、更大的廚房，我想要屬於自己的一片土地。我一想到那房子的建地才約七十坪就想生悶氣，因為這連過去三十年來郊區普遍建地面積的四分之一都不到。後院則差不多是個壁球場的大小。無論向北或向南邊的窗戶伸出手去，你都可以刮到鄰居雨淋板上的油漆。剛開始我覺得這房子的格局有點小家子氣，但當時的我傻傻的，因為這樣的住宅與社區尺度，其實最有利於我在想要閉關、想跟人把酒言歡與想親近自然之間取得難得的平衡感。真正關鍵的不是大小，而是這房子在整個居住體系裡的相對位置。我們該看的是：每平方公里的人口密度、每條街區的長度、房子與最近一條商業街的距離，以及附近有哪些活動的匯集。

且容我形容一下這片土地：

在房子的前方有一個院子，縱深剛剛好超過四公尺。這條街上所有的院子都不算大，在此搞園藝不會太辛苦，所以隨便你怎麼逛，都一定可以欣賞到花草叢與果樹的分列式。四分鐘的腳程外有一座綠草如茵的公園，老人家下午會在那兒玩義式滾球（bocci）——很容易判斷是義式，因為長輩們都是用義大利文在相互叫囂。五分鐘距離外的山腳下，就是商業街「金馬素街」（Commercial Drive），這是條包山包海的商業主幹道：一間郵局，一間五金行，一家義大利雜貨店，兩個華人的菜市場，一家麵包店，一間魚鋪，一整排咖啡店，兩家二手家具行，幾幢低樓層的公寓，幾間酒吧，一間健身房，一間高中、一座附設圖書館、游泳池與曲棍球場的社區中心，跟你都只有走路約兩分鐘的距離。金馬素街給人的感覺鬆散，你不會用擁擠去形容它，但要比一比商家或服務的「陣容」，金馬素街絕對不輸給曼哈頓的任何一條市街。路面電車已成過往，但現在的雙向公車每六分鐘就一班，十五分鐘就可以帶你到溫哥華的鬧區。

為什麼在北美一片病懨懨的電車社區當中，這裡可以活得這麼好？原來造就溫哥華市中心垂直城市的同一批力量，也照樣滋養了此處：這裡看不見高速公路，因為這裡有地理性的先天局限，不過最關鍵的是在地的政策鼓勵人口密度提升。就在溫哥華中心的垂直城市受到全世界讚嘆的同時，這些好整以暇的電車社區其實吸收了更多的新住民。在一九九一到二〇〇六年間，溫哥華的人口（不包含外圍的郊區）成長超過十萬，但其中六成的增幅並未發生在鬧區，而是出現在像我家所在地一樣的社區。

這是怎麼回事呢？首先第一點，溫哥華縱橫交錯的舊有電車線鼓勵住商混用開發。單層的平房不斷由三到四層的公寓取代，而且一樓會規畫交由餐廳、銀行與店家作為商業使用。在此同時，這些交通主動脈後方的綠蔭住宅中、在所有跟我一樣的獨門獨院土地上，改革也悄悄啟動著。

許多原本獨棟的透天房屋被拆分為一層層的公寓；大部分的地下室經翻新為擁有完整廚房、衛浴與少部分窗戶的套房，這是近期才合法的做法。二〇〇九年，溫哥華還立法通過，市內大部分獨棟房屋的後院可以合法興建所謂的「後巷屋」（laneway house）。試想：超過七萬筆不動產的屋主將可以在巷內車庫的現址蓋起「麻雀雖小，五臟俱全」的小屋。以平均約十四坪的樓板面積而言，這些新建的小屋並不比小型的公寓大多少，但屋主卻可以讓親戚來訪時有地方住或可以賺點租金，但又可以保持一定程度的隱私。這代表市內大多數原本獨門獨院的不動產，現在都已經可以合法容納至少三戶人家：主建築物一家、地下室一家、後巷屋再一家。這些法規的放寬綜合來看，代表了北美洲最大型的「都會填充」（urban infill）之舉。這些做法證明了北美幾乎所有的電車社區，都還有很多空間可以容納更多居民。

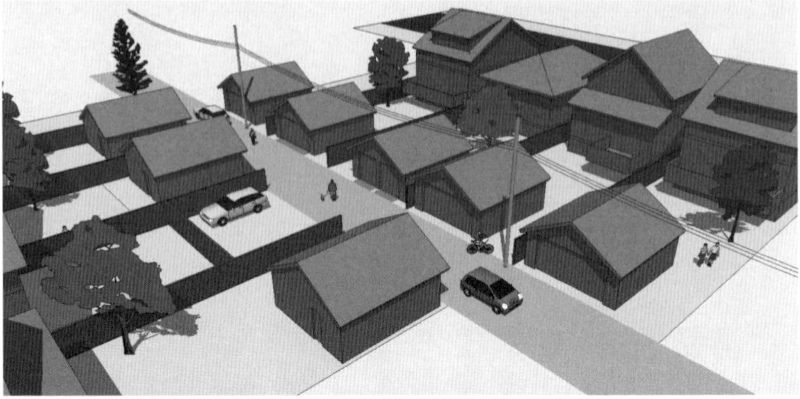

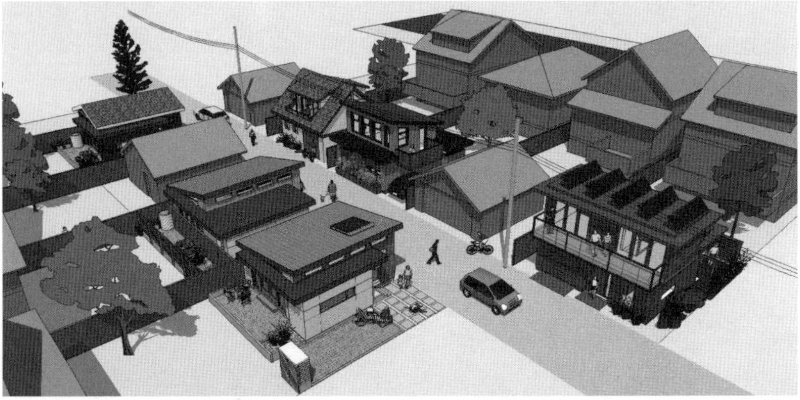

後巷革命

在溫哥華等城市裡，新的都市分區規定容許屋主把後巷的車庫（上圖）重建為小型的住屋（下圖），這種做法的目的是要以溫和的方式增加現有社區的人口密度（圖中為後巷屋業者Lanefab的施工設計圖）。

圖像提供：Images courtesy Lanefab.com.

多元中有稠密，稠密中有多元

社區鄰里空間的「升級再利用」（upcycling）[90]，讓住居的選擇一下子變得海闊天空。不分所得、機動性、年齡、品味與對別人靠近自己的容忍度，所有人都可以有一個棲身之所。在我住的那條街上，有一家四口自住在一棟三層樓的百萬「豪宅」中，隔壁則是兩對夫婦，分層住在同一個屋簷下，再隔壁則是辛西亞的家，不過身為已經退休的單身「黃金女郎」，辛西亞把家分成三層公寓而當起包租婆，這樣的話，她不但不用擔心房貸，而且多出來的錢還可以讓她過得不錯。有些人喜歡一層層的公寓，有些人偏好連棟屋，有些人則一定要住透天，因為他們不習慣「比鄰而居」——他們一定要以空間拉開距離。無論你是哪一種人，我居住的這條街上都有你的菜。

當然這樣的模式違反了近一世紀以來的都會現象，那就是有錢人會窮盡一切力量來拉開與窮人的距離，而在都市規畫者的幫助下，他們也很成功地做到了這一點。但說真的，獨門獨院的我們應該要對其他人心懷感謝，他們可能是出於經濟考量，負擔不起獨棟的房屋，也可能是本來就想要住公寓或與人共享空間。因為有他們，金馬素街上的收銀機才會一直叮叮噹噹響個不停；因為有他們，元祖義大利餃子店才能免於關門大吉；因為有他們的光顧，所以公共游泳池才能經營得下去，公車的班次才會密集到查班表變得沒有意義；因為有他們那麼多雙眼睛在看，所以走在大街上給人很強的安全感；只要有他們在，大家的生活都會比較好過。因為讓新朋友更接近自己，所以我能避開路易斯．拉約的「演化幸福演算法」悲劇。

經過裝修之後，吾友凱利跟我咬著牙挑起了吃人的房貸跟各種房屋稅還有地價稅，這時的我們跟聖華金郡的屋奴沒兩樣。所幸鄰居的做法我們都看在眼裡，於是我們沒有迫於要省錢而朝都會區的邊緣搬家，我們賭了一把，兩人分別開口請我們的戀愛對象搬進來當我們的「租金分母」。而善體人意的她們也都點頭答應。兩段感情順勢升溫，只不過現實上的房貸還是有缺口，於是我們又多找了兩名房客來進駐我們剩下的空房。

我從來沒想到自己會在邁入中年時才玩起這種「多元成家」，但這樣的誤打誤撞讓我的生活從B^-變成A^+。就跟這年頭很多的住家一樣，我們這間房有絕對足夠的空間讓六個大人同時消失，或同時出現，沒有人需要委屈求全。

我們會輪流洗手做羹湯，大約是每人每周負責一頓晚餐。但我省下的不只是飯錢，就連交通費都沒以前多。這樣的模式進行了幾個月後，我發現自己去哪裡都變成走路——理由很簡單，因為我突然發現自己都走得到。對我來說，車愈來愈不是什麼生活必需品。社區的幾何設計改寫了我的移動模型、生活的步履與社交的節奏與頻率[91]。

由於溫哥華的「縮距」實驗太成功，以至於產生了另外一個新的問題：溫哥華的透天與公寓價格開始飆漲，大部分在地的上班族都買不起。溫哥華很尷尬地登上了北美城市中的房價冠軍，不知道是憂是喜。確定的是溫哥華的白領面臨一個難題：他們要嘛因為買不起而斷了住在市區的念頭，要嘛就得為買房而拚老命，生活中所有的人際關係與大小確幸都得暫停。

為了舒緩房價壓力，溫哥華於是急著設法增加平價的住屋供應。溫哥華市議會點頭讓某建商在兩層「輕度工商空間」（light industrial space）上蓋起三棟獨立產權公寓，前提是建商必須同意繳回七十個公寓單位給市府，市府再以平價轉租出去。這樣的案子一旦完成，住戶中會融合有錢人、窮人，跟外地前來的工作者，這些人住在同一個地方，那會是幾代人都沒有見過的畫面。溫哥華同時在考慮的一個方案，是要在固有的電車社區中塞入更多的戶數。只不過很可惜，這些措施都跟不上需求成長的腳步，結果就是在二〇一五年，溫哥華市內的獨棟透天均價達到了令人發暈的兩百五十萬加幣（將近六千萬台幣），其中國際買家的需求也發揮了推波助瀾的效果。

關係產生器

光靠設計，溫哥華與全球各個城市的高房價危機恐怕還是無解。政府必須無所不用其極，才能確保生活與工作都在城市裡的民眾也能就近住在那裡。這是一個政治問題：未來誰有權利把溫哥華（或其他任何搶手的城市）當成棲身之所？這個關乎人權與平等的問題，我會等到第十章再繞回來討論。我們暫且關注於我們有上千種辦法可以將「就近性」（proximity）與「混雜性」（complexity）等元素給注入城市裡，而且我們不見得把希望放在都市規畫者與政客身上。我們或許可以效法丹麥，以共同的巨大中庭為中心，興建公寓式的住屋；我們或許可以學習阿布達比[92]傳統的鄰里系統，看「法瑞吉」是如何把有中庭的住家跟狹窄的後巷及熱絡的公共空間給連結起來，進而讓枝繁葉茂的大家庭都可以容納進同一個生活圈。

在我周遊列國的所見所聞裡，我心目中最成功的，透過人為「介入」有效取得隱私與社交間平衡的設計，絕對是距離加州史塔克頓北邊車程一小時、一個把「遠親不如近鄰」發揮到極致的典型郊區社區。

這要從一九八六年說起，主角是年輕的凱文・沃夫（Kevin Wolf）跟琳達・克勞德（Linda Cloud）這對行動派的環境主義者。他們在戴維斯（Davis）大學城邊緣的N街（N Street）買下了兩間相鄰的房屋。他們拆掉了隔開兩棟房的圍籬，然後他們大部分的室友都開始在比較大的那間房裡分享起食物來。隨著愈來愈多有社區意識的住戶以屋主或租客的身分進駐相鄰的房產，愈來愈多的籬笆如骨牌般倒下，晚餐時間也變得愈來愈熱鬧。日後被稱為「N街共同住宅」（N Street Cohousing）的這個聚落，後來被戴維斯市議會納為指定的計畫開發區，居民因此可以合法增建更寬敞的第二套空間。二〇〇五年，沃夫跟克勞德自掏腰包蓋了交誼廳——這個具體而微的社區中心裡有自助洗衣設備跟食堂，可以供應幾十個人用餐。

二〇一〇年我抵達的那個星期五晚上，約兩千多坪的空間住著超過五十個人（相當於典型都會離散區的五倍人口密度，但感覺並不擁擠），範圍內已經全無後院與圍籬的蹤影。我彎腰穿過兩棟牧場式房屋中間的狹窄通道，柳暗花明的另一頭是已經被改造得生意盎然的開放綠色空間，但這其實就是社區的核心。我看到有蘋果樹跟柳橙樹的果園，有合作社形式的養雞場，有花園，有散落著小朋友玩具的草坪。

我跟沃夫說這有點像「人民公社」（commune）。

「這才不是哩！」他更正了我的說法：「這片土地完全沒有公有的成分，所有的土地都還是私人財產。我們都住在各自的家中，也有屬於自己的庭院。只不過我們願意跟大家分享庭院跟一部分的資源。」

這一套玩法出奇地簡單。N街共同住宅的成員，每個月付二十五美元來使用產權仍在沃夫跟克勞德名下的交誼廳，而一些人會輪流進大廚房替幾十位芳鄰煮餐。另外有一部分人喜歡在家裡自己煮自己吃，一部分人則喜歡看心情。有些人會贊助按摩浴缸的錢，然後大家就可以用小錢共享高級的設備。當然也有人沒辦法想像跟大夥兒一起泡澡。大家可以自由運用自家的後院，但也都同意開放讓社區自由通行。

這代表一種回應市場需求的獨特分享模式，參與其中的每個人都可以選擇參與程度的深淺，不用有一秒鐘委屈自己。合則來，不合則散，就這麼簡單。這樣的模式還有額外的好處跟親生命性有關：因為家戶的界線打通，所以每個人都等於擁有一個「大一統」的後院；「貨暢其流，物盡其用」也有了新的定義：父母親很放心讓孩子在「超級庭院」裡玩耍，因為他們知道鄰居的幾十雙眼睛會幫他們看著大寶跟二寶。

在這一整套自動自發的親密關係中，奇妙的事情發生了。在我跟沃夫與一打朋友共享晚餐的時候，一位男性鄰居帶著一名小孩跑來，還介紹說這小孩是沃夫跟克勞德的女兒。這孩子約莫五歲，看上去蹦蹦跳跳的，活潑健康。在沃夫把小女兒送上床睡覺後，沃夫向我解釋說這孩子並非他們親生：九個月大時，還在襁褓中的她先是被收養過一次，當時的養母是另外一位鄰居，一名單親媽媽，但她後來不幸罹癌過世。這好像是在演連續劇，但這孩子的人生轉變其實是自然而然發生的。隨著她養母的健康日益惡化，小女孩開始愈來愈常在熟識鄰居的羽翼下成長。她會在凱文跟琳達的家裡過夜，彼此間建立起親密與「有實無名」的親子關係，而當養母終究撒手人寰時，這孩子「無縫接軌」到一個充滿愛的新家裡（後來也完成了正式的收養手續）。對這孩子來說，整個社區就是個大家庭，愛之繭將她緊緊地包在其中。

完美社區的定義因人而異。就像有人受不了擠，有人受不了靜；有人渴望新奇，有人需要靜謐；有人耽於樂音，有人享受園藝；再者人人都可以因為地點、氣味與回憶連結到不同的複雜心情。但可以確定的是，身處的體系不同，我們的日常情緒也會跟著不同。電車社區或N街的案例不代表城市都得畫分為格狀，不代表城市都需要路面電車，也不代表所有的籬笆都要拆掉、不代表我們得復刻一世紀前成功的城市幾何設計。我們應該體會到的是人類要自救，或是要拯救地球，可以從不同的城市幾何設計著手。這些設計不全然是要往天空蓋，但相對於很多人向我們推銷的離散，我們得想辦法朝緊緻發展。

註釋

70 早期的證據出自於環境心理學家羅傑・尤瑞奇（Roger Ulrich）之手。尤瑞奇檢視了賓州郊區某醫院裡，一群在一九七二與一九八一年間接受過膽囊手術的病人的病歷，其中半數人的病床窗外有一片樹林，半數看出去則只有磚牆。結果自然景觀的相伴讓病人需要的止痛劑量降低，而且整整比「面壁思過」的病友早二十四小時出院。其他還有類似的幾十份研究可呼應尤瑞奇的結論。

資料來源：Ulrich, Roger S. "View through a window may influence recovery from surgery." *Science*, 1984: 420-21.

71 譯註：西半球數一數二大的都會公園，占地超過六平方公里。建在查普爾特佩克岩盤上，因而得名；在哥倫布發現美洲之前，這裡就已是阿茲特克統治階層的休閒之處，如今則是墨西哥市的城市之肺。

72 譯註：一八二二－一九〇三，美國地景建築師，曾具有記者、社會批評者與公務員的多重身分，被尊為美國地景建築之父。

73 在溫哥華，工程專家們竭盡心力要讓車子慢下來。他們每年新設數十處的行人號誌燈、行人穿越道與紅綠燈。

74 二〇〇九年，溫哥華在經濟學人智庫的宜居城市榜上拿下第二次冠軍。而光二〇一〇年，溫哥華就在經濟學人的宜居指數與康泰納仕（Conde Nast）的讀者票選獎中奪得雙料第一。至於在美世諮詢與富比士的生活品質調查裡，溫哥華也是前五名的常客。

資料來源：“It's Vancouver, again.” *The Economist*. February 11, 2010. http://www.economist.com/blogs/gulliver/2010/02/liveability_rankings (accessed January 29, 2011).

“List: World's 10 Best Places to Live.” *Forbes*. http://www.forbes.com/2010/05/25/worlds-best-cities-lifestyle-real-estate-mercer-vienna-geneva_slide_7.html (accessed January 29, 2011).

“Mercer 2010 Quality of Living survey highlights - Global.” *Mercer.* May 26, 2010. http://www.mercer.com/qualityofliving (accessed January 29, 2011).

“We're not surprised: Vancouver again named best city.” *The Province*. October 13, 2010. http://www.theprovince.com/surprised+Vancouver+again+named+best+city/3665518/story.html#ixzz1CUNkNxTW (accessed January 29, 2011).

75 關於人口密度的另外一項迷思是：雖然開車在市區裡穿梭需要比較多的時間，但對溫哥華的居民來說，通勤起來反倒比以往輕鬆愜意。在加拿大的其他城市，通勤來回一趟的平均時間在一九九二到二〇〇五年間增加了十四分鐘，但溫哥華的平均通勤時間則沒有改變。溫哥華人並沒有通天的本領，他們能把開車變慢這點給抵銷回來，是因為住在垂直城市裡的大家搬得離工作更近了。步行、騎自行車或搭乘大眾交通工具占溫哥華市中心移動方式的約三分之二。大家開始賣車，並搶先在二〇〇八年的大蕭條之前逆轉了北美洲的大勢。二〇〇五年，溫哥華平均每戶擁有一點二五輛車，位於郊區的素里（Surrey）是一點七輛。而即便是在金融風暴造成經濟崩盤之後，美國平均每戶的擁車數仍高達一點九輛。

資料來源：Turcotte, Martin. *The Time it Takes to Get to Work and Back*. General Social Survey on Time Use: Cycle 19, Ottawa:

Statistics Canada, 2005.

資料來源："2005 Annual Report Livable Region Strategic Plan." Regional Development Policy & Planning Department, Greater Vancouver Regional District, Burnaby, 2005.

City of Vancouver Transportation Plan Update: A Decade of Progress. City of Vancouver, 2007.

US Department of Transportation Federal Highway Administration. 2009 National Household Travel Survey.

76 編註：建蔽率指建築物在基地上的最大投影面積與基地面積的比率。

77 加州阿拉米達（Alameda）的一項研究發現，退休者在擔任「環境志工」二十年之後，出現抑鬱症狀的機率只有不當志工者的一半；但如果退休者擔任的是其他類型的志工，那麼他們產生抑鬱的機率還是有不當志工者的九成。

資料來源：Pillemer, K., T.E. Fuller-Rowell, M.C. Reid, and N.M. Wells. Environmental volunteering and health outcomes over a twenty-year period. *The Gerontologist*, 2010: 594-602.

78 窗外看出去是什麼東西，也會影響你對於擁擠的感受。即便是在郊區，窗口能面對著開放的空間，而不用跟隔壁棟的窗戶大眼瞪小眼，也會讓人覺得他們擁有足夠的空間。這點與實際的室內大小無關。視覺不僅是我們與自然的溝通渠道，雙眼其實也是一種具有社交意義的器官。

資料來源：Day, Linda L. "Choosing a House: The Relationship between Dwelling Type, Perception of Privacy and Residential Satisfaction." *Journal of Planning Education and Research*, 2000: 265-275

79 索伊茲發現，女性的義務性角色，包括配偶、母親與員工，都是空間時間與精力的「殺手」，也都傾向於變異成她稱之為「角色疲乏」的狀態。但輕鬆的選擇性角色就不一樣了，自發性的角色跟主觀的幸福感受之間，存在著極大的關連。人在生活中的社交角色愈多樣，他或她的身心就會出落得益發堅強。

資料來源：Blau, Melinda, and Karen Fingerman. Consequential Strangers: *Turning Everyday Encounters into Lifechanging Moments.* New York: W. W. Norton & Company, 2009. P. 67, 100-01.

See also: Thoits, Peggy A. "Personal Agency in the Accumulation of Multiple Role-Identities." In Advances in Identity Theory and Research, edited by Peter J. Burke, Timothy J. Owens, Richard T. Serpe and Peggy A. Thoits, 179-94. New York: Kluwer Academic Publishers, 2003.

80 加拿大家庭的平均規模，已從一九二一年的四點三人，一路下滑到一九七一年的三點七人，與二○○六年的二點五人。

資料來源：Canada census data 2006, in Human Resources and Skills Development Canada. *Canadians in Context - Households and Families.* http://www4.hrsdc.gc.ca/.3ndic.1t.4r@-eng.jsp?iid=37 (accessed March 3, 2012).

81 「正常情況下，我們會以為主觀的隔絕（寂寞）體驗是一個極端，而光譜上的另外一端則是多到爆的社交互動。但這樣的想法其實有偏差之處。人如果處在自己無法控制『在什麼時間跟什麼地方遇見誰』的狀況下，他或她就非常可能會在『隔絕』與『過度刺激』之間飄盪，」大衛・海爾懍在他的書《在磚塊與水泥以外？心理健康與建築環境》（*More than Bricks and Mortar? Mental Health and the Built*）裡做了這樣的總結：「少了半私人的空間讓我們能隨興進行非正式的互動，社交就會變成一種全有或全無的體驗。」

資料來源：Halpern, *More than Bricks and Mortar?* 137-139, 153

82 二○一一年的紀錄片《普魯伊特—伊戈迷思》（*The Pruitt-Igoe Myth*）講述的是個糾結而悲慘的故事，而故事的主角就是「普魯伊特—伊戈」這個被當成負面教材的社區。

83 這一區對這樣的感覺並不陌生。就在「五○一」對面的「福溪北境」社區中，住戶在進住一段時間後所接受的調查裡，抱怨他們覺得鄰居超「閉俗」。「大家都不肯站近一點，」其中一人對訪問者這樣說：「我覺得他們是怕萬一彼此話不投機，那他們就會把自己弄得進退失據。」

資料來源：Christine Wenman, Nancy Hofer, Jay Lancaster, Dr Wendy Sarkissian, Larry Beasley, C.M. *Living in False Creek North: From the Residents' Perspective.* School of Community and Regional Planning, University of British Columbia, Vancouver: University of British Columbia, 2008

84 「過客」（residential transience）是市中心眾多社區的一大特色。市區的西端有數萬名來學英文的外國學生在這裡租房子，每次停留頂多數月。二〇一二年，溫哥華有近半數的大樓住戶待不到五年。

資料來源：Helliwell, John, and Christopher P. Barrington-Leigh. How much is Social Capital Worth? Working Paper, Cambridge: National Bureau of Economic Research, 2010.; Foundation, Vancouver;

Connections and Engagement: A Survey of Metro Vancouver, June 2012. Vancouver: Vancouver Foundation, 2012.

Halpern, David. *More than Bricks and Mortar? Mental Health and the Built Environment.*（London: Taylor and Francis, 1995）: 262.

85 譯註：位於美國西南部，新舊不一，由北美原住民所建立的「類公寓」社區。原住民就地取材，以石頭、泥巴或其他材料蓋起這些以廣場為中心的多層建築，要上樓只能爬樓梯（不速之客會直接被拒）；建築物本身層層退縮，下層的屋頂即是上層的露台。

86 譯註：相對於有形的財務性資本，社會資本是社會學門中一種無形資本的概念，基本上指的是為達成實用或情感性的目的，透過社會人際網絡而能動員的資源總和。

87 發車間距在十分鐘以內的現代運輸系統，至少需要每千坪約十二人的密度才足以支撐。

資料來源：Durning, Alan Thein. *The Car and the City: 24 Steps to Safe Streets and Healthy Communities*. Seattle: Northwest Environment Watch, 1996.

88 以馬里蘭州為代表，郊區建案的土地開發面積在過去二十年裡，平均落在六百到一千四百六十八坪的範圍內。

資料來源：Kopits, Elizabeth, Virginia McConnell and Daniel Miles, *Lot Size, Zoning, and Household Preferences: Impediments to Smart Growth?* Discussion Paper (Washington: Resources for the Future, 2009).

89 譯註：車體與一般輪式公車無異，但以電動馬達驅動，並由架空電線作為動力來源的大眾交通工具。循架空電網而不依軌道運行，因此稱為無軌電車。唯部分搭載蓄電池、電容器或柴油引擎的車體可以離線運行。

90 譯註：upcycling又稱為creative reuse，就是把生產消費的副產品或廢棄物回收後，製成品質或價值更高的物品。比起單純的回收利用（recycle/reuse），多了升級或加值的意涵。

91 就算是在市中心，溫哥華也說服了三教九流的民眾住得「親熱些」。新建案現在必須規畫兩成的土地作為平價住宅的建地，也就是「包容性分區管制」（inclusionary zoning）。但這種規定完全沒有讓需求退避三舍。獨立產權公寓大樓「W」雖然一邊是補貼公宅，一邊是以毒癮復健者為主的社區，但代銷公司卻反向操作，拿這點作文章，他們的廣告文案強打「勇敢住進來，不然只好往郊區搬」（Be Bold or Move to Suburbia）。結果大樓不到一個月就銷售一空，包括在地的一所大學包下了部分的單位。如今住戶跟學生會在同一間雜貨店與有遮蔽的中庭裡進進出出。鄰近的「福溪北境」雖然也算高級社區，但受訪的住戶表示補貼住宅的進駐是在地的「一大福音」，因為更多庶民家庭的加入，讓這裡有了真正的社區意識。

92 譯註：阿拉伯聯合大公國共七個酋長國；杜拜與阿布達比是較為世人熟知的兩個。

CHAPTER 7
分享的快樂　勝過獨自擁有

街道令人瘦。用一句話形容就是噁心。所以問題是：街道為什麼還會存在？

——柯比意

人類的文化需要學習「展露」（exposure）的藝術；這門藝術不會讓我們彼此傷害，而會讓人成為更完備的成年人，具備在複雜性中自處與學習的能力。

——理查．桑內特

建築師與心理學家向來受的都是跟對方唱反調的專業訓練。話說一九六二年，正是歐洲城市擴張的熱血時期。剛從丹麥皇家藝術學院（Royal Academy of Fine Arts）的建築學院畢業的揚．蓋爾跟他的同事，受聘以極端現代主義的手法為全新的住宅區操刀。他們念茲在茲的是形式與效率，是自來水、光線與草坪。但蓋爾的妻子英格麗（Ingrid）身為環境心理學者，她高度不信任「設計一族」的一頭熱。她點出，社區與住戶間的關係很少被建築師當成一回事。確實，建築師會把人形畫進他們的示意圖裡——身體像火柴棒一樣的孩子在廣大的草坪上玩耍、漫畫筆觸下的母親湊在單調的水泥牆下閒聊——但建築師並沒有真正研究過人對蓋好的建築物有什麼樣的反應。無怪乎等到高樓大廈建好了以後，草圖上的頑童跟他們八卦的母親，一個個都消失無蹤。

眼前的光景需要來個大搬風，身為建築師的老公才能體會到身為心理學家的老婆在想些什麼。這對賢伉儷後來拿到研究補助，去研究中世紀的義大利城鎮，結果他們就這樣耗了六個月的時間，泡在明信片模特兒般的教堂、博物館與宮殿之間，但他們的注意力主要並不在建築物身上，而在於理性的規畫者還沒染指、車輛尚未入侵的城市與村鎮裡，也在於當地建築物跟人類的活動上。結果兩人看到的東西與他們在哥本哈根老家的體驗大相逕庭。在一瓶瓶紅酒的催化之下，他們開始記錄起那樣的人生：威尼斯運河沿岸的一雙雙腿腳悠遊移動、佩魯賈（Perugia）參差巷弄的熱鬧騷動、西恩納（Siena）的「田野廣場」（Piazza del Campo）上眾多快樂臉孔的逗留。相較於故鄉丹麥的人行道乾淨到幾近寸草不生，而且別想有人會停下來喝杯咖啡；義大利的中古城鎮簡直是人氣沸騰。

就拿田野廣場來說，位於西恩納中心的此處是個光彩奪目的聚集地。大家口中的這個「田野」以西恩納的市政廳為起點，向上爬坡輻射，輻射的終點則是一個廣闊的半圓形步道（promenade），而步道本身又被美輪美奐的五層樓別墅圍繞。憑藉其絕美的視野，廣場的功能就像是一個舞台，走著台步的是整座城市地景——你唯一看不到的是車子。

這對專家歇腳在田野廣場的邊上，一待就是好幾天。他們每半小時記下人影的來來去去，就像生物學家在記錄水窪四周的有蹄類一樣。早上動靜不多，但隨著太陽公公爬起來，人也開始湧入廣場。但這些人不會一直走，他們會歇會兒、喝點什麼，或者找人聊天。咖啡店與用餐處的桌椅

為「眾樂樂」而生的設計

集合羅馬式圓形劇場的造型、周邊的咖啡廳聚落、不阻車也不阻人的及胸車阻，西恩納的田野廣場是無懈可擊的「遊人陷阱」。

攝影：Ethan Kent/Project for Public Spaces

會從廣場的北側溢出，而人群也會朝這些店家聚集。步道邊上有一個個整齊排列的洞石車阻（travertine bollard），高度大概到人的胸部，人經過就會很自然地靠上去（畢竟這裡無車可阻，給人靠好像只是剛好）。等露水散去，遊客會盤腿坐在廣場的磚塊坡面上，看著高聳入天的曼吉亞塔樓（Torre del Mangia）的剪影攀爬過圓形劇場（amphitheater）。日落後，打扮過的西恩納家庭會出門散步話家常，地點就在大理石的歡樂噴泉（Fonte Gaia）旁。

廣場把人兜攏、讓人放慢節奏，將人溫柔呵護在掌中。

這種主角從動物被換成人的「賽倫蓋提」（Serengeti）[93]讓蓋爾目眩神迷。義大利人是天生如此，或是在文化的薰陶下而變得比丹麥人喜歡湊熱鬧嗎？也許吧[94]。但就算像「田野」這樣的都會空間反映了在地文化與氣候，蓋爾還是懷疑是宜人的幾何設計形塑了人的行為，像磁鐵一樣把人集合在一起，久久不散。

想測試這樣的理論，首選自然是他丹麥的老家。幾年後的哥本哈根正蓄勢待發，打算展開激進的實驗之旅。

二戰之後，丹麥首都在離散發展的腳步上，也不落於任何美國城市之後。大家一樣是車一輛輛的買，郊區一樣從市中心向外擴散。哥本哈根努力地想容納所有湧入市區的私家車，公共廣場與建築間的不對稱空間，原本是各種用途分享的地界，此時也不斷改建為停車場。但隨著市中心狹窄的街道慢慢被金屬、噪音與廢氣填滿，哥本哈根也開始癱瘓。交警縱然有通天的本領，也沒辦法讓交通繼續推進；要拓寬道路也不可行，畢竟兩側的古蹟建築保護都還來不及，怎麼可能敲下去。規畫者後來打起市區東緣那座壯觀湖泊的主意，他們想到的是，要拉一條高速公路從湖中央穿過去。但這也明確說明哥本哈根來到了一個十字路口：一邊是隨波逐流，加入眾多城市讓市中心成為汽車天堂的行列，一邊是懸崖勒馬開始逆流而上。

一九六二年，差不多是紐約的高速公路大王羅伯特．摩斯（Robert Moses）嘗試要讓下曼哈頓「一箭穿心」的當口，哥本哈根的市議會踏出了反其道而行的第一步。在反車輛抗議的臨門一腳下，哥本哈根在鬧區「脊梁」頒布了禁車令，那是合起來被叫作「斯楚格街」（Strøget）的一連串市街，也是一場實驗。

看衰的報紙評論一面倒的不看好，做生意的人緊張到睡不著。一條街沒車怎麼能行？建築物之間空出來那麼多地方，叫實事求是不耍花招的丹麥人如何是好？名嘴們見縫插針地警告這一區會盛極而衰，走下歷史繁榮的舞台。

「老百姓說：這裡是丹麥，不是義大利，我們丹麥人不會天寒地凍地坐在外頭喝咖啡！」蓋爾在哥本哈根的辦公室裡對我談起半世紀前的往事。輿論的聲浪來自哥本哈根的市民對文化只有一種想像，就像幾十年來的工程師在無數城市裡所對他們洗腦的一樣。

但哥本哈根變了，徹徹底底地變了。而對這種變身最有共鳴的，就屬蓋爾了。幾乎是一從義大利風塵僕僕地返國，他就馬不停蹄地趕赴新設立的斯楚格街行人徒步區。

「以往每到周二跟周六，我就會不分晴雨、也不畏融雪泥濘，在斯楚格街找個地方坐下。無論是冬夏、晝夜或平日假日，我都想知道街上有哪些動靜。我會看小孩玩些什麼，長輩在忙什麼，還有都是些什麼人會來這邊。」蓋爾這麼告訴我：「一天的循環、一周的循環跟一整年的循環，是我研究的核心，我想看到城市的節奏出現了什麼樣的改變。我想把人對於城市型態的反應昭告天下，然後我們才能開始討論都會形式與生活內涵間的互動關係。」

蓋爾就這樣在斯楚格街看了一整年，改變也就像電影一樣在他眼前上演了一整年。人群湧入了由車子讓出來的空間，他們夏天來、暗無天日的冬天也來，做生意的老闆根本忙不過來。

問題是：誰讓他們來的？蓋爾一邊看，一邊筆記著想找出答案。加了個新板凳，蓋爾就會去算有多少人來、多少人待。長凳是會說故事的。面對人流的長凳跟面對花圃的長凳，前者的使用率會是後者的十倍。蓋爾還注意到，工地的「集客力」勝過百貨公司的櫥窗，不過這有一個但書，那就是工地裡要有人在施工。一旦每天的工程告一段落，工人都回家去抱老婆，看熱鬧的民眾也會跟著一哄而散。「比起鮮花與時尚服裝，大夥更愛看的是有人在忙。」他說。聽到他的這種結論，有人可能會覺得：不然呢？但這在當時可是畫時代的見解：「對人有著致命的吸引力、讓人忍不住要駐足圍觀的東西，始終還是自己的同類。人類活動是城市中最迷人的景點。」

人的現身

實際上蓋爾對人流所做的事情，正是交通工程師曾經專門替車輛做的事情。因為蓋爾的研究，行人在規畫者的眼中終於不再隱形。比方說他釐清了每分鐘每平方公尺的街道大約能容納十四名行人[95]。一旦超過這個閾值，人潮就會因為壅塞而開始「成群結隊」。同樣的原則也適用在其他類型的交通：

「我們發現，你愈是提供道路空間，愈多的車子就會出現；如果你提供更多的自行車道，自行車就會出現；如果你騰出空間來給行人，多出來的自然就會是人，而三人為眾，公眾生活於焉成形。」

最後蓋爾獲提名為丹麥皇家藝術學院的建築學院教授，首都哥本哈根的發展也開始以他的研究馬首是瞻。哥本哈根採信了他的數據，並以此開始「一步一腳印」地推動城市核心的轉型。一年年過去，哥本哈根一面在街道上收復行人的失土，一面把原本撥給道路的預算轉作兩種用途，一個是讓街道變成行人天堂，一個是招手要人下車走路。

斯楚格街不夠走了，市政府又追加了費歐爾街（Fiolstræde）做為第二條行人徒步區，這是條向北切過哥本哈根大學區（University Quarter）的狹窄街道。然後是像蛇一般蜿蜒前行的科瑪格街（Købmagergade）。就這樣，一條條行人專用街道與廣場在哥本哈根的核心集結，交織出一個格狀的結構，而由於這些街道與廣場經由仔細規畫過的自行車道網連結到哥本哈根的其他角落，不少人潮開始從外圍向內溢流。但很多人跑來市區不是因為他們計畫好要來購物或辦事，而是因為他們想來市中心「看人」。**市中心隨時有動態，而動態一啟動就停不下來。**

年復一年，蓋爾跟建築學院的同事拉爾斯．吉姆松（Lars Gemzøe）聯手記錄下了哥本哈根街上一波波的人類行為變遷。他們不只是計算步行的流量，他們還在統計中納入了在戶外品嘗咖啡的人、駐足看街頭藝人表演的人，或單純在長凳或噴泉邊上坐著的人。表面上什麼都沒做的人，也統統被他們給算了進去（所以隨便舉個例子，他們可以很大聲地說從一九六八年發展到一九九五年，超過原本數量三倍的人開始享受在哥本哈根街上的樂趣）。

一九六八年，斯楚格街附近的格拉布魯托爾夫廣場（Gråbrodretorv）或灰衣修士廣場（Grey Monk's Square）開始淨空，停放的車輛必須退出這個由蔭涼的大樹作主的小小廣場。那個夏天，廣場上一家咖啡店的老闆們在門口擺出了幾張桌椅，想喝啤酒或品嘗肉丸的客人就在這兒坐下然後點餐，順便讓北國的陽光灑滿他們的臉上。你會想說這幅景象有哪裡不對勁嗎，但可別看不起這幾張椅子，因為集涓滴而成洪流，如今哥本哈根的市中心已經滿的地都是露天咖啡廳——蓋爾上次算是幾近九千家。丹麥的冬天要多冷有多冷，要多不舒服就有多不舒服——老家在北海的刺骨寒風挾帶著一波波的降雨、冰霰與暴風雪而來；平常日人都還沒下班，原本就很孱弱的太陽就已經早早買單——但如今，即便是冬日氣焰最盛時的冰天雪地裡，哥本哈根的市民也會裹著毛毯，在廣場上來上一小杯濃縮咖啡。正所謂「有圖有真相，沒圖莫宰羊」，蓋爾蒐集了相關的照片當作證據，他證明了只要都市的空間設定可以「重開機」，「文化革命」當然是可能的。

還街於人

哥本哈根斯楚格街的前世今生——畫為行人專用道的前後反差
照片提供：揚．蓋爾與拉爾斯．吉姆松／蓋爾建築師都會品質顧問公司

在蓋爾展開研究的幾年之後，美籍記者與組織分析專家威廉．H．懷特（William H. Whyte）也開始利用縮時攝影與鉅細靡遺的標示系統，來統計紐約街道與廣場上的人潮。懷特跑了紐約、墨爾本與東京這三座城市，結果他在人行道與廣場上所進行的行為觀察與研究顯示了一件事，那就是人即便有「獨處」的選項，也幾乎都會寧可跟大家坐在一起。怪的是，人甚至有專跑到人流最密集的地方來駐足匯集的傾向。懷特跟他的助理大軍注意到一個模式，他們反覆發現人們總是跑到人來人往的門口通道或繁忙的角落去聊天，沒有人想要閃邊，那副模樣就好像他們很享受

被人潮推擠一樣。

仔細想想，人愛「客燒」好像也沒什麼好奇怪的。我們進餐廳不都嘛會想坐在能看到其他人的位子。再無聊的小鎮只要說要辦什麼遊行，還不都一大票人跑去看。人就是喜歡你看我、我看你；我們喜歡盤旋在陌生人與親密感的「海峽中線」；我們想要有機會可以窺視別人也被別人窺視，即便我們不見得想要與別人有所接觸。

這種想要置身於陌生人之間的渴望，是一種普遍到不行的現象。普遍到我們不禁要納悶起催生出離散城市的那股孤僻，一開始是怎麼出現的。

陌生人不見了

關於公眾生活在城市中所扮演的角色，像斯楚格街這樣的地方正急著想告訴我們一件愈來愈不能等的事情。幾千年來，城市生活都很自然地讓人與熟人，同時也與全然的陌生人進行日常的接觸。在那個沒有電冰箱、沒有電視、沒有得來速、也沒有網路的時代，我們的祖先其實沒得選擇。不管認不認識彼此，他們每天都必須為了交易、交談、學習與社交而聚集在一起，這也就是「城市」的雛型與目的。

相對地，現代城市與富裕的經濟體所創造出來的，是一種獨特的社交匱乏。我們即便各自待在自己的家中，也一樣可以滿足所有的需求。科技與經濟發展讓各式交易變成一件非常私人的事情，賣場、客廳、後院、電腦螢幕與智慧型手機取代了公共場所或市集，成了全新的交換場域。想看電影，在被窩裡按幾下就行；想交朋友，國界與距離都不是問題；腐女御宅可以在推特上八卦，冤家路窄可以在臉書上吵架，曠男怨女可以在網路上對陌生異性評頭論足，互相驚嚇。無論是要犒賞自己、要在放假時放鬆心情、還是要跟人溝通事情，我們都已經可以把這些東西跟隱私完美結合，於是住在城市裡，我們完全不會跟非同事、非至親與非「麻吉」的人有任何交集。所以我們應該要有所警醒：說到「社區」或「社群」，我們愈來愈不會想到鄰居或一群熟識的人，我們會想到的是都用同一種社群媒體，或愛用同一種產品的臉友或鄉民。這些人走在路上能不能相認，已經愈來愈不要緊。

隨著獨居日益普遍，科技便利創造出了一種前所未見的奇觀，那就是家的形象不再是人與人歡聚一堂，而愈來愈只剩下隔絕漩渦裡的寂寞可以品嘗。

以目前而言，科技為了補足這種孤獨所做出的努力，只得到了一些零星而非全面性的勝利。電視這個通往世界的櫥窗，在追求幸福的領域裡可謂惡名昭彰。盯著電視的時間愈長，一個人的朋友就愈少；朋友愈少，跟人的互信就愈稀薄，快樂也就愈不知道要去哪找[96]。網路的話，評價比較兩極。如果電腦、平板或手機對你來說只是電視的延伸，那網路對你的幸福當然也是扣分；如果你是用這些3C裝置來與人互動，那你跟知己們的關係確實會更加穩固——一項研究發現，在幾個波士頓社區內引進線上討論群組之後，還真的愈來愈多街坊鄰居會開始坐到門口的前廊，晚上找人來家裡吃飯也愈來愈平常。但我們絕不可以因此就洗白電子裝置，因為更多的研究顯示，網友絕不可能像有血有肉的朋友一樣地有深度、一樣沒有城府，或者一樣願意在需要時給你幫助（舉例來說：傳訊息的時候可以「嗯嗯、喔喔」的虛晃好多招，但當著人的面你總是不好胡說八道。但這是常識，你

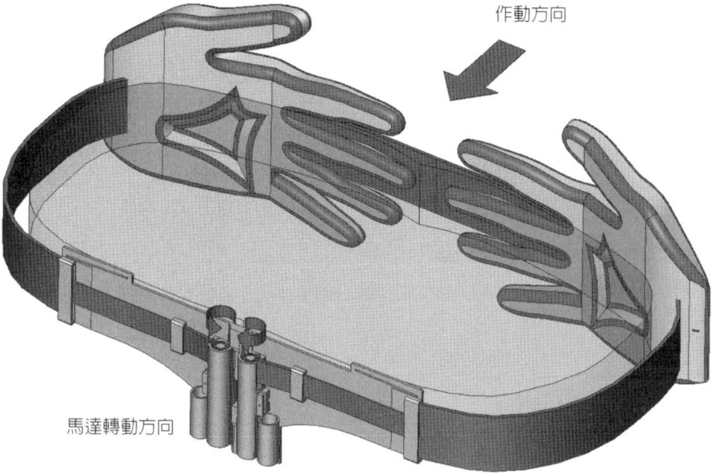

Haptihug 觸覺互動隔空相擁背心

這種背心源自日本慶應大學Tachi實驗室iFeel IM!感覺強化（Feeling Enhancement）系統，其概念是把遠端通話者的情緒轉化成具體的擁抱觸感。設計者的說法是，他想在四度空間中創造出「情緒浸淫體驗」（emotionally immersive experience）。與人面對面的感覺，真的有朝一日能完全複製嗎？
資料來源：Tachi 實驗室

說是吧）。當面互動的優越之處不是什麼新發現，人類幾千年來的相處都是以五感作為基礎：我們與人交鋒不只會眼觀四面與耳聽八方，我們還會用聞的，去蒐集各種蛛絲馬跡，以便大腦能判斷出對方有什麼樣的來頭、有什麼樣的好惡、以及他們是為了什麼來到此處。

這個世界再怎麼瘋狂，都不會有東西可以取代「親自跑一趟」[97,98]。

現代人很迷信虛擬空間，但要與人把酒言歡、推心置腹，你最終還是得從網路上登出，換好衣服，然後出門跟朋友一起去逛街壓馬路。說來說去，我們要思考的仍舊是同一個問題：我們能不能把城市打造成（或者改造成）一個對人際連結很友善、不分遠近親疏都可以安心信賴的空間？答案是：絕、對、能。空間不只會決定人生活於其間的感受，空間還會左右我們如何看待彼此跟如何對待彼此。

「讓人打成一片」的科學原理

偉大的社會學家厄文・高夫曼（Erving Goffman）主張生活是一系列的表演，我們每個人都是演員，也都永遠會在意別人看到的是什麼樣的自己。如果高夫曼所言不虛，那麼公共空間的作用就等同於舞台，就像我們的家跟客廳也是舞台一樣。構成這個舞台的硬體建築、地景與空間維度，以及在我們周遭的其他「演員」，都是我們演出的線索來源，我們會根據人事物釋放出的訊息來決定自己應該要有什麼樣的表現，乃至於我們應該要如何對待彼此。

被塗鴉畫得亂七八糟的暗巷，會有人「不吝於」在那裡尿尿，但同一個人就不敢在有人細心維護的聯絡巷道上造次。人身處的環境如果讓人感覺像被家人或朋友包圍、或有人在看，那他的行為舉止就會像是個「親善大使」；但要是他發現自己身處在一個髒亂的暗巷，那他的心境與表現就又會是另外一回事。在高夫曼的眼裡，這些都是人把舞台的設定看在眼裡，然後有意識並經過深思熟慮後所做出的反應。但近期，我們又了解到人有一部分的社交反應並沒有經過大腦。人也是動物，也像動物一樣演化出了會無意識地去評估地景風險與回報的能力。

演化科學家D・S・威爾森（D. S. Wilson）與丹尼爾・歐布萊恩（Daniel O'Brien），把紐約賓漢頓

（Binghamton）的不同街景照片拿給一群非當地住戶看，其中有些街道有著破損的人行道、不修邊幅的草坪與年久失修的房屋；有些街道則有著清爽的人行道跟維護得很好的庭院與住家。然後受試者會受邀去玩一個由實驗經濟學家（experimental economist）所開發出來的遊戲，玩法是他們要跟照片中的社區居民進行金錢的交易。我想結果不用我說，大家也猜得到：當交易的對象據說來自乾淨整齊的社區時，受試者比較相信對方，出手也顯得比較大方。你會說受試者可以從蛛絲馬跡中猜出社區可能的風氣，所以這樣的反應有根據，而且合邏輯——比方說環境整齊顯示居民可能比較守規矩。但有些事情跟「居民值不值得信任」扯不上關係——比方說人行道的材質好壞——但受試者的判斷還是會因此受到影響。

事實上，我們對環境所做出的回應，經常與有意識的想法或邏輯沒有關係。

比方說，大部分人會同意，讓手的溫度去決定我們面對陌生人的態度，是一件很可笑的事情。但科學家已經在實驗室裡證明，人如果手握熱飲（而非冷飲），那信任陌生人就會變成一件比較容易的事情。另外一個實驗則顯示，比起向下的電扶梯，向上的電扶梯會更讓人產生助人或慷慨解囊的情懷——而且不必是電扶梯，任何往上的東西都疑似可以刺激人類行善[99]。

心理學家使盡渾身解數想解釋這些相關性。有一個理論是，人會把環境中的條件視為是「意象」（metaphor）提供的暗示：因此我們會把實際感受到的「溫度」解讀為人際關係上的「溫暖」；同樣的道理，我們會把身處的「高度」引申為道德上與行善時的「高尚」情操；另外一個研究的方向名為「恐懼管理理論」（terror management theory），其設定是凡人皆有一股深層的動力，會因為恐懼而不斷逃避死亡。按照這樣的想法，就可以解釋龜裂的人行道何以會讓人心生莫名的恐懼，進而讓受試者想與特定的社區居民保持距離。無論在背後運作的是哪一種機制，可以確定的是，環境會提供我們微妙的線索，讓我們隨時知道要對不同的社交地景做出何種回應——即便這些線索完全無涉於對周遭環境的理性分析。

神經科學家發現，環境線索會瞬間觸發人腦的反應，我們根本來不及察覺到這些回應的發生。每當你進入一個新的環境或空間裡，腦中負責管理記憶的圖書館員「海馬迴」，就會立馬上工。海馬迴會把你在某個瞬間看到的東西拿去跟你記憶裡的東西比對，以便為這個新的空間繪製出一幅「心理地圖」（mental map）。但海馬迴也會同時發出訊息到腦部的恐懼與獎勵中心，然後海馬迴的鄰居下視丘就會針對這些訊息釋放出荷爾蒙來作為回應——其速度快到我們還來不及判定這地方究竟是安全還是危險。一個地方要是看起來乾淨過頭，或是莫名其妙到讓人丈二金剛摸不著頭腦，人體就會分泌出腎上腺素與可體松這兩種跟恐懼與焦慮有關的荷爾蒙；一個地方要是看起來很熟悉，東西南北都搞得清楚，再加上能讓人想起美好的回憶，那麼人體就比較可能會湧出一波波被稱為「快樂荷爾蒙」的血清素，乃至於能鼓勵、促進人際互信的另外一種荷爾蒙：催產素。

「人腦有適應性，並且會不斷地調整頻率去因應其所處的環境。」神經經濟學家保羅．扎克在我去加州安納罕（Anaheim）找他的那天如是說。扎克最為人所稱道的，就是他發現了催產素在調節人際關係上所扮演的關鍵角色。扎克說，不同於其他有獨居傾向的哺乳類，人類最原始的大腦區塊裡，有大片密集的催產素接受器。我們只要作勢想跟人說話，這些待命中的受體就會搶先「踩離合器入檔」來產生作用。

這對造鎮者（city maker）來說應是一個警訊，因為無論我們多麼受到人群的吸引，後天的文化與先天生物學上的機制都不能保證我們一定會善待陌生人。像荷蘭的科學家就發現，催產素作為一種會鼓勵我們去與人合作或從事利他行為的激素，其實存在著所謂的「恐外（族）偏誤」（xenophobic bias）。在吸入化學合成的催產素氣體之後，荷蘭的學生被問到標準的道德兩難問題：你會推一個人到火車前面來救另外五條命嗎？結果因著催產素的效果，這群學生會猶豫要不要把有著荷語姓名的人推去給火車撞，但對名字聽來像穆斯林的人則會毫不遲疑。這樣開世界主義（cosmopolitan）倒車的部落主義（tribalism）行為會讓人很灰心，但我們不要忘記偉大的城市裡，特別是偉大的公共空間裡，可以培養出信任與合作的種種奇蹟。透過設計，我們可以讓人隨時做好準備要以信任跟同理心去面對陌生人，我們會看到每個人都想要去照顧別人，關心別人。

為了要證明自己的論點為真，扎克帶著我到南加州最好「交朋友」的街上去散步。你應該很好奇這條街的本尊在哪兒，是吧？這答案可能會讓大家為美國公共空間的現狀感到悲哀，因為這條街就座落在迪士尼樂園入口處的收票口。

我們從圍繞著主題公園的護堤底下穿了過去，行經人造的小鎮廣場，包括廣場上那以前廊示人的市政府，然後在那個「給我快樂，其餘免談」的都會中心投影——美國小鎮大街的半路上停了下來。這地方被各種膚色的老老少少給塞爆，有推著嬰兒車的、有手牽手走著的、有逛著櫥窗的，有在拱廊或飯堂前拍照的。

我們試著在這一大群人中間「不識相」。在扎克的慫恿下，我用肩膀往經過我們身旁的人身上蹭，一開始先是輕輕擦到，後來則幾乎是整個人撞上去。如果你是在一般的街上這樣搞，你應該很快就會被打到送急診了。但在這兒，沒有一個人像這樣「招呼」我，他們不是對我微笑，就是伸出手要扶我，甚至還有人跟我說對不起。我幾次嘗試把皮夾掉在地上，結果每次都被熱心到幾近畢恭畢敬的民眾給送了回來。我們只好玩大一點。我們開始隨機「哄騙」陌生人，要他們跟我們抱抱。我必須說這從兩個大男人口中說出，是一種很容易被當成變態的要求，但大街上的行人不分男女都張開了雙手擁抱我們，完全沒有一絲猶疑。這地方所展現出的社交友善程度，真的只能讓人覺得現在是在演卡通嗎？

迪士尼的美國小鎮大街能讓人卸下心防至此，原因很多，其中一項便是大家會從四面八方來到這個地方，一定是已經下定決心要好好開心。但扎克鼓勵我不要忽略周遭地景很重要的「提示效應」（priming effect）。大街上的店面頂多都只三層樓高，其中那些看來毫無實用功能的頂樓是一種障眼法。這些頂樓被縮小到原本八分之五的比例，讓建築物在視覺上產生很舒服而且毫無威脅感的卡通光環。在此同時，從條紋狀的遮陽棚與鍍金的窗戶字體，到建築立面的假石膏文飾，這條人工街道上的一道道細節都拉著你往懷舊的感覺裡去從容放鬆[100]。

神經免疫學的先驅艾絲特．史登伯格（Esther Sternberg）才第一次來迪士尼，就被美國小鎮大街的場景給徹底俘虜。史登伯格在檢視了環境、健康與人腦之間的關聯後，下了一個結論，那就是美國小鎮大街的設計者在與地點相關的神經科學上有著不可思議的造詣。「他們太優秀了。早在神經科學的研究有所突破之前，他們就已經在一九五〇與一九六〇年代破解了這一切，他們完全知道如何利用設計來讓人上一秒還在焦慮與恐懼的主場，下一秒就進入希望與幸福的環境。」她是這麼跟我說的。

「地點效應」（place effect）的關鍵就在於人腦會把記憶跟情緒連在一起。一方面美國小鎮大街上具有暗示性的地標——造型奇特的火車站、市政府、遙遠的睡美人城堡——都能在瞬間讓你知道自己身在何處，盡可能降低你因為身處於複雜的環境中，分不清東西南北而啟動的焦慮本能。在此同時，迪士尼的一草一木也扮演著情緒開關的角色。海馬迴會有所回應的對象不只是視覺，對包含嗅覺在內的所有感官都會起到作用。所以無論是糖果包裝條紋的遮陽棚，還是飄到人行道上的現做乳脂軟糖香味，迪士尼的各種文化指涉都會啟動記憶，讓人產生安全感與平靜的心境——至於這些記憶是來自於真偽難辨的遙遠過去、抑或是真實的人生體驗，都沒有關係（這效應強到給失智長者居住的療養院，會在公共空間裡複製美國小鎮大街，因為相關的地標與街景被認為可以讓院友回想起小鎮風情，然後他們就能因此獲得安慰）。

反社會性的設計

迪士尼的街道或許是複製品，或許是在重現眾人對於特定真實地點的印象，但它們能讓人平靜與激發善意的效果可說無庸置疑。這並不是說每個公共空間都得搞迪士尼的復古風，而是說我們應該承認每一片都市地景都集合了會誘發記憶與情緒的象徵物。每一個廣場、公園與建築的立面都訴說著我們是誰，都陳述著這條街的意義所在。

美學對於情緒會產生何種效應，並不乏詳細的書面紀錄。比方說我們知道看到垃圾、塗鴉與年久失修的建築物都會讓人感覺到疏離與抑鬱，老年人尤其是高危險群。我們從親生命性的研究中得知，自然元素的注入不僅有讓心情平靜的效果，甚至於我們在態度上都會因此轉變——我們會因此更傾向於相信別人、幫助別人。

我們還知道，角度銳利的建築線條會啟動大腦的恐懼中心，就像我們看到刀或刺時的反應一樣。我們的壓力荷爾蒙會因此釋出，讓我們不願意停下腳步去跟別人接觸。想親身體會這樣的效應，你可以跑一趟位於多倫多的皇家安大略博物館（Royal Ontario Museum），擴建的館體造型主題為「水晶」，由丹尼爾．李伯斯金（Daniel Libeskind）操刀。這作品用巨大的鋼鐵、鋁合金與玻璃片構成的稜鏡造型正對著人行道，結果就是布羅爾街（Bloor Street）原本都是人來人往，就這一小段是人跡杳然。

但都會地景其實不需要張牙舞爪，也一樣能讓人拔腿想逃。在城市裡，反社交的空間就像空白的牆壁一樣多。而且，空白的牆壁就是一種反社交的空間。

關於這一點，揚．蓋爾對街道邊緣的研究提供了證據。包含蓋爾在內的研究者都發現，一條街要是立面都像穿制服一樣一成不變，加上門戶、變化性與功能性都付之闕如，那麼人在經過時就會加快腳步，那反應就好像他們連一秒鐘也不願意逗留。反之，要是街道的立面變化多端，加上有很多可透露出店內光景的開口，然後各種功能與服務又俯拾皆是，那麼行人經過就會放慢腳步。他們會走兩步就駐足一下。如果我們比較立面活潑與單調的兩條街道，前者更能吸引人停下來打電話喔。

在紐約BMW古根漢實驗室進行實驗的期間，我們發現又臭又長又單調的建築立面不僅會讓人的「身體」速度慢下來，無趣的城市光景還會讓人的心情「盪」下來。行至下曼哈頓的東休士頓街上，你會發現，從二〇〇六年開始，在果園街（Orchard）與勒德洛街（Ludlow）之間原本小家碧玉

風景

紐約市的東休士頓街：稍嫌凌亂但「出頭」很多的路沿（左圖），讓人心情可以保持新鮮；整齊乾淨但單調無趣的街道立面（右圖）則讓人悶得可以。

資料來源：作者（左圖）；Alexandra Bolinder-Gibsand（右圖）

似的商家不見了，原本百花齊放的街景也不見了，取而代之的是專賣有機食品的賣場「全食超市」（Whole Foods），以及綿延將近一整條街區都沒有中斷的燻黑玻璃。參與心理研究的志願者在走訪這一帶後，提出的感想是，走過時心情最低落的一段路，就在全食超市立面外的人行道上。但只要往東一個街區到了休士頓街上，一條由店家與餐館所組成的長龍就讓志願者的感受急轉直「上」，主要是這裡固然拙於精緻，但卻毫無疑問地生活感十足。

事隔兩年，當時研究的同仁跟我發現，街道的邊緣不僅會左右人的快樂與否——路沿的風景也會改變我們對待其他人的態度！在跟西雅圖的非營利組織「睿智未來」（Futurewise）合作的過程中，我們派出了志願者去假扮成迷路的觀光客，埋伏在可以反映紐約情況的兩類街緣：一類街邊是長條且索然無味的；另外一類街邊則看得到小店林立，外加有包羅萬象的各種服務業。我們的志願者按指示站在人行道上研究地圖，臉上寫滿了觀光客的傻樣。最後我們在兩個實驗場地測出了南轅北轍的結果。平均在死氣沉沉的街邊每有一個人拔刀相助，朝氣滿點的街邊就會有四名俠客出手幫忙。

加總起來，我們可以判定城市設計的趨勢是一個成形中的災難。隨著活躍於郊區的大型零售商開始回頭把市中心當成「殖民地」入侵，「什麼都賣，什麼都不奇怪」的街坊小店節節敗退，把這些店家撐起來的王爸爸、李媽媽也都消失不見，原址重建的是空曠、空洞而冰冷的空間。如果原本的路沿溫暖而有人味，那整齊清潔的賣場就像把好的壞的都抹去的漂白水。這是一種沒有必要的「進步」，是一筆得不償失的交易。真要說，這種大吃小的過程影響所及，受到打擊的不只是城市的美學，甚至也不只是商品與服務的種類。這種像在玩大富翁一樣，一個蘿蔔一個坑地把大賣場給安在街區上的做法，其實會傷害到人的身體健康，其中又以年長者最經不起這種折騰。門面了無生趣的街緣會讓在地的銀髮族老得更快，門多、窗戶多、門階（stoop）多、可去之處（景點、辦事窗口）多等「四多」，則可以「延年益壽」，讓青春的賞味期限更久。這是因為大到不像話的建築與空蕩蕩的人行步道會讓老人家走不到他們每天得去的地方，於是他們的身體就會沒辦法保持硬朗，行動力也會跟著下降。他們會相對變得大門不出、二門不邁，擔任志工來傳承他們的智慧的意願也會降低[101]。

所幸有一些城市已經開始透過立法來阻止開發商對街坊的人情味趕盡殺絕。澳洲的墨爾本市府已明文禁止冗長且欠缺變化的建築立面，並強行規定新開的店家與餐館必須有八成的門面面積由門板與櫥窗組成。「做得更絕」的是丹麥。丹麥大部分的大城早在一九八〇年代就已經不准銀行在主要的購物街上開設分行[102]。丹麥人不反銀行，他們反的是一成不變的銀行外觀讓人行道「貧血」。他們認為金融機構太多會扼殺一條街道的生命，他們認為擁有健康而能賦予人生命的公共領域是公民的權利，這權利的位階高於合法的經商牟利——只不過這樣的觀念顯然不存在於曼哈頓的某些路段上，四家銀行各據一個角落競爭是這些地方的日常風景。

到了二〇一二年，紐約市這隻睡獅終於醒了。市府針對上西區的主要幹道採行了新的都市分區管制，來限制新店面的地面層（ground floor）橫寬。在人群熙來攘往的阿姆斯特丹街（Amsterdam）與哥倫布街（Columbus）上，建坪寬度超過十五公尺的建築物就必須容納至少兩戶的純商用空間，同時外牆規定必須透明；百老匯街（Broadway）上的銀行門面則限制在約七點五公尺的寬度以內。這些做法有一部分是針對全國連鎖的零售賣場，或財力雄厚的金融機構。官方希望避免這些「大鯨魚」把街廓全吃下來，而搞到王爸爸跟李媽媽開的小店毫無立錐之地，畢竟賦予鄰里個性的正是這些本土商家。「社區的靈魂就在這些店家身上，」高布瀰（Gale Brewer）以在地的女性議員身分對《紐約時報》做了這樣的立場宣示：「小藥房與鞋店是我們的心肝寶貝。」這些小小的生意能做下去，以人為本的街坊文化就可以傳承下去。

稠密的市區要同時滿足商用不動產的需求，又不犧牲掉建築物的可親，是絕對可行的，至少溫哥華做到了。就算「貴為」量販賣場，你也得調整自身的型態才能在市區立足。有家好市多跟附設的停車場想開在溫哥華下城半島地區，就必須埋在細瘦的獨立產權公寓大廈與臨街的連棟屋底下。而在距離市政府不遠的地方，某家「家得寶」（Home Depot）像漢堡肉一樣被夾在中間，下面那塊「麵包」是一整排店面，上面那片「麵包」則是花園公寓的綠意盎然。大賣場在轉角有專屬的入口，而其餘的街區立面則由一家星巴克、一家雜貨店與三家其他的店頭撐起。這麼做的結果是：「俗又大碗」的商品誘惑沒有扼殺掉街道的生機。來賣場的人要嘛走路，要嘛騎自行車，要嘛搭地鐵，一時興起還會在星巴克外面坐下來喝杯拿鐵，欣賞一下雨中即景。

收復失土

有一種設計師的理念就是要把人趕走。有個時期的曼哈頓中城（Midtown）搞不好聚集了人類有史以來最密集的一群反社交公共空間設計。一九六一年，紐約發布了一道立意良善的命令，是讓開發商有權以建地上的開放空間廣場來交換容積率。此令一出後的數十年物換星移，教訓就是我們絕不能把公共空間的設計交到私人力量的手裡，那會是一件很危險的事情。

這些既公又私、不公不私的開放空間——也就是很多人口中的「容積獎勵廣場」（bonus plaza）——可以說對人並不友善到簡直是想拒人於千里之外。一九六八年，通用汽車在第五大道蓋了棟一柱擎天的大廈，然後憑著在建築本體前面多蓋的一個廣場，而多取得了七層的容積獎勵。但是建築師的設計讓這廣場深陷在街面以下，同時邊緣扣上的欄杆——照威廉·懷特的說法，是標準的讓人一坐下去就會卡到背上那個陷下去的地方。這並不是個案。時間快轉到二〇〇〇年，紐約中城與金融區有過半數的容獎廣場都有問題，好一點的是毫無人氣，慘一點的更會讓人退避三舍。但你不要以為這是設計的失敗，因為人們都不想來才正中這些建築師下懷。紐約中城與下城有四分之一的容積獎勵建案出自理查·羅斯（Richard Roth）的「埃默里·羅斯父子」（Emery Roth & Sons）事務所之手，而理查告訴社會學家葛雷格瑞・史密斯賽蒙（Gregory Smithsimon）的講法是，他的客戶很明確地指示他要把開放空間的廣場蓋得讓人一進去就想離開。「我的客戶老是說：『不用太麻煩，有多基本就多基本，懂嗎？』」理查回憶說。不想被念，設計師可以做到讓人駐足凝望，但不可以做到讓人待得太爽。

有時候設計師會用鐵門跟圍籬來達到驅散人氣的反社交目標，但讓人屁股痛的座椅、「歪哥崎㞘」的邊緣，乃至於用下陷的設計去造成採光欠佳、環境偏冷、不易到達跟恐怖陰森等既成事實，也有一樣的效果。有時候他們索性在開放空間採取「完全沒有設計」的設計，就像在寸土寸金的鬧區硬插入一個寸草不生的沙漠。公民社會付出了城市上空的空間當作代價，希望跟建商換回的是彌足珍貴的公共場域，沒想到卻被無奸不商的建商給陰了，到手的廣場就這樣被「ＸＸ建設」給偷了回去。

但以哥本哈根為起點，邀請居民重返城市空間的運動已經開始往全球的城市擴散。以紐約而言，威廉・懷特的支持者已經用上了他的「社交性理論」來修補最最病入膏肓的城市角落。曾擔任懷特研究助理的佛列德・肯特（Fred Kent）手創了公益性質的「公共空間計畫」（Project for Public Spaces）來實踐懷特的願景。成立之初，公共空間計畫曾被洛克斐勒中心（Rockefeller Center）的業主找上門來問一件事情，老闆們想知道他們如何利用尖刺來防止人跑到線形廣場裡頭，然後往紫杉樹下一坐，或對樹「上下其手」。對洛克斐勒中心廣場的管理階層而言，人，始終是一個問題，他們不想招惹遊民或愛亂丟垃圾的民眾。肯特委婉地表示，與其修築樹的「防禦工事」，還不如裝些椅子給人坐。心血來潮的老闆們把話聽了進去，而改頭換面後的廣場變得像在向人招手，而不再趕人走。從這一天開始，洛克斐勒中心慢慢蛻變成紐約市數一數二有人氣的區域。其實不只在洛克斐勒中心，懷特的徒子徒孫只要插手任何一個地方，都會用上一個辦法，叫作「三角定位」（triangulation），也就是透過外來刺激來拉近人與人之間的距離，目標是人跟人能近到搭訕不會奇怪、交談可以「閃燃」。最最陽春的「三角定位」是把電話亭、垃圾桶跟長凳的位置安排在一起，又或者開放讓街頭藝人在階梯旁表演——總之就是要讓人走路快不起來，然後陌生人間的距離可以縮短。

點破了這一招是怎麼回事以後，你可能會注意到，凡是世界上讓人想一去再去的公共空間場域，背後都有「三角定位」的身影。田野廣場的人氣能如此之旺，就是因為咖啡廳、博物館、路阻，還有磚造的圓形劇場斜坡讓人有太多藉口能來了就不走。巴黎最古老的公設廣場「孚日廣場」（Place des Vosges），在四百多年前一現身，就被市民當成城市的「客廳」，如今更有草坪、沙地與噴泉，令人目不暇給，外加廣場邊上的拱廊裡有商店與咖啡香，這都讓人只能舉手投降。

三角定位在輸贏更大的地方找到了新氣象，是因為有另外一位懷特的信徒亞曼達．波頓（Amanda Burden）應聘擔任紐約市規畫局長。波頓在任期中完成了一項政績，那就是她成功啟動了還地於市民的齒輪，開始以大眾之名「收復」容獎廣場。通用汽車大樓廣場曾經槁木死灰，但這時期在公共設施與商業色彩的促成下恢復了血色。你可以看到六棵美國皂莢樹下有活動式的桌椅放在那，加上一旁有淺塘供人觀賞，簡直就是再理想也不過的戶外午餐食堂。不過真要說，通用汽車大樓廣場最讓人印象深刻的特色，還是它正中心那個房子般大小的玻璃方塊。你或許會想起羅浮宮中庭由貝聿銘（I.M. Pei）設計的玻璃金字塔，但這裡的玻璃方塊其實是地下蘋果專賣店（不能吃，只能滑的那種）的入口。綜觀之，廣場空間中有不同的行進速度與親密程度交織激盪出生命的頻率。九月底的一個下午，我在那兒目睹有年輕女孩戳著池塘水面上自己的倒影，一個上班族駝背補眠到暫時看不出他西裝筆挺，十幾對男女在進行午餐約會，還有幾十對只是望著四周，應該是把其他人都當成了城市的風景。人為這地方帶來了趣味與價值，而我們需要設計把人聚集起來，讓人們的腳步可以放慢下來，這樣廣場上才會有人與人的交往，才不會只是個大理石、水泥、水與玻璃同時出現的地方。

人們很容易把公共空間中的人際互動想成是一門高深的學問，不容大師級的規畫者與場址設計師以外的人多所置喙。但有時候事情真的沒有那麼複雜，有時我們只需要依循城市中本來的體系，解放一條條街道，事情就會很自然地發生，就不需要人去自尋煩惱。我曾經住過墨西哥市南端一個磚頭與鋼筋混搭出的雜亂社區，叫「柯皮爾科」（Copilco）。我在這裡最喜歡的地方，也正好是這裡最醜的地方：一個小廣場緊鄰八線道的南十軸大道（Eje Diez Sur），而大道上有外表方方正正，被叫作「佩賽洛」（pesero）的迷你巴士在噴著藍煙，你會看到像公牛一樣躁動的它們一輛輛站在街邊。至於抬起頭，你會看到有電線垂在上面，除臭劑與手機的廣告看板刻畫出天際線。這些東西看起來枯燥，但我必須說這廣場其實並不無聊。這裡有雙重的化學反應在進行：首先是西邊有大理石的階梯向下通往地鐵站，所以每小時都有幾百個人流進流出。地鐵提供的人潮要嘛會跟大道上的小巴互動，要嘛就是往鄰近的國立自治大學走。

再者，廣場的邊緣有小吃攤會「攔截」人潮。這些小販的「招牌菜」包括現榨的新鮮木瓜汁與柳橙汁，還有非正式的國民美食玉米夾餅，別看他們的地方簡陋，這些好料可是從他們的金屬浪板屋頂下變出來的。夕陽西下時，原本醜醜的天際線會因為一串串燈泡的點亮而消失，康比亞舞曲（Cumbia）的節奏在夜空中作響。旅人如我會手拿著塑膠盤子聚成一小圈，還會在紅通通的烤爐火光中把萊姆汁擠在玉米餅上。不拘小節的南十軸大道是街邊的客廳，是旅行中的友誼補給站。

「三角定位」用得好，再醜的地方都可以溫暖得足以讓陌生人像家人一般互動，重點是造鎮者要創造出理由讓我們駐足，有事情讓我們忙碌。在柯皮爾科的例子中，地鐵站提供了社交活動的薪柴，但火焰要靠實實在在的活動來點燃。而活動能夠發生，仰賴於活動「有發生的可能」，但太多城市往往沒有這種可能，因為它們已經被車輛擠爆，被法規綁死。好消息是，快餐車在先進都市裡已經慢慢獲得規畫者的青睞。從波特蘭到波士頓到卡加利，有關當局都開始用移動式的商販來作為實踐「策略性都市主義」（tactical urbanism）[103]的手段，其著眼點在於，把生氣注入到苦候甘霖的街區來匯集人潮，再期盼往後能有固定的店家進駐。

速度

不過雖然看起來粗獷而美好，這個廣場也有它甩不掉的黑暗面與缺點。要從北邊抵達這個廣場，你得以短跑選手的速度跟在南十軸大道上如牛群奔逃的小巴、計程車與私家車搏命，其中計程車與私家車的魯莽尤其不好對付。南十軸大道屬於準公路幹道網的一環，這算是一九七〇年代縱橫墨西哥市的一項建設。「路怒」會激發人的敵意，引擎與喇叭的噪音會讓人心煩氣躁；只要一越過停在路邊的小巴車側，你就會感受到對生命的威脅鋪天蓋地而來。這會改變你的心境，改變你待人接物的態度，讓你愈是靠近就愈是築起自己的防護罩。

當不同城市激辯著何謂宜居，車輛交通總是被大家不假思索地提出來，討論它衍生的效率問題、空氣品質與方便性，偶爾才會有人想到安全問題。但這些討論全都忽視了事情全貌中很重要的一環，那就是交通對於公共空間體驗會產生的心理效應。

人骨經過演化，已經能抵禦時速約三十六公里的堅硬表面的衝撞，而這已經是好手好腳成年人的極限[104]，所以可想而知，要是有比這還快的東西衝過來，人的反應一定是惶惶不安。在環境中置入具有速度的物體，而且是大到可以傷人的物體，人一定會感覺不舒服。要是再讓這些東西「個性十足」地不按牌理出牌，而且噪音大得跟什麼一樣，那外來刺激的完美風暴就儼然成形，任何人要是沒在外面包一層自我保護的東西，那就等著腦袋爆炸吧。我在說的，當然就是現在大部分城市的設計。

高速交通對公共空間的心理影響之嚴重，再多的三角定位都不是對手。在一九七一年那份針對舊金山若干平行街道進行的經典研究當中，唐諾·艾坡雅（Donald Appleyard）發現交通與社交生活間存在直接的關聯。在一條交通流量不大（日均車次兩千）的街上，研究者觀察到幾個現象，包括愛玩的小孩會在人行道跟街上跑來跑去，民眾會在門階上聯絡感情，並且所有人都會在道路的兩側建立起緊密的鄰里關係。

類似條件的街道如果把交通流量加到日均車次八千，那社交活動與交友關係的質量就會瞬間降低；流量再翻倍到一萬六千，那公共空間就只剩下「空間」，「公共」的元素幾乎蕩然無存，包括社交聯繫也只能苟延殘喘。這些街道其實只有一個顯著的差異，那就是每天經過的車流量。但假若要這些居民形容自己的社區是什麼模樣，高車流街道的居民反而說不太出個所以然，彷彿記憶很模糊一樣。相對於低車流的街道，高車流街道的居民口中的自家，是一個寂寞的地方。速度就是有這種把地方從心靈地圖上抹去的力量。

車輛為街景帶來的風險與不確定性，可見一斑。但交通的社交侵蝕力也來自於車輛經過時產生的噪音。背景一吵，我們就比較懶得開口說話，已經開始的對話也會草草結束，更別說我們會意見不合、焦躁、話不投機，而這些都算是噪音的「功勞」。在噪音的作用下，我們會對陌生人的求助視而不見[105]，會沒耐性，變小氣，也對交朋友失去興趣。這時街邊的花樣多不多，有沒有「集客力」，其實都已失去意義。

噪音對於人的影響有時候屬於隱性，亦即人會在不知不覺中受到噪音的牽引。夜間只要一點點車流，其噪音就足以讓壓力荷爾蒙淹沒人體的系統。很多人在城市裡住久了，都會被汽車喇叭與警消警笛的聲音制約，我們一聽到這些聲音就會提醒自己可能有危機，即便理性上我們知道這多半是響給別人聽、或要去處理別人的事情。還有壓力一來，我們就會把自己關起來，把人跟世界都擋在門外。

對於跟左鄰右舍住得近的人來說，離散都市系統對他們所做出最賊、也最壞的一件事情，恐怕就是起源於車流。現代都市裡的噪音、空污、風險與擁擠的感覺，多數的成因都是都會空間的設計利於私家車的高速行駛。我們付出了人情味的代價，只是為了讓有些人眼中的街道變成一抹失焦的幻影。這對市中心的居民來說，是一種極度的不公平，因為街道的原貌對他們來說，聯繫著生活中的一段段往返，理應柔軟而溫暖。

沒有人可以把都會空間中的社交生活與當中人事物的移動速度當成兩碼子事來討論。速度不放慢，公眾生活就不會有開端。這也就是何以「降速」會成為哥本哈根市政的一環，要知道當地大部

車流稀少的街道

日均交通流量：2,000車次
人均同街友人數量：3.0人
熟人數量：6.3人

車流頻繁的街道

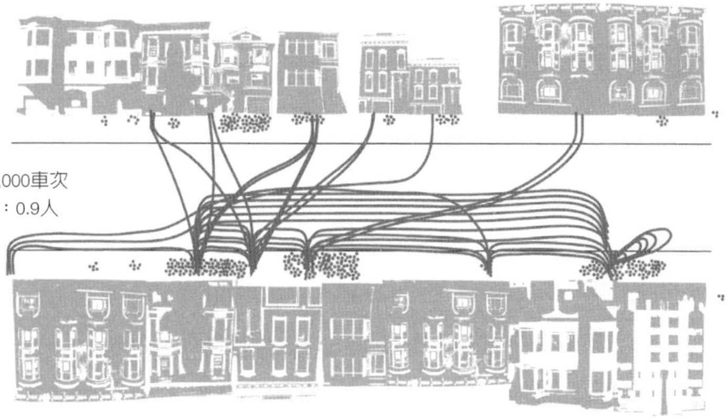

日均交通流量：16,000車次
人均同街友人數量：0.9人
熟人數量：3.1人

人群聚集處　　人們的交友路線

交通流量對街坊社交生活的衝擊

在一九七二年針對舊金山所進行的知名研究中，唐諾．艾坡雅以平行街道的比較，展示了車輛交通對交友模式的影響。基本上車流量愈高，居民的在地友人與熟人數量就愈少。

資料來源：Appleyard, D, and M Lintell. "The environmental quality of streets: the residents' viewpoint." Journal of the American Planning Association, 1972: 84-101. Redesign by: Robin Smith/Streetfilms

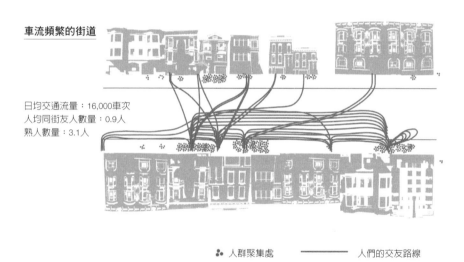

分的街道，行車速限已經降至每小時上限十五公里。哥本哈根的交通局長尼爾斯・托爾斯洛夫（Niels Torslov）告訴我，在他的部門裡，只要能數到某條街上有一大票人都沒在移動，那就算得上是一種成功，因為這表示在地已經發展出所有的生活機能，已經成為一個值得久待的地方。這樣的觀念也已經開始在英國生根，二〇一二年的七月，英國國會授權給各市府，以國家標準為基準，各地可在約十六公里的範圍內彈性降低駕駛限速。數十個地方政府馬上不客氣地施展這把「尚方寶劍」，大刀一揮，把住宅區的速限從每小時約四十八公里降至三十二公里。截至二〇一五年，在地街道降速的好處已經澤被於一千五百萬名英國百姓[106]。

停車的社會意涵

不要小看停車位，停車位的設計也會影響這個社會。交通規畫專家與布魯金斯學會（Brookings Institution）的會士勞倫斯・法蘭克（Lawrence Frank）觀察美國城市後，有如下的心得。他發現開店的人門前有沒有給客人的車位，是在地民眾跟鄰居熟不熟的關鍵，車位愈多，鄰居關係就愈疏遠。這當中的邏輯並不難解：因為好停車，所以上門消費的人會從在地的鄉親變成以過客為主。在商言商，店家想「擴大客群」無可厚非，但要是整座城市的設計都圍繞著停車位打轉，那大家購物的地方就會離家愈來愈遠，那因為買東西而認識朋友或至少覺得某人面熟的機會就會降低。

充足而便利的停車空間，是離散城市的正字標記，也是街坊生活的殺手。你只要走一遭洛杉磯，就會知道我在說什麼。有一說是，洛杉磯土地上有著地球上每平方公尺最高的停車位密度，而洛杉磯的街道上則人煙稀少。時間拉回一九九〇年代的尾聲，都市生活的促進團體原本寄望迪士尼音樂廳（Disney Concert Hall）這座由明星建築師法蘭克・蓋瑞（Frank Gehry）所操刀、且披著不鏽鋼外皮的指標性建築，可以吹口氣讓洛城的邦克山地區（Bunker Hill district）活過來。為此洛杉磯發債一億一千萬美元，蓋了可容納超過兩千輛車的停車空間——等於音樂廳的地下六層都是停車場。但這除了壓得音樂廳的租客——洛杉磯愛樂（Los Angeles Philharmonic）——喘不過氣，得按契約每年舉辦超密集的一百二十八場冬季演出來還債以外，音樂廳本身也沒有發揮活絡地方的效應。根據唐諾・舒普（Donald Shoup）的分析，這是因為人只要開車去迪士尼音樂廳，就不會離開音樂廳。舒普教授除了在加州大學洛杉磯分校教授都市規畫，也是「停車效應」的世界級權威。

「明明是代表洛杉磯的建築，你的體驗卻只是從停車場出發又回來這麼繞一圈，洛城本身完全不在行程之內。」這話出自舒普跟他的研究生麥可・曼維爾（Michael Manville）對這項開發案的分析與嚴厲批判。如今大部分的人來音樂廳，車子都是停在地下停車場，然後乘著一道道電扶梯「扶搖直上」來到音樂廳的穿堂，走的時候就沿原路回去牽車。這樣造成的結果是？結果就是周遭的街道仍舊空空蕩蕩，基本上看不到什麼咖啡店、酒吧或商店，主要道路上也看不見客源。兩個字形容這地方就是：寂寥。

好停車大家都愛，但這種「車庫效應」（garage effect）對住宅區的街坊有著巨大的殺傷力。一個社區裡要是家家戶戶都有空間把車往室內或地下室停，那你就別想經常在人行道上跟他們打上照面了。這個道理有多重要，你可能一下子腦筋轉不過來，但只要拿一個徹底執行的替代方案給你看，你就會懂了。我這裡剛好就有個德國黑森林心臟地帶的案例。

瓦本（Vauban）是一個軍事基地改建的實驗性環保社區，人口約五千名，從德國的中世紀古城弗萊堡（Freiburg）坐路面電車大概是十分鐘的距離。瓦本的公寓、連棟屋與小公園如果是一塊棋盤，那街道與步道就是上面的格線；如果這些建築物與街道是血肉，那連著它們的脊幹就是中央大道。至於在兩側拱衛著大道的，則是寬闊的草坪、人行步道與路面電車的軌道。

九月某日破曉，我跟著五歲的萊納和萊納媽出門，主角萊納今天是第一次騎自行車上學。我們三人搖搖晃晃地沿著靜謐的街道來到社區的大街上，那兒一樣有不輸任何城鎮的上班上學人潮——不一樣的是，走路在這裡是主流中的主流，大家不是直接走到學校，就是要走去坐路面電車，再不然也是要走到社區邊上那兩座未來感十足的立體停車場去取車。此時此地的生活感沸騰，就像建築師的建案模擬圖活過來一樣。

要討論這樣的光景，速度是一個切入點。如果真的很想開車，你還是可以手握方向盤駛遍瓦本的大街小巷，問題是開車不會比較快，走路才是真正快很多而且舒服很多的選項：住宅區巷弄的行車速限是每小時八公里，蝸牛都有機會跑贏你。

但瓦本真正讓人耳目一新的地方在於當局對停車的規畫。首先是瓦本禁止長期路邊停車，再者是瓦本重新定義了「房屋所有權」，讓「停車經濟學」遭到了翻轉。正常的情況下，市區的房子會連同停車位一起賣，所以房價包括停車位的價錢，但在瓦本，你有兩條路可選：有車一族買房，合約上會載明你必須購買車位，而且只能買在社區邊邊的兩座立體停車場裡——很多人會被這條規定嚇一跳，像萊納的爸媽就為了停車位砸了兩萬歐元（超過台幣七十萬）；但要是沒有車，而且又能豪氣地簽下「不碰車」的切結書，那你不但可以省下買車位的一大筆錢，而且還能以大約三千七百歐元（約台幣十三萬）的優惠價購入社區邊郊的綠蔭地——這算是一種投資，因為如果無車文化普及，那你可以跟所有人共享公園綠地；如果瓦本需要增建停車位，那地價上漲也會讓你的荷包受益。

車輛持有與使用成本的合理化有一層最大的意義，那就是無論瓦本居民選擇如何上班，他們在家附近一定盡量走路或騎鐵馬。瓦本的街上都是人，就是這樣來的；五歲的超萌通勤族，也是這樣來的。

如果說瓦本證明了什麼事情，那就是兩件事情可以決定一個社區有沒有生氣，一個是街道的行車速率，一個是停車位與家家戶戶大門的距離。停車位愈遠，街坊就愈活躍。對北美那一群「停車皇帝大」的人來說，這個觀點可能非常令人火大，但難停車的瓦本卻是弗萊堡的人氣郊區，至少小萊納非常滿意。

當我、他、還有他媽媽三人一到學校，五歲的萊納就轉身用德語對著我劈哩啪啦說了一段話，然後燦爛地對媽媽佩特拉．馬夸笑了一下。馬夸所提供的譯文是：「明天我就可以自己騎車上學了！」

車子都慢到不像話的街道，加上一路上都是熟面孔，實在找不到理由擔心的馬夸媽媽，也只能默默在心裡對兒子說：「你想怎樣就怎樣吧！」

當路不再是路

要砍掉重練，大部分城市都沒辦法這樣玩。稠密蛋黃區的燙金地段早就都「名花有主」，或已經另有用途，所以市府若想要為行人爭取到更多空間，官員們剩下的唯一選擇就是以容積率為籌碼，跟建商交換名為開放空間的容獎廣場，再不然就得砸錢買地。但他們其實不應該走投無路至此。要知道身為公民的我們，握有一筆很龐大的資產。別忘了，現行供私人載具停放與行駛的不動產都是公有的財產，而我們可以決定自己的財產要如何運用。把市民的福祉當一回事的城市，都已經開始把速度也當回事。關於街道到底是為了什麼、跟為了哪些人而存在，這些城市已經開始挑戰傳統的「智慧」，開始勇於嘗試曾被視為「激進」的做法。

這最新一波的公共空間實驗以波哥大為濫觴，波哥大先有了一個天馬行空的點子，然後命運又安排了一位市府官員來扮演伯樂。圭亞莫．佩尼亞婁薩的公僕之路是從配角幹起，他兩次替哥哥安立奎抬轎輔選，分別在一九九一年跟一九九四年的市長選舉，而戰績是二連敗。這對兄弟有志一同，都認為城市設計是一帖良藥，可以拯救深陷不公不義與內戰泥淖的社會於水火，不一樣的是，弟弟又特別在意公園。年輕時他踏入紐約中央公園，催生這片城市綠地的佛德列克．勞．奧姆斯德雖然已經仙逝，但卻以先知之姿盤踞著小圭亞莫的心思。

「當時沒任何紐約人不討厭彼此的：無論是黑人、白人、猶太人，還是本地人或外來移民，大家都一樣恨來恨去，」圭亞莫說的是中央公園誕生的十九世紀中期，「奧姆斯德篤信完善的公共場域可以透過空間的分享來增進人與人的互相了解，進而打破人與人之間的藩籬。[107]」雖然場景從大蘋果換成波哥大，但圭亞莫想的是同一件事情。

哥哥在一九九四年敗選後，圭亞莫打了通電話給市長當選人安塔納斯・莫庫斯（Antanas Mockus），希望準市長能至少參考他一部分的政策。跟哥哥安立奎比起來，圭亞莫的身段比較軟。如果說安立奎是有點想要教化人的福音論者，那圭亞莫就是個折衝者、談判者與說服者。不過他沒想到的是，莫庫斯竟然任命他為新市府的公園、體育與休閒局長，還充分授權要他放手去做。結果圭亞莫做出來的成績包括活化市府名下的閒置土地，沒花一毛錢購地就新建了兩百座公園。但這對久經公共空間大旱的波哥大市來說，只不過是杯水車薪，談不上天降甘霖，可是，要為此買地，市府又花不起錢。當一扇門關起，另一扇門就會打開，圭亞莫想到一個有點無厘頭的計畫叫作「希可洛維亞」（Ciclovia），也就是西班牙文裡的「自行車道」。這計畫本來就在，只是十餘年下來只圍出了大約十三公里給自行車騎士、行人與路跑者使用，而且只有星期天開放。這與其說是「無車日」，還比較像是每周限定的公園放大片，每七天曇花一現。不過，就算是在波哥大這麼個階級色彩濃厚、暴力犯罪猖獗、恐懼深植人心的城市裡，「希可洛維亞」還是跨階級地吸引了三教九流的市民，讓大家在幾十年來第一次開放的空間相聚。圭亞莫驚覺：這是奧姆斯德哲學的具體實踐！「我想讓『希可洛維亞』變成波哥大版的中央公園！」

「希可洛維亞」要能在貧富市民的融合上有所小成，規模不能只有這樣。於是圭亞莫「把小薯換成大薯」，慢慢把自行車道擴大成一個縱橫市區主要幹道的路網，全長上百公里。雖然「公共空間計畫」的名號相當響亮，但「希可洛維亞」其實什麼大錢都沒花，其中添購硬體的資本支出趨近於零，硬要說的話，就是買了些讓人車分流的路障吧，但那些東西能貴到哪去？這計畫真正不可或

西班牙文意思是「自行車道」的希可洛維亞

每到星期天，就有數十萬人會湧到波哥大的「希可洛維亞」範圍內走路、騎車、跳舞；時間一到，城市的公園體系就會像「灰姑娘」，一下子變身出很多很多公里的延伸空間，馬路路面上看不到呼嘯而過的車輛，只有雙腳或兩輪的熙來攘往。

攝影：Gil Penalosa/8-80 Cities

缺的，是政治家的決心。

在汽車本位的當代，「割地」給人的決定就像「割肉」一般，算得上極端。但效果終究顯現了出來，每個星期都有自行車、直排輪與「步輪」一字排開的百萬大軍，跑出來享受第一次屬於他們的城市，不知道的人還以為是教宗來了呢。

「希可洛維亞」如今不僅遍布哥倫比亞，甚至還「出口」到世界上其他地方，從墨爾本到邁阿密都有這樣的街道，會在特定時間從「怎麼約都約不出來」變身為可親的鄰家女孩，走在上面從像玩命變成充滿玩心；中國的北京為了紀念「抗日戰爭與二戰勝利」七十周年，官方對兩百五十萬輛車子下達不准進市中心的禁令，不少工廠也被強迫休息。就這樣，北京市民享受到難得的晴空萬里與乾淨空氣——說難得是因為閱兵一結束，讓人窒息的霧霾就又捲土重來。

無車概念在美國的「初登場」是二〇〇八年的夏天。三個星期六、三個豔陽天，紐約市的交通局豎起了路障，讓行人、自行車與直排輪能在主要幹道上暢行無阻，這包括像龍骨一樣貫穿曼哈頓中心的公園大道（Park Avenue）。數以千計的紐約客把活動名稱的「夏季街頭」（Summer Streets）塞得滿滿滿，做瑜珈的做瑜珈，跳森巴的跳森巴，打太極的打太極。當然也有很多人只是單純出門「遛自己」，臉上很明顯掛著「作夢都沒想到可以踩在大馬路上」的表情。沿著公園大道，居民好整以暇地踏出家門，大剌剌把摺椅往中央分隔島上的草地一放，就好像這裡幾百年來都是公園一樣。

紐約所有最「狂」的垂直地景，統統在這裡，這裡充滿各種精彩刺激與社交的可能性，這點沒有問題，只不過沒想到人突然還可以在此伸展自己與大口呼吸。少了震耳欲聾的內燃機，你可以呼喚你的朋友，她會在一條街外笑著回眸。這樣的體驗，幾乎可說是完美無缺。

這類做法除了是活動之外，也是「浸入式社交行銷」（immersive social marketing）的實踐與演練。每每一辦這種活動，城市與道路的多變性與可塑性就愈是明白——人只要認真想，城市與道路隨時可以換個面貌上場。在後「希可洛維亞」的時代，城市紛紛開始思考如何在公共空間與機動交通的規畫上大開大闔，身為城市一分子的我們則開始探究街道存在的意義，而大家腦力激盪出的、跟哥本哈根幾十年前得到的，竟是同一個答案：事在人為，街道的意義全由人來決定。我們只要做一件事情：向離散城市加諸在都會區中心的惡果說不，核心城市就有無窮的潛力可以成為宜居的場所。

註釋

93 譯註：從非洲的坦尚尼亞西北部到肯亞西南部，有一片廣達三萬平方公里的賽倫蓋提大草原，上面棲息著幾十種大型哺乳類與數百種鳥類，生態系的蓬勃與生物的多樣性令人驚異。

94 廣場的地點、形狀與設計都忠實反映了西恩納的演化。西恩納本來是數條商旅通道交會處的一片草原，幾百年來都作為市集，直到十二世紀，九個掌控城市的家族在此鋪上了石磚，並且在磚面嵌上九道洞石的光芒來象徵他們的統治。自此，廣場就成了西恩納宗族間合縱連橫與恩怨情仇的舞台——其中最具代表性的活動是一年一度的「西恩納賽馬節」（Palio），九個家族都會派代表沿著廣場的周圍賽馬。

95 斯楚格街獲規畫為行人徒步區後的第一個夏天，某段路上約十公尺寬的切面計算出流量是每分鐘一百四十五人。車輛還在此橫行的時候，斯楚格街處理的是其負荷量數倍的車流，但如今以這樣的人潮而言，斯楚格街其實又再度被填滿了。

資料來源：Gehl, Jan, and Lars Gemzøe. *Public Spaces-Public Life, Copenhagen*. Third Edition. (Copenhagen: Narayana Press, 2004.) 12.

96 一九八〇年代，加拿大一些原本很健全的社區開始有了電視訊號，結果這對「住民參與」的傷害可說是立竿見影。電視看愈多，人的物質欲望就愈高，焦慮感就愈強，物質上就愈做不到知足常樂，人跟人之間的信任就愈薄弱，社交性的活動就稀少。

資料來源：Frey, Bruno S., Christine Benesch, and Alois Stutzer. “Does Watching TV Make Us Happy?” Working Paper, Center for Research in Economics, Management and the Arts, University of Zurich, Zurich, 2005, 15.

97 為了凸顯人際接觸的重要性，柏林藝術大學有發明家設計出了多款原型手機，來模擬人與人之間的互動感受。其中一款以「握手」為主題的手機，會把發信者的握感傳送到收受方手上的壓力帶上；另外一款手機是由發信者吻在機身上，然後接收方可透過手機機身上的薄膜，感受到由濕潤海綿所模擬的嘴唇觸感。這些模擬連發明者本身都會覺得不舒服，起雞皮疙瘩，顯示了科技或許來自於人性，但卻不見得能符合人性。

資料來源：Li, Shan.“Emotional' phones simulate hand holding, breathing and kissing.” *Digital* Life. September 12, 2011. http://www.watoday.com.au/digital-life/mobiles/emotional-phones-simulate-hand-holding-breathing-and-kissing-20110912-1k4s1.html.]

另一方面，程式設計師則比較務實地希望以軟體來讓人在網路上搭上線，然後在實際生活中延續良緣。有些app會利用手機上的衛星定位系統來連結同一個範圍內的陌生人，其中同志交友軟體Grindr算是這一路的老祖先。另外一些，以Heyneighbor為代表的app，是透過網路去媒合需要幫助跟想日行一善的人；有些軟體則想挑戰利他主義的極限：以Cloo為例，你可以到這app上去登記自家的衛浴設備，然後有緊急需要的陌生人就可以來租。

98 初代「臉書社會學」（Facebook sociology）的研究已經問世，而其中的一項結論就是，臉書有助於低自尊的個體交到朋友。因為害羞，你沒辦法在酒吧對人眨眼，但你可以在臉書上「戳」人。在大學生當中，臉書的使用確實會低度對應到較高的社會資本與生活滿意度，也就是說這兩者間確實存在著弱相關。但臉書朋友多到爆，並不能無限制產生出社交紅利（social dividend）。首先是多數人的腦容量並不足以管理無限量的好朋友。演化人類學家羅賓．鄧巴（Robin Dunbar）的研究顯示，一般人的腦力可以乘載大約一百五十名熟人，但這只包括六到十二名你真的可以倚賴的摯友。無論你的朋友是從網路上還是在生活中交來的，這樣的數據都不會有太大的變動。但直到目前為止，網友都還不是真實朋友的理想「代用品」。被問到個人的網路交往狀況，大部分人會說網路上的友誼不如現實中的深入、投入，同時網友間也不可能像面對面的真人那樣相互扶持與彼此理解。針對人脈細密的香港，一項研究發現，以現實友誼為主的年輕人，會更能以彼此間的默契與特殊用語來進行溝通——他們會更能讀懂彼此言談中的弦外之音，更有可能會認識對方的家人與朋友，也更願意吐露自己的心聲讓對方知悉。他們會自覺不是普通地認識對方。

我們的幸福，會以人想像不到的方式遭到網路社交環境的扭曲。有個新的見解是，臉書朋友爆多，反而會讓人不快樂。這個現象可以回溯到之前提到過的「演化幸福函數」：人永遠會有股衝動要跟別人比較。馬德里IE商學院（IE Business School）教授兼作者迪爾尼．岡卡爾夫斯（Dilney Goncalves）解釋說，這問題出在人po臉書通常是「報喜不報憂」，所以臉書的世界是一個超級天龍國，是人生勝利組的菁英俱樂部。換句話說，臉書朋友愈多，你面對「完美人生」而自慚形穢的次數就愈多，這樣叫你如何喜歡自己的生活？（想知道不會被過度刺激的臉書朋友臨界點嗎？專家說是三百五十四個。）

資料來源：Valenzuela, Sebastián, Namsu Park, and Kerk F. Kee. “Is There Social Capital in a Social Network Site?: Facebook Use and

College Students' Life Satisfaction, Trust, and Participation." *Journal of Computer-Mediated Communication*, 2009: 875–901.

Dunbar, R. *Grooming, Gossip, and the Evolution of Language.* Cambridge, MA: Harvard University Press, 1996.

Krotoski, Aleks. "Robin Dunbar: we can only ever have 150 friends at most⋯." *guarDian.co.uk*. March 14, 2010. http://www.guarDian.co.uk/technology/2010/mar/14/my-bright-idea-robin-dunbar (accessed January 7, 2011).

Darius, K.-S. "A Comparison of Offline and Online Friendship Qualities at Different Stages of Relationship Development." *Journal of Social and Personal Relationships*, 2004: 305-320.

Pappas, Stephanie. "Facebook With Care: Social Networking Site Can Hurt Self-Esteem." *LiveScience.* February 6, 2012. http://www.livescience.com/18324-facebook-depression-social-comparison.html (accessed March 3, 2012).

Mesch, Gustavo S., and Ilan Talmud. "Similarity and the quality of online and offline social relationships among adolescents in Israel." *Journal of Research on Adolescence*, 2007: 455-65.

99 北卡羅萊納大學（University of North Carolina）的科學家觀察賣場裡的購物者後發現，把上樓電扶梯跟下樓電扶梯的乘客拿來比一比，前者捐款給救世軍募款活動的人數是後者的兩倍。這批科學家還找了兩組人，先分別看過「飛機窗外」與「火車窗外」的影片，然後再讓他們去打電動，結果顯示前者比較能成為「好隊友」。高度與利他行為（altruism）之間的正向關聯也出現在其他好幾項實驗裡面。結論是北卡的科學家認為，「居高臨下」的處境或「向上移動」的過程，都會讓人聯想到「高尚」或「高潔」的思想或行為——不過，自北卡的這份研究發表以來，學界也對其資料的效度提出了質疑。

資料來源：Sanna, L. J., Chang, E. C., Miceli, P. M. & Lundberg, K. B. "Rising up to higher virtues: Experiencing elevated physical height uplifts prosocial actions." *Journal of Experimental Social Psychology*. Vol. 47, 2011: 472–476.

100 華特・迪士尼跟他的設計團隊都出身電影產業，美國小鎮大街就出自於他們的手筆。他們設計的初衷就是要讓這條大街看起來像是個電影場景，包括所有的道具都要讓來玩的每一個人覺得自己彷彿置身在電影裡頭一樣。他們的目的就是要讓遊客暫時忘記當時仍正從洛杉磯溢流出去的離散地區，是多麼地沒有人味。

「在城市裡我們感覺被威脅……我們不跟人說話、不相信自己聽到的事情、不看人……我們不信任人，我們會發現自己總是一個人。不斷繼續把百葉窗拉下、切斷自己與外界的聯繫，我們就是在慢性自殺。」說這話的約翰・漢區（John Hench）是迪士尼的左右手，也是在一九七八年被迪士尼稱為首席「想像工程師」（Imagineer）的人。「華特想要讓人感到安心……於是他用上了懷舊的元素，這點沒有問題，但懷舊是懷哪個舊呢？美國從來沒有過一條『美國小鎮大街』的本尊，但這條山寨街卻能讓我們想起關於自己的一些事情，一些我們早已忘記了的事情。」

資料來源：Haas, Charlie. "Disneyland is Good for You." *New York Magazine*, December 1978.

101 針對蒙特婁中高齡居民所進行的研究顯示，長者若住在前廊跟門階都還在的街區上，雙腿與雙手都明顯比較有力；至於荒涼的街區就不太能這樣充當「維骨力」。同時長者若有主客觀條件的配合可以步行去購物或辦事，那麼他們站出來擔任志工、串門子或活躍於社區中的機率也會增高。

資料來源：Brown, S. C., C. A. Mason, T. Perrino, J. L. Lombard, F, Martinez, E. Plater-Zyberk, A.R. Spokane, and J. Szapocznik. "Built environment and physical functioning in Hispanic elders: The role of 'eyes on the street.'" Environmental Health Perspectives, 2008: 1300-1307.

Richard, L., Gauvin, L., Gosselin, C., and Laforest, S. "Staying connected: neighbourhood correlates of social participation among older adults living in an urban environment in Montreal, Quebec," *Health Promotion International*: 2008. 46-57

102 關於丹麥的這種做法，依據來自於「改善都會空間」（*Improving Urban Spaces*）這份以主要商業街作為主題的研究。這份研究涵蓋了丹麥幾乎全數稍具規模的城市，加一加共有九十一座。

Published by the Danish Town-planning Laboratory in 1991.

Dansk Byplanlaboratorium, "Improving Urban Spaces," (1991).

103 譯註：用以改善在地社區或都會人居環境，但僅屬短期且具有明確「戰術目標」的低預算手段，統稱為「策略性都市主義」。

104 尤塞恩・波特（Usain Bolt）在二〇〇九年的世界盃田徑錦標賽中，創下男子百米短跑九點五八秒的世界新紀錄，換算成平均時速是三十七點五八公里。

Hamilton-Baillie, B. “Urban design: Why don’t we do it in the road?” *Journal of Urban Technology*, 2004: 43-62.

105 事實上，田野實驗顯示。背景噪音一大，人的行為模式就會有系統性的改變。無論是幫陌生人撿書，還是借別人零錢打公共電話，我們都會變得比較不主動。

資料來源：Cohen, S and S. Spacapan. “The social phycology of noise.” In: Jones, D.M. and A.J. Chapman. eds. *Noise and Society*. (Chichester: Wiley, 1984): 221-245

106 二〇一二年七月十四日的《獨立報》（*The Independent*）登出了由湯姆・羅倫斯（Tom Lawrence）所寫的報導，標題是「速限訂定權將下放至市議會」（Councils To Get Speed Limit Powers）。

Lawrence, Tom, “Councils To Get Speed Limit Powers,” The Independent, July 14 2012, accessed March 7, 2013, http://www.independent.co.uk/news/uk/home-news/councils-to-get-speed-limit-powers-7944126.html; “Welcome to the Website of 20’s Plenty for Us,” www.20plentyfor us.org.uk, accessed December 1, 2015, http://www.20splentyforus.org.uk/.

107 奧姆斯德確實在公園裡實踐了社會平等公義的哲學理念。中央公園裡的「林蔭區」從六十六街「切西瓜」到七十二街。這條寬度約十二公尺的步道兩旁有林木搭起的綠色隧道，而其用意就是要鼓勵人不分彼此地在這裡散步，藉以為這幅美麗的群居風景添上最後一筆。

CHAPTER 8

汽車之城（上）移動篇

移動是什麼感覺，移動為何不能讓人感覺更好一點？

天空不斷在原地繞行，日落又起，月缺還盈，
恆星與行星堅守自轉公轉的兩軸，空氣被拋接成風，
水面有潮起潮落，這無疑是它們的生存之道──
以萬物為師，「想活就要動」的這一課我們也應該學到。

──羅伯特．伯頓（Robert Burton），《憂鬱的解剖》（*The Anatomy of Melancholy*）

聊到城市，話題最後往往會變成在討論不同的地方各自長得什麼模樣，也可能扯到住起來的感覺有什麼不同。但如果話匣子就此打住，那我們就沒辦法窺得城市的全貌，因為我們的城市體驗有很大一部分跟速度有關：根據目的地的不同，我們可能一步一腳印，也可能三步併作兩步。生活在城市裡，我們有時候是看風景的旅人，有時候是風景的一部分。

這個問題由不得我們小覷，因為城市的設計關乎我們會如何移動，而我們如何移動又形塑了城市的風貌。揚．蓋爾說得很有道理，當你替特定的交通工具設計道路（比方說私家車），道路上最

後就會都是這種移動方式。但這種關係是一把雙面刃。愈多人選擇開車，都會體系就會窮盡一切發展去容納駕駛人，最後形成一種無止盡的迴圈，車流量愈是不斷膨脹，都市地景就愈會去配合車輛。

所以，若我們想深刻了解城市對於人類幸福的影響，就一定要先了解在城市中移動是什麼感覺，乃至於這種感覺會如何左右人的行為。但這種「移動心理學」就像迷宮裡每面牆都是鏡子，我們渴望的東西、我們的行為、跟讓我們覺得舒服的東西，這三者常常沒辦法達成協議，這也是人自我矛盾的一種反映。

我採訪過世界各個城市中的通勤者不下數十位，而他們的上下班之路各有不同的感受與切身之痛。但如果要選一個人來代表都會旅者的複雜心境，「脫穎而出」的會是勞勃·賈吉這位四十八歲的人夫與人父，他曾經投稿到一個加拿大的廣播節目裡，說明他有多喜歡騎自行車去為日常所需「補貨」。照理說，喜歡騎自行車去買雜貨的爸爸非常多，這種「告白」實在不值得大驚小怪，問題是：賈吉住在薩斯喀徹溫省（Saskatchewan）的薩克屯（Saskatoon），而這地方的一月平均氣溫是攝氏十七度——我是說零下。你不難想像這城市差不多一年到頭都是冰天雪地。如果說有什麼地方不適合在室外騎自行車，我想薩克屯絕對有資格報名。

我打了通電話給賈吉，先確定他精神狀況正常，然後他跟我分享了他跟太太在兩年前決定跟車說掰掰的過程。生性喜歡挑戰的賈吉首先把多功能的水槽拴在自行車用的拖車上，他的如意算盤是這樣就可以拖超過四十五公斤的生活補給回家；接著他又給自己的「坐騎」換了鑲釘的輪胎，給自己添了祕境探險用的滑雪行頭，包括附極地等級立領的羽絨外套來保護他的嘴唇與氣管不受寒氣侵襲。盡完人事，賈吉就衝了。

「你可以把冬天騎自行車想成是赤腳走過燒炭，問十個人，十個都會說你瘋了，都會說不可能！但你想做就做，誰管得了那麼多。」他說：「剛開始寒風灌進嘴巴跟鼻子真的超冷，畢竟外頭氣溫是零下二十五度，你的眼睛會受不了而開始『流目油』，但騎個幾條街，慢慢適應了，你的視線就會『放晴』，然後你就能繼續騎下去。」

賈吉尤其得意的是他能騎車去「超級店家」（Superstore），這是間位於內郊區，距離他家大約五點六公里遠的大賣場。這地方以他的腳力大概騎二十分鐘可到，而且因為升級了鑲釘輪胎，他在結冰道路上的操控性要優於大部分的汽車，唯一的小問題是在停車場裡會被覺得他怪的旁人行注目禮。有人會問他是不是沒地方住，有人會問他要不要搭便車，但賈吉好得很。他甚至還很享受一路上被風吹出來的雪堆，他會刻意騎著自行車穿梭雪堆，讓人看胎痕就知道騎士在這裡留下了勝利的身影。

賈吉會偏愛這種又慢、又辛苦、又不舒服的自行車旅行，很難讓人不覺得怪異。而為了表明心志，他說了一個故事：他去日托中心接三歲的兒子時，偶爾會把這小子往協力車的後座一擱，父子倆就會兩人四腳沿南薩斯喀徹溫河騎車回家。城市所有的雜音被飄著的雪花消弭，夕陽就像畫筆，在天空中揮灑出巧奪天工而難以名狀的繽紛色系，那些賈吉叫不出名字的顏色會映在雪上，也在雪上閃耀。賈吉一邊吸進冷冽的空氣，一邊聽得兒子在身後呼吸，他覺得自己跟孩子也融入了這雪中即景。

儘管不是每個人都能像賈吉一樣忍受不舒服、體能勞動與生活的不便，但我們可能沒意會到的是自己內心也有一個賈吉。都市中的小旅行可以讓我們在心理上得到各式各樣的滿足。「對很多人來說，通勤其實是一趟英雄的探尋之旅，」加州大學戴維斯分校的運輸工程師派翠莎・莫克塔利恩（Patricia Mokhtarian）在聽完賈吉的故事之後，做出了這樣的評論。她說很多靠車上下班的人也有一樣的心情。「記得《奧德賽》的故事嗎？裡頭的英雄不是都一個個駛著船迎向冒險與心志的磨練，最後才能返航歸鄉嗎？嗯，其實通勤也可以如此史詩壯闊，也是一種人奔向世界、征服交通、順利存活，最終回到溫暖家人懷抱中的過程。」

我們可能會抱怨通勤，但在訪問過數百名加州的通勤者之後，莫克塔利恩博士發現多數人其實喜歡每天被「強迫旅行」一段時間。「我們曾聽到不少人說：『雪特，我通勤的時間太短了！』」當然沒有人喜歡翻山越嶺只為上個班，大部分人鍾情的通勤長度是單程十六分鐘[108]。但即便如此，莫克塔利恩跟其他的交通學者都強調，無論長短，所有的通勤都是一種「儀式」，都可以改變我們對「我是誰」的認知，乃至於影響我們對自己在這世上卡著什麼位置的認定。

開車，跟你想的不一樣

如果你要用人數多寡來判定各種移動方式的「爽度」高低，那麼開車擺明了是第一名。在美國，每十個通勤族裡，就有將近九個人每天開車上班。四分之三的加拿大人與三分之二的英國人也幹一樣的事情。

開車有滿滿的各種情緒上的「紅利」。路況好的時候，開車的人處於一種「操之在我」的精神狀態：主觀上，駕駛人對自身生活的主控感受要高於大眾交通工具的使用者，甚至也高於他們車上的乘客。許多通勤者在莫克塔利恩面前都招認，開車的一大樂趣在於被目睹坐在「百萬名車」裡。高級車的無形價值在於它是身分地位的象徵，人開起來有一種或許虛幻但又非常尊榮的體驗，而這種「生化反應」又最容易在年輕男性的身上展現出來。蒙特婁的研究者發現，男大生不過花一個小時開名貴的跑車——比方說牌價十五萬美元（約五百萬台幣）的保時捷，睪固酮就會在腦裡爆開，超嗨；但要是開的是老舊、高里程數的Toyota Camry，那開車就只是開車而已，開完還有點累。「這種內分泌反應非常顯著，跟有沒有人在看沒有關係。」這項研究的共同作者蓋德・沙德（Gad Saad）做了這樣的補充，他是蒙特婁康考迪亞大學（Concordia University）的行銷系助理教授。換句話說，車子只要夠帥，就可以觸發小男生的荷爾蒙反應，就算旁邊沒有正妹也不受影響。無怪乎十個美國人裡有四個人說他們「愛」自己的車子。

但話說回來，住在大城與郊區的通勤族有半數說自己不喜歡每天必須跑的這一趟「英雄之旅」——悶悶不樂的這群人也以開車族為主。問題的部分原因出在，車子潛在的解放感與速度感被封印住了，我們都知道這兩種承諾得在開闊的大道上奔馳時才能兌現，而都會系統讓這種能力被打了個大大的折扣。名車與跑車開起來還是很有面子，但只要你前後左右都是車子，那再大的扭力與馬力也是兩個數字。

陷在車流中，折磨的是大腦也是身體。在都市裡開車，駕駛人的血液是高純度的壓力荷爾蒙濃湯。車流愈塞，你的身體就愈是奔流著腎上腺素與皮質醇這兩種逼人或戰或逃的湯汁——短期內，它們會讓人心跳加快、血管擴張與注意力提升，但時間久了人會因此生病。長途通勤之後，人的專注力會需要多達一小時的恢復時間。惠普（Hewlett Packard）的研究人員說服了英格蘭的志願者戴上測試電極來通勤，結果發現，他們無論是自己開車還是搭火車，尖峰時都會體驗到比戰鬥機飛官，或比鎮暴警察面對失控抗議群眾時還高的壓力[109]。

只要你曾經駕駛太空船穿過小行星帶，或至少曾於某個星期五晚上開車，從安納罕走聖塔安娜高速公路（Santa Ana Freeway）到洛杉磯，那你就會知道腎上腺素火力全開是怎麼一回事。短時間內，腎上腺素的爆發會很有快感，但別以為你可以在裡面一直「泡」著，因為這類荷爾蒙可是有毒的。你的免疫系統作用會被這些激素的抵銷，你血管跟骨頭會弱化，你的腦細胞會開始因為受不了壓力而爆掉。長期路怒其實會改變掌管大腦恐懼的杏仁核的形狀，同時殺死海馬迴裡的細胞。

都會區的公車司機會比其他行業的人更常生病、更常請假，而且還更難長壽，這是一個理由。壓力專科醫生約翰．拉爾森（John Larson）曾提出他的許多心臟病病人的共通點：他們都是先在開車時暴怒，然後心臟才緊接著「罷工」。

很多人可能不會把自身的不如意怪到通勤頭上，但事實是，通勤時間超過十六分鐘，他們的生活滿意度就會下降。蓋洛普與上市公司「健康之道」對美國人進行的民意調查發現，通勤時間愈長，苦於長期疼痛、高膽固醇與整體性不快樂的比例就愈高（通勤超過九十分鐘的人最慘，焦慮、疲倦跟肥胖在他們身上最明顯，同時他們也遠不如短程通勤的人那樣享受人生）。

汽車曾經是人類獲致無上自由與便利性的希望所繫，但即便我們在道路與公路上砸下了種種驚人的投資，即便北美的城市設計幾乎完全向著汽車傾斜，人們的通勤時間卻穩定地不減反增。就以美國人為例，他們的日均通勤時間從一八〇〇年到最近，都維持在一定水準——不含為了其他事情繞路，來回通勤大致都落在四十分鐘左右。但如果把時間拉到現在，美國人平均花在上班來回的時間是五十分鐘、紐約都會帶是六十八分鐘、倫敦是七十四分鐘，最嚇人的是多倫多的八十分鐘。數十份研究都嚴謹地以實證告訴亞特蘭大居民一件事情：想解決塞車不能只是蓋更多公路，那只會讓車流變得更多，讓「快樂水車」被大興土木跟大失所望輪翻推動，但你還是在原地沒動。

快樂腳

有一群通勤者比誰都開心，而他們能享受移動並不是因為有什麼偏方。他們上班不需要加油，因為他們靠的是自己的雙腳。這些人有人走路，有人跑步，有人騎鐵馬上班。

雖然乍聽之下有點辛苦，但「雙腳萬能」的通勤族表示，他們感覺日常來回比長時間坐著上班的人輕鬆，同時他們也最常以「好玩」來形容自己的通勤過程。小朋友壓倒性地說比起被車子載到校門口，他們比較想自己找路上學，而城市裡的美國人跟加拿大人也是一樣的心情。問題是，這些城市的設計往往讓走路跟騎車顯得既不舒服又危險。荷蘭的狀況是，道路設計者創造了安全的空間給自行車，而自行車在主觀的喜悅感上贏過開車跟搭車上下班的人，在恐懼、憤怒與哀傷的體驗上少於機動車輛的主被動使用者。即便是在紐約市這種吵雜、壅塞、推擠與危險的路上，上下班時間的自行車騎士也比任何人都樂在其中[110]。

明明比較慢又比較累，為什麼走路或騎車會比開車來得有滿足感呢？一部分可以用人類的生理結構來解釋。人生來就是要移動的——不是被「搬動」，而是要使用我們的身體去推動自己穿越地景。從基因的流轉去回推，我們的祖先已經步行了四百萬年。

荷蘭通勤者的主觀情緒分析

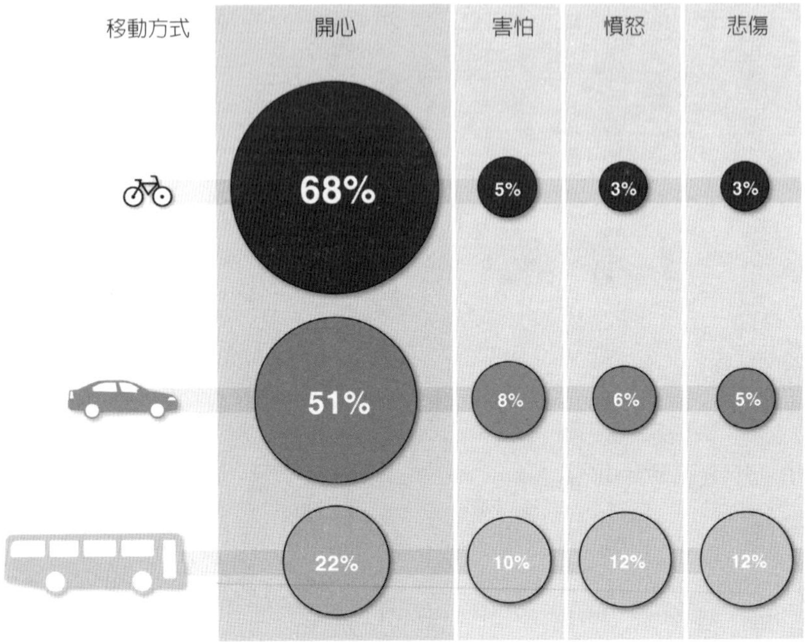

快樂上班去？

在道路空間屬於所有人的荷蘭，自行車其實絕對是最爽的一個族群。公共運輸系統的乘客則自覺最可憐，這點跟大多數其他地方一致。

繪圖：Scott Keck

資料來源：Harms, L, P Jorritsma, and N Kalfs. Beleving en beeldvorming van mobiliteit. Den Haag: Kennisinstituut voor Mobiliteitsbeleid, 2007

With permission from Peter Jorritsma, KiM Netherlands Institute for Transport Policy Analysis, Ministry of Infrastructure and the Environment

人類曾經一天走多少路呢？科羅拉多州立大學的健康與運動科學教授蘿倫・寇登（Loren Cordain）嘗試釐清這項謎題。她比較了久坐的白領族與南非現在仍以狩獵採集度日的坤族（!Kung）[111]布希曼人（Bushman），觀察兩邊的日常能量消耗有什麼不同。在特定區域，坤族的女性仍每天出門採集堅果、莓果與可食的植物根部，至於男性的族人則獵捕蜥蜴、牛羚或任何他們可以在沙漠裡掌握的獵物。其中坤族女性每天步行大約九公里，男性族人的「里程數」更可以累積到十五公里，而且一路上他們往往身上都是「大包小包」。作為對照，美國辦公室勞工的運動量只勉強達到坤族的五分之一。

這個狀況還滿棘手的，主要是「一動不動」之於人體，就等於鏽蝕之於古董車一樣。太久不動，肌肉就會開始萎縮，骨質會疏鬆，血液會混濁，精神會難以專注，本來還好的問題也會變得棘手。一動不動不只是讓人聯想到死亡而已：不動根本就會加速人的死亡。「老是坐著」本身就非常夭壽。

只要我們運動的時候沒有被火燒到、被天氣冷到、沒有被嚇著，生命也沒有受到威脅，那人的演化無疑是朝著愈動愈聰明，愈動愈開心的方向發展。

加州州立大學的教授羅伯・賽爾（Robert Thayer）在幾十名學生身上裝了計步器，然後讓他們正常過日子。如此經過二十天之後，就他們的情緒、態度、飲食與快樂程度進行分析。結果這群學生平均每天走九千兩百一十七步——雖然跟坤族族人沒得比[112]，但還是樂勝一般的美國人。光在學生裡面比，路走得多的人會在主觀上感覺自己比較有活力，而且不太有情緒問題。這些人會比較有自信，比較開心，甚至會對自己吃的食物比較滿意。

「我們在此談論的現象不單純是『走得多點，活力滿點』這麼狹隘。我們說的是『走得多點，就快樂一點；不自卑，會更有食欲一點，更會在乎食物是否營養』。」賽爾說。這位心理學家一輩子研究的都是人類的情緒，而一次次的測試都證明了要把人從心情不好的陰影裡拉出來，最好的辦法就是去短短的散個步。「走路、散步，其效果就跟吃藥一樣，而且還是踏出幾步就開始作用的特效藥。」

一如哲學家齊克果（Søren Kierkegaard）所言，沒什麼天大的事情會讓你不能選擇「走開」。幸福真的可以用腳走出來。

騎自行車的道理也一樣，而且自行車還多一個好處是，無論你再怎麼懶，再怎麼慢，你的速度還是會比走路快上三到四倍，但同時你消耗的能量只有步行的四分之一。多台自行車，旅者的移動範圍就可以擴大九到十六倍。所以很簡單的道理，人跟自行車合體的移動效率，絕對不是任何單一機器或動物可以比擬。

無論騎自行車騎得再辛苦，好像也沒人因此否定騎車的樂趣。他們只覺得自己無所不能，無拘無束，而且也發現自己變健康了。改騎自行車上班，讓人在第一年裡平均瘦將近六公斤。這些人或許不會都像賈吉那般達到「天人合一」的境界，但他們確實感覺自己與周遭環境的距離拉近了，而這是在轎車或公車等「鐵包肉」的環境裡所不可能做到的事情。踩自行車上下班是一趟趟既運動到人的感性、也操練到人的肢體的旅行。

這一切的一切都指向都會區移動的兩個問題。首先，上班族顯然在通勤時都不怎麼快樂，這點在北美城市裡尤其嚴重。再者，或許也是更迫在眉睫的問題，是我們壓倒性地選擇了污染最嚴重、成本最高昂、對環境殺傷力最強的方式在移動。一如我在前一章所討論到的，汽車無論是被塞在車陣裡，還是暢行無阻一路高速呼嘯而過，社區鄰里的社交體系都難逃被摧殘蹂躪的命運。這些車輛正是大部分城市裡霧霾的主要來源，同時車輛的引擎也幾乎可以確定是每人每公里溫室效應氣體排放量的「第一名」，就連噴射客機都沒得比。這種成事不足還敗事有餘的移動方式（既無法讓人快樂又不環保），竟然會在這麼多人心中雀屏中選，實在讓人相當傻眼。但問題是：人在選擇上真的有這麼大的自由？這真的是我們內心所選？

被「設計」了的行為

平均而言，美國每一百個通勤或通學者裡，只有五個人搭大眾交通工具，三個人走路，至於騎自行車的只有一個人[113]。如果走路或騎車這麼「爽」，為何選擇的人不多？為什麼保持健康基本的日行一萬步，大部分人完全做不到？為什麼我們會排斥大眾運輸工具呢？

把鏡頭拉到喬治亞州，地點是位於亞特蘭大，像碉堡般的賣場「桃樹中心」（Peachtree Center）。我傻傻跑到賣場裡的美食街，把大家為何不騎車、不走路的問題丟給一位食客——她叫露西。露西那天早上才剛從克雷頓郡（Clayton County）開車走約二十四公里的高速公路，下交流道之後停進立體停車場，然後走幾十步空橋去坐電梯，最後再追加幾十步抵達她的辦公室。這樣要花多少時間？大約半小時。而這樣的總步數：三百左右吧。她對我露出了一個大大的微笑。

「親愛的，亞特蘭大人是不走路的，」露西告訴我：「這裡每個人都開車。原因我也說不上來，大概是我們比較懶吧。」

懶?這種說法其實站不住腳。露西自身的通勤就是證據。不開車,她其實上不了班。二〇一〇年發生了一件事情,那就是克雷頓郡內全數的公車路線都停駛了[114]。手頭一緊,地方政府第一個就拿郊區的公車開刀。這只能說,在人口稀疏的離散城市養公車,對沒錢的「郡庫」來說實在有點奢侈。

所以我們不能把問題的答案推給「懶」。問題的核心在於人類心理與城市設計的交會點。要知道城市設計會影響我們的移動方式,而特定的城市幾何會剝奪我們選擇的權利。

說到以設計去干預人類的行為,亞特蘭大著墨之深,少有其他城市能出其右。平均起來,亞特蘭大的成年上班族得每天開將近七十一公里的車[115]。九十四%的亞特蘭大人靠車通勤。全美國油錢花費最高的大城市,就是亞特蘭大。在第五章我解釋過,在亞特蘭大,高速公路的路網將人口大力甩向喬治亞州的每一個鄉間——然後讓他們面對「世界級」的塞車而束手無策,只能坐以待「塞」。而在一份針對超過八千個家庭所做的研究中,喬治亞理工學院的學者在勞倫斯·法蘭克的領軍下,發現他們可以光以人住在何處,來推想這人的「燕瘦環肥」。

法蘭克發現,白人男性若住在靠近亞特蘭大的中城,距離市中心近而非常活絡的區域,那他就比住在像梅伯頓(Mableton)這種地方的「同卵雙生」手足輕上約四點五公斤。因為比起像梅伯頓這種由囊底巷所組成的社區,中城居民可以得到充分的運動的機率高出一倍。

這兩類社區形塑居民移動方式的情形如下:

中城在離散主義者染指城市之前,就已經將社區架構定型。在點與點的相對距離、也就是幾何設計上,中城有著「電車社區」特有的方便性,這點並不因路面電車在一九四九年停駛而有所改變。住房、商辦與零售店面在柵狀的街道中聚在一起。無論你渴望的是一品脫的鮮奶、一杯悶酒、還是一台可以轉乘到市區的巴士，你的綠洲跟你都只有幾個街區的距離。任何人需要任何商品、任何服務，或者想要去搭不算四通八達的亞特蘭大地鐵系統MARTA[116]，都可以舒舒服服地走到，所以一堆人都用走的。

但到了像梅伯頓這樣的郊區，我們看到的是住宅區超級大，路超級寬而且超級繞，然後商家普遍集中在遠得要命而且被停車位團團包圍的購物廣場裡。每十位亞特蘭大人，就有六個人跟法蘭克說他們走不到附近的商店、服務業或公車站，因為這三類東西絕不會一起出現。這有一部分得歸咎於道路的相對位置：法蘭克的團隊發現郊區的囊底巷或許有其用意，但卻造就了一個「反效果」十足的行為體系。

郊區的設計是想要在一定的面積裡，塞進最大數量的囊底巷，結果就是產生了樹狀的道路體系，而樹狀的路網會讓車流集中在少數幾條幹道上。在這樣的體系裡，每個目的地之間的距離遠如「牛郎與織女」，點與點間不再有最直接的路徑。但移動的相連性則是一翻兩瞪眼：路網的縱橫交叉多，走路的人就多；井水不犯河水的獨立囊底巷多，開車的人就多[117]。

點與點之間的距離愈來愈遠，不是亞特蘭大的專利。一九四〇年，西雅圖居民與最近的商店相距約八百公尺，但到了一九九〇年，這個距離已經拉長到超過一公里。二〇一二年，臉書與建築師法蘭克・蓋瑞公布了臉書集團新址的設計，那是個隔著濱灣高速公路（Bayfront Expressway）、與矽谷舊址遙遙相望，一萬多坪的園區。蓋瑞表示，他的計畫是希望透過具有開放性概念的單樓層設計，來追求「若有似無的連結性」。但無論這企業園區的幾何設計有多神奇，都不可能改變一項事實，那

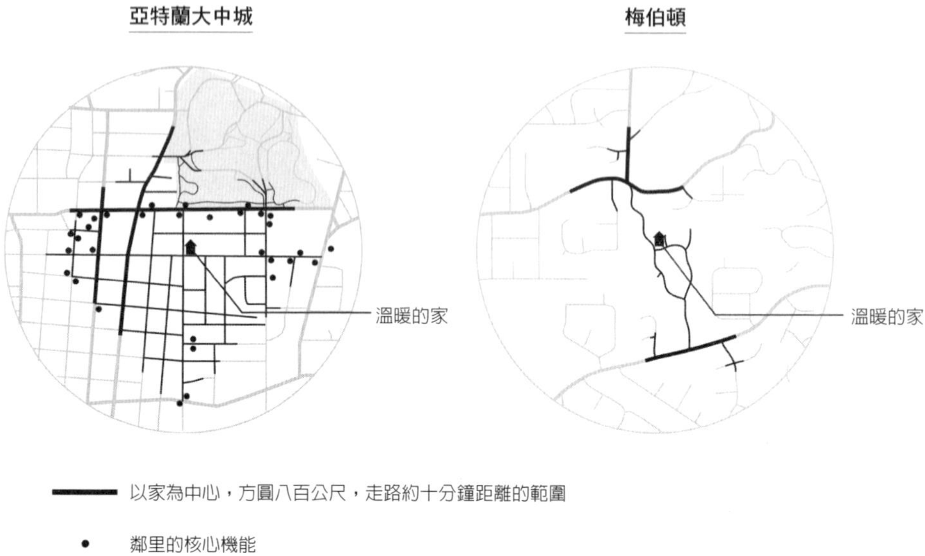

我們先形塑街道，然後被街道形塑

一對同卵雙生的白人男性雙胞胎，若一個住在靠近亞特蘭大市中心的中城（左圖），一個住在屬於擴張郊區的梅伯頓（右圖），那前者可望比後者輕四點五公斤。這有一部分的原因在於道路的幾何設計與土地的利用分區：以中城的家為起點，十分鐘的步行範圍內，你可以找到雜貨店、教堂、學校、公車站、餐廳、咖啡廳、乾洗店、銀行與皮德蒙特公園（Piedmont Park）的壯闊草坪。但一望無際外加千篇一律的梅伯頓社區，則沒有人走得到目的地，所以開車是居民沒有選擇的選擇。118
資料來源：Illustration by Erick Villagomez, Metis Design Build.

就是：半數臉書員工住在稠密、適於步行且點與點之間存在聯繫的舊金山，而且距離臉書園區足足有四十公里之遙。為了集團運作，臉書只能用一台台專車把員工載來。

我們對於距離的反應其實很好預期。如果五分鐘以內走得到，那我們就會走路去轉角的商店，我們不會為了一瓶牛奶或一包薯條而「開車門、鑽進駕駛座、發動引擎、駛離車庫、買完東西、開回來、下車、鎖車」——而五分鐘的步行距離約等於四百公尺。我們不會去五分鐘腳程以外的地方搭公車，但我們會願意為了輕軌或地鐵站走上十分鐘之久，而這有一個原因是，多數人主觀上認為軌道交通比較快，時刻比較準確，同時搭起來比較舒服。一個世紀前，電車社區的設計者就完備了這樣的幾何設計，現在的城市設計者則是在「重新發現」的過程中察覺到，只要引入發車間距穩定、乘坐品質舒適的輕軌服務，社區居民就會調整習性——而他們的健康狀況也會比以往好上一些。北卡羅萊納州的夏洛特市（Charlotte），在啟用了代號「山貓」（Lynx）的通勤用輕軌之後，不到一年，沿線的居民就養成了每天多走約兩公里的習慣，這代表輕軌的加入改變了他們日常的「算計」。在這不到一年的時間當中，改搭山貓上下班的人平均甩肉約三公斤。

純真如孩子，也展現了類似的「心機」。蓋瑞發現，要是方圓八百公尺的範圍內有可以玩耍的公園、或某種他們感興趣的商店，那麼小朋友選擇走路的機率就會是原本的兩倍以上。超過這個距離，他們就會等爸媽開車接送。這代表什麼？這代表我們的確可以在社區中心蓋一座超大型的綜合體育園區，大到裡頭有好幾個棒球內野跟足球場地，但如果大興土木意謂著「每隔幾個街區就有小公園的光景」將成為過去，那這對我們下一代的健康反而相當不利。到處一堆小公園看起來或許「小家子氣」，但住在這兒的小孩不用求媽媽開車帶他／她去看正式的聯盟比賽，他們自己在公園裡組隊打球還比較簡單[119]。將近三分之二的爸媽說自家附近沒有地方讓小孩走去玩，而這也稍微解釋了為何應該是可以盡情揮灑體能的暑假，美國小孩卻老是變胖。

「現行大部分的城市架構，其實都在鼓勵人用一個個決定來讓大家的日子都不好過，」蓋瑞對我說：「這個體系之所以失敗，就在於它鼓勵人朝著不理性的方向發展。」

城市裡的美國人不走路，理由很簡單。城市的設計讓他們走不到想去的地方，所以他們只好不走路。但美國的城市還有另外一個問題，那就是種種設計都讓「走路的體驗」不停流逝。在亞特蘭大的不少郊區，或許是因為反正沒人走，所以工程師索性連人行道都整個拿掉。用Google搜尋梅伯頓桑默賽特路（Somerset Road）附近的交通路線，你會發現地圖的搜尋引擎很罕見地對「第一世界」的城市提出這樣的警語：「注意——這條路線可能不含人行道或可供行人通行的路徑。」

美不美觀對我們也有影響。街道感覺安全無虞而且趣味橫生的時候，我們自然會走得比較遠。住在紐約或倫敦市中心的人，平均走五百二十五到八百公尺去買東西，相當於漫步四到十分鐘的距離。就算是冬天冷得要命，夏天又熱得爆汗的蒙特婁，民眾也說自己常提著袋子走六百公尺（六到八分鐘的距離）。對來到封閉式賣場的人來說，走路的比率並不會降低，因為封閉賣場複製了城市鬧區的體驗，只要你人待在賣場的建築物內，這樣的效應就不會消失。但一旦人被丟包在室外的平面停車場，周圍都是大賣場，那我們想走路的欲望就會蕩然無存。就算有推車可以幫忙省力，我們也沒興趣走在量販園區中的不同賣場之間，即便那只需要散步三分鐘而已。研究者觀察加拿大一處量販園區，結果發現三分之一的購物者會在園區範圍內停至少三次車，因為他們就是不想拖著東西橫越沙漠般的柏油路面，畢竟這一路上風景醜、人難過，而且安全堪憂[120]。

你可能會懷疑這些研究是不是只凸顯出城市有能力按偏好去篩選居民：也許曼哈頓人走路是因為他們愛走，而亞特蘭大的大坪數郊區跟加拿大的量販園區會有人開車去「朝聖」，是因為他們偏好私家車的空調享受與載物空間。換句話說，我們不能因為城市設計跟移動方式有連動關係，就說它們之間一定存在因果關系。

這種看法不是全對，但倒也不是全錯。人確實會篩選城市。比方說像在亞特蘭大，蓋瑞就發現

誰想走？

很好走

消費者一旦陷入華盛頓特區近郊某「購物園區」的環境中（上圖），那他們就會連花個兩分鐘從一家賣場走到另一家賣場都不願意；但在多倫多楊格街某傳統市場環境裡（下圖），居民樂於走六到八分鐘去買東西。
資料來源：Brett VA/Flickr（上圖）；作者自攝（下圖）

人若說自己偏好住在「得以車代步」的社區裡，那他們還真的去哪兒都開車，即便他們並沒有住在這樣的社區裡。同樣不令人意外的是，人若說自己喜歡或是住在熱鬧的步行社區裡，那他們去哪都會盡量步行，減少開車。但郊區倒是住滿了「言行不一」的居民，跟我之前在韋斯頓牧場遇到的青少年持一樣的論調，也是說他們希望食衣住行可以盡量走路但不可得。在亞特蘭大以車子為主要交通工具的社區裡，居民中有將近三分之一表示，希望能住在「走路才是王道」的鄰里，但他們大部分人真的是生不逢時，因為亞特蘭大已經快半世紀沒蓋過這樣的社區了。

隨著亞特蘭大在建築哲學上改弦易轍，居民也確實改變了他們的移動方式。證據就躺在市中心北邊約五公里處、高速公路交流道「麻花捲」的邊邊，那兒約十六萬八千坪的煉鋼廠舊址，被重新開發成密集的商辦、公寓、店家、小公園與戲院。雖然被叫作「亞特蘭提克車站」（Atlantic Station）的這個地方，有大部分面積位處於共三層的地下停車場上面，但從二〇〇五年起遷入的居民，在開車的里程數上卻少了三分之一，改為走路，主要是他們的目的地都突然有人行道可以輕鬆走到了。

勇者的專利

如果距離可以獨力決定我們移動的方式，那自行車族必然有著不一樣的算計。百分之七十的美國人，平均出去一趟不到三公里，騎自行車大約花費十分鐘。就算是騎著玩的人，自行車的時速也可以達到二十公里到三十二公里左右；也就是說，上班平均要花費的二十五分鐘裡，自行車可以走八公里那麼遠[121]。但就算是被評價為過程最好玩、效率最具CP值、最能讓人神清氣爽的自行車，卻只有一小撮人賞臉；而且，在稠密而連結緊密的社區裡，自行車的發展也裹足不前。

對大多數人而言，騎自行車上班簡直是天方夜譚。在都市裡騎車，毋寧是一種自己嚇自己的「大怒神」，但有些不肖的自行車騎士也得負一部分責任。從一九七〇年代開始，操刀美國運輸設計的官員與自行車派的人士，就聯手想讓所有自行車主都「皈依」成所謂的「自行車駕駛人」

（vehicular cyclist）[122]：騎著自行車穿梭大街小巷，就好像自己是在開車一樣。按照這套理念，自行車駕駛人會憑藉所受的訓練，在城市裡擺脫悲情，而扮演起英雄。她不會為了躲車而委屈地跳上人行道，也不會看到排水溝一現蹤就畏畏縮縮地想逃。她會堂堂正正地在車陣中占據一個車道，會要四輪的尊重她這台兩輪的！這種想法就像是一種宗教信仰，信徒尤其多奉這種理念是自行車路權的正朔。就連美國交通規畫的聖經、美國聯邦公路管理局的《道路交通管理標誌統一守則》，都張開雙臂接納了這種想法。就在「自行車駕駛人」的教條光環四射——與鐵桿自行車派的疾呼之下，鋪路的單位放棄了興建安全的自行車道來達成分流的目的，他們不敢冒「讓自行車騎士被當成二等公民」的大不韙。

問題是，「自行車駕駛人」就跟「經濟人」一樣，幾乎是一種傳說中的概念性生物。多數人根本不可能在車陣當中玩命。這種恐懼完全合乎邏輯。被時速五十的車輛撞擊，有五成的人會死亡；速度愈快，死亡率也節節升高。所以凡是聰明人幾乎都不會騎自行車。

有人說解決之道是自行車專用的安全帽。我送這些人三個字：最、好、是。作為一種保命裝置，安全帽並不如名字所顯示的那麼安全，而且說不準還會弄巧成拙。為此我們得感謝英國交通心理學家伊恩．沃克（Ian Walker），是他不惜以身犯險才有了這項發現。沃克在自己的自行車上裝了超音波距離感測器，然後在索爾茲伯里（Salisbury）與布里斯托（Bristol）這兩座英國城市裡騎來騎去，他想觀察的是汽車會為了超車而貼他多近。結果他發現，在有戴安全帽的狀態下，汽車會逼車逼到很危險的距離。事實上，在實驗的過程中，沃克被撞過兩回，第一次是被巴士，第二次是被卡車，而且兩次他都頭頂安全帽[123]。這得是不世出的英雄，像勞勃．賈吉之屬，才能視生命危險為讓人生增色的體驗，才能對要你乖乖買車開車的危險性視而不見。

誰能比我慘？

過去幾年，名嘴與民意代表在北美被一件事情搞得心煩意亂。說穿了這是一種普遍的習慣，而且是非常危險的習慣，那就是：邊開車邊用手機打字。為此立法單位還搞了一票法令禁止駕駛中玩3C產品，但《連線》雜誌（*Wired*）的專欄作家克里夫・湯普森（Clive Thompson）卻登文表示：「在我們為了開車打字的行為憂心忡忡的同時，我們的基本心態是開車第一，沒有別的事情比操控車輛更重要。但如果我們錯了呢？如果打字傳訊息對人更要緊呢？」確實，開車已經成為了手機打字傳簡訊、發推特、po臉書、追戲劇與處理正事時的一大麻煩。不少市場分析師認為，在某個程度上，就是因為這種衝突，年輕人才不像上一代或上上代那麼熱中於開車跟考駕照。十八到二十四歲的世代中，有將近一半的人說他們會為了網路而放棄開車[124]。

但當我們踏進公車或火車車廂——如果有無線網路的話——這個問題就消失了，而這也是公共運輸系統的一大賣點。大眾交通工具往往比自駕便宜，更不需要煩惱停車的問題。搭車代表你不用找路看路，而從這個角度來想，搭車應該是很多人的首選才對。

但事實是，在大部分的城市裡，搭車並沒有那麼受歡迎。美加的諸多調查顯示，搭車者是通勤族中最慘的一批。美國的搭車族——主要是公車族——最常覺得自己的通勤時間太長，也最常因為上班之路而心情低落。這倒不是說公共運輸的體驗原本就這麼爛，而是數十年來的低度投資導致普遍的搭車經驗是擠、慢、等起來痛苦，坐起來也不舒服。政府吝惜於把資源投入建設，長年給公共運輸小鞋穿，沒草吃的馬兒跑不快，跑不穩，有什麼好意外？根本是剛好而已。

大眾運輸的乘客就算換到以軌道運具為主的英國，也沒有比較好。殊不知英國火車每五班就有一班誤點。不過安慰獎是，只要上了車，英國火車起碼相對便捷。在美國跟加拿大，大部分的搭車族得花比開車多一倍或更多的時間才得到了上班的地方。最慘的仍舊是公車族，他們往往得被迫陷入明明是私家車造成的塞車，而且跟開車者不同，他們的命運幾乎完全操之於別人，無論是在路邊站牌下痴痴地等，還是想著待會兒該如何轉乘，他們每分每秒都身處在不確定性的氣壓下，更別提個人空間也蕩然無存。車商最好的朋友，不就是在公車上渾身酒氣、一臉沒好氣跟蹭過來摸過去得那些人嗎？跟這些「個性十足」的陌生人靠這麼近，會讓你很想去買台BMW或至少Camry吧？一座城市要是把大眾運輸工具看成是給窮人的福利，那搭公車豈不就成了作踐自己，這對人的自尊心難道不是一種打擊？通用汽車在加拿大出過一個包，就是在平面廣告裡把公車族設定成身上有異味的神經病與怪咖[125]。但話說回來，大眾交通工具自己也很不長進，它們好像一心就怕搭車會太有趣，非得把自己的門面弄得很不討喜。就拿北美眾多公車與地鐵車廂為例，你會覺得它們的內裝好像是跟看守所的廁所在比美。著有《永續交通規畫》（*Sustainable Transportation Planning*）的傑佛瑞．湯姆林（Jeffery Tumlin）告訴我一件事情，那就是行政部門會無腦地選最「功能導向」、也就是外型陽春到一個極致的設計來當作車廂與車站站體的內裝，即便好看的設計沒比較貴，他們也不爽裝，因為「不要看起來像是在浪費公帑」才是公部門最重要的考量。但這種「私心」的結果就是不缺錢的人不爽搭，想省錢的搭得心情很差。

這是悲劇中的悲劇，因為雖然搭車者確實不滿意旅途中的點點滴滴，但新的研究卻發現，搭車通勤其實有助於人的整體生活滿意度。在英國，一份針對超過七萬名通勤者所做的研究顯示，從開車換到走路、踩自行車或甚至搭公車或電車，上班族的日子有因此變得開心一點。乍聽之下這有點兜不起來：不是說搭車很慘，怎麼換過去又會變開心？科學家認為這問題並不難解。他們判斷這是因為搭車往往不只是搭車而已，搭車的模式常常是出門走一段、上車搭一段、然後下了車或出站再走一段。搭車的體驗或許有點爛，但前後的走路會讓人健康起來、開心起來。

只可惜住在城市裡，在生活與移動方面，體系往往沒有給我們太多決定的權力。說到這，美國人又中槍了。大部分美國人都在受訪時說希望自己的社區可以有走路到得了的商店、餐廳與公司行號，也說希望住家跟公司距離短短的就好，問題是符合這些條件的地方在美國有如鳳毛麟角，供不應求。太多人從住處走路到公車站會超過五分鐘，走到地鐵或火車站會超過十分鐘，所以這種通勤他們連夢都沒夢到過。不過在你想為美國朋友掬一把同情的眼淚前，別忘記全世界都在學美國這一套，都把這東西當寶。當所有的建設都是為了要拉長移動距離，當所有投資都是在「圖利」私家車與駕駛人，城市其實偷走了我們的自由，而且受害的市民從台北到多倫多都有。

問問自己：一早醒來，你突然想換個完全不同的方式上班，辦得到嗎？你能走路上班嗎？騎自行車到得了嗎？或者你能在公車或火車上看報紙，看完剛好到公司嗎？還是你有辦法把上面的辦法拿來混搭嗎？更進一步說，不開車但想要去買雞蛋、看個醫生或去餐廳吃個飯，會很麻煩嗎？你家大寶、二寶有辦法一個人走路或騎車上學嗎？你會擔心嗎？如果你覺得這些問題都太傻太天真，那很可能真正的選擇在設計階段就已經揮別你的城市。你或許還沾沾自喜於開車的爽度滿點，但比起體制從你跟你親友身上所偷走的價值相比，這根本是吃人的交易，而且你可能還毫無所悉。到底城市要怎麼蓋，我們才能真正自由？嗯，前路看似山窮水盡，但只要讓對都市的想像奮力跳脫藩籬，我們也可能一轉頭就是柳暗花明。

註釋

108 就像研究中的受訪者一樣，莫克塔利恩教授也喜歡居家與工作間所隱喻的那種「儀式性的轉換」。所以她沒有為了離學校辦公室近而住在舒服的戴維斯村。她選擇了住在鄰鎮伍德蘭（Woodland），而故意這麼做是因為她想強迫自己每天開車上班。你問這樣通勤時間多久？嗯，從出門到進門剛好十六分鐘。

109 通勤者心跳頻率是每分鐘一百四十五下，遠高於正常心跳頻率的兩倍，他們的血液中皮質醇的濃度會飆高。另外，很明顯是為了控制局勢，通勤者的腦部會暫時經歷心理學家大衛·路易斯（David Lewis）稱為「通勤者失憶症」（commuter amnesia）的轉變。「他們的腦部會一口氣拒絕所有的外界刺激，且到達目的地之後會幾乎想不起路上發生的事。」

資料來源：Lewis, David. "Commuting Really is Bad for Your Health." *Hewlett Packard Newsroom Home*. Hewlett Packard. November 1, 2004. http://h41131.www4.hp.com/uk/en/press/Commuting_Really_is_Bad_for_Your_Health.html (accessed 10 05, 2012).

110 紐約的資料取材自BMW古根漢實驗室的一百名訪客，時間是二〇一一年的九月。

111 譯註：是南非森族（San）或人稱布希曼民族中的一支，但這些西方學者所命名的通稱多半帶有貶意，如San的意義即為「採集或偷盜」，而布希曼就是「叢林（野）人」之意，這些南非原住民本身較希望以各自民族分支的名稱——如坤族——為外人所知。「!Kung」裡的驚嘆號代表一種英文裡沒有的音素（phoneme），是一種由舌頭與上顎發出的爆裂音。存續超過十萬年的坤族在一九五〇到一九九〇年間經政府「輔導」，放棄固有的採集狩獵而改行農耕生活，但部分族人仍堅守傳統，電影《上帝也瘋狂》中出現過的就是坤族的布希曼人。坤族有著十分獨特的文化，比方說在沒有食物的人面前進食就是一大禁忌。

112 根據各方評估，人平均的步幅是零點七六二公尺，由此推估，一公里的距離需要走一千三百一十步，而學生每天約走七公里，高於美國平均。

113 二〇一〇年，十六歲以上的美國勞工裡有百分之七十六點六是獨自開車上班，大約百分之五的人選擇共乘，僅有不到百分之三走路上班，騎自行車的則不到一%。這意謂著上班所需時間從二十五點一分鐘拉長到二十五點三分鐘。僅百分之七點七的加拿大人，與百分之十四點二的英國人，表示他們會每天走路或騎自行車上班。

資料來源：美國人口普查局

114 二〇〇九年，也就是停駛前的最後一年，克雷頓郡的公車路線累計有兩百萬人次的搭乘量。

115 這等於光是上下班，其他事情不算，人就要在方向盤後面卡七十二分鐘。

116 譯註：英文全名為Metropolitan Atlanta Rapid Transit Authority，亞特蘭大都會區地鐵局。

117 住在街道呈柵狀的社區裡，居民開車的里程會比囊底巷「森林」裡的住民少上百分之二十六。

資料來源：Wieckowski, Ania. "The Unintended Consequences of Cul-de-sacs." *Harvard Business Review*. May 10, 2010. http://hbr.org/2010/05/back-to-the-city/ar/1 (accessed January 9, 2011).

118 圖中圓點代表一間學校、一間教堂、一家雜貨店、一家乾洗店、一間銀行、一家日托中心、一間警察局、一處公車站或電車站，或者是一間醫院（如果把餐廳、咖啡店、酒吧或其他公民營服務都加進來，梅伯頓的地圖還是一模一樣，但亞特蘭大中城的地圖又可以再多幾十個「彈著點」）。

119 這就是為什麼美國中小學校的整併與大型化，其實對兒童的自由發展與身體健康是一場災難的原因。學校若離家超過一公里，那學童就會索性放棄走路。這樣的路程已經突破了「開車比走路方便」的閾值，同時做爸媽的也會不放心孩子一個人走太遠。二〇〇四年，走路上學的美國小孩只有十三%，但這數據在一九六九年可是有五十%。各式各樣的擔心害怕讓都會區的爸媽限制兒女在外的活動時間，但對郊區的兒童來說，迫在眉睫的危險既不是被搶，也不是被綁架，而是被車撞。

馬路設計愈來愈「安全好開」，開車速度就愈來愈快（到會出意外），郊區孩子現在走路上學時所面臨的車禍風險，是搭車者的十五倍之多。諷刺到不能再諷刺的是，在上學途中把小孩給輾過去的車主，常常就是其他同學的爸媽。

資料來源：University of Michigan. "Why Don't Kids Walk To School Anymore?" Science Daily. March 28, 2008. http://www.sciencedaily.com/releases/2008/03/080326161643.htm (accessed January 9, 2011).

Patrick M. Condon, Seven Rules for Sustainable Communities: Design Strategies for the Post Carbon World (Washington, DC: Island Press, 2010), 4

Ernst, Michelle, and Lilly Shoup. Dangerous by Design: Solving the Epidemic of Preventable Pedestrian Deaths (and Making Great Neighborhoods). Transportation for America/Surface Transportation Policy Partnership, 2009.

120 在加拿大溫尼伯（Winnipeg）一座占地五萬八千坪的坎納斯頓購物園區（Kenaston Power Centre）裡，研究者針對購物者所進行的訪查顯示，他們的行為徹底迥異於都會核心的居民，而且差距大到就像「夏蟲不可以語冰」。連同一個園區裡量販業者，即便走路去其他店只需短短三分鐘的距離，都沒有一個人想要雙腳落地。他們還是會跑回去開車，然後不厭其煩地在店與店之間尋找最靠近入口的停車位。來到坎納斯頓的人有三分之一會在園區裡停至少三次車。

他們為什麼不用走的？為什麼他們不像市中心的人一樣走路？購物民眾抱怨，從一個賣場到另一個賣場，就像從一座孤島前往另一座孤島，而你得拖著沉重的腳步走在主要聯絡道的砂石護堤上，得左閃右躲繞過排水下水道，得橫跨寬廣到有如平原的路面，才到得了下一處賣場。這一路上視覺上不享受、生理上不好受、心理上無法放鬆。打開Google街景服務，你會看到從Google取景車的車頂看出去，坎納斯頓園區裡的Safeway跟沃爾瑪超市這兩家大賣場間光禿禿的一片，就像北極的凍原一樣了無生氣。

資料來源：Lorch, Brian. "Auto-dependent induced shopping: exploring the relationship between power centre morphology and consumer spatial behavior." *CanaDian Journal of Urban Research*, 2005: 364-84.

121 二〇〇六年，佛羅里達州的聖彼得堡市（St. Petersburg）選了兩條路設置自行車道。在其針對「設置自行車道」的效應研究中，經驗老到的威廉・亨特（William Hunter）與其團隊發現，即便在這個超熱的城市裡，專用車道設置前後的自行車時速，平均都可以落在十八公里，這相當於每分鐘大約移動三百二十公尺。

122 譯註：視騎士為「駕駛自行車者」，也就是賦予自行車騎士與一般車輛相當的用路權利與義務。

123 沃克認為，這狀況可能牽涉到詮釋學。看到自行車騎士戴著看似「pro」的專用安全帽，駕駛人就會解讀為騎士有一定的經驗而不會忽左忽右，所以他們就會在經過時把容錯空間抓小一點。

自行車安全帽究竟能不能在被車撞擊時保護騎士，安全問題專家看法分歧。但沃克的研究顯示，光是戴著安全帽，騎士被撞的機率就會升高。值得留意的是，車主會因為莫名其妙的理由調整自己的駕駛行為，比方說像沃克戴了頂長髮的假髮，看起來是女性的時候，駕駛人就會多給「她」一點空間。有興趣的人可以造訪沃克的網頁：http://www.drianwalker.com/overtaking/overtakingprobrief.pdf。上頭有不少精彩的圖表。

資料來源：Walker, Ian. “Drivers overtaking bicyclists: Objective data on the effects of riding position, helmet use, vehicle type and apparent gender.” *Accident Analysis and Prevention*, 2007: 417-25.

124 在美國與英國，年輕世代考駕照的人數正在溜滑梯。二〇〇八年的調查顯示，美國十六歲的青少年僅百分之三十一持有駕照，比例遠低於一九八三年時的百分之四十六。即便年齡層拉高到十八歲，持有駕照的比例也從一九八三年的百分之八十降至二〇〇八年的百分之六十五。以此類推，二十幾與三十幾歲的駕照持有率也江河日下。

資料來源：DeGroat, Bernie. “Fewer young, but more elderly, have driver's license.” *The University Record Online*. University of Michigan. December 5, 2011. http://ur.umich.edu/1112/Dec05_11/2933-fewer-young-but (accessed March 3, 2012).

125 這個廣告最早刊登在二〇〇三年三月二十到二十七日的溫哥華《喬治亞海峽報》（*Georgia Straight*）上。通用汽車後來正式道歉。來龍去脈可參閱：http://www.boingboing.net/2003/04/15/gm-apologizes-for-fr.html。

CHAPTER 9 汽車之城（下）自由篇

車輛不該為我們的交通問題負絲毫的責任。要怪，就全得怪道路太爛，道路跟不上時代。

——諾曼・貝爾・紀迪斯，一九四〇年

擁有，愈來愈顯得沉重、浪費、不合時宜。

——巴克敏斯特・富勒（Buckminster Fuller），一九六九年

一九六九年，一群歐洲工商團體集結起來，找來一個美國經濟學家。他們想請專家當偵探，弄清楚未來人們會如何在城市中移動。誰能夠找到這個答案，誰能預判未來幾十年的交通科技誰領風騷，誰就能掌握到當中巨大的商機所在。一九六九年，那是個詹姆士・龐德會掏出各種小玩意，也是屬於阿波羅十一號的年代。你問十個人，十個人都會說有不世出的新機器將橫空出世，掀起波瀾

萬丈的生活革命。艾瑞克．溥立敦（Eric Britton）縱身一躍，接下了這項任務，而他最後也鉅細靡遺地把最不可思議的可能性都呈現在客戶面前。如今這份泛黃的報告，在溥立敦的保存下，還靜靜地躺在他公寓的書架上。溥立敦的公寓就在巴黎第六區，距離盧森堡花園只有幾條街之遙。

透過數百禎圖表，溥立敦有條不紊地分類、整理並評價了貨運單軌、迷你單軌、運輸帶、水翼船、多段變速移動平台與「移動沙發」（télécanapé）的運輸能力、能源消耗與最大移動半徑——其中移動沙發是一種減速時能讓人上車，但不完全靜止的火車。他估算了乘客湧入高速步道上會產生的壅塞與「磁性懸吊」的能源用量。他對當時看來神奇、但幾十年後才真正成功應用的科技做出評價，這包括油電車與氫燃料電池。

溥立敦被令人眼花撩亂的各種可能性弄得心中小鹿亂撞，興奮異常。但就在他不分富國與發展中國家，一視同仁地把未來感十足的創意檔案分享出來，供實際解決城市問題的人參考的同時，他也被迫得放下夢想，一夜長大。

「我了解到種種科技都解決不了城市的任何問題，歐洲不行，美國不行，沒一個地方可以，」溥立敦對在他巴黎公寓裡捧著褪色報告端詳的我，說出了這樣的話語：「未來不會有什麼『機關大神』[126]跳出來解決我們所有的問題，我們的命運取決於人能不能腳踏實地去創新與改進我們現有的工具。」

溥立敦的委託人相當吃驚。在那個《杰森一家》（*Jetsons*）[127]的年代，敢冒大不韙，說經過兩代人還是會用火車、公車、汽車、自行車、還有雙腳在內的所有老辦法在市區裡移動，可以說是白目到有點不識抬舉。但歷史還了溥立敦一個公道。數十年的「汽車實驗」下來，沒有一個政府拿得出預算讓基礎建設改頭換面，好去配合某一種極端的新科技；此外，溥立敦還了解到，移動不僅僅是個科技或經濟的問題，還是文化與心理的問題，是個「一樣米養百樣人」的問題。

要求人只能用一種方式在都市裡移動，非常不符合人性。世界上有多少人，能力、缺點與欲望的排列組合就會有多少種，同時能帶給我們每個人動力與刺激的，也經常會是不同的五感體驗，也因此每趟旅程都需要不同的規畫。溥立敦漫遊巴黎的第一站，首選是散步到附近欣賞美輪美奐、前身為歐式園林的盧森堡花園。他喜歡在那兒感受棕色Rockport登山鞋底下崩解的骨色砂石質感，也喜歡在他偷偷埋葬過世母親骨灰的那片草坪上眺望。他的鄰居喜歡車開了就走，還有人喜歡衝去坐地鐵，更有人背著鐵做的自行車到街上，但走了整整一條街才開始騎。每趟旅程，每宗宏願，都很不一樣。溥立敦說這顯示的正是社會與城市的本質。人的喜好，其實比都市規畫者所體認到的狀況還要更加「一人一個調」。

「你可能會想說法國人跟美國人很不一樣，但只要看一眼他們的選擇與偏好數據，你就會發現法國人跟美國人的差異，還比不上法國人與法國人間的差異大。」

這種情況有一個專屬的詞彙，叫作「異方差」（heteroscedasticity），意思是一個團體愈大，要預判其特質如何變異就愈加困難，換句話說，要針對牽涉到大量自變數（independent variable）與行為者的問題提出一體適用的解決方案，會是個艱鉅的挑戰。「『異方差』的啟示是：城市裡的一切都會有點複雜、有點混亂，」溥立敦說：「所以你應該做的第一件事情是說：『ＯＫ，我要有辦法處理混亂。』城市裡的任何問題，都不會只有一種答案。解決之道一定是各種答案的集錦。[128]」

「城市應該要努力去擁抱複雜與多元，而且不只是運輸系統的複雜多元，也是生活體驗上的複雜多元。」溥立敦說。他主張城市與企業應該揚棄「舊式移動」，也就是拘泥於單一種移動方式的體系，改為擁抱「新式移動」，讓未來的我們可以自由在移動方式上展現創意。

「大家都懂舊式移動，」溥立敦說：「那就是你得坐在自己的車裡，塞在車陣中；那是你開著車繞了幾個小時，還找不到停車位。舊式移動是你花了五分之一的所得買車養車，繳的稅也被政府拿去修路，但道路系統還是每年都在退步而沒有變好。舊式移動是五十五歲的工作者，腳已經不俐落，卻還得痴痴地在雨中等超久的公車，也是你不放心讓心肝寶貝走路或騎自行車上學。相對之下，新式移動是純然有如經過蒸餾的自由。」

溥立敦屬於那種天馬行空的理論派，這種人的意見原本無足輕重，但有時候世界也會因他們而改變。比方說一九九四年，在受夠了有關當局對交通問題的短視之後，溥立敦提議進行一場溫和的實驗。他建議每年選一天讓車輛完全退出市區，希望透過無車日的方式來打破我們對街道的既定印象。「共同的學習體驗」是溥立敦賦予這個倡議的意義。二〇〇〇年，波哥大成為第一個舉辦無車日的大型城市，就是他說服了當時的市長佩尼亞婁薩。迄今辦過無車日的城市已經破千座。就像「希可洛維亞」，無車日讓嘗試過的城市都了解到，街道的存在與目的不會只有一種想像。路是死的，人是活的，人會為了移動而變通，會在創意上不斷自我突破。

但單單是禁行車子就可以了嗎？溥立敦也承認這樣想得太簡單，那就跟以為車輛可以解決所有交通問題一樣天真。溥立敦所設想出的「自由」，有一個更具代表性的實踐方式，那就是一九七〇年代初期，他對法國環境部所提出的建議。在當時的巴黎，大眾運輸系統對搭車族來說是疊床架屋的惡夢一場：光是在市區內移動，你就可以買到五種票。也難怪公車族少到市府想把這項服務廢掉。溥立敦建議發給巴黎人一人一張萬用的卡片，一卡在手，你就能搭乘地鐵、火車與公車。就像一九二〇年代，「汽車王朝」的擁護者曾努力地要降低車輛走在都市道路上的「磨擦係數」，溥立敦主張，只要能讓大眾運輸系統用起來又順又不麻煩，那搭車跟開車的差異就可以再拉近一點。

不出兩年，巴黎推出了結合地鐵票跟身分證功能的「橘卡」（Carte d'Orange），並且讓持卡人只要付固定的月費，巴黎市內的大眾運輸系統就可以「坐到飽」。這套做法並沒有讓搭車變快或變便宜，但這降低了跟搭車相關的焦慮，與要付出的「努力」。巴黎人再也不用慌張地為零錢翻來找去，也不用排隊看票務的晚娘面孔。橘卡問世不到一年，公車族的人數就上漲了百分之四十。這之後的卡片設計歷經一連串的有感升級，於是有了二〇〇八年的「Navigo」票證，這是種感應式的記名晶片卡。只要拿感應式的Navigo在讀卡機前面掃一下，你就能搭巴黎地鐵、公車、機場接駁車、城際列車、直達列車、市內電車等，稱得上四通八達。

「這系統之所以讓城市改頭換面，是因為它讓我們的選擇改頭換面，而最終我們每個人也煥然一新。這就像無障礙公車可以推輪椅上去，對肢體不便的朋友是一種新生一樣。」溥立敦說。確實，Navigo已經成了暢行巴黎的一本護照，也是每個人都有權利在巴黎「自由行」的具體象徵。失業的人可以免費搭Navigo通行的所有載具。「即便窮，巴黎也隨便你走；工作機會即便在郊區，你都能去應徵。這一切只源於一個根本的生活理念，那就是自由，移動的自由屬於每個人所有！而這一切也已經成為我們生活的一部分。這張卡正塑造著我們的未來。[129]」

大眾運輸好自在

一小群志同道合的經濟學者與心理學者集合起來，潛心研究「大眾運輸如何影響人的感受與行為」，結果他們發現，我們會覺得搭車辛苦，原因固然有身體上的疲累影響，但心理層面的不舒服也是很重要的因素。大眾運輸愈是能無腦搭乘、給你愈多的主控權，你就愈會覺得搭車輕鬆。這當然在某個程度上說明了Navigo卡的魅力所在，但這也點出了卡片的極限所在。雖然智慧卡可以減輕轉換交通載具時的心理負擔，可最多也就是這樣了。不過，搭車移動的體驗良窳還取決於其他的東西，這包括可預測性、舒適性與主觀上的時間流逝。

在巴黎市中心，乘客不需要擔心「誤點」。地鐵與通勤鐵路系統在巴黎的地底緊密交纏；同時間在地面上，公共的運輸系統也逐漸在收復道路空間。新的路面電車沿著綠草如茵的中島鋪設，貫穿了交通的主幹道；一整個車道網被撥給Mobilien快捷巴士專用，唯獨計程車跟自行車不在此限，這兩樣也算在車道網內。

但光處理速度問題，還不足以讓搭車的心理負擔一筆勾銷。無論搭公車或火車，你的交通時間都包括等車時流逝的時光。決策者與專家花了很多時間拉扯「班距彈性」——也就是公車與火車需要以何種頻率發車才能讓搭乘者的流量最大化。班距彈性的行為心理學是個玄之又玄的祕密，但至少最最基本的原則是，如果你不看班表就跑去等車，那你至少得等上班距時間的一半才能上車。也就是如果公車每二十分鐘一班，而從你家附近站牌到公司的車程是三十分鐘，那你上班就得至少抓四十分鐘才夠。

只不過，你會感覺自己等得比四十分鐘久。

無聊會放大時間長度：枯等一分鐘跟走路一分鐘，前者會感覺久很多。所以大多數運輸專家都認同公車必須至少每十五分鐘一班，而且必須每條路線都如此，這樣大家搭起來才不會太辛苦——我所謂不辛苦意思是不用事前計畫，說走就走。面對班距彈性的問題，以巴黎為代表的城市解決之道都包含了密度上的考量：大部分的街道都有足夠的搭乘人口來支撐公車或軌道運輸，讓發車頻率能縮小到每幾分鐘一班（這也有助於說明郊區的大眾運輸系統何以落入惡性循環：人口離散讓密集發車的成本過高，但班次過少又降低了居民搭乘的誘因，最後大家只好又回去開車）。

但光是密集發車也不能化解等車的焦慮。如果說枯等會讓人覺得如坐針氈，時間變慢，那「不知道要等多久」更會讓人感覺時間完全靜止了。你是否曾冒雨站在公車站牌下（或火車月台前）、望穿秋水也看不到路的那一頭有任何動靜？只要有過這樣的經驗，你就會明瞭誤點會帶給人多大的不便，而且那種心理的「創傷」完全符合管理學上說的「長尾」：有一就有二，無三不成禮，只要你被「辜負」過一回，誤點的心情可能就會變成陰魂不散的鬼魅。這之後你每次搭車，內心深處就會多少帶著一點陰影與壓力。

其實只要資訊稍微透明一點點，漫長的等待感覺上就會縮短一點。從溥立敦的公寓出發走兩條街，蒙帕納斯大道（Boulevard du Montparnasse）上的快捷巴士站，除了設有可以遮風擋雨的座位區，還在入口處加裝了顯眼的螢幕，上面清清楚楚地顯示著下班車跟下下班車還有多久會到。這點硬體改變說大不大，但乘客在心理上會非常受用。知道要等多久的乘客會冷靜很多，也會比較覺得主控權在自己手上。倫敦也有異曲同工之妙地在地鐵站裝了電車抵達的倒數時鐘，結果受訪者表示等待的時間感覺像縮短了十五分鐘。加裝的時鐘也讓夜歸者感覺安全一些，至少他們比較篤定車子會來。

在特定的軌道月台上，紐約市的大都會運輸署（Metropolitan Transit Authority）安裝了LED面板來顯示列車的抵達時間，結果效果好得出奇。在設有LED顯示器的站內，乘客比較不會冒著生命危險將脖子伸長到月台以外，只為了確認隧道裡有沒有車燈在亮。知道列車多久以後會來，每個人都可自己判斷要接著等，還是要走到地面上步行或搭小黃——這讓每個人的行為都更理性、更在狀況內，就像經濟學家說我們做得到的一樣。

賈瑞特・渥克（Jarrett Walker）是著有《人類移動：何以理性的公共運輸思考可以充實我們的社區與生活》（*Human Transit*）的公共運輸專家，他對我解釋了在公共運輸的設計者與使用者之間，經常存在著什麼樣的經驗鴻溝。就拿具有代表性的西雅圖公車地圖來舉例，圖上印有由基本路線所構成的方陣，內含市區內的每一條公車路線。理論上，圖上的資訊沒有錯，但按照你出門時間的不同，這張圖其實不見得會是你的「好朋友」。問題出在每一條路線的班次不見得都夠密集，所以你要是隨意選了一條線去搭公車，有可能要等上個一小時。不確定是一種酷刑。在西雅圖，你只要被這麼要過一次，你就會覺得無法信賴大眾運輸，還是躲遠點比較安心。而要讓搭乘者心裡多一點信心，我們真的可以從班次的密集度做起。

如今既然電磁波形式的資訊已經把我們團團圍住，我們實在沒有理由讓任何人「摸黑走路」。關於這點，奧勒岡州的波特蘭市有我們要的證據。波特蘭的公共運輸當局「TriMet」在二〇〇五年釋出了由巴士、電車與火車系統所衍生的各種數位資訊，自此，民間的軟體公司已經開發出了幾十種手機app供人查詢即時資訊、抵達時間與路線圖。對於沒有智慧型手機的人來說，名為「公共運輸看板」（Transitboard）的服務，讓公司行號只要準備好網路跟隨便一台螢幕，就可以串流播放店門外的公車或電車抵達時間。這樣一來，大家就可以躲進溫暖的店裡，來杯在地特色的手工啤酒，而不用在淒風冷雨裡發愁。這麼做的CP值對開店的人來說，簡直是高到破表，同時這也能讓公共運輸變得親切許多，讓市民不會一想到要搭車就頭皮發麻。可想而知，這樣貼心的設計與創意，多半是來自於平常有在使用大眾運輸工具的主事者。公共運輸若只是被當成給弱勢的施捨，那主政者就會傾向於「一切從簡」（克雷頓郡等行政區的居民肯定感受刻骨銘心，他們的公共運輸在金融風暴時期遭砍掉，一整個消失殆盡）。

免於「擁有」的自由

溥立敦的「回到未來」調查已經結束四十年，而城市也確實以新科技重塑我們的交通模式。但搞了半天，這種科技不在於任何亮晶晶的新發明或新載具，而在於我們如何改變想法、共享資訊，如何用調整過的方式來使用我們多年來熟悉的機器。有了公開資訊、智慧卡、無線通訊與衛星定位系統等可以「補身體」，我們的交通載具可以再一次生龍活虎，還可以透過各式「合體」來發揮一加一大於二的威力。

為了證明都會系統在提供行動自由上的潛力有多驚人，溥立敦拉著我從他的辦公室下樓，來到了喬瑟夫．巴拉路（Rue Joseph Bara）上。從這裡出發，我們可以往東走兩條街到通勤專用的火車站，也可以往西多走個兩分鐘到瓦文（Vavin）地鐵站，還可以晃啊晃地往南走到在蒙帕納斯的快捷巴士站。

但我們最後選擇了往北。我們踏在無懈可擊的人行道上，穿過盧森堡公園的鐵門，沿著開闊的步道，在樹蔭的遮蔽下朝著盧森堡宮前進。菊花緊抓住早秋的陽光盛開，至於帆船模型則漂啊漂地穿過占地甚廣的八角形池塘。即便等會兒有別的行程要趕，依依不捨的我們也可以在盧森堡公園裡撐到最後一秒，溥立敦說這是因為三分鐘之內，我們一定走得到最近的「個人地鐵系統」（personal metro device）。這麼專業的術語讓我有點摸不著頭腦，但等到我們繞完盧森堡宮的邊緣，穿過沃日拉爾路（Rue de Vaugirard），出現在我眼前的答案是一整排看起來很耐用的自行車。接著彷彿在耍帥般，溥立敦拿他的皮夾在金屬車柱上掃了一下。我聽到一聲「喀啦」，然後就看著他順利拉出了十幾台自行車中的一台。

「你看，這就是自由！」溥立敦這話說得非常得意，我看他滿臉都是藏不住的笑意。車柱裡的感應器認出了溥立敦的Navigo卡，所以開鎖讓他把車牽走。接下來卡片會追蹤他使用自行車的時間，也會記錄他歸還時把車子鎖回何處的車柱。

別看這只是台不起眼的自行車，「Vélib'」可是「新式移動」行伍中最具革命性的生力軍。Vélib'融合了兩個法文單字：vélo（自行車）與liberté（自由），而這系統令人讚嘆的理想與實用性，就濃縮在這一個小小名字裡。「沒錯，『個人地鐵系統』的方向與路線由我們自己決定。這是場全新的遊戲！」溥立敦說。

公共自行車已經落腳在全世界幾百個城市，里昂、蒙特婁、墨爾本、波士頓、紐約與倫敦都有類似的系統。在中國，杭州自行車公司計畫在二〇二〇年之前，設置聽了讓人頭暈的十七萬五千輛自行車。但第一個把公共自行車納入正式運輸體系中的城市，仍舊是巴黎；巴黎的Vélib'無所不在，而

個人地鐵系統

三分鐘內就走得到最近的借還處（左圖），Vélib'公共自行車已經成為屬於每個巴黎人的「地鐵系統」。但得騎在沒有專用道的路上（右圖），這是種專屬於「勇者」的自由。
資料來源：作者自攝

且從不休息。巴黎中心地帶有一千兩百五十個點，可以借還兩萬輛Vélib'，所以在巴黎大部分的角落，你都不會離Vélib'超過三百公尺。刷個卡，車就可以牽出來，接下來的半個小時，你幾乎能不花一毛錢地使用它。

工業風的沉重車體、只有三檔變速、加上包浩斯（Bauhaus）縫紉機般的曲線與灰色厚實美學設計，Vélib'不會是你參加環法自由車大賽的坐騎，但從二○○七年推出以來，Vélib'確實讓巴黎市中心的交通得以改頭換面。Vélib'車隊的借出速度是每秒一台，相當於每天八萬六千車次。下班尖峰時刻的Vélib'最為搶手，因為你可以騎著Vélib'嘲弄一動也不動的車陣。而且隨著騎Vélib'「一試成主顧」，覺得騎自行車實在太舒服了而跑去買車，自行車在巴黎更蔚為風潮，街上的自行車潮也淹得更厲害了。

Vélib'不只是用以追求方便的工具，這台自行車還代表一種很多美國人會覺得極端的政治哲學。Vélib'登場的用意之一，是要讓巴黎人在悠遊城市的同時，也能透過減少擁有而為救地球出一份力。

身為Vélib'急先鋒的丹尼．卜潘（Denis Baupin）是巴黎的綠黨領袖，也是巴黎市政中交通事務的第一把交椅。「如果地球上每個人都過得像巴黎人，」卜潘說：「那我們可能要三個地球才夠供應人類需要的能源、物料與垃圾場。」按照環境足跡理論中令人毛骨悚然的數學計算，巴黎人的環境足跡是美國人的三分之一，但卜潘堅持巴黎人有責任要把自己的生態足跡再縮小三分之二。發此豪語的卜潘身穿白色亞麻夾克，娃娃臉上掛著爽朗的笑意，我看不出他有任何覺得這是個值得人愁眉苦臉的壞消息的樣子。

「如果我們跟巴黎人說為了環保，未來的日子消耗的資源要縮減為現在的三分之一，大家會開心嗎？那當然是不可能的事情！我們必須解釋限縮消費與浪費等，可以讓未來的我們比現在更幸福、更開心。」

對卜潘來說，Vélib'是後消費時代的終極機器。Vélib'為願意分享空間與設備的人提供了一種新型態的自由。「Vélib'最特別的地方在於，你只有使用權，沒有擁有權。就像公園屬於大家，Vélib'自行車也由所有人分享。」他這麼告訴我：「我們會不會把超市的推車推回家？不會。我們會不會要坐電梯就自己買一台、要上館子就自己當老闆、要出國搭飛機就自己買？都不會。那為什麼我們要被都市計畫逼著買汽車或自行車呢？」他有著這樣的疑問。

對大部分活在資本主義社會中的人來說，「免於擁有財產的權利」聽起來有點像是「剝奪」的同義語。美國人對於這種觀念尤其難以下嚥，太多的英雄、名嘴與總統們灌輸給他們的觀念，都是不買東西會動搖國本，不消費會讓民主制度面臨崩壞的風險。

我跟卜潘說，在我的故鄉，東西不夠多代表你很窮。而人一窮就等於失去自由，你會發現自己哪兒都去不了。「不，不。」卜潘急於反駁。他說在新生的巴黎，我所說的狀況統統要倒過來。如今的巴黎根本容不下大家都開車，更不可能讓每台車都有地方停。對巴黎中心的居民來說，身為車主是一點也不甜蜜的負擔。有車不僅代表車貸、代表要保養維修，還代表你得一天到晚為找停車位煩憂。而就算你只是自行車的車主，日子也不會比較輕鬆，因為你動輒得把車拖上巴黎常見的無電梯公寓六樓，騎出去又會怕被偷。

有條車鏈的Velib'可以讓我們斷開上述的「心理枷鎖」。你不用擔心家裡沒地方收，也不用為目的地沒停車場發愁，另外車壞了不勞你修，爆胎或下雨就往最近的車柱一丟，兩手空空地讓自己的行程由地鐵接手。你的移動速度不會打太多折扣。

諷刺的是，對這個「後消費」時代的自行車系統而言，其建造者、出資者跟如今的經營者，這三重身分，統統集於德高集團（JC Decaux）身上。「德高」何許人也？不就是法國最大的廣告公司嗎？經過一番複雜的交易，租車的收入全歸市府所有，而德高集團則以包租公之姿進駐市區一千六百個借還處的廣告空間。所以在市民享受著「始不亂但終可棄」的快樂時，公共空間開始貼滿各種「狗皮膏藥」，這些廣告操弄著我們的虛榮心，對我們進行「快樂買得到」的洗腦。卜潘的綠黨與法國社會黨同屬法國當時的聯合政府，而上述的交易就是兩黨之間的妥協，但卜潘其實為此翻了不少白眼。

推到極致的分享

很多購買行為的真相——我說的是「與其說我們想要某樣東西，不如說我們想要某樣東西可以達到的效果」的真相，其實最能反映在交通這件事上。無論是火車，還是公車、自行車或汽車，大多交通工具的價值都在於「動」，會動的車輛才是資產——正所謂「車動起來是個爺，不動可是個爹」。但大部分私家車終其一生，極大比例的時間都是一動也不動地停著，所以若要說這些車子有做什麼事情，那只能說它們二十四小時都在消耗車主的保險費、租車費、停車費與折舊費用[130]。

在巴黎，也在世界各地，駕駛人已經注意到分享是一條出路。

二〇一一年，巴黎推出了「Autolib'」，這是款遊戲規則跟Velib'大同小異的公共電動車系統，充電站遍布市區，供持Navigo卡者租用。如果是像一般更加常見的公共租車系統，如分布美加與英國各大城、車隊規模達九千輛的Zipcar，你則是要先透過電話或網路預訂用車，使用時到特定駐車點取車，最後用畢歸還。但要比方便好上手，Autolib'與Zipcar其實不如我們可姑且稱之為「新分享」的模式「配合度那麼高」。像德國汽車公司戴姆勒（Daimler）就把數百台Smart配置在德國的烏爾姆（Ulm）、美國德州的奧斯汀（Austin），乃至於二〇一一年的加拿大溫哥華，並名之為「Car2Go」。Car2Go概念簡單到一個不行。首先跟Zipcar一樣的是，你得先以電腦／iPhone或安卓系統的裝置上網搜尋車輛；也跟

Zipcar一樣，你用磁卡在車子擋風玻璃上的讀卡機刷一下來解鎖。不同的地方在於，車子只要被你發動，你就可以在服務的範圍內趴趴走，就連時間限制也沒有。無論想去哪兒，你都是到了之後把車一丟，然後就沒你的事了。系統會用衛星定位自行追蹤車子的位置，省去了你得還車，下位使用者才有車可用的麻煩。這代表Car2Go做到了「招之即來，揮之即去」，而且費率每分鐘才三十五美分（約新台幣十一點六七元），不但不貴，還含了稅金、保險費、里程費跟油錢。

Car2Go不但包容了日常生活中的變數與隨興，也帶著戴姆勒朝著溥立敦的「新式移動」理想又靠近了一步：車子造來就是要共用的。Car2Go也讓我所居住的城市溫哥華又多了一層自由。包含Zipcar在內的兩家汽車共用服務、一個Car2Go系統、一張綿密的公車網，以及三條地鐵線的加持，讓愈來愈多溫哥華居民把車子給賣了，或索性放在家裡不開——二〇〇五年，溫哥華平均每一戶有一點二五輛車，遠低於郊區素里的一點七輛。溫哥華市府正在評估各種方案，看市區停車塔可以如何變更利用。其中一座立體停車場的頂層將重新規畫成都市農場。「這些變革總歸一句，就是要讓買車以外的選擇變多，負擔變輕，也就是讓市區的車流瘦身，讓市民多運動，讓街道更安全，讓停車空間獲得解放。」彼得．拉德納（Peter Ladner）這話說得豪氣干雲，而他曾經是溫哥華的市議員。

汽車共享的概念到了美國，出現了「因地制宜」的發展。如果說卜潘不認同每個人都得買車，那舊金山一家叫作「Getaround」的新創公司就是讓車主可以把車子租給素昧平生的陌生人，藉此讓愛車發揮更大的價值。二〇一〇年，Getaround開始在舊金山都會區提供小型的Wi-Fi與衛星定位系統給車主。車主可以選擇什麼時候跟在什麼地方提供車輛，然後再由租車者透過iPhone手機應用程式來搜尋與預定。一名這種點對點系統的用戶表示，她去祕魯山區踏青的時候，車都停在家裡，租出去的話，一周可以賺到三百五十塊美元（約一萬一千六百七十元新台幣）[131]。在此同時，「共乘」也變聰明了。應用程式Avego的出現，讓駕駛人跟潛在的共乘者可以透過手機搭上線，並且透過系統把費用算出來，支付則是由乘客的帳戶自動轉給駕駛。

在某些層面上，這些點對點的系統就跟信任荷爾蒙「催產素」的作用一樣：與人合作存在誘因，同時可得到立竿見影的獎勵。想與人合作的衝動會展現在細微處：巴黎的Velib使用者間已經出現了一種默契，是會在還車的時候把座椅轉成橫的，意思是「這台車壞了別借，硬騎會出問題」。隨著這些共用系統的範圍擴大，數以百萬計的陌生人會學著進行交易與互惠，由此使用者的文化與陌生人間的互信還會出現哪些後續演化，非常有趣而且值得觀察。

自由與人類生理

車輛的共用代表人不需要擔心停車與維修，但不代表我們不會成為塞車的幫兇與受害者。而這也就是自行車在稠密市區裡的一大優勢。要知道，人口密集區的自行車時速可以高達十四到十九公里，而開車也就是這個速度而已（而且考慮到找車位的難度，騎自行車一定可以少花點時間）。至於自行車能享有這許多優點，全是因為這傢伙比較不占空間。

溥立敦堅信，要體會公用自行車系統帶給巴黎的轉變，唯一的辦法就是自己騎騎看。於是他檢查了輪胎、調整了座位，一切準備好後，我把信用卡插進Velib的服務機台，將自行車牽出來，然後我們便加入了巴黎的車流中——我們沒戴安全帽，這點算是「入境隨俗」。我先跟著溥立敦騎進一條狹窄的巷弄，來到皇家港口大道（Boulevard du Port-Royal），然後交通就「爆」了。計程車就像卡通裡的卡丁車一樣呼嘯而過，物流貨車跟摩托車也是卡位卡得瘋，公車的引擎吐著溫暖的空氣，一整個轟隆隆。剛開始我有點被弄得東西南北都分不清，心情上也有一些恐懼焦慮。有人警告過我巴黎人開車有多恐怖，而一上路也真的滿街都是這些瘋狂駕駛。

但兩個輪子的溥立敦跟我並不孤獨，我們周圍的Vélib'算算有幾十台。而也正因為Vélib'這麼多，所以駕駛人也不能完全不把我們放在眼裡，讓地方給我們可說是「勢在必行」。在《偉大城市的誕生與衰亡》（*The Death and Life of Great American Cities*）裡，珍．雅各寫到，在擁擠的人行道上，行人會邊進行眼神接觸邊找路，就像在跳芭蕾舞一樣。我在巴黎馬路上有類似的感覺，只不過這氣氛被放大了一萬倍。轎車、自行車、公車統統混在一起，我們對前方的交通充滿了不確定性，我們必須也唯一能做的，就是眼觀四面，耳聽八方，隨時注意這雜沓車流的節奏。在狹窄街道的狂亂燜鍋裡，我們只能放下自尊，跟著車流的脈動忽左忽右。這幅畫面聽來驚悚，但因為街上的自行車真的形成了一股「勢力」，所以在巴黎騎車一天比一天安全。在Vélib'上路的第一年有幾個現象：一個是騎車的人變多，一個是跟自行車有關的車禍變多了，還有一個是人均車禍數量減少了。對於自行車驟增的城市來說，這些現象幾乎是必經之途：騎車的人愈多，路上的自行車就愈安全。而這肯定有一部分的原因是駕駛人知道路上會有自行車，所以他們一定會稍微小心點。魔鬼若在細節裡，那安全就在人堆裡[132]。

分手時，我用high-five跟溥立敦擊了個掌，然後單槍匹馬騎往蒙吉街（Rue Monge），塞納河是我心之所向。

趁著等紅綠燈或變換車道的時候，我在電光石火間瞥見擋風玻璃跟安全帽的鏡片後面，有人轉頭，有人點頭，有人聳聳肩頭——這些動作都有意義，都是駕駛人的肢體語言。在繞著路下坡穿過塞納河的途中，我在洶湧的車潮中揮手、伸指、鑽洞、卡位，也算成功找到了地方立錐。太陽就要下山，屋瓦開始染紅，但我騎車的踏板全沒放鬆。我衝向巴士底（Bastille），看到了一八三〇年法國七月革命的紀念碑。壯觀的銅柱上有奧古斯特・杜蒙（Auguste Dumont）[133]所塑、名為「自由精靈」（*Spirit of Freedom*）的金色雕像。只見精靈手握斷鍊，直指穹蒼，一副要躍起飛翔的模樣。落日餘暉在精靈的翅膀上流轉，底下的圓環有汽車頭燈不斷地跑。我奮力踩著踏板，加入了這漩渦，算是接下了計程車、觀光巴士與摩托車所共組的車流挑戰。

我覺得超爽。那種自由，讓我感覺自己跟「冬日騎士」勞勃・賈吉一模一樣。但讓這種無上的移動體驗得以成真的，也正好是大部分人不可能這麼搞的理由。你必須夠強壯，夠敏捷，才有辦法騎著自行車在都市車陣裡穿梭。你需要過人的平衡感與視野（像比起體能良好的成年人，小孩跟長者在眼角餘光的應用上就比較吃虧，同時他們也比較不善於判斷接近物體的速度）。最關鍵的是，你必須要有「冒險犯難」的精神。勇闖車陣會讓自行車騎士的體內充滿會誘發幸福感的「β—內啡肽」（beta-endorphin），就像人在高空彈跳與坐雲霄飛車時的生理反應一樣，更別提皮質醇與腎上腺素會在血流中沸騰了——皮質醇跟腎上腺素都是在「或戰或逃」決斷時超有用的壓力荷爾蒙，但久久不散可是會毒害人體的。

生物學家羅伯・薩博斯基（Robert Sapolsky）曾說，要了解好的跟壞的壓力如何分辨，你就想想雲霄飛車坐三分鐘跟坐三天有什麼差別。坐不完的雲霄飛車不僅不好玩，而且真的像在對自己用毒。我本身很喜歡雲霄飛車，我也樂於在巴黎的車陣中自我挑戰，但對我來說——對一個四十來歲的頑童來說——好玩的東西，可能會把我媽或我哥或小朋友給嚇出一身病。

所以如果我們真的在乎人人平等的自由，那我們就必須正視「分享空間」運動的存在。發軔於一九七〇年代，且以荷蘭城市台夫特（Delft）的住宅區街道為濫觴的「吾納夫」（woonerf）概念，開啟分享空間之先河，也讓這運動逐漸累積了認同。「吾納夫」區歡迎行人、自行車與汽車在這裡「耳鬢廝磨」，彷彿這裡是交誼廳或客廳。路標跟有明顯高低落差的街邊石，被換成花盆跟石板路，甚至會種些樹木，為的是迫使人車「走路要看路」。這有點像「自行車駕駛人」的典範與概念，只不過在吾納夫，道路屬於用路人，而用路人就是所有人[134]。

荷蘭交通工程師漢斯·蒙德曼（Hans Monderman）雖已於二〇〇八年離世，但他在世時卻是「道路宅男」們的偶像。至於蒙德曼會受到崇拜，是因為分享空間的概念原本只委身在荷蘭的小巷弄，卻因為他而成功「外銷」到繁忙路口等「大雅之堂」。蒙德曼拿掉了道路上的平面標線跟立體標桿，而低頭看不到箭頭，抬頭也看不到該左轉還是右轉，大家只好動腦因應或是彼此交談。他主張這種視覺上「一窮二白」的分享空間其實比較安全，而原因正是因為這種空間讓人感覺不安全。在吾納夫裡，行人與自行車騎士只要進到蒙德曼版的分享空間範圍，他們所面臨的就是一種不確定性，而他們唯一的因應之道就是停止「目中無人」。為此，他們得意識到其他用路人的存在，得建立眼神接觸，得把熙來攘往的市街與社交規則統統翻出來用，就像車輛席捲一切之前那樣。在德拉赫騰（Drachten）鎮上接受記者湯姆·范德比爾特（Tom Vanderbilt）採訪的時候，蒙德曼自信到倒著走過車水馬龍的四線道馬路，而且眼睛還閉著。他玩這麼大是為了證明自己所言非虛，而事實也證明，駕駛的確都跟他「閃身而過」，因為駕駛都做了最壞的打算。沒意外才是意外，或者也可以說「意外都不意外了」。聽到這一區的居民說，他們不覺得在分享空間過馬路哪裡安全，蒙德曼不但沒有不悅，反而還相當欣慰。「我認為這是好事，超級好，」他告訴范德比爾特：「要是大家都不緊張，那我又有得忙了。」

交通意外與傷亡在蒙德曼「插手」的路口大幅下降——其實其他地方也是一樣：在倫敦肯辛頓正街（Kensington High Street）試行分享空間之後，交通意外傷亡驟降百分之四十。說到交通或移動，客觀上的真正安全跟主觀上的感覺安全其實天差地遠。就以位於肯辛頓博物館區，為蒙德曼的分享空間氛圍樹立起新「英國標準」的展覽路（Exhibition Road）而言，設計師迪克森．瓊斯（Dixon Jones）嘗試在行人、自行車騎士與汽車駕駛人之間建立起一種「低盪」（détente），也就是「關係的舒緩」，其具體措施包括排除路緣的高低落差與其他來自街道設計的阻礙，取而代之以帶點奢華感的廣大花崗岩格紋鋪面。這些設計確實多少發揮了讓車輛放慢速度的效果，但這整個空間仍時不時感覺像是個空蕩的停車場，車輛在其中移動的速度剛好足以讓人感覺不到安全，即便是路邊稍微畫定的行人專用道也無以倖免。做爸媽的你不會敢放手讓八歲的大寶走在新弄好的展覽路上，而這也代表了展覽路並沒有真正把空間還給每一個人，至少以佩尼亞婁薩的標準而言，展覽路算是以失敗作收。

不是每個人都英勇跟矯捷到可以在自行車上逞英雄，也不是每個人都專家到敢倒著走過馬路。若真想給人任意移動的自由，你的眼光必須無礙於車禍數據所勾勒出的圖畫，你應該要在意的是大家走在特定空間裡的真實感想。

這一課，交通的規畫者在波特蘭學到了。波特蘭市花了二十年的時間威脅利誘，就是希望市民多騎自行車。二〇〇〇年前後，市府在車水馬龍的幹道邊漆出了自行車道，但時光荏苒，來到二〇〇五年左右，自行車道上仍舊只看得到小貓兩三隻，而且是大部分的時候都如此。為波特蘭操盤自行車計畫的羅傑．蓋勒（Roger Geller）看著針對通勤族所做的調查，心裡很清楚波特蘭的自行車建設只觸及小眾中的小眾。大概只有五％的波特蘭人，心臟強大到足以在自行車上與繁忙的交通糾纏；另外有七％對騎自行車上路顯得興致勃勃、躍躍欲試。但剩下的人對以「人包鐵」勇闖「鐵包人」的「激流」，可就一丁點勁兒都提不起了。其中有三分之一的人被蓋勒歸為「門都沒有」：這些人不要說騎自行車了，他們連「自行車」這三個字都不太想聽到。

「我真的很洩氣。」蓋勒說。但他隨即了解到，將近六成的市民屬於他所說的「有興趣但也有疑慮」。這些人對自行車有興趣，但不確定這麼做的難易、舒適性與危險性。要他們騎車可以，但必須得跟開車或搭公車一樣安全跟舒服。於是蓋勒與團隊著手創造一個「減壓」的自行車道網，包括有些地方讓自行車與機動車輛分流，有些地方會在共用車道上讓汽車慢到不招人懼怕。這招頗有用。從二〇〇〇年到二〇〇八年，波特蘭的自行車通勤人數成長超過一倍有餘。只不過比起作為其靈感來源的歐洲各城市，波特蘭的投資規模與促成的行為改變，都只能算是幼幼班的水準。

令人安心的城市

以安全為主軸，人會蓋出什麼樣的移動系統？答案就在荷蘭低地的豪滕（Houten）。那天上午我一抵達這個建在濕潤草原上的實驗與概念之城，真相立刻揭曉。

剛下火車，在阿姆斯特丹的宿醉還讓我睡眼惺忪，但在我眼前展開的已經是「結廬在人境，而無車馬喧」的熱絡市容，人很多，但汽車倒是無影無蹤——三五成群的銀髮族人「腳」一台自行車，在人群裡東西南北地穿梭，車籃裝滿他們購物的收穫。把這一切都看在眼裡的我來到豪滕市政府，而豪滕的交通首長赫伯．提門斯（Herbert Tiemens）已經等著迎接我，在他的強烈建議下，我們踩著車去溜達溜達。他領著我走上豪滕「最大條」的路，但其實那也不算是路，只能說是蜿蜒的小徑，開在一條好像高爾夫球道的地形上，那地方軟呼呼的，就像天線寶寶隨時會跳出來拍外景的感覺一樣：除了一望無際的草坪，就是池塘跟修剪得宜的灌木群。視力所及還是沒有車的蹤影。我們騎經一間小學、一間幼稚園，而且還剛好趕上午餐鐘響的時間。我估計不久前還包著尿布的小朋友大軍衝了出來，一個個躍上兒童版的小粉或小藍自行車，然後他們衝回家的速度比我們這兩個大叔都快。荷蘭的豪滕就是德國瓦本的翻版，只不過更安全又更不吵一點。

「這是我們的驕傲，」提門斯說話沒在客氣的：「荷蘭其他地方，小朋友大多都要到八、九歲才能一個人騎車上學，我們這裡是六歲。」

「他們的爸媽應該很『挫』吧！」我說。

「有什麼好『挫』？這些小毛頭回家連條馬路都不用過。」

豪滕是個以十四世紀的教堂為中心所發展出的村落。但在一九七九年，荷蘭政府宣布豪滕有責任幫忙吸收爆炸的荷蘭人口，結果五千人的小鎮在二十五年間人口膨脹了十倍——差不多就是美國郊區「發胖」的速度。面對這種巨變，在地的議會採行了一個因應方案，而這讓傳統的城市概念來了個大翻轉。

新的豪滕設計成有兩個獨立的交通網。第一個作為社區的骨幹，內涵包括各個線形公園與提供給自行車與行人的專用道，而且全數的公園與專用道都匯集在一個中心點，正所謂「條條大路通羅馬」，只不過豪滕的「羅馬」是小巧的鎮中心與火車站（另外說巧不巧，這兒還有格局跟西恩納田野廣場差不多的開放空地）。鎮上所有要緊的建築物都在這條骨幹上排得好好的，走路與騎車來這兒辦事簡直就是小菜一碟，每個目的地都感覺近得不得了，安全性也沒話說。

第二個網基本上是給車開的，而且很識相地盡量不擋路。一條環狀線繞著豪滕的邊緣鋪設，引道朝內蜿蜒，就像沒到圓心就斷掉的車輻。開車可以直達鎮上幾乎所有人家的門口，但如果你想從家裡開車到火車站，你唯一的走法就是先向外開回環狀線，轉到會通往火車站的那條引道，然後再開回鎮上。

不過，難免還是會遇到自行車跟汽車強碰的道路，這時路標跟紅色的柏油會強調自行車優先。如果你在豪滕看到爺爺奶奶三三兩兩騎著自行車在前面當隊長，汽車像孫子一樣在後頭慢慢跟，我只能說：這很正常，有什麼問題嗎？

如此顛覆「用路倫理」的結果是啥？這麼說吧，若只考慮以豪滕火車站為目的地的移動，你會發現豪滕範圍內有三分之二的交通是以自行車或步行為之。跟荷蘭類似規模的鄉鎮比，豪滕的交通意外發生率只有一半而已，要是跟大部分美國鄉鎮比，豪滕的車禍率更小得像顆米粒。從二〇〇一年到二〇〇五年，豪滕只有一位居民不幸死於交通意外——受害者是位騎著自行車的七十三歲的女士，而肇事者是不耐久候的垃圾車駕駛。如果在差不多大的美國城鎮，我想五年足以讓垃圾車挑戰達成二十位輪下亡魂。

蓋給孩子們住的城鎮

荷蘭郊區的豪滕有交錯縱橫的專用道，供自行車騎士與行人使用，而車道則僅能通往外環道路系統。
資料來源：Gemeente Houten/José van Gool

帶著安心感過完一天，我眼皮子簡直快睜不開了。豪滕就像睡前來杯溫牛奶一樣助眠，但這當然是故意的。豪滕的設計概念本來就是「無聊」：所以小夫妻會來住豪滕，因為這裡可以生兒育女，這就像北美很多人搬到郊區邊緣的囊底巷，是一樣的用意。老人家也往豪滕搬。掃一圈市街，你不難看到銀髮族騎著車跑來跑去，而且車上要嘛是滿滿的日用品，要嘛是寶貝孫子孫女。因為移入人口太過老少咸宜，豪滕的重畫已朝著原本的兩倍面積邁進，包括環狀線也有了第二組鎮民中心跟火車站可以繞行。

豪滕搞定了讓人平靜的非洲草原郊區美學。北美通勤市鎮與豪滕都承諾要保障人的生命財產與出入安全，也說要讓人愈住愈健康，但嘴巴說說很容易，差別就在於豪滕真的做到了這幾點。如果富裕的經濟體真的那麼重視下一代的平安，那這三十年來應該蓋的是上萬個豪滕，而不是上萬個韋斯頓牧場。

那豪滕的缺點呢？缺點就是比起其他的荷蘭城鎮，豪滕看不出在溫室氣體的排放控制上有明顯的優勢（不過還是海放北美城市就是了），而這主要是因為，車輛固然變少，但被降格後的車子去哪兒都得繞一大圈。這點反映了每當城市大刀闊斧地去改革一些問題，就一定會體驗到「外部成本」（externality）[135]。

朝著自由改版

任何人只要真的把重建城市中的自由當回事，那他或她最後都一定會到哥本哈根朝聖。丹麥人花了四十年大開大闔外加小針美容，調整國民在首都移動的交通體系，結果他們成功把在倫敦與洛杉磯做起來既難過又危險的事情變成了「超爽」的事情。哥本哈根的成功是基於兩個理念：一是城市本身是一個實驗室，實驗的進行應受到歡迎與鼓勵；第二是城市的規畫者不應只關心交通的硬體建設，還應該考慮到交通的心理層面影響。

九月的一個早晨，我準備好要來體驗哥本哈根的上班尖峰，而與我同行的是拉斯·林德荷姆

（Lasse Lindholm），隸屬於市府交通部門的年輕面孔。灼熱的陽光才剛穿透秋天的晨霧，我們已經行至路易絲女王橋（Queen Louise's Bridge）的中央，只見雄偉的花崗岩橋身底下好似一條壕溝，但其實那是一個淺淺的湖泊，也是哥本哈根鬧區的西界。湖面揚起水氣，只見天鵝在湖面上隨波逐流，時而用嘴整毛，感覺好不神氣。橋面上的人氣來自晨間的尖峰時刻，但這種上班車潮我真的是頭一遭見識到：一變綠燈，我面前一下子湧來幾百台自行車，而且這些人騎車既沒戴低風阻安全帽，也沒穿反光背心或外套，而是男生條紋西裝、皮鞋擦得閃亮亮，女生短裙、套裝、高跟鞋與飄逸的絲巾一樣都沒少。沒有人汗流浹背、沒有人是勞勃．賈吉，沒有人在跟旁邊的車子比。我會這樣形容這群人：冷靜、有吸引力，外加一副運動員般的身體。

林德荷姆丟出一連串擲地有聲的數據：每十個通勤或通學到哥本哈根的人，大約有三個是開車，也大約有三個坐巴士或火車，但最多人選擇的方式是騎自行車，這占了百分之三十七。要是剔除郊區，那哥本哈根會有高達百分之五十五的人騎車通勤。而且每十位騎士，就有八位會在斯堪地那維亞那暗無天日且雪霰滿天的冬日裡堅持騎車。仔細想想這是個奇蹟：一個複雜而繁榮發達的都會區，竟能夠無畏於「異方差」，用單一辦法海納各種族群的複雜需求，進而培養出多數城市已經近乎放棄的移動方式。

哥本哈根人之所以騎自行車，不是出於某種根深柢固的利他主義，也不是對環境比別國人都關心，林德荷姆說，他們騎車不是因為基因組成比美國人更適合這麼做，而是出於對自身利益的考量。「他們只是想從A點移動到B點，而自行車正好是兼具舒適性與速度的方式。」

那天早上，市長法蘭克．簡森（Frank Jensen）騎車上班，好幾位中央政府的部長也是如此，稍微

上班的通勤體驗管理

為了容納高漲的自行車流量，市府的工程部門把哥本哈根「路易絲女王橋」上的自行車道拓寬為原來的兩倍。在其他區塊，市府規畫部門希望兩倍寬度的車道可以促進騎車通勤族間的交流與對話。

資料來源：作者自攝

對都會潮感文化有點參與感的每一個人，都騎自行車上班。哥本哈根的時尚指標不是超跑，而是「哥本哈根風的SUV」，這不是你想像的運動休旅車，而是輛兩輪在前的三輪載貨自行車。凡是有兩個小孩的哥本哈根家庭，四分之一都有這個看起來四四方方的玩意兒。

這種集體行為，是人為設計出的產物。因為若放任其自由選擇，人類會做出五花八門的決定。自行車早在一個世紀前就風靡過丹麥，但進入汽車時代才短短幾十年，丹麥人就放棄了他們與自行車的親暱關係[136]。但擺脫不掉的塞車與一九七〇年代的能源危機，讓輿論開始與「以汽車為中心」對立。上萬名市民集結在街頭抗議，並且具體地對自行車的專用空間提出呼籲。隨著斯楚格街畫為徒步區，哥本哈根人看到了街道的可塑性，他們發現街道極具實驗的可能性。平面自行車道在哥本哈根原本就行之有年，但到一九八〇年代初期，交通部門首長詹斯．克雷默．米可森（Jens Kramer Mikkelsen）開始興建車流與自行車道間的「立體」區隔，他運用的是些許的路緣高低落差。結果此舉改變了自行車騎士的心理，主要是突然不覺得害怕了。這項建設不只是獻給勇於騎車上街的英雄好漢，也是獻給所有想騎得安全、騎得舒服的小朋友與老人家——換句話說，這是項獻給所有人的建設。雖然只是一點點路緣差，但效果卻跟電影《夢幻成真》（*Field of Dreams*）[137]裡描述的一樣。如果說高速公路怎麼蓋，也裝不下亞特蘭大的新手駕駛，那新的自行車騎士也秒殺了哥本哈根新闢的自行車道。自行車道一條條開，新騎士也「一個蘿蔔一個坑」地把它們填滿。尤其近十年來的效果簡直像「發爐」一樣。為求二〇二五年要達到「碳中和」（carbon neutral）的目標，哥本哈根給自己的一項挑戰就是把阿姆斯特丹那「世界自行車之都」的頭銜給搶過來，他們要比荷蘭人對自行車更友善。

「這意謂著我們不僅注意安全，」現任的交通部門首長尼爾斯．托爾斯洛夫對我說：「我們還關心騎車的感受。」

哥本哈根把超過三百五十公里的獨立自行車道合成一張網，還在車流量大的路口設置了自行車專用號誌。透過四秒鐘的專用時相讓自行車搶得先機，騎士們就不會像在其他城市那樣，被綠燈右轉的駕駛人給撞死。哥本哈根也曾經為求駕駛人的便利，而採單一時相的紅綠燈設計，但根據「輕鬆騎」的標準重新設定後，上下班尖峰的自行車可以用達二十公里的時速穿梭於街道，串起一個個路口的綠燈，不停歇地前進，就像衝浪高手腳不落地一樣，而這也就是著名的「綠浪」（Green Wave）。哥本哈根還另外設有一張令人心曠神怡的綠色自行車道網。透過由一個個公園連成的「項鍊」，這條綠色自行車道可以供你在市區縱橫，卻完全不會沾染車輛的噪音、廢氣與煙塵。同時郊區也沒有被忘記，工程組員正在興建十五條寬敞而封閉的自行車道，合起來就是一張可連結各郊區到市中心的「自行車超級高速公路」。喔，還有，當斯堪地那維亞積雪時，哥本哈根也會優先把自行車道給清出來。

不過當下的哥本哈根有項全新的挑戰，或者可說是一種兩難。交通部門調查發現，自行車騎士覺得他們現在騎車除了會怕汽車之外，也會害怕自行車，主要是自行車道已經慢慢被擠爆了。於是繞了一圈，哥本哈根又面臨一個世紀前、車子剛來到世上的同一個謎團：城市的街道空間有限，有限的資源該分給誰？

托爾斯洛夫想要的答案就寫在這裡，就寫在穿過路易絲女王橋的這條諾雷布羅街（Nørrebrogade）上。在二〇〇八年之前，諾雷布羅街被自行車、巴士、汽車與貨車給塞到快「腦溢血」。這條綿延不少街區、一整排都是商店的諾雷布羅街，每天吸引的車子超過一萬七千車次，自行車超過三萬台，還有公車乘客超過兩萬六千人次。要比所占空間的多寡，自然是車輛遙遙領先，但相互傾軋卻發生在自行車騎士之間，他們會騎著騎著就把「自己人」逼到車流中，或推進原本已經算窄的人行道上，而公車又在通勤的車輛長龍後面等著靠邊。實在是不曉得誰會先崩潰。

解決之道是推動一個短期的實驗：把街道重新設計得更為公平，而公平的意思就是誰比較不占位，誰就應該優先。托爾斯洛夫手下的設計師規畫了公車專用道，然後把通勤的轎車引導到其他比較寬的幹道上。利用轎車騰出來的空間，他們讓自行車道的數量加倍，同時也拓寬了人行道，而這麼做產生了幾乎是立竿見影的效果。二〇〇九年我騎過路易絲女王橋的時候，通勤的轎車流量已經砍半，公車族也說搭車的時間變短。此外每天早上的上班「分列式」則新增了七千名騎自行車的生力軍，把橋兩側各兩條的自行車道都占滿。另外，諾雷布羅街上的餐廳與店家，則像皮帶撐不住的肚皮一樣，也「掉」到了「發福」的人行道上。如果這是一個成功的嘗試，那這之上還有一個雄大的擘畫，就是要讓整座城市的交通骨架都改頭換面，做法就是要按部就班地把諾雷布羅街的狀況複製貼上到其他的幹道上——托爾斯洛夫是這麼告訴我的。哥本哈根的新指標叫「對話式自行車基礎建設」，顧名思義，就是寬到可以讓兩個人並排上路、邊騎車邊聊天的車道。可以聊天，那上班味就會淡一點，交朋友的氣氛就會增加一些。

這一切的一切都促成了一個有趣的對比：從北京到波士頓，幾十年累積下來的公路建設，讓各大城市的車流量愈來愈大，但哥本哈根的做法卻是透過更多元、更完整的道路設計，來帶出對不同移動的選擇與需求，其中自行車當然是重中之重。只不過城市走上新式移動之路，新一代的壅塞模式是否也在另外一頭等著？

這個嘛，就像以公共政策見長的美國經濟學家安東尼．唐斯（Anthony Downs）所指出的，我們不用談壅塞色變，因為擁擠完全是活潑城市的本色。我們應該做的不是一味地反對壅塞，而是要區分不同類型的壅塞。給予城市養分的不是移動的車輛（至少不是車輛本身），滋養城市的是人與商品。所以城市最應該追求的設計，是單位面積能移動最多人才與最多貨物的交通軟硬體，因為「人盡其才」與「貨暢其流」顯然符合城市最大的利益，甚至也可以說是最符合移動者本身的利益。

幾何上與物理學上的事實只有一個，那就是道路做為城市這個有機體的血管，若交到公開市場的手上，最後的結果一定是馬路變成私家車的天下，而這樣的血管恐怕會讓城市缺氧外加營養不良。問題就出在車子真的太吃空間了。再怎麼小的車子，停在那兒也得占去大約四坪的道路面積，這是人站著的三十倍、騎自行車或搭公車的七點五倍。而這還是靜止狀態，動起來的話，這些數據都會呈幾何級數成長。同樣以時速約五十公里前進，開車的空間用量會是搭公車的二十倍。如果你還是沒概念的話，就想像讓滿滿一整台公車的乘客統統下車換騎自行車，這樣你會占掉約一個街區的自行車道，但要是你讓他們一人開一台車，那你會看不出這是條街，還以為是停車場呢。

這也就是為什麼任何計畫想真正把自由帶到城市裡，都不能只靠公共自行車或汽車，甚至也不能只靠巴士增班而已。把空間交由人去自由競爭，總有人會選擇開車，然後車輛一定會慢慢多到車內外所有人都動彈不得。車子會讓物流貨車變慢，會卡死公車，會偷走公共載具乘客的寶貴時間與篤定心情。他們讓自行車感到窘迫，讓行人受到威脅。任何城市若有心讓移動的選擇更多、更自由、更不分你我、可長可久，就必須向特權宣戰，就必須把私家車當成對手。

需求、供給、驚奇

有些勇敢的城市已經這麼做了，而他們的切入點是需求的經濟學。二〇〇三年，倫敦市長肯·李文斯頓（Ken Livingstone）開立了全球最大範圍的塞車費制度，也就是周間車輛進入市區核心要收錢。市府利用監視錄影自動辨識車牌，然後以此作為收費的根據，少數的例外是執勤中的公務車（警消

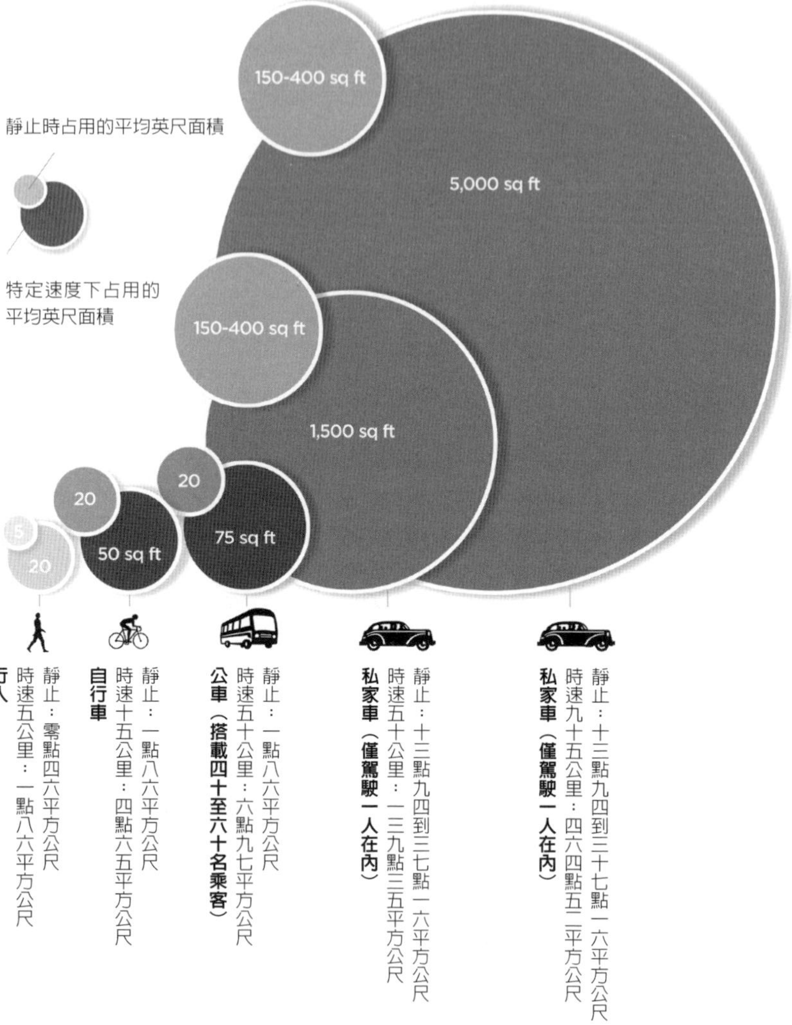

人均動態空間的需求比較

街道的運用公不公平？有無效率？車輛以市區速限行駛，耗用的空間量是行人走路時的七十五倍之多。

繪圖：Matthew Blackett/Spacing.ca.資料來源：Victoria Transportation Policy Institute

與急難救助）、營業的計程車與在地的住戶。這筆入城費本來是訂在已經很有感的五英鎊（約當新台幣兩百多元），目前更不客氣地漲到十英鎊（約新台幣四百多元）。實施三年後，入城費已經讓倫敦核心的車流量減少了四分之一（一路走來，此入城費經過幾次修改與微調——二〇一一年，當時的市長波里斯．強森〔Boris Johnson〕取消了將收費區向西擴張，納入肯辛頓區〔Kensington〕與切爾西區〔Chelsea〕的計畫，同時倫敦交通局也「赦免」了低排車輛的費用。但儘管做了這些妥協，入城費的制度還是每年挹注超過二點二七億英鎊〔超過新台幣八十億元〕的經費給大眾運輸——而倫敦核心的經濟顯然也沒有遭到任何衝擊，因為市中心的商業表現仍傲視周遭區域）[138]。這段時期的倫敦證明了一件事情，那就是交通行為真的不是像鐵板一樣毫無彈性：一旦開車的外部成本（以倫敦為例就包括污染、溫室氣體排放，與車輛占用不成比例的空間而造成其他人不便）變成實實在在要被收走的錢，大家就不會再堅持以車代步。

需求管理在世界各地風起雲湧。在斯德哥爾摩，入城費的金額會隨著時間接近上下班尖峰而遞增，然後再降回離峰時間的零元。差別費率會引導駕駛利用不塞車的時候上路，而不開車的替代方案——大眾運輸——則有部分預算由這些過路費與塞車費來支應。經過短暫的試行後，斯德哥爾摩的市民投票通過讓這個制度確立下來，理由是這讓他們的生活更自在。同一時間，中國的廣州開始以競標與樂透的制度來控制汽車車牌的成長，預計可以藉此讓道路上的新車數量減少一半。這代表的是一種真正的犧牲，畢竟廣州是中國的汽車生產重鎮，也代表當地的污染與壅塞問題已經大到讓人無法坐視不管。

這些做法也引發了道德問題的討論：城市街道作為一種公共資源，真的要變成有錢人才用得起的東西嗎？倫敦的回應是，用收到的錢去提升公車服務，只不過這種以價制量的「需求管理」並無助於讓街道的安全性與可及性達到平衡。要做到這一點，你必須要從供給面著手，把空間這一種公共到骨子裡的資源加以重新分配。巴黎與哥本哈根都給我們上了這樣的一課，而這樣的做法也終於開始在其他地方生根。

倫敦在經過「外科手術」把汽車空間割除、並取而代之以西區的徒步區後，街坊又重新出現了生機。看著如今人跡再現，我們實在很難想像如特拉法加廣場（Trafalgar Square）這樣的空間，竟曾為了遷就車流，而必須與其周邊的一個個公共通道形同陌路，這太荒唐了。我們當然應該豪氣地步出英國國家美術館（National Gallery），穿過用約克石鋪成的那片空地，然後沿著那排壯觀的階梯拾級而「下」，抵達特拉法加廣場的任何一隅，重點是這一路走來不會有生命危險。這才是倫敦此處的原貌。

如果想知道資源重分配的改變力量有多大，我們怎麼能不到紐約市的中心走一趟，那兒可是有再清楚也不過的真相。二〇〇七年，紐約一位英姿颯爽的正妹交通局長珍奈・薩迪克—可汗（Janette Sadik-Khan）走馬上任，當時她笑說她接下這職務，代表她成了紐約市最大咖的建商。嚴格說這不算玩笑，因為紐約交通局坐擁九千六百公里長的街道，其面積超過紐約市土地的四分之一。

任何人想破腦袋，也記不起紐約有哪一任交通局長不是卯起來要讓車子能開得更快。不過這種狹隘的做法早被歷史扔出窗外，薩迪克—可汗肯定地說，她會讓不少寸土寸金的紐約街道實現其最高的潛力，發揮其最大的價值，但這並不代表車子一定要在上面跑來跑去。

她首先對紐約市街道進行了鑑價。然後找來了揚・蓋爾，請蓋爾用他在哥本哈根發展出來的各種方法研究紐約市民的移動行為：蓋爾與其團隊發現，紐約人雖然很愛開車，但車主的狀況其實並不糟，真的慘的是行人。要比擠、塞、無路可走，紐約的人行道大勝車道。要知道紐約的人行道已經塞到公車站牌或街道附近會有人彼此擦撞，甚至會一言不合擦槍走火。一個不小心，行人就會被逼到馬路上，跟車子面對面，而不少人索性完全放棄走路的習慣[139]。讓人心驚的是蓋爾的團隊統計，每十個行人僅有一個是老人或小孩，這與他們占總人口三分之一的事實完全不成比例。

這種極度不公平狀態的震央就在時代廣場，那兒的行人足足比車輛多四點五倍以上，但這麼多人卻只分到汽車十分之一的空間。時代廣場每天有超過三十五萬人次的行人經過，這當中有從全紐約前二繁忙的地鐵站中探出頭來的白領上班族，有拖著行李滾輪，A街B街C街學劉姥姥逛大觀園的傻呼呼觀光客。到了紐約想被車輾？時代廣場會是某些人的首選。

諷刺的是把時代廣場大都留給車輛，駕駛人也不見得就有福氣消受。問題就出在百老匯大道像切西瓜一樣畫過曼哈頓街道的方陣，形成了一塊三角畸零地，進而造就出特異的城市幾何關係。南北向的百老匯大道／第七大道與東西向的四十三街／四十七街交織出四個街區的超亂麻花捲。複雜的人行穿越道讓紅燈久到令人發瘋，車輛行至此處只剩六點五公里的時速。

時代廣場具體而微地證明了一件事情，那就是只想砸下更多的道路空間來解決交通問題，效果是零。事實上，幾十年來，城市的規畫者都無計可施，而薩迪克─可汗打出的牌，是把哥本哈根的那套搬過來：讓空間的重新分配運作一段時間，看看成效可以到哪兒。

二〇〇九年的陣亡將士紀念日周末，薩迪克─可汗「下海」跟第一線的市府員工一起，把圓柱狀的交通錐給滾到定位，彷彿他們在滾一個個的橘色啤酒桶一樣。他們的目的，是要把時代廣場與周邊的百老匯大道給圍出五個街區，讓車流進不來。

「我記得很清楚，」她後來告訴我：「你看過《星際爭霸戰》（*Star Trek*）嗎？裡頭不是有間傳送室？然後人會無中生有地跑出來？差不多就是那種感覺。原本不存在的人就這樣出現了！我們創造的空間，一下子就滿滿的都是人。」

薩迪克－可汗把紐約的黃金街道拿來做如此大手筆的重新分配，包括導入了用油漆顏色區別開來的自行車道、用植栽與停車位隔開車流的自行車道、公車專用道與公共廣場，結果引發了一部分人激烈的反彈（這些權力鬥爭的心理層面，我會在下一章表達意見）。但不可否認的是，紐約中城在擴充了移動的複雜性與選擇的多樣性後，當地的街道效率提升了、公平性也提升了，更增添了健康的屬性與來到這兒的樂趣。空間重分配的好處連駕駛人也雨露均霑。在變革經過一年之後，紐約交通局觀察到，百老匯一帶的多數街道交通變得流暢，公車也不再像蝸牛般慢慢爬；車禍減少了，駕駛人、公車族與行人的傷亡也直線下降。

這場實驗還有個附帶的收穫跟車速減慢有關：公眾生活變多了。

在薩迪克－可汗的新政之前，有兩種方式可以體驗時代廣場：你可以坐在車裡飆罵一路上的車流與行人，或者你可以扣住皮夾，在人多到爆的人行道上舉步維艱。時代廣場在世上的名號響噹噹，但到了現場，你會發現這兒與其說是個景點，還不如說是個路障。時代廣場的人行道之擠，讓美國社會心理學家史丹利．米爾格蘭的「過載理論」在此得到最好的證明：被逼到極限，人的唯二選擇就只剩對身邊的人全部視而不見，或者默默地對所有人鬧彆扭。觀光客可以自拍完快閃，而在地的紐約客只能盡可能逃開，能不去就不去。

要聊上街聊！

各種障礙排除之後，市民立刻把「時代停車場」恢復成「時代廣場」。
資料來源：紐約市交通局

但在各種令人窒息的障礙物被移除之後，時代廣場終於開始呼吸。這之後的兩年，我定期造訪時代廣場，但我真正感受到這裡的新意與自由的空氣，是在二〇一一年，也就是市長宣布變革常態化的隔年，我跟八十四歲的母親一起來到時代廣場的那個喧鬧下午。步行穿過中城，與人群抗衡並不輕鬆。我母親緊抓著手杖，而我則盡可能讓她挨著我。但就在我們來到四十七街要過馬路的時候，原本使人心生畏懼的人潮突然放鬆下來。媽媽放開了我的手，我則在「紅支支」的階梯上停了下來，說這是階梯，它其實也是音樂劇特價售票亭TKTS（Tickets Time Square）的屋頂、跟時代廣場公共劇場的坐位二合一。而我才恍神一下下，老媽已經步下路緣，來到百老匯大道的馬路上。她速度自然不快，但卻非常果決地往南走在「時代廣場聯盟」（Time Square Alliance）安排在路面上的一落落坐椅間。她在喬治·柯翰（George Cohan）的銅像旁邊停下腳步，用兩腳跟手杖化身人體三腳架，然後仰望著這位百老匯名人的模樣。看板燈光秀的閃爍光芒打亮了她的臉龐，行人構成的海浪從四面湧過她的身旁，但沒有人撞到她，大家對這位老人家都很大方，畢竟空間很大，不需要搶。一瞬間我母親也化身為勞勃·賈吉，她在城市中得到了自由，至少幾條街由得她慢慢地走。

註釋

126 譯註：原文為 deus ex machina，直譯為God from the machine，指的是古希臘戲劇裡，故事發展至最後無法收拾之時，台上會有神祇從升降機等機關中出現解圍，讓原本膠著的劇情得以化險為夷，如今引申為天外飛來逆轉困境的救星。

127 譯註：由漢娜—芭芭拉（Hanna-Barbara）製作的情境喜劇式美國卡通，最初於一九六二年九月到一九六三年三月的周日晚間播出，故事可以理解為太空版本的《摩登原始人》（*The Flintstones*）。

128 你可以試著把城市與交通系統想成森林。豐富、多元的生態系統，一定會比一元文化更健康，更堅強。就像樹種繁雜的森林一定比純粹的松樹林場更能承受甲蟲肆虐的侵害，一座城市若能提供五花八門的移動方式，其韌性一定不會是圍繞著單一移動方式而組織的城市可以比擬。這樣的城市能面對景氣、品味與能源供應的變動而身段優雅地調整自如，能在複雜都會體系的糾結中填滿規畫者們看不到的空白，能讓尖端科技發揮最大的潛力，去解決都市特有的問題，如局促的空間、壅塞的街道，當然最重要的是：不用怕「青菜蘿蔔，各有所好」的市民會有多難搞。

129 大眾運輸所使用的智慧卡已經遍及全球各地。但要問哪張智慧卡最聰明，答案還是香港於一九九七年推出的「八達通」

（Octopus Card），這是張感應式的電子支付卡，主要的功能是收取香港大眾運輸系統的乘車費用，而且載具選擇幾乎是無所不包。儲了值，你可以用八達通卡在路邊停車、停進停車場、去超級市場買東西，或是去加油站加油。甚至有些公寓建案的大廳門禁，都是設定用八達通感應。

130 關於「實質速度」有一點補充：任何交通時間的評估要稱得上符合事實，都必須要把你為了購買交通工具或支付旅費所工作的時間納入。

大部分的駕駛人都嚴重低估了他們為了買車、養車與開車，所必須花在工作上的時間成本——比方說像在英國，皇家汽車俱樂部（Royal Automobile Club）發現擁車養車的費用是車主認為的兩倍。你必須工作賺錢才能加油，這不用說，而薪水還要拿來負擔車貸、停車費、維修費、過路費、套件、保養與折舊等隱藏性費用。這些小錢是會累積的。把工作時間與開車時間加總起來，你得到的才是「實質速度」——你工作每小時可以換得的里程數。下面讓我們來好好算一算：平均下來，美國白領一天開一個小時的車移動約四十三公里。而根據美國汽車協會的資料，這樣一段路要花十四點五七美元（約四百八十五元新台幣）——二〇一三年，美國汽車協會估計一般駕駛全年的里程數約為兩萬四千一百四十公里，相關支出為大約九千一百二十二美元（約二十八萬新台幣）。我們假設一位開車的ＯＬ的職稱是經理，薪水可換算為時薪二十美元，那麼她得每天多工作四十五分鐘，才能支付開車的費用。而這也代表整個加起來，她其實得花將近兩個小時，才能達到時速約二十四公里。是不是突然有種開車上班並沒有比較快的感覺？

開車上班從根本上改變了人的生活方式：我們不僅僅要為了晉升有車一族而更加努力工作，我們甚至得加班才能有錢開車去健身房，然後再花錢在健身房裡做我們只要不開車就一定會做到的運動。有些人會為了好像很划算的折扣而開車去大賣場，渾然不覺自己的做法是在補貼這些賣場，讓他們更有條件把店開在開車才能抵達的都市邊緣。

資料來源：Tranter, Paul J. *Effective Speeds: Car Costs are Slowing Us Down*. Australian Greenhouse Office, Department of the Environment and Heritage, 2004.

U.S. Department of Transportation Federal Highway Administration. “2009 National Household Travel Survey.”

American Automobile Association, *Your Driving Costs* (Heathrow, FL: Annual issues), April 16, 2009.

Reseach and Innovative Technology Administration, Bureau of Transportation Statistics. "Table 3-14: Average Cost of Owning and Operating an Automobile." *National Transportation Statistics*. http://www.bts.gov/publications/national_transportation_statistics/html/table_03_14.html (accessed January 14, 2011).

131 通過一筆跟股神巴菲特（Warren Buffet）的交易，或者更精準地說，是跟波克夏．海瑟威公司（Berkshire Hathaway）的交易，使用者可以獲得與車主相同的保險理賠。加州與奧勒岡州的波特蘭市府都已經修法，讓車主不需要因為把車借給別人而負起交通意外的連帶責任。

資料來源：Andersen, Michael. "Five Secrets from the Future of Car Sharing." *Sightline Daily*. December 14, 2011. http://daily.sightline.org/2011/12/14/five-secrets-from-the-future-of-car-sharing/?utm_source=Sightline+Newsletters&utm_campaign=dcd28b4d53-SightlineWeekly&utm_medium=email (accessed March 3, 2012).

Geron, Tomio. "Getaround Brings Car-Sharing To Oregon With Federal Grant ." *Forbes*. December 13, 2011. http://www.forbes.com/sites/tomiogeron/2011/12/13/getaround-brings-car-sharing-startup-to-oregon-with-federal-grant/ (accessed March 3, 2012).

"Getaround." *Portland Afoot*. http://portlandafoot.org/w/Getaround#Testimony_from_Getaround_users_in_Mountain_View.2C_Calif. (accessed March 3, 2012).

132 就算是在自行車之兇悍不下於汽車的紐約市，自行車騎士的成長速度也遠遠把自行車車禍的增加速度拋在身後。

資料來源：Walsh, Bryan. "New York City's Bicycle Wars." *Time*. July 3, 2012. http://www.time.com/time/health/article/0,8599,2118668,00.html (accessed February 2, 2013).

133 譯註：法國雕塑家。

134 吾納夫——意為「生活的街道」（a living street）——的分享空間，由兩大規定撐起。首先是汽車駕駛的路權位階最低。車輛來者是客，但客人就要有客人的本分，法律規定汽車必須禮讓自行車與行人。第二是，吾納夫裡不准有人橫衝直撞。以優先順序而言，安全第一，速度墊底，而安全的速限頂多是「輕快的步履」。

135 譯註：經濟學術語，亦譯為「外部性」、「外部效應」、「溢出效應」，意思是一種行為影響到第三方的權益或福祉，卻沒有付出相應的代價。豪滕讓汽車與騎士／行人的地位逆轉，固然換得了安全與平靜，但也把「汽車廢氣」這項成本給轉嫁了出去。文言一點可說是「以鄰為壑」，白話就是「自己造業他人擔」。

136 從汽車普及開始，哥本哈根騎車通勤的比率就不斷降低，一九六〇年代降到只剩下上班族的五分之一。

資料來源：Ministry of Transport, Public Works and Water Management Directorate-General for Passenger Transport and Expertise Centre for Cycling Policy. "Cycling in the Netherlands." 2009. 13.

137 譯註：一九八九年上映，由凱文科斯納主演的棒球電影。故事講述「黑襪事件」的傳奇球員的鬼魂，來到主角蓋在玉米田邊的球場上面，最終得到救贖的情節。裡頭的經典台詞是：「If you build it, they will come.」（你蓋了，他們就會來。）

138 收費區曾短暫向西擴大，包含肯辛頓與切爾西區，但民意的反彈促使市府於二〇一〇年收回成命。

n to be cancelled in 2010. *Annual Report and Statement of Accounts, Transport for London*, 2012, accessed March 8, 2013, http://www.tfl.gov.uk/assets/downloads/corporate/tfl-annualreport-2012.pdf; *Central London Congestion Charging: Impacts Monitoring 5th Annual Report, Transport for London*, July 2007, accessed March 8, 2013, http://www.tfl.gov.uk/assets/downloads/fifth-annual-impacts-monitoring-report-2007-07-07.pdf.

139 在擁擠的人行道上表現出粗魯的行為，對人的心理可說極其不健康。夏威夷大學的交通心理學家里昂．詹姆斯（Leon James）特地為此編纂了一個「行人攻擊性症候群量表」（Pedestrian Aggressiveness Syndrome Scale），來測量行人版的路怒。如果你經常得在擁擠的曼哈頓中城人行道上衝鋒陷陣，那你對於詹姆斯提出的一些症狀肯定不陌生，這包括對其他行人「產生貶低的念頭」，包括「擺出張臭臉」、「用帶有攻擊性的方式去超越或衝撞別人」。無論是想法還是行為，這些怒氣都會在施暴者或「受害者」的心裡囤積壓力——而這代表紐約客的麻煩大了，因為光從二〇〇七到二〇一一這短短四年間，紐約人行道的擁擠程度就增加了百分之十三。

資料來源：James, Leon. "Pedestrian Psychology and Safety." *DrDriving.org*. http://www.drdriving.org/pedestrians/ (accessed March 3, 2012).

"Study: NYC Sidewalks Getting More Crowded." *CBS New York*. August 6, 2011. http://newyork.cbslocal.com/2011/08/06/study-nyc-sidewalks-getting-more-crowded/ (accessed March 3, 2012).

CHAPTER 10

城市為誰而生？——在城市中實踐平等

軟體（民眾再教育）vs. 硬體（基礎建設）
莫庫斯 vs. 佩尼亞婁薩

房子可大可小；只要周遭的房子都一樣小，那各個層次的居住的需求就都可以獲得滿足。唯獨這房子的旁邊若冒出一座宮殿，你就會突然覺得那不是什麼房子，那是個破棚子。

——卡爾・馬克思（Karl Marx），一八四七年

（我們）對城市有一份權利，不能單純解讀為造訪城市的權利，也不能想成是對傳統城市的回歸。這只能是一種脫胎換骨的權利，一種在都會生活的權利，而且這權利就只能這麼擬定。

——昂希・列斐伏爾（Henri Lefebvre），一九六八年

我們的城市，若能以所有人的最大福祉去設計，那就太好了；如果造鎮者都心懷清明的以效用計算來決定事情，阿彌陀佛；但現實就是現實，一點都不美麗。都會空間與體系有其自私的成分，人與人住這麼近而產生的複雜問題，不可能期待用善念來解決，甚至城市的設計也不僅只反映了不同觀念間的競逐。真正賦予城市面貌的，是族群間的角力。族群湊在一起會分配都會生活的各種好處，他們會言明權利屬於誰而不屬於誰，而就在這樣的過程中，各族群共同揉捏出了城市的態度與靈魂。

有些事明擺在眼前，但還是會有人看不見，直到有天它被寫成粗體，登上了最最極端的地景。這是我在哥倫比亞學到的事情。

我在波哥大住的民宿，屋主海梅是個行事謹慎的中產階級。職業是電視編導的他會如此小心翼翼，得從那個下午說起。那天下午，一群武裝分子拿了枚火箭彈，朝他上班的辦公大樓射擊。萬幸的是火箭沒有命中目標，但海梅對哥倫比亞同胞的信從此任再也沒有回來。他要求我不可以在波哥大的街道上落單，也警告我晚上不要到處亂跑。更重要的是，他禁止我去城南破落的貧民窟參觀，那裡有內戰的難民，他們落腳在蜿蜒的波哥大河與通輝利托河（Tunjuelito）之間的平原。在富裕波哥大人的想像裡，貧民窟是集性侵、搶劫與兇殺於一處的夢魘。

但這些貧困社區作為一種地景，其實背負著這十年來新刻畫在波哥大身上的一種極端都會哲學。於是我選了個清晨，趁海梅還在房間呼呼大睡時溜出了公寓，躡手躡腳閃過夜班警衛，穿越黃疸色的路燈光線，朝著南北向的卡拉卡斯大道（Avenida Caracas）前進。

我推過犄角狀的旋轉閘門，步進拋光鋁質與玻璃的俐落車站。「歡迎搭乘」的訊息像股價報價一樣靜靜地滾過LED的螢幕。四組玻璃門整齊畫一地「芝麻開門」，於是我踏進了一塵不染的車廂，找了個位子坐定。接著一聲低沉的怒吼之後，車子開始緩緩起步，加速，直到車身在滑順的導軌上破風暢行。

我立刻想到的是哥本哈根的地鐵——超級快、超級乾淨、超級有效率——只不過相較於轟隆隆地在地底摸黑前進，我們此時可以看著安地斯山脈的剪影閃耀著旭日的紫色光輝。而這並不是什麼火車或高科技的輕軌。這是台巴士——北美民眾動不動就看不起的下層交通工具。但被佩尼亞婁薩命名為「「跨越千禧」」（TransMilenio）的這個公車系統，已經成功翻轉了在地的大眾運輸體驗。以巴西庫里蒂巴（Curitiba）的快捷巴士系統為模板，「跨越千禧」徵用了波哥大諸條幹道的最佳位置，餘下的讓私家車、計程車與小巴去搶食。這是一九二〇年代，當汽車大舉入侵後，美國路面電車業者所夢寐以求的優待，也是大部分城市已經睽違幾十年未見的安排：一個鼓勵空間分享、多占地方得付出不便的代價，同時不蓋地鐵或高速公路，讓人民的稅款能花在刀口上的規畫。這個系統以便宜非常多的成本，在每小時的單位運量上傲視許多「貴參參」的地鐵系統。世界各地都有大眾運輸「粉」來搭「跨越千禧」，他們是來朝聖的。

披著紅唇顏色的車身外衣，加上閃閃發亮的站體，「跨越千禧」感覺就像個美女。沒錯，要抵達西半球數一數二窮的貧困社區，聰明的人就會從外型非常養眼的公車坐起。我們花二十分鐘走了約十六公里，看著太陽爬到安地斯山的頭頂，抵達路線終點的巴士也帶著我們滑進非常氣派、有如機場航站的總站。玻璃帷幕與拋光大理石在這裡用得更不手軟。同時間一股股穿著只能說很庶民的通勤人流，踩著鐵馬，穿梭在自行車專用道上。他們有志一同地騎進總站裡寬敞的自行車停車場，

「跨越千禧」的公車系統

在波哥大的路上，最好的路都留給了「跨越千禧」公車，私家車只能靠邊閃。車站站體的用料也全不手軟。在路權上，給予公車特殊待遇、在硬體上也力求質感：專用道提高了搭乘效率（裡子），正妹級的車輛與美輪美奐的站體則提升了公共運輸的形象與搭乘者的「社會地位」（面子）。
資料來源：波哥大市府

那裡的出入口還有武裝人員把守。這就是「美洲門戶」（Portal de Las Americas），一個像子彈列車站一樣拉風的公車總站。

我跳上一台人力車，並請手握龍頭的孩子帶我去名不符實的「天堂」（El Paraiso）貧民窟中心。

「沒問題，先生，」他用西班牙文答道：「但你的照相機得收好。」語畢，他扭動鏽跡斑斑的三輪車掉頭，開始逆著上班的自行車潮移動，只見他的呼吸在冷冽的晨風中留下了「飛機雲」。

「天堂」跟南美其他力爭上游的貧民窟一樣：生鏽的鋼

筋彷彿刺蝟的針，突出於蓋到一半的日字磚牆，就像在紀念著有人曾夢想蓋一座自己的別墅。揚灰的街上看得到野狗追著垃圾袋。

我發現我們正在繞路時，一道道日字磚牆慢慢開了個縫，一棟白色龐然大物在一片綠草如茵的公園裡矗立著，「那叫『汀達爾』（El Tintal）。」騎車的孩子在三輪車經過它時當起免費的導遊。圓形的窗戶加上傾斜的天窗，讓這建築物看起來像太空站。但事實上，它大部分的時間是個垃圾處理廠，後期才被哥倫比亞的名建築師丹尼爾・巴繆德茲（Daniel Bermúdez）改建為圖書館。原本給垃圾車走的坡道，現在是有模有樣的高架入口。「誰會大老遠特地跑來這一區，然後一層一層在架上找書啊？」我把心裡的疑問給說了出來，當然一出口我就覺得自己是個蠢蛋。

「我媽會來，」剛剛那位未來嚮導說：「我也會來。」

貫穿「天堂」的那條路，也一樣充滿驚奇。正常的狀況下，窮困的市鎮要針對砂石路進行「都市更新」，反射性的做法一定是拿柏油鋪在路中間，因為這樣才能讓車子大搖大擺地開過。但這裡沒有這樣做。這條路的中間用水泥與磁磚鋪成了一條有寬度的「跑道」，重點是這通道有膝蓋那麼高，所以車子「不得其門而入」。成為一條專供行人與自行車享用的豪氣通道。專用道兩旁的「月球表面」，只偶爾有不長眼的車子會硬闖，在坑洞與砂石間搖搖晃晃地前進。

因為是途經休士頓來到這裡，所以這條專用道就像波哥大的公車體系一樣，讓我覺得頭重腳輕，天旋地轉。

路權的平反——

顛覆前：鋪面道路只供開車

在開發中國家，資源有限的城市往往會為道路鋪上柏油，來服務少數的有車族，而沒車的大多數人只能在路肩腳踩泥濘與砂石……

顛覆後：鋪面道路可以散步，可以騎自行車

……但波哥大的「未來步道」（Alameda el Porvenir）卻把鋪面的道路留給行人與自行車，車子則降格去走旁邊。

繪圖：Dan Planko

在北歐或波特蘭看到這樣的路，你會直覺反應這是政府在想辦法「減碳」：以極地冰帽與人類的子子孫孫之名，逼人下車走路。但波哥大的想法不是這樣。這整套規畫，包括「主客易位」的道路、包括現代化到不可思議的公車總站，包括內外兼修的垃圾場圖書館，包括墊高高的自行車道，包括「跨越千禧」公車本身——都只有一個目的，這些都是為了「幸福」二字所做的努力。

在這個預算只會緊不會鬆的年代，資源只會少不會多，任何設計都會有人贏有人輸，而這片地景裡鑲嵌了一個富國城市可以借鏡的訊息。波哥大值得學習的是政治領袖無畏基層的信心危機，在短短的幾年間開創出轉機的行動力。

誰能比我爛？

這本書的一開始，我提到過波哥大傳奇般的沒落。哥倫比亞在二十世紀的最後十年陷入內戰泥淖，老百姓夾在左派游擊隊、政府軍與其他武裝勢力之間，混亂的局勢從外圍的叢林、農園開始蔓延，最後連首都也無法倖免。當時的世道有多糟？破落的城市邊緣每年新湧進八萬名難民，使波哥大的人口逼近八百萬。幸運能找到工作的新住民也得花數小時通勤，而且這種「通勤」是要在五彩繽紛、但車裡髒到嚇死人，而且車況超差、效率不彰的野雞迷你巴士裡忍受安地斯山的烈日煎熬。公共運輸沒一樣能搭，道路塞到車只能慢慢爬，空氣像一碗毒湯。這樣的城市吃掉了市民的分分秒秒，咀嚼著民眾的人性善良。這使得大家開始你怕我，我怕你。光是一九九五這年，波哥大就發生了三千三百六十三件兇殺案（相當於一天十件，或者每十萬人有六十人死於非命），外加一千三百八十七人死於車禍。波哥大普遍的心理狀態是鬱卒：四分之三的波哥大人覺得生活只會愈來愈糟。名嘴更狠批波哥大已經病入膏肓，任何統治手段都只是白搭。

不文明與暴力甚至慢慢滲透到市長選戰。在一場電視辯論會上，一群不受控的學生衝上了原本只屬於安塔納斯．莫庫斯與安立奎．佩尼亞婁薩兩位候選人的舞台，莫庫斯還被拍到跟這些亂入的學生扭打成一團。

回到辯論本身，佩尼亞婁薩與莫庫斯提供了波哥大人兩種非常不同的救贖方式。在很多層面上，這兩位候選人代表著對同一個關鍵問題的兩種回答：要拯救一個城市免於衰敗，你應該鎖定硬體、公共空間與基礎建設來處理？還是應該瞄準軟體與公民的態度跟行為去改進？莫庫斯於一九九五年勝選之後，波哥大人嘗到了第二種答案的「勁道」，讓人感覺有點微妙。

在城市裡開課

莫庫斯是立陶宛的移民之子，即便是支持者，對他的印象也都是「這人怪怪的」。具體的說，他怪在剪了顆西瓜頭，留了道好像安全帽帽帶的鬍鬚，然後幾歲了還跟媽媽住在一起。他履歷上有一條是當過哥倫比亞國立大學的校長，後來沒當了，是因為他有天在課堂上對著一群屁孩大學生脫下了長褲，露出了他白白的屁股。莫庫斯說這只是一種「象徵性的暴力」，結果學校一樣把他給炒魷魚。但經此一鬧，他反而一夕爆紅，不再是素人的他，在此機緣下入主市府，頭銜也從校長升為市長。莫庫斯說，整座波哥大市都是他的「課堂」。「我選上就是要建立大家的公民素養，」他後來跟我說：「什麼叫公民素養？公民素養就是除了人權，我們每個人都還有應盡的義務。而首要之務就是我們要尊重生活，把生活當成公民最核心的權利與義務。」

如果我們把波哥大當成學生，那遇到像這樣的老師還真是頭一回。莫庫斯派了四百多名默劇演員到街上嘲笑粗魯的駕駛人與行人。他廣發一疊疊紅牌，讓人可以對反社會行為「舉紅牌」，就像路上人人都是足球裁判一樣，畢竟舉紅牌大勝彼此拳腳相向或開槍。他號召民眾利用「主動繳械日」繳納槍枝，並且象徵性地在大庭廣眾下燒毀一千五百枝槍，然後把熔出的鋼做成嬰兒用的湯匙（波哥大每一百枝槍中只有一支上繳，但調查顯示，民眾確實因為這樣的做法而感覺安全一點，暴戾之氣也被沖淡了一點）。

莫庫斯還真的會披上披風、穿上緊身衣，以「超級公民」之姿在市區「衝來衝去」，宣揚他的文明新規定。不過他的「社會行銷活動」怪異歸怪異，做起事情還是滿雷厲風行。比方說他導入了嚴刑峻法來打擊市府中的酬庸任用；為了杜絕貪腐，他一口氣把波哥大的大眾運輸警察全部開除。莫庫斯還把政敵的弟弟圭亞莫找來當公園事務的負責人，而且由他把公園系統擴大，然後又挺他把高人氣的周日封街騎車活動「希可洛維亞」給辦下去。為了展現他徹底執行廉能政府的決心，莫庫斯甚至開口要市民多繳百分之十的地產稅，以協助公部門開辦更多服務。這聽起來有點誇張，但沒想到有六萬多戶家庭響應。莫庫斯的行事風格或許標新立異，但他確實為波哥大建立了嶄新的「尊重」文化，甚至他的種種做法也讓市民們準備好了要迎接繼任的市長，因為新市長打算測試關於「城市的存在是為了誰跟什麼？」這個大哉問，市民們是怎麼想的。

都會平等法則

一九九七年，當莫庫斯辭去市長之職去選總統的時候，波哥大的兇殺、犯罪與交通意外的比率都已經開始下滑，但硬體與功能上的問題——包括塞車、污染與學校、安全街道與公共空間的嚴重缺乏，都還是屢見不鮮。這座城市的大腦已經有了不同的想法，但身體卻仍不聽使喚。

佩尼亞婁薩終於在第三次的競選中當選了市長，而他堅持都市的形貌與都市文化間存在著千絲萬縷的關聯，他覺得光是想強化互相尊重的新公民教育，是不夠的。他認為城市本身必須彰顯這些想法，必須把這些形而上的哲學落實在具體的形態、系統與服務上。

「一個城市必須先尊重人，才能期待公民禮尚往來。」他在就職演說裡這樣說。他承諾會善用任期，集水泥、鋼鐵、林木與草皮之力，把這樣的尊重給建設到城市裡。

書的一開始，我提到佩尼亞婁薩提出了一個宏大而單純的理想：城市設計的目的應該是讓人「快樂起來」。佩尼亞婁薩確實是幸福經濟學派的門生，但他針對波哥大所提出的方案是建構在對幸福的一種特殊解讀上，而這種解讀本身就會威脅到很多既得利益者的舒適圈。這方案問的是：城市的公共財應該由誰來共享？公園與優美的景點應該讓誰進場？能輕鬆來去是誰的特權？這些固然是哲學問題，但也同時是政治問題，畢竟這些問題的形成都可以回溯到極具政治性的時空環境裡，只不過真要說，這些問題大部分會帶人走向革命，而不是都市革新。

佩尼亞婁薩兄弟生於一九五〇年代的中上階級家庭，算是稍稍養尊處優地住在波哥大的林蔭北區。他們的出身不差，但因為父親的關係，兄弟倆從小就深刻地體認到這國家的貧富不均到了多可怕的境地。也叫安立奎的父親是公務員，而且管的是哥倫比亞的土地改革局。職責所在，老安立奎會定期把小安立奎跟弟弟圭亞莫丟到吉普車裡，然後父子三人一起來到哥倫比亞的鄉間。到了鄉下，你會有種回到中古時代般的錯覺，因為這裡還有數百萬的佃農在幫坐擁良田的地主耕種。老安立奎的工作就是在政府的授權下，扮演起羅賓漢來劫富濟貧，把土地從有錢人那兒取來，分給衣衫襤褸但胼手胝足的小農。一趟趟的下鄉在兄弟倆的心上烙下深刻印記，他們慢慢覺得這是身為佩尼亞要薩家的孩子的使命。而由於他們就讀的學校裡剛好有地主階級家的子弟，小安立奎跟圭亞莫便義無反顧地在操場用「拳腳」為父親辯護。小時候或許只能打架，但長大後安立奎去念了經濟學。雖然他寫了本書叫《資本主義：最佳的選擇》（*Capitalism, The Best Option*），但他並沒有忘記要從追求平等的角度去看待城市生活。

其實他也很難不這樣想。哥倫比亞的城市就跟鄉間一樣不公不義。波哥大最大的綠地是個私人鄉村俱樂部。吃得開的居民，包括佩尼亞要薩自家的鄰居，都把社區的公園給圍起來，好讓社會底層的民眾不得其門而入。走路也沒有你想的簡單，因為波哥大的人行道已經在違規停車的亂象中變得形同虛設，市中心的廣場也全數淪陷成攤販的地盤。尤其沒天理到讓人不忍卒睹的是波哥大分配路權資源的方式。波哥大每五戶人家才有一台車，但這座城市卻老是以北美洲的公路都會馬首是瞻，具體來說，就是道路愈蓋愈多，逼著汽車、自行車與行人在道路上廝殺個你死我活。

在佩尼亞要薩當選之前，波哥大就已經接受簡稱JICA的日本國際協力機構（Japanese International Cooperation Agency）的技術與都市規畫輔導。這不是什麼特例。窮國的城市本來就經常接受這類國際組織的扶助。而同樣不值得大驚小怪的是，在為波哥大規畫的新開發案裡，JICA指示了要大量興建高架式的高速公路網，來舒緩波哥大的交通壅塞。私家車的多寡與城市的進步程度被畫上了等號。但這樣的規畫讓新市長氣炸了——他氣的不只是JICA拿五十億美元量身訂做出這種計畫，肆無忌憚地圖利日本的汽車工業，他也氣波哥大的既得利益階層這麼熱中於討好外援。

「波哥大人覺得這在開發中國家的城市裡完全正常，就像明知在自家附近小孩沒有學校上、排水下水道不足、社區沒有公園，還砸幾十億美元蓋高架道路是天經地義一樣。大家還以為這樣叫作進步，洋洋得意地把這些高架道路端出來現寶！」他這麼抱怨著。

但波哥大的選擇是不蓋這些高架道路。佩尼亞婁薩一走馬上任，就讓JICA的計畫胎死腹中。另外他大漲百分之四十的燃料稅，出脫地區性電信公司與水利發電廠的公股，然後把政府收入拿去挹注公共空間、交通設施與城市建築的發展。他希望下猛藥來提升所有市民的城市體驗。佩尼亞婁薩的市府團隊收購了城市邊緣的荒地來杜絕質疑的聲音，並保證重畫的新社區可以享有合宜的房價，而且各項公共服務、公園與綠道（greenway）[140]都能樣樣到齊。他興建了幾十所學校與數百間托兒所，還把弟弟圭亞莫跟前任市長莫庫斯啟動的公園發展計畫進一步發揚光大。他撒出了一張公園網，以驚人的六百座公園把波哥大市民「一網打盡」，其中小公園可以塞進社區的畸零地，大公園可以大到如西蒙．波利瓦（Simón Bolívar）紀念公園，一舉把紐約的中央公園給比下去。他足足種了十萬棵樹，然後他在波哥大最窮的區塊蓋了三座雄偉的圖書館，包括我在「天堂」路上看到的那一座。

這一切的努力都是為「絕對的公平」服務。

「幸福的一項要件是平等，」二〇〇七年競選連任的佩尼亞婁薩這麼說，當時他正陪著我騎在一條巷弄裡。他機關槍似的說話法，讓我不得不在自行車龍頭上綁上支麥克風，這樣我才不至於漏聽他的「慷慨陳詞」。「或許不是收入上的平等，但至少是生活品質上的平等，而更要緊的是建立一個環境，讓人身處其中不會有低人一等或被排擠的感覺。」

佩尼亞婁薩把車靠邊，然後往一個圓柱拍了下去。那是路阻，他沿市區人行道種下了幾千個這樣的路阻。這些路阻是他對汽車「宣戰」後所發動最具象徵性的攻擊。在他上任前，這些人行道根本沒辦法走，因為上面會放滿一輛輛違停的車子，有路也變成沒路。但現在不一樣了。有了路阻二十四小時「站崗」，人行道獲得了解放，人又開始在上頭熙來攘往。

「這些路阻所傳達的訊息是：行人很重要，車子不會比人更重要。我們是在創造平等，我們在創造對人性尊嚴的尊重。我們是要告訴所有人：『你很重要——你重要並非因為你是有錢人，而僅僅是因為你是人。』你把人看得特別，看得神聖，那他們就會用行為證明你是對的。這樣創造出來的會是一個全新的社會。所以城市裡的每一個環節，每一道細節，都要反映出生而為人的神聖在哪裡。沒有例外！」

過一會兒，他指著在自行車專用道上騎車的兩名身著連身服的工人，他們就騎在波哥大有錢人聚集區的北端。「有看到那兩位朋友嗎？」他邊說邊點頭：「我的自行車道讓他們找回了驕傲。」

這當中的道理並不是那麼顯而易見，自行車道怎樣能讓人覺得驕傲？

「因為自行車道給了他們自尊！你看，如果是在以前，會騎自行車的一定是窮到不能再窮，所以騎自行車到哪都被噓，都被看不起。所以自行車道最大的價值在於它的象徵意義。它象徵著只要是市民，無論我是騎一台三十美元的自行車，還是開一輛三萬美金的BMW，大家都沒有誰比誰了不起。」

「公車體系也是一樣的道理。我們把車體與站體弄得漂漂亮亮，不是要在硬體上搞噱頭，裝可愛，推行公車也不單純是要做環保或整頓交通。我們真正要建構的是社會正義！」

「跨越千禧」系統的負責人後來告訴我，佩尼亞婁薩堅持公車要用小姐們擦在雙唇上的大紅色，甚至連這個系統的名字都是他親自揀選。這兩項堅持，都是要讓這公車感覺潮、感覺走在時代尖端，這樣大家明明不見得有其他選擇，卻還是會覺得搭乘大眾運輸工具很有面子，甚至是某種身分地位的象徵。佩尼亞婁薩還堅持包括汀達爾在內的新圖書館要內外兼修，要找國內首屈一指的建築師來設計成在地的地標，「以向每一位願意進去的孩子、每一位去看書的公民致敬。」

有感的公平

在佩尼亞婁薩滔滔不絕的諸多理想裡，有一項假設必須接受檢驗。那就是讓人感覺平等是否真為一項值得推動的政策目標——感覺平等能否與真正平等相提並論？事實上，要做到讓人感覺平等，通常也就代表你要能做到真正的平等，這點連佩尼亞婁薩也未加否認。但我們還是不要急著打倒這個理念——人人平等，即便只是自我感覺良好，也還是很重要。

人都愛比較，這我們不用自己騙自己。回答我你喜歡哪一種世界：你想在全都是ＢＭＷ的高速公路上開本田喜美？還是想在一片生鏽的人力滑步車海中騎一台還算有模有樣的買菜機踏車？大部分的人都選擇後者——人窮不要緊，比大家都窮才是問題。是人，都忍不住會在社經地位上幫所有人排名[141]。

社會學者早就知道的一件事是，貧富間常常存在健康的落差，而問題的關鍵包括生活型態、工時長短、營養良窳與醫療資源的多寡。但這並非事情的全貌。「白廳研究」（Whitehall Studies）[142]以數十年的時間追蹤英國公務員的健康情形與死亡率，結果科學家發現，「在以薪級作為評斷的社會階級、跟各種疾病的死亡率之間，顯示出極端的負相關」。換句話說，官做得愈大，人就活得愈久。比起中高階的公務員，基層政府員工更容易有心臟病、癌症、肺病與憂鬱症。在美國，同樣是住在城裡的窮人，貧富差距的小與大也可以對應道窮人健康狀況的好或壞。高血壓、高膽固醇與免疫系統減退，常常伴隨社會地位偏低出現。社會地位的改變會影響我們大腦的化學反應。社會地位偏低就像天天用壓力荷爾蒙淋浴[143]。正如生物學家暨神經科學家羅伯特·薩博斯基所說：「感覺窮所造成的疾病後遺症，其根源往往在於環境讓人感覺窮所造成的心理影響。」如果你吃得上飯、也不至於無家可歸，那貧窮對你最大的衝擊，就可能來自於感覺自己沒別人有錢。

社經地位的懸殊落差可以是全體社會的重大隱憂。在《水平儀：何以人類愈平等，社會愈強韌》（*The Spirit Level: Why Greater Equality Makes Societies Stronger*）一書中，英國流行病學家李察·威爾金森（Richard Wilkinson）與凱特·皮愷特（Kate Pickett），描述了失控的不平等會如何導致暴力犯罪、吸毒、未成年生育與心臟病發作的比率提升。「如果你打不贏高漲的差別待遇，那你就會需要新的監獄，跟更多的警力，」這是兩位專家提出的警語：「你還得面臨心理疾病、吸食毒品跟各式各樣問題的氾濫與惡化。[144]」有經濟學家指出，階級落差所具有的殺傷力不容小覷，我們應以防治環境污染之心力去迎敵，也應該用稅務工具去縮小貧富差距[145]。

這些或許句句都鏗鏘有力，很有道理。但如果有人以為波哥大的改造計畫就只是在操控人的感覺，那就錯了。無論以任何客觀的標準去評估，「快樂市長」想讓窮人覺得公平的種種做法，都確實讓窮人的生活「向上提升」了。我舉法比恩·岡薩雷斯為例，他是我在「跨越千禧」的總站「美洲門戶」邂逅的年輕人。瘦高而略顯孱弱的他是波哥大下層小人物的典型：他上班會先騎一點六公里的自行車到總站，然後搭「跨越千禧」到相隔二十四公里遠的Home Center大賣場當收銀員，而這間店就開在波哥大北邊的高級區。法比恩的月薪算起來大概兩百四十美元（不到台幣八千元）。他上班要是不走路、不騎自行車、不搭公車，好像也沒有別的選擇。他並不特別覺得大紅色的車身有多「正」，但「跨越千禧」無疑扎扎實實替他省下了寶貴的時間。

「『跨越千禧』沒建好前，我上班得提早兩個小時出發，」他邊說這話邊擠上往北的直達車輛：「現在四十五分鐘就可以擺平了。」

這就是佩尼亞婁薩的設想，就是快樂城市計畫的精髓所在。這計畫主動把都市生活的好處拿回來重新分配，而分配的重點在於讓最多人能得到更公平、更舒適的待遇。車身的顏色絕對要美，但更重要的是車子讓人能在城市裡便捷地往返（「跨越千禧」每天平均為每位搭乘者省下四十分鐘的交通時間）。

顛覆常軌，讓人跟自行車走中間，叫車子去邊邊玩沙（嗯，是走顛簸的路肩），或許這樣可以討好對階級敏感的自行車騎士，但真正要緊的是，幾百萬收入不豐的百姓可以安心自在地來來去去。汀達爾圖書館或許可以讓周遭的民眾接受到後工業設計美學的感召，但更實際的是，這讓他們有書可讀，有地方可以聚會跟學習。「希可洛維亞」或許真的搬出「打了鎮定劑的道路」的名頭，為打破貧富界線而共聚一堂的波哥大人創造出溫暖而無以名狀的感動心情，但這麼做的真正目的，仍在於讓數以百萬計買不起豪宅大院或百萬名車來逃離城市喧囂的市民，可以享受到無中生有的公園空間與自由感受，即便那只發生在周末短短的幾個小時裡。

戰爭與和平

佩尼亞婁薩從小就學到一件事情，那就是特權的重新分配一定會招致反抗。但新市長也不是吃素的，他的字典裡可沒有「妥協」兩字。在他一聲令下，霸凌城市空間的幾千片雜沓廣告看板說撤就撤，住民自行違法在社區公園增設的歧視性圍籬說拆就拆。

他的戰線不只對準汽車，任何人只要占用了波哥大的公共空間，就算是窮人他也不會給你留顏面：他曾以公權力把攤販趕出被他們搞得水洩不通，外加烏煙瘴氣的公共廣場。城市的設施是為所有人而設，而不是為了圖利誰而設。競選期間，佩尼亞婁薩有一條政見是要把波哥大那片廣大的鄉村俱樂部改成公園。

就算死人的帳他也不買：莫庫斯固然在市中心某墓園的牆上漆上「神聖乃生命」一語，但佩尼亞婁薩還是毅然決然打算把墓地遷走，來騰出公園用地（不過，鄉村俱樂部與遷葬改公園的計畫均以失敗收場）。

玩這麼大，讓他初期樹敵不少。民營公車業者與司機氣炸了，因為他們被「跨越千禧」侵門踏戶，攤販與叫賣者也非常不滿，因為他們被從熱門的廣場上給趕了出來。不過要比大聲，開門做生意的人才是反對者之冠，這些店老闆不爽的是，路阻在他們門口的人行道上冒了出來，大家只好跟免費的停車位說掰掰，而商家認定光靠雙腳、自行車跟公車，根本不會有客人上門。

「這傢伙是在妖魔化汽車，」跟市長弟弟同名的圭亞莫・波特羅（Guillermo Botero）對我說，他的身分是哥倫比亞全國零售商盟會「Fenalco」的主委。「車子是營生的工具，是各行各業打拚的必需品。道路不能再砍了，再砍這個城市遲早會崩壞。」

Fenalco跟其外圍團體使出了吃奶的力氣，動用了所有的政商關係跟財力來發動對市長的彈劾。佩尼亞婁薩因此曾處於被解職的邊緣。

為平等而戰

在波哥大見到的反彈絕非個案，世界各大城市都有人不願意乖乖就範。不管城市的生活環境已經墮落到多不堪、多失能、多沒有公平性可言，也無關改變的方案有多麼深思熟慮，革新之舉都一定會讓習於都市現狀的人覺得受到威脅，進而產生出固執且不理性的各種反對。

紐約市為了要把街道空間收回重新分配，做出了各種努力——包括設置總長超過四百公里的漆面或獨立自行車專用道，但結果一樣是遭到部分人近乎潑婦罵街式的詆毀。市議員與專欄寫手有志一同地指控市長是在「發動文化戰爭」，是以職權在圖利少數覺得自行車很潮的菁英，而無視於駕車的需求存在於通勤族與所有住不起曼哈頓的市民之間。但他們這話與事實不符。在紐約乃至於全美，最可能以自行車代步的絕不是有錢人，而是窮人。

都市革新會遭逢阻力，有個原因是我們對兩件事情的觀念根深柢固，一個是都市型態與文化間的關係，一個是自由在城市中的定義。離散的體系不僅在街道、路緣、交通號誌、購物商場等地方「插旗圈地」，而且陰魂不散，它還滲透進了我們認知中街道與城市存在的目的，把我們洗腦洗得徹底。墨西哥市曾經封閉了幾條主要幹道，來辦理自家的「希可洛維亞」，結果我親眼目睹一位女士作勢要用福特嘉年華的保險桿把警員給「推」開。「你侵犯了我的人權！」她透過車窗大喊，也不管周日出來散步與騎車的人在一旁看得目瞪口呆。這之後還有墨西哥廣播節目主持人安傑爾．沃杜戈（Angel Verdugo），他號召駕駛人若遇到騎自行車的不用客氣，直接輾過去就對了。「他們是想當歐洲人喔，」他滿是怨言：「他們以為這裡是巴黎，自己在騎香榭麗舍大道就是了！」

有些反彈來自於既得利益者害怕失去「一切照舊」的權利。這也算人之常情，畢竟都市體系的各種好康一旦收回重新分配，某些人確實可能會覺得「不太方便」。但真的要以理論理，反對快樂城市的陣營其實吵不贏。

現下的都會交通體系，說穿了就是「不公平」三個字，北美尤其如此。如我之前所分析的，有三分之一的美國人不是太小、太老、太弱或窮到沒錢開車，就是單純沒興趣開車，這些人的生活跟開車完全無關。而在完全倚賴開車移動的城市裡，這代表每三個人就有一個想搭大眾運輸而不可得，然後去哪兒都得請人開車載或搭某人的便車。首先最明顯的受害者就是小孩跟青少年，還不能開車的他們只能家裡蹲，走路上學——至於想要去同學家玩？算了吧。

不開車的長輩更慘：因為不開車，他們看醫生、上館子、跟「老輝啊」朋友聚會，或是吃齋唸佛做禮拜的次數都得減半。非裔或拉丁裔長者依賴大眾運輸的程度是白人同齡者的兩倍，所以他們被迫要更宅。而都市規畫的方式又讓這樣的不公平雪上加霜。幾十年來，我們看在眼裡的一件事情，是美國的窮人跟少數族裔跟公園、綠色空間與休閒中心都比較無緣，包括他們所居住社區的行道樹也較少。他們的孩子會比較容易因為肥胖而有健康問題，這是一個原因。歷經數十年的都會擴張與建設，窮人與少數族裔能到得了的職場變少了（三分之一的低收入非裔美國人根本沒車可開或搭），距離食物變遠了（超過兩百五十萬戶美國家庭離最近的超市超過一公里，然後又沒車可坐；基本上一個社區居民的膚色愈深，要到超級市場補貨就愈有難度，然後他們能方便取得的食物也愈不健康）。

你會說：沒車坐幹嘛不用走的？走路不正是都市生活裡最基本的自由？問題是比起白人聚集處，少數族裔居住的區域連人行道都比較不普及。以預算都拿去蓋高速公路的洛杉磯為例，市府也承認「天使之城」有四成的人行道年久失修[146]。

這意謂著黑人跟拉丁裔的美國人要比白人更可能在路上喪生。以亞特蘭大而言，新聞裡一天到晚都是窮人被撞死的報導，而且死者通常是貧窮黑人的小孩。新聞裡的他們通常住在郊區，往往只是想衝過跟公路主線沒兩樣的支線到另一邊，因為公車站在對面。有人會說那是他們自己傻，但你可知這些郊區支線道路的斑馬線相隔超過一公里遠。

這不光是美國的問題。英國窮人的下一代也一樣歹命，他們在路上被撞死的機率比有錢人家小孩高二十八倍。在英國，光是一九九五到二〇〇〇年間，大賣場與圍繞著汽車所推動的建設就讓在地的各類服務少掉五分之一，而英國民間智庫新經濟基金會（New Economic Foundation）則發現，沒車代表你不管是要買東西、看醫生，甚至是上班，都變得愈來愈困難。八百個市鎮沒了銀行，四個年輕人就有一個說面試沒趕上，因為約好的公司行號實在天殺的難抵達。

把錢拿去資助這樣的貧富差距，本身就是非常不公義的事情。比起英國人口中最窮的百分之十，排名前百分之十的有錢人因為開車的頻率變高，而且開的距離拉長，所以他們享用到的交通建設支出是前者的四倍；在美國，大概只有半數的公路建設與維修是由使用者付費，這包括燃料費、牌照稅與過路費（而且多數收到的錢都給了公路，對行人或自行車騎士根本沒一點好處）。在加拿大，駕駛人付出的稅款可支付將近三分之二的道路成本，缺口則由開不開車都得付的房屋稅與所得稅支應。這時候平等與效率的衝突就來了：因為碳足跡比較輕，所以行人跟自行車騎士只用了汽車基礎建設的興建與維護成本中的一丁點，如此一來，騎車與步行的通勤者所付的房屋稅與所得稅，就等於是變相在補貼開車的鄰人[147]。

但開車的也不用高興，因為離散系統其實對有能力這麼做的人也不盡公平。在《都市主義的各種選擇》（*The Option of Urbanism*）一書裡，克里斯多福・萊恩伯格（Christopher Leinberger）解釋了都市擴張的各種模式是如何在懲罰開車的窮人：大多的城市都有所謂的「精華區」，而在都市擴張的系統中，這些精華區的奶水就來自於公路、商城與就業中心的投資。被高房價逼走的窮人被迫得開更遠的路去上班，而這意謂要燒更多油錢與燃料費，這些都是在精華區造橋鋪路的傳統財源。

現在最窮的五分之一的美國家庭，得砸四成以上的收入到買車與養車上。上班族的家庭一旦迫於房價而住到離工作遠的地方，多出的交通費就會超過省下來的買房支出——聖華金郡一堆「超級通勤族」就是這樣失去了他們的家[148]。

精華區的居民常年抗拒新增的人口群聚，因為他們怕窮人會破壞原有的生活品質。都市分區管制的內容寫的都是他們想要的東西，而他們之中也總是有人能掌握或影響基礎建設的政策擬定——在洛杉磯，一條連結市區與聖塔莫尼卡海濱的地鐵線停工快二十年，部分原因就是富裕的漢考克公園（Hancock Park）與比佛利山莊（Beverly Hills）居民不樂見比較窮的洛杉磯東部與南部可以直達他們的社區。

但這些不平等不能不處理：一方面是要替窮人出頭，因為他們跟富人一樣有權利享受這城市裡的點點滴滴；另一方面是要拯救城市的靈魂，而城市說到底——如古希臘人所知道的——就是集眾人之力完成一件事情；還有另外一方面，是出於實際的理由：城市愈公平，大家的日子會更好過，不是只有窮人而已。

在公平的城市裡，利用大眾運輸來與人分享空間，代表你可以在壅塞的道路上享受路權。

在公平的城市裡，任何人走在街上都很安全，小朋友尤其如此。就像佩尼亞婁薩所點出的：八歲或八十歲的人不能安全地走在街上，就別說街道屬於所有人。如果你覺得這目標感覺超前時代太多，那我會請你去看老人與小孩走在維也納這樣的城市的街道上。在維也納，市府投資了一個方案叫作「性別主流化」（gender mainstreaming）。這聽起來難，但做法很簡單：它就是要求街道與公共空間必須照顧到女性的需求。策畫並推動這項計畫的艾娃．凱爾（Eva Kail）說他們的團隊首先從性別的角度觀察了這座城市，結果他們驚訝地發現這環境是如此地不平等，比方說他們發現年輕女孩到九歲以後就不去公園了。這是為何？很簡單，因為男生比較會搶位子，所以女生就慢慢地被趕走了。

市府的對策是，重新規畫維也納第五區的兩處公園，包括增設步道，設置排球場與羽球場，把廣大的開放空間分割成半封閉的口袋空間。而也就像變魔術一般，女孩們回來了。

一般而言，公園設計的對象是中產階級，所以公園會很自然地反映中產階級的價值所在。一座城市為了真正創造出屬於所有人的公園，可以做到什麼程度？我在哥本哈根問了這個問題，於是有兩位都市規畫員拉著我到「北橋公園」（Nørrebropark），這是個市中心的綠色空間，才剛剛整理完成。公園裡有片草坪可以讓情侶席地野餐，又或者喜歡足球的人可以隨時以球會友，累了就走。然後有一個遊樂場是給小朋友玩的。重點在於其中一側有用木材搭的棚子，四周搭建一定高度的木材圍籬。原來，這是一場實驗，一場測試「天下為公，世界大同」的激進實驗。這個棚子所在區域的使用者與設計者是同一群人——有人叫他們酒鬼或流浪漢。

「我們廣邀街坊的居民來出席我們的規畫會議，但慢慢我們發現，有酗酒問題的人，那些整天到處坐著、或跑到公園裡喝酒的人，我們一次都沒看到他們，」規畫員亨利克・林格（Henrik Lyng）對與他並肩在公園裡晃著的我說：「所以我們買了一箱啤酒。他們不來，我們就殺過去。」「酒鬼」們對林格說，他們希望公園裡有個地方可以待著，他們不要有人打擾，也不想打擾其他人，他們只是希望有個地方可以找找朋友。喔，對了，他們還表示需要間廁所。然後——登愣，他們的願望都實現了。

我去跟這場地裡的熟面孔打了聲招呼：這些男士的外表顯然不可能多講究，眼睛裡都是血絲，身旁還有幾隻與主人同樣毛髮凌亂而一臉兇相的狗狗。這些大哥們說，因為有圍籬，所以狗狗不會嚇到遊樂區的小朋友。你可能覺得這些人是邊緣人，但他們會把垃圾撿起，會彼此互相照應，圍籬裡的園地是他們共同的客廳。北橋公園可以滿足所有人，是因為其設計肯定了所有人來此的權利，它的大門為所有人開啟。

但是在公平城市與現在的我們之間，依舊聳立著許多挑戰：首先，在許多城市裡，我一路談下來談到的種種「快樂城市」設計——從自行車道到幫車流退燒、從健全的大眾運輸到「期間限定」的公共廣場（pop-up plaza），再到立法保障商業街的興盛——都會搶先現身於集萬千寵愛於一身的精華區，畢竟這裡的居民就是有錢有閒，外加有民意代表撐腰。這是問題的一環。另外一部分的問題是，無論這些設計落腳在何處，那個地方就會適合住人，然後地價、房價就會應聲而起。這可能會爽到地主、屋主跟市府府庫，但哀號的可就是租屋族。像西雅圖的瑞尼爾谷（Rainier Valley）才拉了一條輕軌，新建案就蜂擁而至，結果居民中的有色族裔就慢慢被「洗」出去了。紐約市著名的高線公園就像引線一樣引爆了沿線的都市更新：結果公園走路五分鐘內的房價，在公園開幕的二〇〇九年的前後八年內翻漲超過一倍。

無怪乎這些立意良善且效果顯著的做法開始遭受質疑。跟二十世紀反其道而行的現況是，有錢人開始「殖民」市中心，而窮人與新移民則被推向郊區外圍。有些不窮但也不是最有錢的人勉力在四通八達的市區搶下一點立錐之地，而他們肯定體會到了什麼叫作「一分錢一分貨」，也就是生活機能性與房價所得比間的連動關係。在德國柏林，行動派的抗議人士成功擋下了BMW古根漢實驗室前來舉辦的為期三個月的免費活動，地點就在十字山（Kreuzberg）這個「艱困地區」，因為他們知道這會讓當地的都市更新腳步加快。在我老家東溫哥華，二〇一〇年一座公有公園的翻新，搞到一堆人串連抗議，「變天鵝」後的綠地讓附近房租上漲，是抗議者最擔心的事情。而他們的害怕無可厚非：因著供需的力量，地球上某些最適合人居住的城市——像溫哥華跟墨爾本——也都是人最難住得起的城市[149]。

所以任何人認真想打造公平的城市，就必須要正面迎戰市場與地理位置所打造出的不公平。就像佩尼亞婁薩把居住於城市的「好康」灌注到波哥大的貧民區，富國的城市也必須提供各式各樣「住得起」的房屋給最最天龍區的居民，而有些城市確實已經一步步在朝平等與正義的方向邁進。回顧二十世紀，美國人已經承認有針對性的規定是錯的，他們承認自己不該拐著彎拒絕讓窮人或非白人入住社區；同樣，政府部門與法院也承認了土地分區管制把公寓跟便宜的住居排除在外，是一種變相的隔離政策。一九七三年，馬里蘭州的蒙哥馬利（Montgomery）這個「富郡」通過了單行法，規定郡內每個新設的村鎮市，都必須提供百分之十五的住處給中低收入者，如此在郡內就業的民眾便能真正在當地生活。這規定有效果：數以千計的中低收入居民開始在馬里蘭州前幾名有錢的區域落地安家。這法子已被數百座美國城市給「抄襲」。

可以確定的是，為了達到公平，城市必須停止一件事情，那就是把補貼住宅統統丟到貧困的社區。只有如此，所有市民與他們的下一代才能一視同仁地得到好的教育跟好的服務。對此，「高級」住宅區的居民一定會群起撻伐，並且反應激烈，但做不到這個，社會就無從妄言文明、民主與公義。

此時此刻，我們必須體認到城市要成為偉大幸福的機器，所需要的兩個條件：人群的水乳交融與四通八達的交通，已經不可能在政府束手的情況下自然發生。在追求平等的路上，市場機制時而有其不足之處。這時政府就必須跳進來，以社會住宅、租金控管、住宅合作社、新式長期租約、炒房稅或其他的政策工具來善盡公部門的責任。

我們需要來一場居住正義的改革，目標是讓家不要那麼貴、那麼遠。當然這個題目完全可以另闢一本書來討論，但我們可以確定一點：城市的障礙愈少，愈敞開胸懷讓所有人進來，大家的生活都會更美好、更精采。

平等紅利

波哥大的實驗或許沒能把這城市中惡名昭彰的不平等連根拔起，但這已經是個很不錯的開始，而且最讓人眼睛為之一亮的是，這場努力證明了在城市裡追求公平，並不是什麼驚世駭俗的提議。

彈劾佩尼亞婁薩之所以沒能成功，有一部分的原因在於新市長實在是非常的「劍及履及」，推起政見很有執行力與效率。他掌握了行政大權，還找了衝勁十足的同黨團隊來貫徹他醞釀多年的理念。決策過程失之於不夠公開透明而遭受批評的地方，他用做出來的成果讓反對者閉嘴。三年的任期進入到第二跟第三年，他主打的平等開始落實在大家的生活中，市長的滿意度衝到百分之八十。

花三年的時間，交出來的是一張非常漂亮的成績單：市區的核心一整個重生，學齡入學人數成長了三成，自來水多接通到幾十萬個家庭。到了二〇〇一年，騎自行車上班的市民幾乎翻倍，領基本薪資的勞工在那年省下的交通費，差不多等於他們一個半月的薪水。

但更神奇的事情是：「快樂城市」計畫下定決心要創造城市裡的公平正義，但沒人說受益者僅限窮人。事實是，幾乎所有人的生活品質都進步了。

「跨越千禧」的「搬人」效率之高，開車的人也因此享受到較快的車速：開車通勤的時間縮短了五分之一，路上也不再有那麼大的火氣。到佩尼亞婁薩要卸任之前，撞車的頻率低了，撞死的人變少了：在波哥大，車禍發生的機率降了近半，兇殺案的數量也有所改善，而且你要知道，在同一個時期，哥倫比亞全國的暴力犯罪可是持續成長。空氣品質有了長足的進步——「跨越千禧」沿線少了令人避之唯恐不及的黑煙與漫天灰塵，紅色車身所到之處的房價則毫無例外地飆漲。

波哥大人變健康了。住在新設公園附近的人，特別是老人，走路的頻率提高了。六十歲以上的波哥大人若自家附近就有「跨越千禧」的車站，都表示自己的運動量增加了。就像夏洛特的山貓輕軌一樣，「跨越千禧」改變了人的行為模式，但後者所花費的成本卻非常低，其高明處就在於讓公車從過街老鼠變成馬路上的貴族。

波哥大變成一個超級樂觀的城市。市民都覺得生活很好，而且會愈來愈好，而上次「感覺良好」的時間點，已經要回溯到幾十年前，並且就算是莫庫斯犧牲色相扮演「超級市民」的那幾年，波哥大都沒做到這一點。

在佩尼亞婁薩卸任之後（波哥大市長不得連選連任），莫庫斯再度投入競選。在佩尼亞婁薩的背書之下，莫庫斯順利當選，而他能得到佩尼亞婁薩的支持，部分的原因是他承諾要繼續推動快樂城市的基礎建設，而回鍋市長寶座的他也說到做到了。莫庫斯之後的路易斯．高爾松（Luis Garzón），也在某個程度上繼續「莫規路隨」。在這三位市長的聯手合作下，軟硬體的發展成功合流，而波哥大也找回了很多人從來沒有體驗過的美好。

瑞嘉多．蒙特祖瑪（Ricardo Montezuma）是在哥倫比亞國立大學任教的一位都市主義者，他告訴我，莫庫斯跟佩尼亞婁薩向波哥大市民證明了一件事情，那就是事在人為，城市的樣貌操之於自己手裡。在這幾任市長的努力下，波哥大人對城市的認知有了天翻地覆的改變。「十二年前，我們有八成的人對未來感到完全悲觀。如今正好相反。我們大部分人都變得樂觀。」蒙特祖瑪在二〇〇七年對我這麼說：「這為什麼重要？這是因為把眼光放大，城市不過就是所有市民想法的加總。城市是個由主觀形成的東西。」

蒙特祖瑪的觀點並非形式不重要，而是城市代表一種概念，每一位公民都是這概念的共同作者，也是共同的受益人。

無論你覺得這些做法是在創造市民的幸福快樂，是在追求階級間的公平正義，還是根本就在對車輛宣戰，佩尼亞婁薩的規畫絕不只是拿城市開刀的意識型態。他的努力讓居住在城市中的好處得以由更多人分享，讓效用放大到邊沁死而復生也會拍手叫好。他做的事情極其理性，美國的城市幾世紀以來都望塵莫及。

但在他之後，波哥大的命運由盛而衰。因為運能未能在民營業者的手中再有所提升，「跨越千禧」開始被瘋狂地塞爆——這正好多添一筆證據，顯示大眾運輸的強勁需求足以撐起公共建設投資。這之後樂觀開始退潮，都市主義的動能開始由哥倫比亞其他的城市接手，像是麥德林（Medellín）。但成長、衰落與重生的循環是所有城市共同的命運，於是在厭倦了衰落之後，波哥大人在二〇一五年的選舉中再次讓老市長佩尼亞婁薩「鳳還巢」，接下來就看這位「快樂市長」能不能讓他的城市再度露出快樂的笑容，時間會告訴我們答案。

波哥大變身的那幾年仍舊非常經典，仍舊足以讓富國的城市細細咀嚼。透過資源的分配與城市的設計，把每個人的真實體驗放在第一，男女老幼的日子可以變得愜意，生活可以更加歡愉。我們可以讓城市出落得多一分寬容，少一絲冷酷，我們可以讓城市帶著我們變得更強、更堅毅，更能彼此照應，更能活得積極，更能感受到自由的氣息。為此我們只需要下定一個決心，只需要認清城市是為了誰而存在於這裡。我們要相信改變可以成行，城市可以煥然一新。

註釋

140 譯註：按照歐洲綠道協會（The European Greenways Association）的定義，綠道是獨立而供步行或供非機動車輛行駛的多功能通道，其目的在於提升生活品質，必須具備足夠的寬度與平整度，供包括肢障者在內的大部分市民使用，且一般沿人造或天然的線性空間設置。

141 地位的比較是幾乎沒有人能夠免疫的習性。大部分人說，若自己加薪一塊代表同事可以加薪兩塊，那他們寧可放棄加薪。還有研究發現配偶愈會賺錢，人對自己的工作的滿意度就愈低。

資料來源：Layard, Richard. *Happiness: Lessons from a New Science.* (London: Penguin/Allen Lane, 2005), 43-48

142 譯註：英國倫敦街名，為政府各部會集結的區域。

143 加州大學洛杉磯分校的神經科學家麥可・麥奎爾（Michael McGuire）發現，社會地位的改變會影響黑面長尾猴的腦部化學平衡：讓某隻猴子當新猴王，牠腦中的血清素——跟人體內一樣用來讓人開心的神經傳導物質——就會飆高。後來麥奎爾又觀察了大學部的學生，結果也有類似的發現。大學兄弟會與運動校隊的領袖血液中都測出比較高的血清素濃度，就跟猴群中排行較高者相同。所以說在想當老大、想出人頭地這一點上，人跟猴子沒什麼差別。

資料來源：

Frank, Robert. *Luxury Fever.* (Princeton: Princeton University Press, 1999), 141.

McGuire, M T, M J Raleigh, and G L Brammer. "Sociopharmacology." *Annual Review of Pharmacology and Toxicology*, 1982: 643-61.

144 或許就是因為這樣，所以貧富差距與社會整體的幸福之間才會有著難以切割的關聯。經濟成長帶來的如果是國家有錢、但貧富差距拉大了，那民眾的整體幸福其實會被掏空。最需要擔心這點的國家就是美國。要知道，觀察近三十年來的美國社會發展，只見財富與權力都一股腦地向上集中。三十年前，美國一個企業的執行長身價大約是公司最最基層員工的四十倍，現在是四百倍起跳。

資料來源：Harris, Gregory. "Liberal or Tory, minority gov't would hit 'sweet spot', profs say."

University of Calgary Press Release. January 18, 2006.

http://www.ucalgary.ca/mp2003/news/jan06/third-way.html (accessed January 12, 2011).

Helliwell, John F. *Globalization and Well-being.* Vancouver: UBC Press, 2002.

145 英國經濟學家理查・萊亞德（Richard Layard）總結了社經地位的零和遊戲如下：「我得分，就代表有人失分。」萊亞德甚至以此引申出一則論點是：收入M型化造成的社會地位焦慮，應該視同有毒廢棄物的傾倒與汽車尾管的廢氣排放來加以管理並課稅，理由是貧富差距對低收入者有損，對富人也不甚有利。

資料來源：Layard, *Happiness,* 150

146 洛杉磯與加州各城市的人行道，爛到常被身障朋友提告違反人權。表面東破西裂，加上欠缺無障礙坡道的路緣，身障者根本只能在路邊望人行道興嘆而孤立無援。

資料來源：Bloomekatz, Ari. "Suits could force L.A. to spend huge sums on sidewalk repair ." *Los Angeles Times*. January 30, 2012. http://articles.latimes.com/2012/jan/30/local/la-me-sidewalks-20120131 (accessed October 11, 2012).

147 維多利亞交通政策機構（Victoria Transport Policy Institute）的數值分析人員估計，美國人每靠機動車輛／自行車／或雙腳移動一點六公里，基礎建設的成本分別是二十九點三、零點九與零點二美分。

資料來源：Litman, Todd. *Whose Roads? Evaluating Bicyclists' and Pedestrians' Right to Use Public Roadways* . Victoria: Victoria Transportation Policy Institute, 2012, 10-13.

148 綜觀美國各個城市，十九到二十四公里的額外通勤成本，就可以吃掉較划算房價的所有助益。

資料來源：Litman, *Todd. Affordable-Accessible Housing In A Dynamic City Why and How To Increase Affordable Housing Development In Accessible Locations*. Victoria: Victoria Transport Policy Institute, 2010.

149 溫哥華與墨爾本是宜居城市排行上的常勝軍，但在二〇一二年，Demographia針對美加英紐澳各城市與香港所做的購屋負擔調查中，卻赫見香港以外就是這兩個城市最高不可攀。這項調查背後有其意識型態——Demographia作為一家顧問公司，其創辦人溫岱爾．考克斯（Wendell Cox）從不諱言自己反對都市計畫採取以人為主的「智慧成長」（Smart Growth）政策，不少家自由市場主義的智庫都是他們的客戶——但我們不能以人廢言，他們確實在此清楚地交代了購屋的成本（順道一提，調查中買房最容易的城市是底特律）。

資料來源：

Greenwich, Howard & Wykowski, Margaret. "Transit Oriented Development that's Healthy, Green & Just." *Puget Sound Sage*. May 14, 2012. http://pugetsoundsage.org//downloads/TOD%20that%20is%20Healthy,%20Green%20and%20Just.pdf (accessed October 11, 2012).

Moss, Jeremiah. "Disney World on the Hudson." *New York Times*, August 21, 2012: A25.

Pavletich, Hugh & Cox, Wendell. "8th Annual Demographia International Housing Affordability Survey: 2012 ." Demographia.com. 2012. http://www.demographia.com/dhi.pdf (accessed October 11, 2012).

CHAPTER 11

環環相扣　與乾淨地球共存共榮

氣候行動就靠你，擦去你的碳足跡

僵硬、孤立的物體……一無是處。
東西要發生作用，一定要嵌入活生生的社會關係脈絡。

——華特・班雅明（Walter Benjamin），一九三四年

二〇一〇年，哥本哈根與其鄰近的城市辦理了國際性的比稿，由參賽者來設計新的電廠給哥本哈根舊城區東北方的阿瑪格佛爾布蘭丁（Amagerforbrænding）工業區使用。這個競賽原本不值得大書特書，畢竟新的電廠天天在蓋。電廠一般來說就是醜醜的，好用就好，所以大部分城市都會力求眼不見為淨，圖個眼不見心不煩。但沒想到獲獎的提案讓國際設計圈全都興奮了起來。勝出的公司叫比雅克・英格爾斯集團（Bjarke Ingels Group），縮寫是BIG，也就是以「山居」一案讓哥本哈根外圍的郊區成功垂直化的那間建築師事務所。比雅克・英格爾斯這名字除了屬於這家公司，也屬於三十七歲、頂著個「拖把頭」髮型的公司創辦人。英格爾斯從入行起就不斷努力的一件事情，是要把現代主義的理想與美學跟天馬行空的玩心給結合在一起。英格爾斯之前已經成功說服過丹麥政府，把哥本哈

根海岸線上著名的小美人魚雕像「拔」起來，讓他拿去安在他為二〇一〇年上海世博攤位設計的漩渦裡頭。他參與了把游泳池裝在哥本哈根的內港的設計，好讓市民可以在新整治乾淨的海水裡來回一趟趟。他還嘗試滿足哥本哈根人到哪都要騎自行車的渴望，結果他設計出一棟八字形的公寓，讓住戶可以從一樓慢慢把車騎到十樓家門口。

在之前的許多作品中，英格爾斯都在努力打破個別用途間的隔閡，主要是平日的建築與城市設計經常都是一種設施，也只有一個單一用途。而電廠的設計更是把這樣的理念發揚光大。一如設計圖，這座電廠會燃燒城市的垃圾來發熱跟發電，但相對於把這座再生能源廠孤零零地往那一擺，英格爾斯提案把這偌大的結構體用外骨骼包住，而外骨骼的屋頂會蜿蜒成人工滑雪道，面積大約是七個美式足球場大（約九千三百八十坪）。突然間，城市的工業區化身成光彩奪目的遊樂園，哥本哈根人再也不用大老遠跑到瑞典的山裡去玩雪。

「新電廠體現了我們在BIG講的『享樂的永續性』（hedonistic sustainability）——永續性不是一種負擔，反倒是具備永續性的城市可以提升人的生活品質。」英格爾斯說得豪氣干雲。

這棟建築物也帶有教育的意義。在搭電梯到一百公尺高的山頂的路上，滑雪客們可以目睹城市廢棄物的整個處理流程，而由於連回收廢棄物來發電的過程都還是會排放部分二氧化碳到大氣裡，該電廠的煙囪被設計成連著一個巨大的活塞，然後每次電廠多產生出一噸的二氧化碳，這煙囪就會吹出一個煙環到天際，讓人一看到就會在腦中浮現出哥本哈根人的種種消費習慣。

享樂的永續性

BIG事務所設計的廢棄物回收電廠，在概念上結合了綠能生產與滑雪坡道，正中「求山若渴」的哥本哈根市民下懷。

資料來源：BIG & Glessner

在這本書的開頭我有提問過：如果罪惡感、羞恥心跟恐懼感都沒辦法讓我們採取行動，那我們怎麼能期待人類去解決當代各種迫在眉睫的環保挑戰呢？英格爾斯以其宛若紀念碑的噴煙滑雪道，提供了我們一個烏托邦式的理想主義回應：透過聰明的設計，追求永續性也可以不犧牲生活的樂趣。

英格爾斯風的直覺性功能混搭——進出貨的港灣兼做泳池、公寓屋頂兼做自行車道、電廠同時提供綠色能源與快樂時光——都代表著各種嘗試，而這每一次嘗試都帶著我們深入城市的真相。無論我們過去如何不斷把城市的各種功能拆分成獨立的單位，然後東一個西一個地散布在這片城市地景上，都還是改變不了一件事情，那就是所有的東西永遠環環相扣。

我們如何移動、買什麼商品，怎麼尋

找快樂、丟棄哪些東西、把多少碳扔進大氣裡、乃至於最根本的經濟，這一切的一切都相互交纏而相互依賴。鍥而不捨地追尋下去，你會發現真相在某個點上，都市的繁榮、永續與幸福會匯聚在一起——我說的不是匯聚在單一的物體或建築上，而是匯聚在能源、交通、經濟與空間幾何關係等，讓城市生活得以為城市生活的繁複網絡上。

我們都聽過不以為然者的那套說法，他們一貫的恐嚇手法是說，別太認真打擊氣候變遷與能源危機，否則等著我們的就會是長達數十年的苦日子跟委屈與犧牲。這種說法一旦跟城市扯上關係，我只能說是錯得離譜。事實上，永續性與美好生活可以是追擊氣候變遷與能源危機的副產品。在溫哥華 HB Lanarc 景觀設計事務所上班的亞歷克斯·波士頓，以顧問之姿提供氣候與能源問題的意見給數十個城市，他完全不會在跟社區領導人的初次諮詢中，問到他們希望減少多少的溫室氣體排放量。「我們會問的是：『你們社區的核心價值在哪？優先順序是啥？』」波士頓說：「很少人會主動提起氣候變遷，他們會說社區想要的是經濟發展、居住品質、方便的交通，還有合理的居住成本，是稅，是所有連結到幸福的東西。」就是關乎這些事情的疑慮，阻礙了我們採取行動去對抗氣候變遷。但只要把重心放在能源、效率與讓生活變好這三者之間的關係上，城市就可以做到科學家、理性、良心、以及數據都做不到的事情。快樂城市的計畫也是個能源計畫，是氣候計畫，是替手頭緊的城市勒緊褲帶的計畫，也是經濟發展計畫、就業計畫，是替孱弱體系補身體、培養堅毅性格的計畫。

綠色的驚喜

我們來看看波哥大的快樂城市計畫有哪些副產品。佩尼亞婁薩告訴我，他在選上市長的當時，並沒有立即感覺全球環境危機的急迫性。他推動都會改造的動機，並不是因為擔心斑點鴞的保育或冰河的融解，也不是考慮到某個遙遠的環礁村落即將被海平面升高吞沒。但這都無所謂，他的任期到尾聲還是發生了有趣的事情。在讓波哥大的生活更從容、更乾淨、更美麗與更公平之後，這位市長跟波哥大開始從各個環保團體處得到了肯定與掌聲。

先是佩尼亞婁薩與艾瑞克．溥立敦以「斯德哥爾摩挑戰獎」（Stockholm Challenge Award）的環境類獎項得主之姿，被請到瑞典首都受獎，理由是透過規模傲視全球的無車日，他們成功讓八十五萬輛車消失在街上。然後是「跨越千禧」公車系統廣受好評，原因是波哥大的二氧化碳排放量因此大降[150]。「跨越千禧」也是第一個被登錄在聯合國潔淨發展機制裡的交通運輸系統——這表示波哥大可以把碳權賣給富國的污染者。佩尼亞婁薩、莫庫斯與高爾松三位市長聯手完成的公共空間改造，讓波哥大贏得了威尼斯建築雙年展（Venice Biennale for Architecture）的金獅獎。結合自行車道、新建公園、「希可洛維亞」計畫、人車地位翻轉的道路規畫，乃至於人氣超旺的無車日，波哥大被世界輿論推舉為綠色都市主義的模範生。

波哥大沒有任何單一的政策是先想到氣候變遷的危機，但它以實績證明了城市設計、市民體驗與碳基能源間的關聯。波哥大讓我們看到對綠色城市、低碳城市跟快樂城市的追求，到最後可能是殊途同歸。

其他城市也開始了解到，提升生活品質跟減少環境足跡是兩個互補而非互斥的目標，這兩個目標只需要同一個行動方案。當你發現其中一項努力出現了成效，那另外一個目標也一定會有進展，只是你可能沒有馬上意會到。就拿倫敦徵收的塞車費來講，大家都肯定這做法有效地降低了溫室氣體的排放[151]。但這並不是倫敦的本意。塞車費的開徵是為了回應在倫敦人心中遠比未來的氣候變遷緊急的一堆問題：包括車流多到大家到不了公司，市民喪失了生活品質，倫敦作為一個城市則愈來愈沒效率。簡單講就是一天到晚卡在路上讓人心情低落，而塞車費讓交通的壓力得以釋放，讓倫敦西邊的公共空間增加，讓城市變得更有人情味也更安全。這些都是塞車費「以價制量」想達到的主要目的，減排是附帶的紅利，只不過隨著氣候變遷變成一門顯學，這項紅利也逐漸被凸顯出來。

在巴黎，有一項活動讓穩定氣候與追求享受兩個目標一次得到滿足。你若在近十年的八月去巴黎，應該有很高的機會被吸引到塞納河左岸。在那兒，每年夏天，巴黎都會把龐畢度高速公路（Pompidou Expressway）埋進一整片金色的沙中，上頭穿插有啤酒公園（beer garden）[152]、地滾球（bocce ball）場跟棕櫚樹盆栽，而且長度一路從羅浮宮延伸到蘇利橋（Pont de Sully）的鑄鐵橋拱那兒。巴黎海灘（Paris Plage）活動將貫穿巴黎中部的道路鋪面從車輛的手中襲奪回來，並且改裝成沙堆、廣場與舞池。一般都認為海灘化是要讓困在巴黎數月溽暑中的民眾可以解脫一下，但它的本尊其實也是巴黎要降低環境足跡、並在二〇二〇年前減少六成溫室氣體排放的一項政策。這做法會有效，正是因為海灘化讓市區不好開車。目前這些人造海灘正在確立改成永久性的設施，所以當各位讀到這段文字時，龐畢度高速公路應該已經瘦身成功，長達兩公里的車輛禁行區應該已經取代了塞納河左岸的道路空間。「享樂的永續性」已經內建到城市的紋理中，駕駛人要嘛在車陣裡等，要嘛改搭巴黎四通

高速公路？什麼高速公路？

近十年的夏天，巴黎的龐畢度高速公路都會被改成巴黎海灘，並且每年都會固定有供人步行的區域。這是個同時處理氣候變遷與移居課題一石二鳥的辦法。

攝影：作者自攝

八達的大眾運輸，就這樣。

「快樂病」的病毒，還感染到了墨西哥市身上。墨西哥市的老市長馬切羅・埃布拉德（Marcelo Ebrard）——他有一項事蹟是開威而鋼給年長的市民，讓他們可以多得到性愛的滋潤——在市中心的廣場建起巨大的溜冰場與因紐特（Inuit）冰屋，目的是讓沒錢搭噴射機到亞斯本（Aspen）的人們，也可以浸淫於白色聖誕節的氣氛，畢竟不是每個人都活在金字塔頂端。他山寨了若干「巴黎海灘」；推出了波哥大「希可洛維亞」的墨西哥市版，利用周日圍起數公里的市區道路，讓市民見識到什麼叫「道路一秒變公園」。他模仿了波哥大的運輸系統，而這個快捷巴士網，連原本害怕大眾運輸的商務階級也感到「魅力無法擋」。馬切羅找來小名吉爾的圭亞莫・佩尼亞婁薩與揚・蓋爾，規畫如何將三百公里的道路空間從駕駛人手中收回，並轉給自行車騎士。作為墨西哥市「綠色計畫」（Plan Verde）的一部分，這些措施縮小了城市的碳足跡，讓通勤變得更愜意（這年頭的墨西哥首都，騎車比開車快多了，因為墨西哥市的車流速度已經慢到均速只剩每小時十二公里）。而且還有更重要的一點，這些做法的用意在於讓心驚膽跳的市民找回在街道上的安全感，要知道，多年來外界只注意到墨西哥為掃蕩毒品交易所流的鮮血，卻不知道每年有更多人在馬路上死於非命[153]。二〇一二年才卸任的墨西哥市環境局長瑪莎・迪爾加多（Martha Delgado）是這樣跟我說的：「活在敵意與不安全感中的城市，想要有所改變，市民就必須先收復公共空間。」

生活品質的追求與「氣候行動」不是兩條平行線，而是互補的兩種努力。只不過強調生活會變好，一般民眾才會比較有感。而這也就是何以紐約市在對外說明道路用途的重大變革時，會主打安全、速度、效率與能在公共廣場上喝杯咖啡，至於要縮減城市溫室氣體排放三成的目標，則藏在一個註腳裡。

死亡與稅款

但過度強調生活品質的一個風險，是它模糊了存在於氣候行動與都市計畫之間的其他新興綜效，但這些綜效其實也愈來愈重要。首先是公衛科學家發現，城市的設計若能減少溫室氣體的排放，那社會整體往往會同時變得健康。知名的英國專業醫學期刊《刺胳針》（*The Lancet*）主張，無論你住在倫敦還是孟買，透過公權力介入，讓走路跟騎自行車變得安全與舒服，會比運輸產業標榜的科技進步更能降低廢氣排放，而且效果的差異非常之大。這是因為我們每趟出門都會燃燒某種形式的能源——一般是化石燃料——而機器燃燒碳跟人體燃燒食物熱量的卡路里數成反比，而這也是我們在選擇移動開車或走路時所應該想到的事情[154][155]。

就算你對自身或環境的健康無感，城市設計、健康與氣候變遷規畫間的關係也還是會把手伸到你的生活中與銀行帳戶裡。這是因為離散城市在讓數百萬人懶洋洋且暴露在空氣污染與交通意外的同時，社會的財務負擔也會一起加重。我們知道肥胖會致病，但你可知肥胖造成的疾病與肢體障礙也會讓人請假天數變多。亦即體重過重者的上班天數會少於健康者。在美國，每年因此耗費的社會成本是讓人聽了頭暈的一千四百二十億美元（超過四點六兆台幣）[156]。在此同時，汽車在路上橫行造成的污染會轉化為額外數百億美元的醫療費用，更別提車禍的生命財產損失也可以累計高達一年一千八百億美元。由於這些損失都直接連結到民眾日常開車的里程數，我們只要少開車，並且盡量開短程，就可以減輕緊急救難、生產力與醫療體系的負擔[157]。

多年來，這些成本與費用都不在交通部門造橋修路的考量之列，因為那是別部門的事情。但如果把視野放寬一點，你會清楚地發現，無論是波哥大的快捷公車、紐約的自行車道，還是溫哥華的後巷屋，其實都是長期性撙節工作的一環。事實上，幾乎所有被我連結到快樂都市主義的政策手段，也都會同時影響到所屬城市的環境足跡，乃至於同樣不容耽擱的經濟與財政健康問題。若我們能對這些問題的關聯性與整體性有所理解並採取行動，那數以百計的城市就可以不用一頭撞上危機的冰山。

沒有什麼外部性這種東西

在人類普遍意識到自己造成的氣候變遷之前，珍・雅各就警告過，城市是個極其精密且繁複的有機體，任何想要簡化其形式與功能的嘗試，都可能讓城市陷入不健康的失衡狀態。在《城市與國家財富》（*Cities and the Wealth of Nations*）一書中，雅各特別提醒，城市的設計者與規畫者常傾向於過度追求規模，但有機體或經濟體愈大，其面對時代變遷時的不穩定性就愈高，系統自我修正的機率則愈低。只可惜大多造鎮者對此都完全不當回事。他們追求的是與全球體系盡可能地結合，他們極度依賴國內與國際的各產業與零售商來推動他們的經濟發展，他們還修改城市的骨架，來配合稱得上極端的擴張。擴張主義者從都會系統的一道道障礙與隔絕中看到秩序與效率，但很多案例只不過證明了，他們把能源成本從產業端給轉嫁到了一般市民與政府端。

美國人被狠狠打臉的一個教訓是，所有事情一定都環環相扣。現代都市地景在推動了經濟繁榮、惡化了碳排放跟各種污染的同時，也是讓家庭與政府財政一起被各式成本拖垮的元兇，畢竟土地利用、能源、碳排放與任何一件事情的代價之間，都存在著不可分割的關聯。

就以美國法拍屋風暴的地理條件而言，我們都看到了在次貸內爆中摔得最慘的地方，比如像郊區外圍的聖華金郡，都屬於典型低密度、住商分離，一望無際的獨戶房屋社區。這是因為都會擴張傳統上仰賴便宜且大量的能源，能源是都會可以擴張的基本條件。而這種對能源的依賴，意謂著這些社區同時也是穩定氣候的殺手，因為家戶的能源成本愈高，對應的就是溫室氣體的排放量愈大[158]。這當中的關聯顯而易見：廢氣排放量愈大，社區實務上的「操作型可負擔性」就愈低。

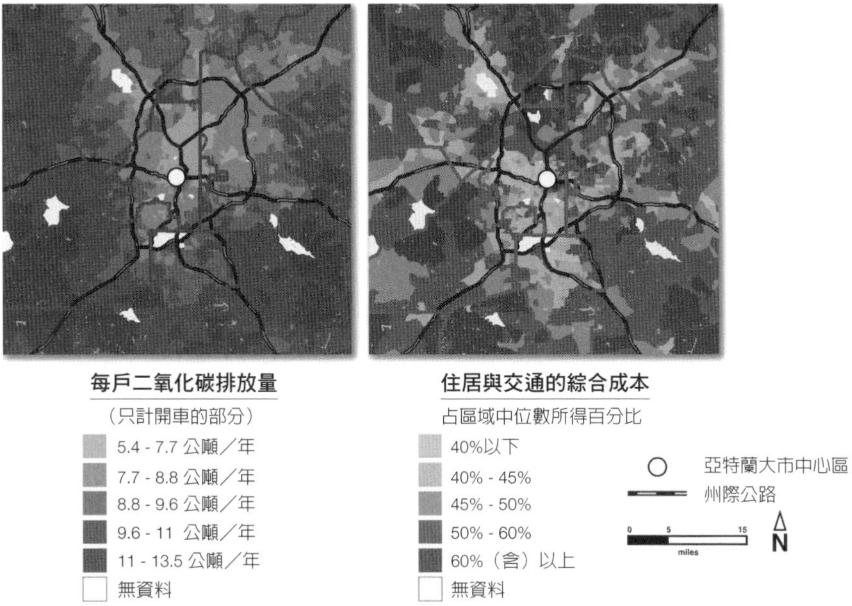

救大家的地球，也救你自己的銀行戶頭

位於亞特蘭大市中心，稠密、連結性強的社區居民不僅在住居與交通的綜合成本上較為節省（右圖），他們還為氣候變遷也出了一分力，因為他們少開車而且多為短程，所以排放的溫室氣體量較少（左圖）。反之，位於亞特蘭大擴張區的郊區居民就有點過得損人不利己。但決定這結果的不是個人，而是整個體系的設計方針。

繪圖: Scott Keck/Cole Robertson and Center for Neighborhood Technology: Housing and Transportation Index

郊區外圍屋主已受此之苦長達五年，如今各個市府終於不得不開始面對這個長期遭到漠視的問題，也就是距離與能源間的關係。都會擴張的設計不僅在建造時得花更多納稅人的錢，就連維繫其存在也是錢坑。要知道典型位於大面積擴張區上的獨戶離散家庭會需要更多的柏油路面、更長的排水系統、更多的水源、更長的下水道、更多的每一樣服務，才能像密集且可倚賴步行的社區家庭一樣正常運作。

小地坪的獨棟或雙拼房屋社區，比起典型大面積的獨棟房屋社區，前者要弄到能住人的基建、水電與各項服務成本只要後者的四分之一。比起稠密的社區，離散社區也需要更多的消防隊與救護車設點，乃至於需要更多的校車，而這當中製造的浪費讓人瞠目結舌：以二〇〇五跨二〇〇六的學年度而言，美國有超過兩千五百萬名學童搭校車到公立學校上學，全美光花在用車把小孩載到學校的預算，一學年就高達一百八十九億美元（約六千一百九十六億元台幣）——相當於每位學生七百五十美元（約兩萬四千五百台幣）——這些錢用來學習，多好！

環視全美，破產的市府發現自己已經拿不出錢來支應警力、消防部門與救護車的運作，更別說校車的提供與道路、公園、社區活動中心的維護。城市被延伸得太遠、太快、太久，密度太低，以至於美國基礎建設的養護已經成了一大筆爛帳，錢根本不知道要去哪生。簡稱ASCE的美國土木工程師協會（American Society of Civil Engineers）已經提出警告，說要把美國的主要基礎建設統統修好，帳單將超過兩兆美元。許多北美城市才剛開始察覺到一項事實，那就是他們一直以來參與了一項龐大的都會龐氏騙局[159]，首先是新的開發案創造出短線上的好處，包括政府可以收到建設的規費與稅款，但長期而言，快速累積的巨大成本讓城市負擔不起。景氣好的時候，市府根本不會去管那麼遠以後的事情。但隨著時間過去，保養的成本都一樣樣找上門來，建商繳納的規費早已用罄，民生預算開始左支右絀。繼續蓋這樣的東西不會讓城市發展回到正軌，也不能把入不敷出的預算拉回平衡點。土地利用、能源系統與市府財政間的互動關係是一項關鍵，城市必須讓這項關係成為自身力量的來源，而不是讓錯誤的設定搞得自己不斷失血。這代表對於我們以前無腦說好、以為會帶來繁榮的事，現在我們要改口說：不要，不好。

就業、收入與距離

大部分人會同意，開發與建設若能提供就業機會跟稅基，對城市是好事一樁。有人甚至會認為有工作餬口比市容賞心悅目、生活品味，甚至氣候危機都來得重要——事實上，每次有沃爾瑪超市放話要在小鎮旁開超級旗艦店，這樣的主張就會冒出頭來。但只要研究一下土地、工作與稅制的「空間經濟學」，明眼人都應該對「想到哪蓋到哪」的任性開發模式說不。為了讓大家更了解我的重點，且容我來說一個故事，故事的主角是個「統計宅」，我要說的是他無意間走進一間城市實驗室的故事。

二〇〇一年，喬瑟夫・米尼可基（Joseph Minicozzi）這位在紐約上州長大的青年建築師，前一秒還騎著摩托車在越野旅行，下一秒就在阿帕拉契山脈間被某樣東西給「攔」了下來。原來他在北卡羅萊納州路旁的一間酒吧裡邂逅了一位正妹，然後他不僅愛上了她，也愛上了藍脊（Blue Ridge）地區的慵懶美感。現在他們賢伉儷的愛巢是在山城艾希維爾（Asheville）的一棟平房，外加兩隻狗狗作伴。

艾希維爾從很多方面來看，都是個典型的中型美國城市，意思是其市中心已經幾乎在二十世紀的後半葉被放棄殆盡。數十棟典雅的舊建築不是被用木板釘起來，就是被鋁片圍得密不透風，主要是公路與毫無節制的開發政策吸走了人口與商業活動，打散了原本的稠密狀態，「離散」於焉而生。這樣的過程持續到一九九一年，直到朱利安・普萊斯（Julian Price）在繼承了家族的保險與廣播事業後，決定傾一己之力來「復育」市中心的老社區。由他擔任負責人的「公益計畫」（Public Interest Projects）一邊出手買下老建築加以復原，一邊把街邊空間租出去給小店，二樓以上的住所則租給新一波的城市移民。凡是企業願意跳出來活絡街坊，朱利安他們都樂於指導、呵護，甚至拿錢資助，可以說已經到了無所不用其極的地步。結果第一個報名的是一家素食餐廳，然後又來了家書店、家具行，乃至於如今已經變成傳奇的「橘子皮」[160]……喔，這是家夜店。

朱利安在二〇〇一年辭世後，市區已經開始顯現出生機，但「革命尚未成功」，他的接班人派特・惠藍（Pat Whelan）跟新員工米尼可基仍須努力抵抗部分居民的質疑。有些市府官員為土地被這樣利用感到不值，為鬧區土地「叫屈」，於是他們動起腦筋，要在適合重新規畫成住商混合區的土地中間蓋個看守所。派特與米尼可基於是了解到，他們若希望艾希維爾市能支持他們的願景，那他們倆就必須當小老師來教育大家——這代表他們得拿出確切的數據，來證明市區重生對稅收跟就業有哪些幫助。結果這些數據在艾希維爾的會計師族群中引爆了一聲聲的「原來如此」，主要是派特跟米尼可基堅持用「空間系統」（spatial systems）的角度切入，而這就有點像農夫跟要耕作的土地面對面。問題很簡單：每平方公里的地可以收穫多少莊稼？對務農的人來說，這個答案可以是多少磅的番茄，而對城市來說，這個答案就會是稅收與工作機會。

為了讓我更明白，米尼可基對我秀出他的都市會計「超級比一比」，一邊是他的公司所搶救回來的鬧區建築物——一棟建於一九二三年的六層鋼骨結構房屋，原屬服飾百貨「傑西潘尼」（JCPenney），後來改由店家、企業辦公室與高級公寓進駐——另外一邊是市區邊緣的沃爾瑪超市。「老潘尼」座落在不到三百坪大小的土地上，而沃爾瑪超市加上停車場就占了四萬多坪。把房地產跟營業稅加一加，米尼可基的結論是，沃爾瑪每千坪才貢獻了五萬零八百美元的零售營業稅與地產稅款給市府，但老潘尼光地產稅款就高達每千坪三十三萬美元。換句話說，以每千坪去算，市府投資市中心土地的報酬率，會是去城市邊陲「墾荒」的七倍有餘。米尼可基又看了工作機會的密度，兩者的差異就更清楚了：進駐老潘尼地面層的各家小公司雇用了一共十四名員工，這聽起來好像不多，但你得知道這相當於每千坪七十四名勞工，而沃爾瑪那麼大的地方每千坪才雇用六名勞工（沃爾瑪所到之處，不僅會稀釋該城市的工作機會密度，更可怕的是還會壓抑所在地的平均薪資）。

自此米尼可基發現，全美各個城市都有同樣的空間處境。即便是高不過兩、三層的低矮混用建築物——那種傳統小鎮的大街上能看到的房子——每千坪的稅收貢獻都是大賣場開發案的十倍。值得我們大感驚訝的是，離散、碳足跡等明顯的擴張開發模式，會需要花很多錢去維繫其運作，相較之下，他們回饋給市府的稅款根本不足，這背後當然就是能源與距離的關係在作祟。至於這樣的結果？結果就是成長歸成長，但這是一種入不敷出的倒貼式成長[161]。

「城市與國家基本上是在用從市中心收到的稅款，去補貼擴張區域的開發與運作，」米尼可基對我說：「這就像農夫出門去，然後把要給番茄的肥料都倒在雜草上。[162]」

朱利安、派特與米尼可基接力，說服了艾希維爾市去灌溉肥沃的市區土壤。市府修改了分區管制，開放讓市區建築物彈性選擇用途。官方另外投資了更活潑的街景與更多的公眾活動。他們不再強迫開發商蓋立體停車場，因此住宅或商用開發的成本雙雙下降。艾希維爾自建了使用者付費的公有停車塔，停車的成本從此由開車的人負擔，而不會落在全體市民的頭上。這一切的一切都讓開發商有動機在風險評估過後進行老建築物的修復，而過程中就會創造出每一單位面積更多的新工作與稅收。

從一九九一年起，這個再起的鬧區開始零售銷售暴衝，市區房地產的稅基也一路翻揚，而比起

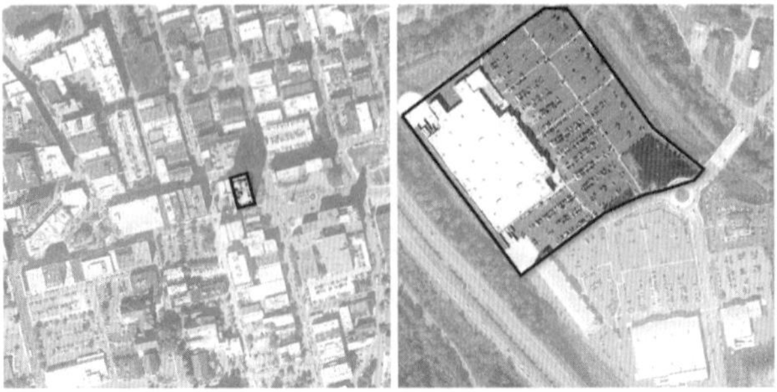

住商混用建築物，艾希維爾市中心　　　艾希維爾的沃爾瑪超市

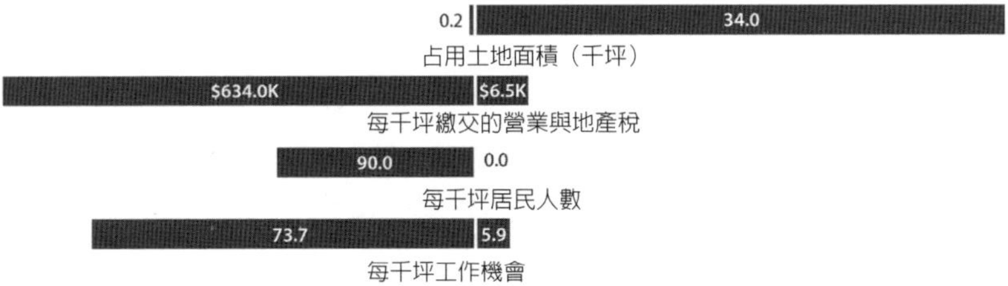

就業與稅收密度的落差

只要投資市中心而不投資離散地區，城市就可以增加工作機會與地方稅收，同時還不用砸錢到遠得要命的王國去提供基礎建設與民生服務。在喬治亞州的艾希維爾，「公益計畫」發現市區一棟六層樓的住商混用建築物，其稅收貢獻是沃爾瑪超市（位於市區邊緣）的十三倍以上，工作機會是沃爾瑪的十二倍以上。

繪圖：Scott Keck with data from Joe Minicozzi, Public Interest Projects.

都會擴張地帶，要把生活機能拉到市區的成本只是九牛一毛。重生的市中心成了郡內的「繳稅大戶」，也成了很多人負擔得起也願意移居的區域——這一方面是因為市中心免除了市民長途通勤的舟車勞頓，一方面也是因為這裡集合了高級住宅與平價公寓的多元選項。這一切自然都可圈可點，但這個過程還替艾希維爾找回了一樣東西，按地方報真情流露的講法，就是「數十年間遭到質疑，棄如敝屣，如今又再一次站出來代表艾希維爾，也是艾希維爾精神所繫的市中心」。

只要拿捏好土地面積、距離、格局與現金流之間的關係——換句話說，只要設法興建更多四通八達、功能複雜的社區——城市就有辦法找回靈魂，恢復元氣。

企業界也終於開始注意到這個鐵證如山的道理。大英土地（British Land）作為英國最大的不動產投資信託公司，在二〇一五年找上了我跟我的團隊。大英土地想要評估，如何把幸福安泰灌注於民眾工作、購物與生活的社區裡。他們相信健康、快樂、人與人的聯繫，乃至於社交地景，都是商業的催化劑。他們這麼想是對的。創意、GDP成長率、與城市裡人跟人接觸的頻率，這三者間存在著強大的連動性。沒有東西可以取代信任感、新點子、以及只有人跟人見面才能進行的合作。在未來的幾年，我們跟大英土地的合作，可望能催生出更多社交導向的嶄新都會設計。

成長要有節制

看到這裡，如果我說米尼可基跟朋友為改善艾希維爾市中心所做的事情，也剛好是打擊氣候變遷的利器，你應該不會再覺得吃驚了吧？在艾希維爾，每件事情都緊緊相繫，這點就跟大城市是一樣的。想要創造出就業密集度、居住密度與稅收密度的種種努力，也同時間產生出了一個個能源使用效率的亮點。而能源使用效率高，城市的運作成本就低。「低碳社區的意義也在於確保居民有錢蓋污水下水道、有錢接自來水、有錢鋪路，以維繫社區的長治久安。」亞歷克斯．波士頓如此說。

在一般的城市裡，家戶普遍的年均能源支出是四千美元，而這項支出多半是花在移動的車輛或暖氣與照明。這筆錢付出去，大致上就會流出社區，數錢的則是遠方的瓦斯公司、電力公司或石油大亨。對此我們有辦法逆轉勝嗎？有，我們可以改變城市跟距離、城市跟能源之間的關係。

而拚命做到這一點的佼佼者，無人比奧勒岡州的波特蘭市更強。早在一九七〇年代，奧勒岡州政府就命令所轄的城市畫定都市成長邊界，目的在於保護農業用地。當時對照其他城市仍持續把資源灌注在高速公路的興建上，波特蘭的選擇是開始投資輕軌、路面電車與自行車道。從一九九〇到二〇〇七年，其他城市的居民是每天把車子愈開愈遠，而波特蘭人則是徹底拋棄主流。波特蘭人每天開車的里程數，要比美國其他主要城市的同胞少兩成，由此他們的日均通勤時間得以減少約九分鐘。交通意外的死亡案例也在一九八五年到二〇〇八年間減少了八成，這點又是跟全美的趨勢背道而馳。

除了數百萬美元的急救與醫療費用被節省下來以外，移動距離的縮短還振興了在地經濟。二〇〇八，年正因為通勤距離變短，大波特蘭地區的居民每年總共省了十一億美元的油錢，相當於區域內全體個人所得的百分之一點五。最終，這意謂著波特蘭人留住了財富，讓外來的車商與油商少賺到錢，也多點錢光顧在地的食物、娛樂與手工啤酒[163]。這種發展方式的成果是：波特蘭市的人均餐廳數在全美可以排到第三名，能讓她「吃癟」的只有西雅圖跟舊金山，所以波特蘭是真正的雖敗猶榮。就在這「冥冥之中」，波特蘭人不但享受到了高品質的生活，同時每年又為地球減少了大約一百四十萬公噸的溫室氣體排放。這是送給他們下一代的一份大禮、也是給這顆星球的一份大禮。但真正讓波特蘭人動起來的，其實是這整套環保體系是有利可圖的。投資在市區龜速的路面電車上的一億美元，後來回收的是新輕軌沿線才短短兩條街距，就有商辦、零售與飯店開發案進駐，總值達到三十五億美元。

波特蘭的經驗證明了，城市可以大砍碳排放，而不至於得訴諸超高密度的規畫。亞歷克斯・波士頓說：「稠密本身並不會帶來碳排放減少，也不會帶來幸福快樂。你有可能依舊住在公寓大廈的森林裡，但還是到哪兒都得開車。但是，只要城市可以想辦法把居住需求、工作地點跟購物的地方統統『攪和』在一起，那減碳跟生活品質的追求就會慢慢變成同一件事情。」

體熱

距離上的「唾手可及」與功能性上的「百家爭鳴」，雖說是稠密的兩種「紅利」，但在城市中有如恆河沙數的人際關係、幾何鋪陳與紛亂體系裡，這兩種紅利往往會讓人視而不見。不過也有些時候，「四處都到得了」跟「什麼都找得到」這兩樣優點，會突然比英格爾斯的建築意象更為一目了然，而城市中各體系間的盤根錯節，也會因此顯露出新的面貌與意涵。

作為二〇一〇年冬季奧運的主辦城市，溫哥華把選手村蓋在福溪東南岸，那兒原本是市中心邊緣的一個舊工業水道。現在大家口中的「村子」，則是綠色都市主義的模範生，這裡有回收雨水灌注的迷你濕地、有以LED點亮的中央廣場，而且最終將有一萬六千位居民，進駐這個兩側是一排排低樓層建築物與連棟屋、中間街道緊密且適於人行的社區。冬奧閉幕的兩年後我造訪這裡，社區居民已經讓新開的麵包咖啡店人氣滿點，廣場上有小朋友在玻璃纖維雕塑上玩耍，他們爬的是一隻隻塑膠大八哥鳥的腳。至於堤防那邊則傳來熱鬧的人聲：有滑直排輪的、推嬰兒車慢跑的，騎自行車通勤的。在新社區中心的外頭，身著萊卡防水布料的划槳隊員邊聊天邊伸展，熱身完他們就要把鄰近碼頭邊的龍舟給推下福溪。

人氣為「村子」匯集了令人咋舌的「社群能量」，但這種社群能量不只是一種比喻，人體本來就是「熱能」的載具。隨著「村子」裡的人口密度增加，居民透過住屋的空調、用水系統，透過各種機器，乃至於透過他們自己的身體所流通的能源密度，也同步升高，而這就集結成了一種新式發電系統可以順利掌握的資源。「東南福溪區能源運用體系」（Southeast False Creek District Energy Utility）就是這麼回事情：「村民」每刷一個碗，每洗一次澡，每上一次廁所，他們就會把熱能——以室溫廢水或溫度高很多的人體污水形式——給沖到排水管裡。這些廢水會經由管路送抵埋在鄰近橋體下的污水抽取站，而站內設有小型的能源工廠，運用蒸發與壓縮的流程把廢（污）水中的熱能給萃取出來，輸送到乾淨的水裡。如此，加熱完的水會被送回住家，成為「村子」裡每個人都可以使用的輻射熱與熱水。「村民」可以因此把家戶的溫室氣體排放減少四分之三。

這個能源工廠既不臭，也無毒，而且其排氣管還被改成公共藝術：五條不鏽鋼的明管達到好幾層樓高，看來就像巨大的機器手在指向天空。這五條管子都裝有LED燈，所以只要能源輸出一達到高點，管口噴出的蒸汽就會沾染熱切的粉紅光輝。曾經，煙囪象徵的是市中心最毒、最令人不舒服的一切事物，但曾幾何時，這些粉紅色的「指尖」代表著「自己的住家自己熱」，而且其中一部分來源正是他們自身的體熱[164]。

這個能源回收模式所開始實現的，正是英格爾斯用垃圾在山間發電所代表的宏願：一個集能源產出、消費與人類體驗為「享樂迴圈」的系統。但這個回收模式也顯示，我們不需要雄大的建築意象，也一樣可以解決人類集居所帶來的挑戰。真實的力量不在於單一的物體，而在於人的筋肉、各種體系，也在於貫穿著情緒、都市幾何關係、能源輸配體系，乃至於萬事萬物裡都有，只是我們看不見的關係。人類才剛剛開始理解這些重疊系統的潛力，但我們確知一件事情，那就是當尋常百姓與造鎮者攜手擁抱複雜性，擁抱城市生活中固有的連結，當我們把彼此的距離拉近一點的那天，就是我們可以從資源匱乏與欲求不滿的枷鎖中掙脫的那天。當那一天來臨，我們就能一方面幸福久久，一方面拯救地球。

註釋

150 每年因此減排逼近二十五萬噸的二氧化碳。

資料來源：Eye on Earth. “us Rapid Transit Systems Reduce Greenhouse Gas Emissions, Gain in Popularity.” *Worldwatch Institute.* http://www.worldwatch.org/node/4660 (accessed January 11, 2011).

151 這一點你完全不用懷疑：從二〇〇三年塞車費開徵以來，倫敦成功讓廢氣排放量減少了幾乎五分之一，而同時間，大部分城市的數據是不降反升。

資料來源：Transport for London. “Central London Congestion Charging: Impacts Monitoring Fifth Annual Report, July 2007.” London, 2007.

152 譯註：借自德文的Biergarten，基本上即戶外啤酒餐廳。

153 根據圭亞莫・佩尼亞婁薩與伊迪阿馬莫斯（Ideámanos）二〇〇九年在墨西哥市所做的簡報，墨西哥每天有二十三例行人車禍死亡；毒品戰爭的冤魂如果想超過車禍，每年得死超過八千三百九十五人。

154 走路或騎車可以燃燒食物的卡路里，而且可以雕塑身形。開車只能燒油，人體的熱量消耗不大。就以從亞特蘭大郊區的梅伯頓郵局為起點，要到梅伯頓「the Village」購物園區裡的Big Kmart賣場來說，Reroute.it網站上計算，你走這兩公里，燃燒掉的熱量是一百五十九卡（約等於兩片巧克力手工餅乾或一瓶啤酒的熱量），騎車的話這兩公里可燒掉四十七卡（一顆橘子）。要是開車，那你反而會噴出五百四十四公克的二氧化碳到空氣裡。

資料來源：Calorie Count. *Calories in Coca-Cola classic.* http://caloriecount.about.com/calories-coca-cola-classic-i98047（accessed March 3, 2012）.

155 電動車的支持者聲稱他們完全可自外於碳排放的計算中。確實，電動車的充電系統電力多來自於水力發電或核能發電，而這兩類電廠的廢氣排放都比較少，又或者發電效率較高的新式火力電廠也有一樣的效果。但這忽略了造車過程中所產生的廢氣排放。豐田的油電車技術非常先進，但考量生產一台Prius所需要的耗能，我們繼續開九〇年代中期生產的Geo Metro還比較環保，包括消耗的能源跟排放的溫室氣體總量都較少，不過只要開車，對人的健康總之是沒幫助的就是了。

資料來源：Libeskind, Daniel. "17 words of architectural inspiration." *TED.* July 2007. http://www.ted.com/talks/daniel_libeskind_s_17_words_of_architectural_inspiration.html (accessed January 21, 2011).]

156 這包括付出的醫療成本、疾病與身障造成的薪水偏低，乃至於餘命縮短造成的未來獲利損失。光是直接的醫療費用就高達每年六百一十億美元（以二〇〇八年幣值計算）。

資料來源：National Institute of Diabetes and Digestive and Kidney Diseases. "Overweight and Obesity Statistics." *Weight-control Information Network.* http://win.niddk.nih.gov/statistics/index.htm (accessed March 3, 2012).

157 提供有吸引力的大眾運輸服務，可為社會間接省下更多的急難救助與醫療費用，因為以每公里計，搭公車的安全性是開車的十倍。

資料來源：Victoria Transport Policy Institute. "Evaluating Safety and Health Impacts TDM Impacts on Traffic Safety, Personal Security and Public Health." *TDM Encyclopedia*. February 22, 2012. http://www.vtpi.org/tdm/tdm58.htm (accessed March 3, 2012).

158 由非營利組織「鄰里科技中心」（Center for Neighborhood Technology）與「大眾運輸導向發展中心」，（Center for Transit

Oriented Development）所協力開發的「住居＋交通可負擔性指數」（The Housing + Transportation Affordability Index），重新定義了生活負擔，主要是他們不僅看到了居住成本，也看到了交通與移動的成本。由此，美國哪些社區真正讓人住得起，也就一目了然了。有了這項指數（網址為：http://htaindex.cnt.org/index.php），你可以掌握各社區的生活負擔與溫室氣體排放量。根據此一指數，二〇〇八年的韋斯頓牧場，每戶每年因為開車而排放出平均超過十一公噸的溫室氣體，而他們一年的油錢超過五千美元（這還是假設他們通勤範圍不超過史塔克頓的狀況）。相較之下，在舊金山的教會區（Mission District），平均每戶每年因為開車而排放的溫室氣體量只有四公噸，油費負擔也只有韋斯頓牧場的大約一半。

159 都市發展的龐氏騙局架構首先由查爾斯．馬榮（Charles Marohn）提出，他是出身於威斯康辛州的都市主義者，也是Strongtowns.org網站的創辦人。

160 譯註：橘子皮於二〇〇二年開幕，二〇〇八年四月被《滾石》雜誌選為全美前五名的音樂表演場地。

161 以佛羅里達州的莎拉索塔（Sarasota）郡為例，米尼可基發現，郡政府在擴張區與在市中心開發住宅，回首前者的土地與基建成本需要後者的三倍時間。

162 想把新「艾希維爾流」的傲人生產力看得更清晰，你可以像在看地圖一樣觀察在地企業的消費金流。花在在地小企業身上的金錢，傾向於留在社區裡創造出更多本地就業機會，而花在大型全國性連鎖店的金錢，則會被吸出在地經濟體系。在地企業會傾向於雇用土生土長的會計、印務、法務與廣告業者，而企業主也會把較多的獲利花在自家城鎮上。反之，全國性的零售商則傾向於把上述事務的處理丟回到區域或全國總部，而獲利也會分給天涯海角的股東，而不是在地民眾。如此的結果是，錢給在地的企業賺，為在地經濟創造出的利益會多出至少三分之一，創造出的工作機會也會多三分之一，若把就業狀況也納入等式計算，那這兩種選擇的差異就會更極端。非政府組織Civic Economics（www.civiceconomics.com）發現，以每一百萬美元的營收而言，舊金山的在地企業會創造出幾乎是全國連鎖店兩倍的工作機會。事實上，沃爾瑪就像顆原子彈一樣，丟到哪個社區，那個社區就會出現一個低薪跟高貧窮的爆炸半徑。

資料來源：Civic Economics. *San Francisco Real Estate Diversity Study*. San Francisco Locally Owned Merchants Alliance, 2007.

Goetz, S. J. and H. Swaminathan. "Walmart and County-Wide Poverty." *Social Science Quarterly*, 2006: 211–226.

163 柯特萊爾（Cortright）寫道：「根據美國國稅局的資料，銷貨成本占（當時大約每加侖不到兩美元的）汽油零售價的七十三%，占汽車售價的八十六%（「銷貨成本」是會計學名詞，算法是「期初存貨＋本貨進貨－期末存貨」），這樣算出來的就是與產品本身直接相關的成本。而銷貨成本會在交易完成的瞬間脫離在地經濟。波特蘭人不開車所省下的十一億美元中，有八億元會在當地消費。再加上兩次、三次消費的貨幣乘數效果，這些錢成功活絡了在地產業，而沒有便宜了跟波特蘭非親非故的美孚（石油）或豐田（汽車）——正所謂『肥水不落外人田』。」

資料來源：Cortright, Joe. *Portland's Green Dividend*. White Paper, Chicago: CEOs for Cities, 2007.

164 類似的污水廢熱回收系統也已經出現在挪威的奧斯陸與日本的東京。

資料來源：Baber, Chris. "Tapping into waste heat: Vancouver's False Creek Energy Centre provides an adaptable, renewable, and innovative energy solution." *Water Environment & Technology*, 2010.

CHAPTER 12

讓擴張區改頭換面　不再空白一片

梅伯頓來了！形式規範登場！

他們是先鋪了路，然後才築了城，所以我們現在才會在這邊開車繞來繞去。

——搖滾樂團「拱廊之火」（Arcade Fire），〈浪費的時光〉（*Wasted Hours*）

以過度擁擠為題的研究有一狗票，這很好，盡量去研究這個吧，我沒意見。問題是這種研究方向是單行道，缺乏「平衡報導」，怎麼沒人提一下「不夠擁擠」該怎麼辦？科學家要是能同樣關心那些相對疏離跟缺少親密感滋潤的人群，他們的研究或許會更客觀？畢竟他們的白老鼠，搞不好也有寂寞的時候。

——威廉・H・懷特

到目前為止，我介紹過的所有新穎都會設計，都有一個問題。就像所有以波哥大、巴黎、溫哥華與哥本哈根為師的城市裡，都有著潛伏的落差與不平。如果邊沁還在世，他會說這是「效用未能最大化」。研究倫理道德的人會說「平等」是這個問題的核心。事實上，這問題既出在「餅沒有做到最大」，也出在「餅分得不夠均勻」。這問題出在快樂城市裡的各種自由、豐富的公共空間、休閒時間與安全街道，對像藍迪．史特勞塞這樣的人跟他們的家人來說，用處不大。其實只要你住得離稠密且四通八達的地區夠遠，這些東西一定用處不大。眼看著有錢人重新殖民市中心與內環的郊區，加上房地產價格隨之起漲，無數人只能默默地被趕出城。同一時間，在人的聚落像「一盤散沙」，且住商功能「井水不犯河水」的城市裡，很多我推薦的改革幾乎無法實現，因為這些城市的系統與形式都失之於沒有彈性，不可能接納這些改革，而且因為人口分得太散，市政建設根本貴到沒辦法蓋。這樣的不公平與失控，讓我始終耿耿於懷。直到有天下午，我見到了一個打死不退的郊區居民，心中的大石才放了下來。這個人，叫作蘿冰．梅爾。

我第一次見到梅爾是在二〇一〇年的春天。那天她人站在梅伯頓郵局新殖民風格立面前的停車場中間，一口咬定她腳下就是鎮中心。如果不知道她葫蘆裡賣的什麼藥，搞不好會覺得她瘋了。梅爾的研究目標在我看來，比較像是前不著村後不著店的一片荒涼地帶。

你可能還有印象，「梅伯頓」曾經出現在勞倫斯．法蘭克的都市健康研究中。研究裡說梅伯頓代表的是一種「無從走起」的城鎮，人光是住在那裡就會變肥。亞特蘭大市中心西方約九公里多的梅伯頓，並沒有自己的地方自治政府，而且它是那種你可以開車開一整天、卻好像哪裡都到不了的地點。在亞特蘭大環狀線東北方的這個半都會擴張區裡，柏油路就像鬚根一樣繞來繞去，簡直是在編辮子，囊底巷、商城與企業園區超有規律地排列在綿延不絕的平原上，間距非常平均。開車繞一圈梅伯頓的「村落購物中心」（The Village）（它正準備關門大吉），或者掉頭直奔依附著東西聯絡公路的各家大賣場，你會發現自己的方向感愈來愈差，而且你也找不到任何可以稱作「鬧區」的地方

——這點特別是從梅伯頓郵局的停車場看出去，非常的清楚。

從我們所站的地方看過去，先是有一片草坪，落在蜷曲的聯絡車道以及有些深度的人工沼澤之後，然後更遠處是小轎車與卡車奔馳在佛洛伊德路（Floyd Road）的寬敞五線道上。在車道旁更多的停車場與草坪遠方，我們可以眺望到建於一八四三年，一棟有著橫條木板牆的開墾農舍。至於蓋起這棟房子的人，不是別人，正是有著蘇格蘭移民身分、這座城鎮的創建者勞勃．梅伯（Robert Mable）。這棟老房子的南邊，隔著一片占地甚廣的停車場的，是梅伯故居藝術中心（Mable House Arts Center），而在中心之後的遠處有一個新設的駐車轉乘處，雖然我拜訪的這天是上班日，卻有幾百個位子都空著。放眼望去，最忙碌的地方是佛洛伊德與克雷路（Clay Road）的交叉口，那兒有個有著多達二十個泵島的「賽道」（RaceTrac）連鎖加油站。

說到「島」，梅伯頓的每個點都是座孤島，而讓人腿軟的廣大柏油路跟草坪就是島嶼間的汪洋。環顧四周，停車空間跟「建築足跡」（building footprint）的比例至少是三比一。除非瘋了，不然不會有人想要從郵局走到加油站後面的圖書館，更不用說圖書館後面的購物廣場，甚至是佛洛伊德路對面的藝術中心。「除非你想早點『安心上路』。」梅爾說。她的意思是，喬治亞州熱死人的太陽還有佛洛伊德路本身，都會殺死人。這些年下來，佛洛伊德路已經膨脹成一條通勤公路，路上是高速的車輛，路的另一頭則有遙遠的巨型學校、超大型旗艦賣場、企業園區，乃至於一元商店。但腳下是一切的關鍵，她說，這裡就是梅伯頓準備大變身的起點。

梅爾多年來都對水平發展的郊區沒有一句怨言。一九八四年，她跟先生在郵局附近幾公里外一塊近兩千坪的土地上蓋了房子，然後有好幾年的時間，都過著走高速公路通勤到亞特蘭大市區的日子。但她如今已經退休，不再需要長途通勤，然後她還加入了「梅伯頓提升聯盟」（Mableton Improvement Coalition）（她就是聯盟理事會的主席）。這樣的梅爾很清楚一件事，那就是在梅伯頓，沒有所謂的「這裡」或是「那裡」的概念。「這個村莊沒有中心點，沒有人可以聚集的地方，沒有社區應該要有的各種東西。」梅爾說。她要的不是什麼天翻地覆的革命，她只是希望這地方能讓她把車停好，走路去辦些事，然後她能感覺自己好像在梅伯頓村裡的某個地方。

瞇著眼睛遠眺柏油路與草坪的集合體，梅爾已經可以瞥見她夢想中村子的雛型，跟我們比肩站著的兩位建築師也看到了。

「廣場可以建在這裡，」這麼提議的是加麗娜・塔奇艾瓦（Galina Tachieva），她是簡稱DPZ的杜瓦尼・普拉特—戴柏克（Duany Plater-Zyberk）城市設計事務所的合夥人。她摘下了自己那副「蟲眼」太陽眼鏡，用手比畫眼前的風景。

「那裡可以有一整排商店或實作的工作坊。然後這條超災難的路得慢下來，這樣老人家跟小朋友才有辦法穿越過去。我們可以在路緣畫設停車位，又或者我們可以把路一分為二，就像中間放了條拉鍊一樣。」

這會是一個開始。他們說，既然開始了，那就堅持下去吧。我們何不在佛洛伊德路沿線那些病懨懨的廣場上，蓋一些兩到三層樓而且有前廊的房子？為什麼不把這些建築推到人行道的邊上，就像大家都喜歡去玩的老街一樣？為什麼不把緊鄰郵局北邊的田野——前喬治亞州長洛伊・巴恩斯（Roy Barnes）名下的農場——改造成設有銀髮族社區的鎮中心？為什麼不把附近的道路都連結起來，讓村民可以靠腳走到很多地方？以一個恬靜春天的午後來講，以上真的是很了不得的想像。

急迫性與想像力

很久很久以前，都會的急先鋒腳踏在北美那一片蠻荒的土地上。他們是先成功召喚出足夠的想像力，然後才能在一片荒地上建立村鎮，甚至是城市，在他們即將立足的荒野上拔地而生。如今場景換到梅伯頓郵局外頭的柏油路上，或是北美各城市外圍郊區的任何一片「非洲草原」上，而我們需要勇氣來想像如何用具有城鎮特色的設計取代都會擴張的地景。這件事情已經愈來愈迫在眉睫，而且這不光是為了審美。

我前面已經說明，擴張區會讓人生病、變胖、心情變差、沒朋友、一文不名，我已經告訴過大家擴張區的街道有多危險。但擴張區這種都會形式還有另外一個問題，那就是人會因為住在這裡而沒辦法過自己真正想要的生活。二〇一一年，一項由美國國家房仲協會（National Association of Realtors）進行的調查顯示，每十個美國人裡就有六個表示，他們希望自家附近能有各式各樣的建築、店家與行業，而且用走的就好，不要老是開車才能到。但在像亞特蘭大這樣的地方，只有大約一成的住家符合這樣的理想條件。

離散地區的城市是「溫水煮青蛙」裡的那隻青蛙。但別看不起那桶溫水，因為說不定它很快就會跟這幾年的法拍屋危機一樣燒到美國各大城市的屁股。我說的是快速高齡化的社會。二〇〇九年，亞特蘭大區域發展委員會（Atlanta Regional Commission）發布了一項警訊：到了二〇三〇年，亞特蘭大都會區裡，每五位居民就會有一位超過六十歲，而現階段，亞特蘭大郊區是年長者的地獄。去哪兒都遠，很多長輩靠腳真的是「寸步難行」——於是乎很多人老來才變得很宅，而愈宅又老得愈快。

尤其不會開車的人真的是要什麼沒什麼，需要任何服務都非常麻煩。社交可以讓人不跟社會脫節，還能間接讓人身強體健，可惜離散區裡的人際互動就像黃金一樣珍貴。長此以往，擴張的發展會讓數以百萬計的亞特蘭大人「擱淺」，你退休後的選擇會剩下一個人在家，或被送進養老院裡供著，這比當前北美許多郊區小孩與窮人的處境還要不堪。

於是亞特蘭大區域發展委員會發出了動員令：是該想辦法把像梅伯頓一樣的地方變得老少咸宜了——不開車的人不應該變成次等公民。從二〇〇九年起，委員會邀請了社區成員與醫療、機動性、高齡化、交通、可及性、建築與都市計畫等各界專家交換意見，希望透過在設計專業中被稱為「趕稿」（charrette）[165]的腦力激盪過程來集思廣益。

送擴張進廠維修

這時候就該塔奇艾瓦跟她的同事史考特・擘爾（Scott Ball）上場了。這兩位建築師專精用「都會外科手術」來扭轉都會擴張所造成的傷害。在塔奇艾瓦看來，他們的工作不外乎就是要逆轉百年來的離散發展。

「膨脹的城市已經大到不像話了，這種設計是要給巨人住嗎？我們一直以來的設計觀念明顯是在服務汽車，」她說：「現在，我們要把城市還原成人住的規格。我們要讓社區找回生活的平衡感。」

塔奇艾瓦不是聖人，她口中的「擴張修繕」（sprawl repair）是有錢賺的。預估二〇五〇年，美國人口會比現在再增加一點二億，這些人要住哪兒？市中心跟第一環的電車社區，只能容納新人口海嘯的九牛一毛。說來說去，反正大部分的工作機會都已經移到城市的邊緣以外，所以按照塔奇艾瓦的看法，大部分人還是需要郊區的存在。

但這些人看起來一點也不像初代的郊區移民者，人口統計學家預估，在未來的二十年間，購屋者的主力會是進入空巢期的嬰兒潮世代，乃至於他們的單身成年小孩。約僅十分之一的買家有可能為人父母，而沒有小孩的買家並不會想買傳統獨門獨院的郊區房產，同時很多郊區的新移民要嘛不習慣、要嘛不熱中於開車通勤。有分析師認為，以美國而言，大面積的單一家庭住宅存量已經足以供應需求到二〇二五年。

「都會擴張的派對已經結束了，」塔奇艾瓦說：「市場正在改變，年輕人跟年長者現在要的是不一樣的東西。他們要熱鬧而不膚淺的地方供他們步行，他們要八十歲的體能也可以自由自在的環境。」

塔奇艾瓦還真的寫了本書來談這件事情。她的《擴張修繕手冊》（*Sprawl Repair Manual*）作為一本工具書，裡頭提出了一些有人會覺得天馬行空的「處方」：想把企業園區「醫好」，就把街道跟商店加進去，讓園區內不要光是筆直的柏油路而已；都會區的公路可以減肥成商業街，並利用縮小的路幅、路燈跟人行穿越道來讓車速慢下來；糾結的囊底巷可以再次適合人走，只要我們能「嫁接」一些新的道路跟巷弄過去，把各自為政的它們連成一氣；大而無當、開價又把人當「潘仔」的「麥克豪宅」（McMansion）[166]，可以拆解成一層層公寓出租；加油站可以重拾人性，辦法是用四周的停車場去招商，用新的店面把整塊地包圍起來。

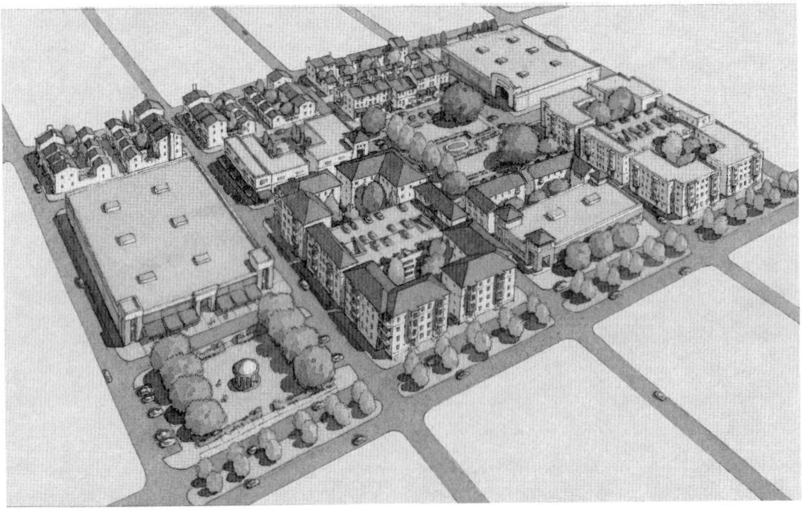

超大街區—瘦身長肉大作戰

擴張修繕計畫把「停車位海」變成緊緻而可以走來走去的城鎮中心，停車空間則疊到出租公寓跟街道的後方，藉此與周遭的社區相連。
資料來源：DPZ城市設計事務所

你講，但其實塔奇艾瓦有部分的建議已經落實在北美的若干角落裡。《擴張修繕手冊》的某些段落，讀起來就好像是都會世界裡的迪士尼樂園。紙上談兵當然隨便

最早期的一個郊區改造計畫在DPZ城市設計事務所的參與操刀之下，於鱈魚角（Cape Cod）的擴張區域發揮了效果，實績就是當地一個典型的六零年代購物廣場，在改造後大變身。自一九八八年起，原本像一塊塊豆腐的新西伯里購物中心（New Seabury Shopping Center）被分割後加以重新設計，而其停車空間則慢慢由遵循鱈魚角傳統的新式建築物進駐——所謂傳統，就是用上大量的山形斜坡屋頂與木瓦片，一樓是店面，而樓上再作為公寓出租或當作閣樓工作室使用。就這樣在新舊的建築之間，慢慢回復了傳統上有著狹窄街道、寬敞人行道與散步道的都會棋盤陣列。又經過許多年，商場周圍已變成鱈魚角的鎮中心，也就是更名過後的「馬許彼公眾廣場」（Mashpee Commons）。廣場店面樓上的公寓有三分之一租給年長者，而他們住這兒是因為不想錯過鎮上的活動。

另一個令人眼睛為之一亮的改造計畫，座落在丹佛西南方的雷克伍德（Lakewood），那原本有個占地十二萬七千坪、而且被停車空間包圍的超大購物中心。本世紀初，那裡是當時還叫作「義大利莊園」（Villa Italia）的購物中心，後來眼見人潮都被更新更大的量販店給吸走，於是有人建議，把這兒的「超級街區」改建成集多家量販店於一處的量販園區。但在雷克伍德，大家真正想要的是個鬧區。

雷克伍德市開始跟開發商合作，要把這超級街區改成二十三個較小的街區，並且將街道織進周遭社區的網絡中，藉此把購物、辦公、居住與公共空間等功能給結合起來。一如揚・蓋爾所建議，大型的建築與停車塔會被鄰街的小型零售店面給「包裝」起來，以便讓街廓能維持蓬勃的生氣與和

郊區改造，絕對做得到

經過改造，位於鱈魚角的新西伯里購物中心（上圖）變成了適於行走的市中心，集零售店、出租公寓跟熱鬧的公共空間（馬許彼公衆廣場）於一處。
資料來源：馬許彼有限合夥公司

緩的步履。最後，讓這個原址可以屹立不搖的不是全美國人都認得的大賣場，而是一整個街區大小的公共綠色空間、還有市民不買東西也可以來放鬆身心的中央廣場。超過一千五百人現居於尚未完工的改造現址裡，他們鄰街矗立的有連棟屋、有店面樓上的出租公寓、有閣樓，也有獨棟的房子。

像雷克伍德鎮中心這種有意義的擴張修繕，跟北美那些只在外表上模仿商店街的山寨市區，有一個最大、最重要的差別，那就是前者不光是把商店從賣場裡翻到街邊來增加「賣相」而已。「修繕」處理的是都會擴張的系統性問題，透過把購物、各種服務、公共空間結合到居住處，這樣的修繕讓人可以逃脫安全帶的束縛，想到哪兒都可以用走的，不需要以車代步。這種變化讓居民集中起來，讓人口不但足以撐起大眾運輸，而且等車的地方都還會舒舒服服。街道會因此連結到周遭的社區網絡，走路會變得更輕鬆、愜意、健康，社交與人際連結的微血管也會滲透到更遠處。這會給我們帶來名副其實的公共空間——是市政府的財產才能叫作「公共」，如果所有權人是賣場老闆或建設公司老闆，那公共兩字就只是講心酸的。在雷克伍德的廣場上，你可以閒晃、可以讓小孩坐在肩上「騎馬打仗」，有事情要抗議的可以搞「太陽花」。你想幹嘛就幹嘛，不用在像迪士尼或曼哈頓中城這樣的偽公共空間裡，讓私人保全睜一隻眼閉一隻眼。儘管改裝完的商店街不是真正的市中心，也不如老派的電車社區來得細膩或更多驚喜，但它們的的確確把一部分選擇跟自由注入到擴張地區。

擴張的法則

如果這麼多人想要住在好走的都會空間附近，那我們怎麼不多蓋一點出來？這幾十年來我們都在幹啥？我們為什麼不把所有的擴張區都改建一下就沒事了？

事情沒有這樣發展，理由之一是人很矛盾。我們很多人確實想住在好走而不必非得長途開車的社區裡，但我們很多人也確實想住在要隱私有隱私、要空間有空間的獨門獨院裡。換句話說，我們什麼好的都想要，我們想要魚與熊掌兼得，我們巴不得別人都去住公寓或連棟屋，然後旁邊有間大房子是我們的住處，這樣我們就可以享受別人擠一點所創造出來的好處，而晚上我們又可以不被吵到，睡得舒舒服服[167]。

這麼夢幻的場景，欸，不就是蘿冰·梅爾為梅伯頓所設想的遠景嗎？這是個很不錯的巧合，因為「擴張修繕」能透過社會的「異方差」來提供給梅爾的，就是她想要的東西。超過三分之一的美國人會真的願意住在連棟屋或出租公寓裡，前提是這能換來老式且適於行走的社區環境。不知凡幾的人在苦候著這樣的地方現身，而且他們也愈來愈願意多付點錢來進駐這些地方。房市是不會騙人的，房市價格的天旋地轉就是最好的證明。以美國首都華盛頓來說，二〇〇〇年時每平方公尺房價最高者，曾經是郊區的宅邸型社區——當時那裡的房價比好走路的市中心區域貴二十五％到五十％，但曾幾何時，到了二〇一〇年前後，情勢整個逆轉，好走路的都會區房價反而比郊區的「大宅門」高五十％到七十％。

所以需求並不是問題所在，問題在於大部分的擴張區都已經賣出去，已經畫定使用分區，也已經有人住進去，所以現行的土地利用方式都已經固定。為了讓擴張修繕可以完整發揮功能，大刀闊斧的行動是必要的。而所謂的大刀闊斧，意謂著要把拿回來的土地每坪重新分區、設計。有時屋主或業主裡只要有一個所謂的「釘子戶」，重新開發就會全部卡住。你會說政府可以依法進行土地徵收，可以強勢把土地回收自用，或以社區公益之名再標售出去，但這麼做會引發法庭纏訟的惡夢，更不用說會有人情義理上的疑慮。就因為這些原因，大部分社區改造的成功案例，都是以已死或瀕死的商場為前提——面積完整、產權單一，是它們先天的優點。

但社區重建路上最大的一塊石頭，其實跟需求或地主的抗拒改變都不太有關係。我們面臨最大的阻礙，其實是一開始造就出擴張地區的那個體系——源源不絕的政府補貼、節省房價的財務動機與屹立不搖的都市分區管制，而這些東西都還穩穩地待在原地。事實上，美加大部分的行政區裡，擴張修繕的願景不僅知名度不高，甚至還徹底不見容於法律。

梅伯頓就是個標準的案例。蘿冰．梅爾所構思的大部分事情，能讓梅伯頓更好走、更閒散、更安全、更健康、更讓小孩跟老人家覺得溫暖的那些事情，全都在柯布郡（Cobb County）分區管制規定跟道路設置標準的禁止之列。在商店樓上蓋公寓，巴黎可以、哥本哈根可以、北美任何一個可愛的小鎮都可以，但梅伯頓不行，原因是嚴刑「郡」法規定城市裡不同功能的用地必須涇渭分明。但這些規定不僅讓住家遠離商家與職場，甚至柯布郡還針對兩千坪、一千坪、五百坪等的土地，乃至於小到雙拼屋、獨立產權公寓與出租公寓都賦予了獨立的分區地位，不同的分區能幹嘛不能幹嘛都有一絲不苟的規定。基本上就是每樣東西都要各安其地，然後中間都要隔很長的距離。

同樣違反梅伯頓法律的還有一件事情，那就是建築物旁邊一定會有一圈停車位「海」。任何商辦都一體適用的規定是，約每七坪的地板面積就要配一個停車位，又或者保齡球場規定，每一個球道要對應五個停車位。乍聽之下這似乎合情合理，但不合理的是，法律明文禁止兩家公司共用停車位，明明一家的客源在白天（有洽公的人會來），而另一家的客源在晚上（下班會有人來打保齡球）。就因為有這種愚蠢而僵硬的規定，所以據估計全美平均每台車輛竟能分到八個停車位。

但這還沒完。你不能把商業建築物推到靠近街邊或路緣，你也不能為了拉近人與人的距離而把街廓壓縮到人會想一去再去的老商業街大小，你還不能把州政府控制的交通動脈（如佛洛伊德路），裁減成車流經過市區得放慢下來的格局，因為此舉會違反州際公路標準與交通安全規章。

看看你身處的城市。你放眼所及的任何形式背後，都有體制化的規則在底下運作。這些規則決定了每樣東西的外觀與它們給人的感受。這些規則可能控制了街廓的寬度與路緣的高度，可能控制了你家門口跟人行道之間的距離，可能決定了城市體系的鋪陳，而最終它們也決定了城市中所有人的人生。你可以或不可以從自家走到轉角的小店，就是這些抽象規則帶來的結果。這些規定並非由自由市場決定，也可能一點都不符合民主精神。如果你問我，我會說這些規定明明決定了你居住城市的外觀與內涵，卻沒有交給你i-Voting。城市的發展規則就像個有機體，這東西會以很強大的主觀意志去左右城市生活應該如何運行。但我必須語重心長地說，在這個世上，很多很可愛、很討喜的鄰里或社區，都不是可以複製貼上的東西，因為它們之所以美好，就是因為它們很多地方都打破了成規。

法律攻防

塔奇艾瓦的恩師安德烈·杜瓦尼（Andres Duany）曾被神一般的法條擊中，而這故事要從一九七〇年代他剛在邁阿密執業當建築師時說起。當時還是菜鳥的他，發現自己每筆委託案都必須從四吋厚的活頁本開始查起，而資料上的標題是「邁阿密市分區管制條例11000」（*City of Miami Zoning Ordinance 11000*）。

「我記得那本書——那本糟糕的書總是在我的桌上候著。這書讓我倒抽一口冷氣，我壓根沒想到會有書告訴身為建築師的我應該怎麼樣來處理『形式』問題。然後我才意會到，形塑城市的力量是法條，而不是人。邁阿密會是現在這副模樣，薩凡納（Savannah）[168]會是現在這副模樣，巴黎會是現在這副模樣，紐約市會是現在這副模樣，舊金山會是現在的舊金山，都是因為同一個原因：法條。」杜瓦尼對著我慷慨陳詞。更糟糕的是，他被迫不得違逆的法條逼著他去創造出特定的建築，然後這些建築又會成為摧毀城市宜人格局與社交互動的幫兇。「法條看起來中立，但其實根本不是這麼回事。無論用語多麼道貌岸然、也無論衡量的標準看來有多客觀、更無論法律本身看似公平公正公開，這些法條暗助的對象就是都會擴張。為了要創造出美好的環境，我們判斷自己應該要做的事情不是對抗法條，而是占領法條，接收法條。」

法條的革命開始於荒郊。杜瓦尼跟他的創意夥伴兼人生伴侶、也就是他的妻子伊莉莎白·普拉特—戴柏克（Elizabeth Plater-Zyberk），發現兩人有機會在佛羅里達灣岸地區某一帶荒煙漫草中大顯身手。他們找到了一片九萬八千坪的私人土地，但更關鍵的是此處的郡政府在都市分區管制的法條制定上「毫無作為」。地主勞勃·戴維斯想要重現離散年代之前的市鎮美學與優異功能性。但若是把幾乎席捲了所有郊區開發大半個世紀的規則拿來套用上去，那這樣的夢想絕無實現的一日，他們必須要釜底抽薪地創建完全不同的新法條。

這「三劍客」四處考察了像喬治亞州薩凡納跟南卡羅萊納州查爾斯頓（Charleston）這樣的古典小鎮，一路上也拍了照片，畫了素描。然後他們就創造了一整套的基本設計規則來模擬他們所看到而且喜歡的東西。他們的新版法條設定了緊緻的小鎮紋理，包括路幅寧窄勿寬、街道巷弄與小公園間要彼此「阡陌相連」，人要住在有深邃前廊、木條側邊、山形屋瓦與造型奇特的傳統平房——並且鼓吹五十年來在新式市鎮無用武之地的「住商混合」。在這些標準與規範的範圍之內，戴維斯讓屋主跟建築師自由發揮，去設計他們想要的家園。

如此打造出來的臨海觀光市鎮西塞德（Seaside），成了當代都市主義最具影響力的「作品」——同時也引發了最大的爭議。西塞德夢幻到幾乎像是田園生活的天堂，裡頭有像用粉蠟筆描出的鄉間小屋，有尖尖的木籬笆，也有像是畫一般的廣場。但不少評論者因為杜瓦尼把美學標準給「規定」出來而大表不滿，他們把西塞德妖魔化成人為製造出來的即食都會主義的夢。後來這批評的火力又因為一個小插曲而放大，那就是一九九八年的反烏托邦電影《楚門的世界》（*The Truman Show*）把西塞德選為拍攝地。但是經過時間沉澱後，證明了西塞德真的是會讓人想住進去的社區。戴維斯在一九八二年賣地時才勉強以一萬五千美元成交，但這之後的十年，卻看到地價幾乎年年都漲百分之二十五。即便是歷經了二〇〇八年的房地產泡沫破滅，距離海邊幾條街的連棟屋都還能開價兩百萬美元。就連鎮中心店面樓上的獨立產權公寓——幾十年來被房市視為票房毒藥的一種物件——都可以賣到八十萬美元。到了現在，西塞德最常遭受的批評變成欠缺社經背景的多樣性——但這也沒辦法，誰叫西塞德這麼受歡迎呢？只要有能力，大家都願意多花點錢來這裡住下、或者至少度幾天假，大家都想體驗住在傳統村鎮裡的美好與便利。

這場「實驗」引發了全球不少「跟風」，但其真正的價值在於它證明了分區管制條例的力量。改變法條，你就能改變城市。

一九九三年，杜瓦尼、伊莉莎白跟一群志同道合的建築師與都市規畫者集結在一起，向縱容了擴張區的規定與陋習宣戰。他們把這項運動命名為「新都市主義會議」（Congress for the New Urbanism）——這名字不客氣地直指一九二八年由柯比意與其他歐洲現代主義者所組成的聯誼社團「CIAM」（全名是「現代建築國際會議」〔Congrès Internationaux d'Architecture Moderne〕）。新都市主義者決心要把現代主義者的東西「砍掉重練」。他們擬出了行動宣言，來要求建立一個緊緻、住商混合、所得界線模糊而適於行走的街道網絡，外加大眾運輸工具與宜人的公共空間，而能回應在地文化跟氣候的建築物就是這個網絡的框架。

如今，新都市主義會議已經發展成一股有著數千名會員的行動力量。他們的理念集合了珍·雅各、克里斯多弗·亞歷山大與揚·蓋爾在幾十年前提出的主張，而這個理念也已經在新一代的都市規畫者之間成為了廣受接納的看法。但即便已經有了這樣的影響力，新都市主義卻依舊僅能退守在美國「已開發」地區裡小到不能再小的面積，即便在景氣好的時候也是一樣。他們願景中的城市——無論多受喜愛或多好賣，在絕大多數城市裡都還是與法律扞格。結果就是：大部分新都市主義社區都蓋在離城市邊緣很遠的地方，包括在高速公路旁、在沼澤與農場裡、在荒廢的賣場原址、或無人聞問的工業用地上，而這自然就意謂著這些好東西只能是有錢養得起好幾台車的富人的專利，至於城市與郊區那些需要修補的緊急問題，就只能日復一日地拖下去。

任何人有心修補擴張地區，都還是得克服法力無邊的分區管制，這些法律猶如神一般的存在才是最大的難題。法規之於城市，就像作業系統之於一台電腦。或許看不見，但你卻事事都得聽它的意見。所以說美國城市爭奪戰的戰場，已經從建築事務所的繪圖桌上，移到了密密麻麻而且超多「眉眉角角」的都市分區管制法典裡。誰打贏這一仗，誰就可以決定城市的形狀與郊區的命運往哪去。

法律戰有很多條戰線在進行，但新都市主義者最喜歡的武器是「形式規範法條」，這一組規範會明定空間與建築的形態，而不會明確去約束空間或建築的用途。大多數的形式規範法條會特意去除二十世紀都市分區管制裡的一大特色，那就是空間使用的各自為政，於是乎工作、遊憩、居家與商業活動又可以開始「你中有我，我中有你」。為了發展出一套自己的「基本大法」，杜瓦尼參考了生態科學，並使用了橫剖面去顯示人類活動應如何在一條漸層的光譜上，從野外移動到城市中心點，就如同自然的生態系統會緩步從山邊變化到海濱一樣。簡單講，被命名為「智慧法條」（SmartCode）的這個成品傳達的是，你愈往都會核心移動，你的建築物跟空間用途就應該愈緊湊。

這樣的法條可以終結兩種事情。一件事是鄉間本質的空間形式可不再被入侵，包括以高速公路貫穿村落或鎮中心，另一件事是把市區本質的公寓大廈或其他建築形式往荒郊野外亂放。這提供了像蘿冰・梅爾這群人一種確定性與安心感，他們要的就是有個可以開車到達的村落，他們不要的是自己那片約五千坪的土地邊上蓋了棟公寓大廈；建商也會比較篤定，因為他們會知道都會的開發與成長會呈現什麼模樣。無論誰自建或砸錢進駐了一個超美的連棟屋，都可以放心緊鄰的社區一定是差不多的格局，不會一早醒來冒出一幢玻璃帷幕大樓、或門口由大型停車場打頭陣的迷你市場。這樣一種「循序漸進」的主張，可以避免當我們從梅伯頓往下走時，發生在斯麥那（Smyrna）鎮上的事情。在斯麥那，有間開發商剛取得鎮上新增綠地旁某片土地的建築執照，一轉眼就蓋起了一個賣場，而且賣場門口還朝著大停車場，拿屁股對著綠地。

梅伯頓的全新「作業系統」

法條要聰明，寫的人必不能天高皇帝遠。二〇一〇年的夏天，亞特蘭大區域發展委員會在採取行動一年後，超過一百位居民、官僚、政治人物、建築師、設計師與交通工程師，在梅伯頓小學的狹小自助餐廳裡「閉關」了一周，弄出了一份鎮上的改造方案。這個自助餐廳是個三溫暖，因為室內沒有窗戶、空調也壞了，但大家的點子燒得跟野火一樣旺，每當有人提出看法，建築師就以最快的速度畫在海報上，中間完全沒有空檔。

最後他們提出來的願景，跟蘿冰・梅爾那天在郵局停車場所擘畫出的東西非常之像。在眾所期盼的未來，他們看到了佛洛伊德路溫馴了下來——雖然郡政府得先從喬治亞州政府那取回控制權，才有機會執行；他們看到了停車場、草坪與廣大的留白所拼貼出的地景沿著佛洛伊德路消失不見，然後在同一塊地點冒出讓人看了就開心的鎮中心；他們看到「賽道」停車場退縮到像簾幕般的整排商店後。就在郵局的北邊，原屬於巴恩斯州長的農場，會變成一個被老年住宅與各種服務包圍的公共廣場，而原本井水不犯河水的街道會開始玩起「賓果」遊戲，一條條地連起。愈往新的鎮中心走去，都會的紋理就會愈發緊密。原本奄奄一息而名不符實的「村落」商店街會變身為一個真正的村莊，因為新客人就住在商店的樓上、邊上、也在開放居民添購第二第三個住處來適度增稠人口的社區裡，重點是「村落」永遠在五分鐘腳程的「魔術數字」內。

開車經過，梅伯頓不會在擋風玻璃前一閃即過，這是個會讓你想慢下來並居住在此的地方。好幾百人將有機會可以住在鎮中心與其周遭，讓鎮中心帶給他們更輕鬆、更富有、更有生命力的生活。那些傳統鬧區與電車社區居民習以為常的東西，他們也將伸手可及。因為住得近，所以他們可以用體熱去創造企業的生機、街道的活力，也會有足夠的人需要搭火車通勤，讓列車經過梅伯頓不再像現在這樣過站不停。

而像梅爾一樣還是喜歡駕駛的人，也可以獲得一個值得開車去的目的地，那就是鎮中心。把跟大家住得近一點、跟生活所需住得近一點的選擇，交到部分居民手上，慢慢就可以帶動梅伯頓的所有人都站出來呼應。這是理想中的願景。

這計畫之所以沒有胎死自助餐廳腹中，是幸虧有新規定的幫忙——新規定代表新的「作業系統」。於是在大夥描繪出各自的想望之後，塔奇艾瓦跟擘爾便出手把這些願景轉換成新的「形式規範法條」。這是組簡單明瞭的規定，可用以指引梅伯頓四周新開發案的設計。梅爾跟她的盟友們使勁想說服柯布郡議會給這套新法條一次機會，結果比他們想像中還要順利許多。隔年，他們設計的法條就獲得了柯布郡採用，但所謂的採用並不是取代舊法條，而是兩案並行：建商可以自行決定自己的申請案要適用哪一套法條。

梅伯頓的願景

目前梅伯頓鎮中心（上圖）的格局會讓人想到高速公路的休息站，東一個西一個的目的地「散」布在佛洛伊德路的兩側，目力所及盡是「草坪海」與「停車位海」。二〇一〇年，居民與建築師聯手擘畫出一個願景（下圖），目標是把鎮中心改造成適合行走，而且集住家、零售業、公有建築物與公園於一身的村鎮核心，停車場則「收納」到建築物的後方，原本令人望之卻步的佛洛伊德路則「馴化」為林蔭大道。

資料來源：Duany Plater-Zyberk & Company

少了建商的投資，就不會有新的梅伯頓。形式規範法條也藏著一些可以給他們的甜頭，包括申請建照會比較簡單容易，通過與否也更好預期。在此同時，柯布郡也會加速審理選擇新法條的建照申請。想要整修梅伯頓可能需要幾年的時間，但至少這個體系已經擺在那裡，而且是居民真正想要的未來。

改變遊戲規則

正如梅伯頓的居民所了解到的，要打這一仗，大範圍地修正擴張區的問題，就等於是要說服建商放棄他們幾十年來蓋房子的辦法，而且要讓他們相信自己可以繼續賺得到錢。

以這個目的為前提，塔奇艾瓦堅信形式規範法條做得「還不夠絕」。就算是在社區與決策者都同意傳統擴張模式難以為繼的同時，離散體系仍舊像煞車失靈的卡車一樣橫衝直撞。至於這當中的衝力就來自一個世紀以來，各種規定、發展方針與國定社區發展計畫所累積的動能。

「有人一直在鼓勵擴張，」塔奇艾瓦說：「現在我們想做的是用類似的誘因去鼓勵住商混合，鼓勵對走路友善的設計。我們必須讓擴張跟革新能在公平的條件下競爭，讓我們想讓家鄉更好的努力可以得到一個平等的機會。」

她與其他擴張修繕的有志之士正帶領著大家前進，而他們的做法就是針對擴張修繕寫出各種法案樣本，然後跑到州政府那兒去毛遂自薦。這些法案的內容會讓州與市政府有能力去改變基礎建設的注資規定、稅務獎勵與發放建照的基本前提，希望藉此能把死氣沉沉的賣場改造成緊密、好走、混用的鎮中心，也跟在沙漠地區建造量販店一樣容易。這些法案會讓擴張修繕的申請與核准可以「快速通關」，也會提供稅務減免的誘因，讓居民真正喜愛的地方可以成功被建立起來。

你要是覺得這些怎麼聽著都像是在圖利建商，那你就對了，因為建商在這當中真的有利可圖。但這就是現實，只要我們還活在資本主義裡一天，郊區的改造就必須寄望於建商。

美國絕大多數的營建開發案都控制在少數的超大型不動產投資信託基金手上，而這些信託基金又控制在華爾街的手上。說到華爾街的投資客，布魯金斯學會的資深研究員克里斯多福·萊恩伯格以他研究市場的經驗表示，這些人不關心都會生活的複雜問題，他們有興趣的是什麼商品有賺頭而且好脫手。萊恩伯格發現，在近幾十年當中，不動產被分門別類成單調的幾項產品類型，而且其分類的根據完全是現代主義那一套住商分離、到哪兒都要開車的過時模型。就拿零售業的開發來說，案子的定位不是社區中心、生活中心，就是以量販店「母雞」來帶領其他「小雞」的量販園區。對華爾街的金主來說，這些購物中心都是可以量化、認可並且流通的商品，他們不想要也不必要親身去工地看，更不用說跟所在地社區的居民講上一句話，問問他們到底想要什麼。

「現在的銀行核貸人員只鎖定這三類不動產的其中一種來審核，你要是不識相地拿第四種來，他們只會把出口的方向指給你看，」萊恩伯格在《都市主義的各種選擇：投資新的美國夢》（*The Option of Urbanism: Investing in a New American Dream*）書裡是這麼說的。雖然二〇〇八年的次貸風暴給人留下金融業很莽撞的印象，但放款機構基本上還是對複雜與風險避之唯恐不及，所以他們的注資公式長久運作下來，往往會流於過度簡化、過度傾向於分離主義的發展模式。住商混合的再造社區太需要投入心血關注，而且對建商來說也是難以理解的認知斷點。塔奇艾瓦說，你要是沒辦法提供建商確定性與投資報酬率，那擴張區的水平暴衝與其途經之地所留下的廣大「廢渣地景」、還有毫無生機的購物中心，就會年復一年繼續擱在那裡[169]。

美學陷阱

還有另外一股力量會讓擴張修繕變得更加複雜。這力量就活在我們每個人對建築與都市系統之間的關係的認知裡。每個人對什麼叫作理想城鎮都有自己的想法，但這個想法常常只會是我們腦海中的一幅圖畫。我們很少會對一個地方為何如此運作、背後有哪些複雜系統在運轉深入思考。就像伊莉莎白·鄧恩在她的哈佛宿舍研究中所發現的，大部分人會誇大美學與建築細節能「改變人生」的能力。我們會傾向於以貌取人，以一棟建築的建材與用料去評斷一個地方的內在與健康——甚至連住在裡頭的人都會被一起拖下水來打分數[170]。特定的設計會誘發我們記憶中或想像中的美好，我們普遍會受到這些設計吸引，或因為這些設計而有好心情。也就是因為這點，新都市主義改造城鎮經常會採用新傳統（neo-traditional）的外皮去包裝。《改造郊區》的共同作者愛倫·丹南—瓊斯對我解釋說，這是一種「顛覆式行銷」。新都市主義的設計者與開發商，知道他們在推廣的是對許多人來說完全陌生的東西——住商混合、打破貧富界線、人口的稠密性與大眾運輸工具。所以他們用上了懷舊而沒有距離感的形式，輕手輕腳地把本質上算是前衛的公益目標給推出去，希望慢慢建立民眾的接受度。「這就像是吃了會有爽度的垃圾食物。」她說。膚淺，但是有用。

但對美感的專注會蒙蔽我們，讓我們忽視掉關鍵的設計元素。英國的威爾斯親王（Prince of Wales）[171]在多爾切斯特（Dorchester）邊緣建立的龐德伯里村（Poundbury），遇到的似乎就是這個問題。在新都市主義者間算是傳奇人物的雷昂・克利爾（Leon Krier），以傳統的多塞特（Dorset）建築為本提出了整體方案，建立了視覺上不衝突，而且生活機能自給自足的龐德伯里村。隨著龐德伯里的第一期慢慢成形，現代主義者立馬跳出來訕笑這是英國過往建築的山寨版跟大雜燴，但其實龐德伯里村成功融合了兩種存在，一邊是自由買賣與政府補貼的住宅，一邊是商業活動、公園、廣場與製造業（搶到頭香的是一家巧克力工廠）。但即便是在這裡，讓人對「身在鄉村」有感的設計元素也不見得都能轉化為真正的幸福。比方說，居民會抱怨傳統的建築樣貌常變成廉價物件的保護色，讓人看不出施工品質是好是壞。他們說龐德伯里扭曲而狹窄的巷弄會讓人感覺空虛與充滿危機，同時親王對部分巷弄使用砂石路面的堅持，也讓人在冬天幾乎沒辦法清除積雪。

有趣的是，我們對於審美的執著往往是兩面刃，讓我們既是贏家也是輸家。沿著經過梅伯頓的同一條路往下走，我們會來到斯麥那。斯麥那把奄奄一息的舊市中心給拆了，然後在廢墟原地重建了彷彿迪士尼樂園的街景。二〇一〇年，我在市長麥克斯・培根（Max Bacon）的陪同下參觀了斯麥那市區新建的「市場村」（Market Village）社區，那裡的主街道「春天街」（Spring Street）兩側盡是仿美國內戰前風格的宅邸，連同白色的圓柱、開闊的前廊與磚造的立面都一應俱全。春天街的其中一端有一個古典風格的噴水池，而另外一頭則是座涼亭，然後在遠處有立面採羅馬式建築風格的新市府，市府頭上還頂著個迷你的塔樓。

老街翻新

就像迪士尼樂園的美國小鎮大街一樣，斯麥那的「市場村」也設計得會讓人想到過去的優雅與安定。

資料來源：Sizemore Group Architects

麥可．賽茲摩（Mike Sizemore）身為計畫整體的建築師，聽到我把春天街比喻為迪士尼的美國小鎮大街，頗為得意。「選擇這個風格，是要把斯麥那連結到他們一心嚮往的過去，」他說：「上細下粗的堅實圓柱，上面放張搖椅的前廊，都訴說著戰前美國南方給人留下的優雅穩重的印象。」

市場村憑藉著特色餐廳、冰淇淋店、藝品店與健身中心，二〇〇三年甫開賣就一炮而紅。店面上頭的公寓才完工幾個月內就售罄，鄰近的獨棟小木屋也一樣搶手得有多少賣多少。斯麥那的議會成員賭上政治生命，才以調高地產稅的方式籌得了市場村的財源。沒想到社區一開賣，方圓一公里範圍內的地價就漲到突破天際，斯麥那市的稅收也一下子膨脹到讓人崩潰的二十倍之多。市府財源廣進到市議會決議減稅三成，讓斯麥那市成為喬治亞州稅率數一數二低的城市。「這聽起來像是『馬多夫』（Bernie Madoff）的龐氏騙局，但這真的發生了！」一名市議員脫口而出。

這個計畫的成功，讓主導市場村開發的培根市長在斯麥那變得像英雄一樣。我們一起走在市場村的那天，路人動不動就輕拍他的背，跟他說謝謝。商店街上的一家餐廳「壽司村」甚至推出了以他為名的餐點：麥克斯．培根壽司卷。

但市場村的美學吸引力也模糊了斯麥那重建計畫的一大缺陷。當我去拜訪市長九十一歲的老母時，這個計畫的缺點就凸顯出來了。市長的母親大人朵特是位孱弱、氣質優雅的女士，她的住處就是新市府後方的老舊黃色小木屋。因為走不遠，所以朵特女士買吃的跟日用品都得拜託鄰居載她。市場村裡本身沒有賣雜貨的地方，最近的超級市場在超過一公里外。距離寶貝兒子手創的新鬧區不過幾步路，但這位老母親卻完全擱淺在這。要撐起朵特．培根女士度日所需要的雜貨店，市場村需要多添很多住戶才有可能（一般需要八百戶才能支撐一家轉角小商店，而斯麥那的新鬧區才少少的幾十戶人家）。令人耳目一新的新社區中心跟圖書館旁有土地可以開發，但賽茲摩告訴我說斯麥那的居民拒絕考慮增建，理由是怕建築會擋到視線，這樣從五線道的亞特蘭大路上就看不到社區中心跟圖書館有多美了。這是典型而常見的「焦點偏誤」（focus bias），也就是搞錯重點，居民錯誤地把「形式」看得比「功能」更重。他們選擇了看起來像、但住起來不像村子的設計。

這一課，所有的都市改造之舉都應該謹記在心：最重要的是城市的體系，而不是城市的包裝與外型；我們每個人怎麼思考城市的內涵，怎麼樣去調整自己的「都市」觀念，或許才是擴張修繕路上最大的障礙。

值得高興的是，在法條戰線上奮戰的勇士們有了進展。美加已有超過三百座城市採行了某種類型的「形式規範法條」（或者在加拿大習慣稱為形式規範的「單行法規」），並在部分社區實施。二〇一〇年，邁阿密市開起先河，放棄了按用途畫定都市分區的全本法律，改以自行編纂出的形式規範法條來打造新的邁阿密。

梅伯頓終能覓得屬於自己的法條，是因為有像梅爾這樣熱心的公民，是因為這些人花了不知道多少時間去思考、勾勒、爭取、夢想，嶄新的未來才得以出現於家鄉。在這樣的過程中，他們了解到城鎮不是一張照片、一個概念，而是大家都可以出一份力去塑造的生活體系。這些人不會對政府言聽計從，不會被大建商牽著鼻子走，並且只要等景氣好起來，新的都市規畫終究能搭上開發的列車向前走。當擴張地區的死忠居民老了，買汽油的錢用光了，梅爾希望她擘畫中的嶄新村落可以向他們伸出溫暖的雙手。

註釋

165 譯註：法文原意為小推車（cart or chariot），起源是十九世紀的布雜學院會在交稿前的最後衝刺階段用小推車去收學生的設計圖。

166 譯註：形容像麥當勞速食般大量生產而且大同小異的郊區房屋。

167 根據美國國家房仲協會二〇一一年的社區偏好調查，每十個受訪者裡還是有八個人說他們想住在獨門獨戶的房子裡，而比較不想住在連棟屋、獨立產權公寓、出租公寓等其他類型的空間。

168 譯註：美國喬治亞州最古老的小鎮，西元一七三三年即建於薩瓦納河（Savannah River）河畔，目前是查塔姆郡（Chatham Country）的郡治所在。

169 就塔奇艾瓦的角度看來，這甚至意謂著該提供稅務的誘因給多樓層停車塔的建商。她的理由是，停車塔可以把客人吸引來，讓郊區零售節點的稠密程度升高，讓這些節點夠強、夠繁忙，這樣未來才有建設大眾運輸系統的希望。行動派的運輸主義論者則認為順序應該反過來，他們認為應該先有好的公共運輸，零售節點才能聚集業績與人氣。這就像雞生蛋，蛋生雞，是個經年來只有討論而少了結論的問題。而且無論哪邊是對的，我們都可以確定的事就是，零售商不會在缺少客源跟缺乏大眾運輸之處開發。

170 社會學家發現即便是用來包覆居家立面的材料，也都會形塑訪客對於住戶個性的觀感。如果一棟房子的外表包覆著木瓦，那看到的人就會傾向於覺得主人有藝術家氣質、友善，並且在社會上屬於中高階層。紅磚則顯示住戶不太有藝術細胞，但社會地位頗高。要是看到日字形的煤渣磚（cinder block），那我們就可能會一竿子打翻一船人地把住戶歸成不友善、沒藝術感的小老百姓。不過要比社會地位低，煤渣磚下面還有灰泥（stucco）墊背就是了。

資料來源：Sadalla, Edward K., and Virgil L. Sheets. “Symbolism in building materials: self-presentational and cognitive components.” Environment and Behavior, 1993: 155-79.

171 譯註：也就是查爾斯王子。

CHAPTER 13 拯救城市　就是拯救自己

自己的城市自己救！自己的夥伴自己揪！

城市要有能力給每個人一點東西，所以打造城市要所有人一起參與。

——珍．雅各

形塑城市的各種力量，時不時會讓人有點頭昏腦脹，在營建業者超有錢、分區管制法規超獨裁、行政官僚又沒有作為，加上木已成舟、難以硬體改革的現實面前，我們很容易感到渺小而氣餒。修復城市應該不是我們普通人到得了的境界吧！這是哪個單位要負責的事情，政府一定知道吧！這個單位無論是誰，應該都距離我們很遙遠吧！這三個驚嘆號，是我們想逃避時很方便就能找到的藉口，但我們若真的兩手一攤這樣逃走，那我只能說就是大錯特錯。

形塑城市是誰的權利？法國哲學家昂希．列斐伏爾曾經說得一針見血。這種權利，不是國家或政府可以恩賜給我們的東西，也不是因為你剛好是哪個種族、或生在某國或某地的小幸運；這是人透過實際的居住行為而應該擁有的權利，天經地義。如果你一輩子都住在某片公共的都市地景中，那你當然就有權利參與空間的形塑。針對這種天賦人權，這種生而有立場加入城市塑造行列的個體，列斐伏爾發明了一個新詞叫「市／住民」（citadin），我們身分上既是「市民」（citizen），實際上也是城市裡的「住民」（denizen）。

列斐伏爾發言的重點不只是設計。他所呼籲的是社會、政治與經濟關係都要進行徹底的轉型，這樣城市住民才能從國家手中取回城市的主導權，建立屬於所有人的未來。你支持他的革命也好，不支持也罷，但你無法否認他說得有道理：我們都是「市／住民」。因為生活、因為終日在其中穿梭，所以我們自然而然就是城市的守護者與主人。任何人只要想通這一點，承認這一點，就有無比的力量。

我能了解到這一點，是因為有群人搶先在市長、規畫者或工程師之前，主動跳出來改造自己的街道與鄰里。有些人，就像在加州戴維斯市N街拆掉籬笆的那些鄰居一樣，他們只是想要打造出一個比官方規畫更符合他們需求的社區；有些人會動起來，是想要重拾那抽象到幾乎觸摸不到的歸屬感；有些人則是希望孩子生活的空間更安全；有些人是想拯救地球；有些人想活得更自由，來去更自在。他們不會把神經科學或行為經濟學，甚至於建築上的術語掛在嘴上，但他們用行動證明了一件事情，那就是快樂城市的革命可以始於你家門前，而我們每一個人都能為城市的改變盡一份力。有人發現只要城市改變，人生也會改變。

自由騎士

二〇〇九年的一個春天早上，戴著眼鏡，才十二歲的亞當．卡多—馬里諾很認真地跟媽媽珍奈說，今天是美國的「騎車上班日」（National Bike to Work Day）。

「上學是我的工作，」亞當跟媽媽說：「所以我應該騎自行車上學，對吧？」

母子倆就這樣一人一台自行車，騎出了位於紐約薩拉托加泉（Saratoga Springs）的家中。他們沿著市區的主幹道往北騎，然後眼見路慢慢被闊葉林吞沒。他們穿過樹林，騎在滑溜的石徑上，旭日的光芒透過發著新芽的樹冠湧流下來。這一趟騎下來何其爽快淋漓，那是坐在柴油校車上所遠遠比不上的心情。出了森林，他們順勢來到楓樹路中學（Maple Avenue Middle School）的後面。正當他們把亞當的自行車鎖好，校車也正好一台台駛進來。到此時為止，亞當的心情都非常好。

但就從這一刻開始，事情變調了。首先是停車場的管理員咚咚咚跑來警告亞當的媽媽，然後是副校長跳出來對她大呼小叫，最後連校長史都華．拜恩（Stuart Byrne）都出來解釋，從一九九四年開始，騎自行車跟走路上學是被禁止的。語畢，拜恩沒收了亞當的車——「開放讓學生騎車上學，那我豈不是每天都要崩潰一遍。」他後來對在地的《薩拉托加人報》（*The Saratogian*）這麼說。他的意思是，現代社會裡有交通意外，還有鎖定小孩的罪犯潛伏在外，這些都是潛在的危險。「要是真出了什麼事，我這一輩子都會有陰影存在。」騎車是薩拉托加泉的孩子進行了好幾代的儀式，現在卻被視為是危險的行徑。亞當的車被鎖在學校的鍋爐室裡。

「我愈聽愈火，血管都要爆了，」珍奈媽媽後來跟我說：「我們不是說要提倡自由發展，結果小孩的校長跑來訓話是什麼意思！我那時在想：『欸，想怎麼樣送小孩上學，應該是我的自由吧？』」

楓樹路中學的校區會下這道禁令，並不是什麼很難理解的事情。楓樹路中學是間大得不像話、而且由數間學校合併而成的學校。它的位置就在鎮北邊同名的楓樹路上。從外觀上來說，楓樹路與其說是都會型的繁忙要道，還不如說更像鄉下的筆直公路。雖然楓樹路漆有自行車專用道——這屬於聯邦自行車公路網的一段——但當時路旁並沒有人行道，同時道路本身的設計也是在追求速度。說到速度，學校的入口設計也是在配合這點，因為這個入口處的巷道轉角根本讓人想到賽車的彎道。簡單來說，薩拉托加泉自己把危險給設計進了上學的體驗當中。

所幸在美國這個恐懼的國度裡，這個故事有不同於其他案例的結局，畢竟亞當可輸不起這仗。先天就有局部全色盲病變的亞當，知道自己恐怕這輩子都考不上駕照，但他可以走路，騎自行車也不成問題。事實上，他們舉家遷到薩拉托加泉，就是因為家裡覺得這裡可以讓亞當自在地騎車。這是其一。另外一點就是亞當不想打輸這仗，因為走路跟自行車的禁令實在太白痴了，是可忍孰不可忍。

「我騎車超安全的。我會乖乖戴安全帽，我轉彎會打手勢。這些東西老媽早就教過我了。他們怎麼會弄一條規定說我不能騎車或走路上學？這沒道理啊。」亞當回憶說。

他媽媽提醒他，跟學校作對恐怕會有苦頭吃，他會變成眾矢之的。她叫他不用勉強自己去跟權威槓上。「但我說我可以。我們必須改變學校，這樣以後的小朋友才可以自己決定要怎麼到學校。我們不可以怕事，不可以就這樣算了。」

亞當於是開始和蓋在人類恐懼之上的建築單挑。在學校歸還亞當自行車之後，這名小勇士就開始隨自己高興騎車上學。媽媽會陪他一起騎，他們會咻一聲經過爸媽開車送小孩上學的車陣，看到同學的小臉貼在校車或私家車玻璃上，就揮手跟他們打招呼。就算是隔年秋天校方叫警察來學校給珍奈媽媽排頭吃，他們還是繼續騎。他們就是堅持要騎，而且珍奈媽媽也努力不懈地去「騷擾」校區，最後事情終於被搞大到上報、上電視，然後事情連新聞彙整網站「德拉吉報告」（*Drudge Report*）上都看得到。

堅持終於有了效果。自知理虧的學校終於退讓，騎自行車上學也獲得認證為合法。如今學校裡裝設了放自行車的架子，而亞當興起時還會跟七、八名朋友組成上學的「車隊」。

卡多—馬里諾一家趁勝追擊，又發動了範圍更廣的活動，要迫使薩拉托加泉政府著手在各個學校附近建立人行道與更安全的就學路線。這會是長期抗戰，雖然說學區已經設置了「安全到校路線委員會」（safe-routes-to-schools），但楓樹路中學最近一次的大型建設，仍是為了紓解塞車而把錢花在停車場整修上。但因為相信自己有自由移動的權利、也堅持自己的理念，卡多—馬里諾一家已經讓城市不得不去正視道路存在的目的。

化怒火為行動

又是一個早晨，場景換到紐約布魯克林的克林頓街（Clinton Street），時間是二〇〇一年的聖誕節前。搞不好是第一百零一次了吧，亞倫．納帕爾斯泰克這位互動媒體的製作人，在拂曉時被汽車喇叭給吵醒。凌晨的喧鬧幾乎讓他被逼瘋了。納帕爾斯泰克知道開車的人之所以按喇叭，並不是因為他們怕撞到人，而是因為他們塞在克林頓街跟太平洋街交叉口的紅綠燈前面動彈不得。他可以從淒厲的喇叭聲中聽出對方的憤怒，他們按的不是那種點放的快速「叭」、「叭」聲，而是拉長音的「叭啊啊啊啊！叭啊啊啊啊」。而且各位要知道，大部分美國車都是依照公路旅行為基準打造，所以喇叭的強度是設計成可以在高速狀況下讓前車聽到。

駕駛人的不耐與狂躁滲進了納帕爾斯泰克的靈魂。有些日子，車子還沒開始按喇叭，他人就已經醒了。醒來的他會躺在床上，等待著第一聲喇叭響。然後等喇叭真的響了，那感覺就像胸口被人重重捶了一下。

「我的胸口會緊縮起來，心跳加速。感覺彷彿有人要攻擊我——你知道的，就是對我施暴，」他這麼跟我形容：「然後我覺得這一定要有人負責。」

事情發生的那個冬天清晨，一個沒耐心的駕駛把手往喇叭上一放，就沒再拿下來了。那轟天的巨響源源不絕。只見納帕爾斯泰克走到他三樓的棕石公寓的窗邊，確認了是卡在路口附近那輛褪色藍色轎車在亂來，然後他對著喇叭哥說，他現在要去冰箱裡拿雞蛋，如果回來時喇叭哥還繼續按，雞蛋就要丟過去了。

喇叭聲繼續震天價響，顯然喇叭哥也不是被嚇大的。

第一發子「蛋」確實地命中了目標，納帕爾斯泰克覺得超爽的。在蛋洗了車子三、四次之後，喇叭哥跳出了車外，用目光鎖定了納帕爾斯泰克，然後扯開嗓門大喊。這時紅綠燈都輪過一輪了。車子在克林頓街上回堵得更長了。喇叭哥的叫囂沒停，而納帕爾斯泰克應該也吼了回去。就在失去理智的口無遮攔當中，喇叭哥撂話說他當晚要來納帕爾斯泰克的公寓把他給宰了。等到火爆的用路人回到車上，按喇叭已經變成整條街的車子都在做的事情，而納帕爾斯泰克也氣到發抖。

原本老惦記著喇叭哥何時會拿球棒上門來單挑，但就這樣過了幾天後，納帕爾斯泰克覺得這也不是辦法。他意會到自己面對失能的紐約交通跟他自身的情緒失控，應該要拿出更有建設性的作為。於是他開始打禪，開始以喇叭為題來創作日式的俳句。重點是他還會把寫好的東西貼在鄰里的路燈燈柱上，他的風格大概是這樣：

號誌一變綠
像葉片飄春風裡
叭聲隨響起

他感覺很暢快。幾周過去了，納帕爾斯泰克注意到社區裡出現俳句的同好。又幾周過去，俳句的作者與讀者已經夠湊成一團來互相吐苦水了。這些人開始參加在地社區的治安會報，然後他們會在會議上要求警方開單取締亂鳴喇叭。神奇的是，警察還真的對他們言聽計從。但問題是，強力取締的效果常常只有一天，然後一切又會打回原形。

「最後，」納帕爾斯泰克說：「我了解到我應該要退一步，應該試著發揮同理心去了解這些駕駛朋友的痛苦。我們得嘗試解決問題，我相信他們也不想這麼生氣。」

他開始固定在窗邊坐著，用鉛筆跟本子記錄喇叭聲的地理分布。果然，他發現這當中存在著一個反覆出現的模式。首先在一個街區外，車流會從大西洋路開始回堵——大西洋路是通往布魯克林橋跟布魯克林皇后區高速公路（Brooklyn Queens Expressway）的引道。如果克林頓街跟大西洋路口是綠燈，但是各個方向都塞住了的話，那排最前面的車子很合理地會繼續等。但因為視線被擋住了，所以第二輛車子會只看到綠燈，而納悶為什麼車流不動，這時候他們就會把喇叭給按下去。

用膝蓋想也知道，這問題的解決之道不在於創造更多的道路空間，因為創造不出來；也不在於讓車子趕快通過路口，畢竟物理學顯示前面沒有任何地方可以前進。納帕爾斯泰克研究了交通工程報告，去跟交通規畫專家「交關」，還跑去參加社區會議，任何人只要好像懂一點點交通壅塞跟管理，就會被他像魔鬼氈一樣黏住。

最後他發現，答案就在於兩個變數的交集，一個是耐心的供需，另一個是紅綠燈秒數的巧妙設定。市府沿著克林頓街的各街區設定了一個個紅綠燈秒數，目標是要創造出一道「綠燈的波浪」，讓駕駛人在理論上可以一路暢行無阻，都不用停車就到達大西洋路。但是在實務上，這樣的系統會在大西洋路造成交通瓶頸，然後車流就會一路往後回堵超過納帕爾斯泰克住處旁的克林頓／太平洋街口。但他的推論是，如果克林頓街上的綠燈周期可以改成一道一道的，也就是在每個路口頓一下頓一下的前進，儘管駕駛人在每個路口的紅綠燈都會等得比原來稍微久一點，但最終到了大西洋路時，就不會遭遇那麼強大的交通瓶頸。駕駛人的痛苦可以平均「配給」到每個紅綠燈，一路上一點一點地被消化掉，這樣他們最終就不會覺得有擱淺在路上的感受。

納帕爾斯泰克把這個辦法提給美國交通部。他連續煩了有關當局好幾個月，終於交通官員從善如流。這是個小小的奇蹟。有天早上我跑去克林頓與太平洋街口，往棕石公寓的階梯上一坐，半晌，我只聽到有氣無力的一、兩聲短促喇叭。

改變成真時，納帕爾斯泰克早已跟未婚妻搬到比較安靜的街區。但他已經不是從前的他，現在的他相信這整座城市都需要改變對街道的想法。他的勇氣也變得比以前強，因為他認為任何人只要有心，就可以改變城市的運作。他開始推動讓車子退出住所附近的展望公園（Prospect Park）與大軍廣場（Grand Army Plaza），他加入了「另類交通選項」（Transportation Alternatives）這個集結了六千餘名「宜居街道推動者」的人脈網。他說服了（以程式運算投資避險基金跟檔案分享網站LimeWire致富的）馬克・葛頓（Mark Gorton）幫他成立「街道部落格與街道影片集」（*Streetsblog and Streetfilms*）這個網頁活動，來號召催生更安全、公平、理性，也更健康的街道環境。

很多馬後炮的名嘴都會高談從二〇〇七年以來，紐約的街道是歷經了哪些巨變，如今才能脫胎換骨。他們老是點名紐約市長麥可・彭博（Michael Bloomberg）或他的交通局長珍奈・薩迪克—可汗居功厥偉。但真相是，這些功勞應該歸於像納帕爾斯泰克這樣的行動派公民。

在他們於二〇〇五年所發動的行動中，納帕爾斯泰克跟他的同志們開始在紐約市的五個區裡策畫活動、寫信、大聲疾呼、弄部落格、廣結善緣，並教育那些聽得進去的市民與官員，他們想傳達的訊息是：城市不僅需要改變，而且也有能力改變。是這些人以執行力募到款項，把揚・蓋爾從國外找來「助拳」，才做出了街景的研究，決策者也才獲得了遊說與鼓勵；是這些人去統籌策畫出自行車峰會，安立奎・佩尼亞妻薩、在地的政治人物，還有熱愛自行車的大衛・拜恩（David Byrne）等名人才得以共聚一堂。是納帕爾斯泰克親自上媒體痛批守舊的前交通局長艾瑞絲・溫紹爾（Iris Weinshall），宜居街道派的成員才得以在溫紹爾退休後入主交通局——珍奈・薩迪克—可汗曾經是「三州交通運動」（The Tri-State Transportation Campaign）的董事會成員，這是個以降低區域內汽車依賴度為宗旨的非營利組織。她身邊許多新進的幕僚、規畫者與技術官僚都跟「另類交通選項」、「公共空間計畫」或納帕爾斯泰克在布魯克林的社區團體有某些淵源。

在薩迪克－可汗舉辦那些效法希可洛維亞的夏日街道活動中，是宜居街道的急先鋒們在鎮守著路障；當自行車專用道引起了反彈，是這些人擠滿了學校的體育館與社區大會，在替街道復興辯護。他們有人付出時間，有人付出腦力，有人出錢（葛頓從二〇〇五年到二〇〇八年間捐了超過兩百萬美元作為運動經費）。但說到底，是因為有人站了出來，而且是很多人，紐約才得以改變。這不是哪個市長、哪個交通局長或哪個超級巨星可以一人搞定的事情。

二〇一〇年，納帕爾斯泰克跟我約在他舊家的棕石公寓前。他答應陪我在那坐一小時，跟我一起看著車子在克林頓跟太平洋街口怠速。這位勇者的鬥志還在：展望公園邊上的自行車道爭議仍方興未艾。但這時路口突然的一聲喇叭並沒有讓他暴跳如雷。「幾年前的我肯定沒有這種耐性。」他「顆顆」笑了兩聲。可能是他老了吧，也可能是因為他知道自己可以做點什麼，所以心裡不會有很強烈的無力感，而這也讓他的心靈獲得了平靜（畢竟就是這種內心獲得力量的感覺，讓人能臻於逆流而上的理想境界）。總之很確定的一點是：他冰箱門上的雞蛋只會拿來吃，不會再拿來丟人了。

用油漆讓鎮上變得多姿多采

最後一個故事，就發生在威拉米特河（Willamette River）混濁的水面上，那地方在奧勒岡州波特蘭市一個內環的郊區裡。如果前面的故事是普通重要，那這個故事就是非常非常重要。

你要是曾經在一九八〇年代晚期開車經過波特蘭的塞爾伍德（Sellwood），那你可能記得看到過一個高高的年輕人，留著一頭黑色亂髮，悶悶不樂地在東南九街（Southeast Ninth Avenue）上一間農場風格的屋子前，推著除草機。想知道他是誰嗎？讓我告訴你，你看到的是馬克．雷克曼。他從小幾乎都住在那裡，而且他說有多不開心就有多不開心。要理解他有啥毛病，我們可以從他居住的鄰里看起。穠纖合度的土地格局，加上街上一整排樹整整齊齊，塞爾伍德本來應該位處電車郊區的甜蜜點，但實際上這卻是個你走在人行道上，連個鬼也遇不到的地方。這裡的人出門一定開車，街上也空蕩蕩的，聽不到孩童的嬉鬧聲，而從遠方郊區趕赴市中心的車子川流不息。這一點都不是剛好而已。雷克曼甩不掉的是那種「遺世獨立」，乃至於「離群索居」的感覺。身為一位專業的建築師，而深受設計的文化薰陶，雷克曼的直覺告訴他，自家社區的「形體」壞掉了，只是他沒辦法手一指就說「喏，壞在這裡」。

才二十七歲，雷克曼就辭掉了建築相關工作，離開了所屬的企業，然後開始找尋自己不快樂的解決之道。這是很個人的尋求，也是跟建築有關的一種追求。你可以說他在尋找的是有建築師跟哲學家雙重身分的克里斯多弗．亞歷山大所稱的「不知名的特質」，一種在城市裡、在自己的內心裡覺得活著的感受。

他搭飛機到了大西洋彼岸，走訪凱爾特先人所建的集會處遺址，那是一圈圈如今淹沒在英格蘭湖區石楠地中的岩石。他在托斯卡山城的廣場上研究了日照與人類活動的規律，他內心的感動不亞於三十年前的揚．蓋爾。最後，在遊歷了三大洲跟經年的研究之後，他闖進了靠近墨西哥，快與瓜地馬拉相接處的低地雨林。這一區是拉坎頓（Lacandon）人的家，他們的祖先曾經抗拒過西班牙人的征服，如今也還活在現代都市計畫的掌握以外。

雷克曼在一個沒有柏油路的那哈村（Naja）裡找到了他遍尋不著的特質。當時的場景完全稱不上浪漫。族人在地爐上煮飯，簡單的遮風擋雨處則用大刀闊斧的紅木搭建而成。讓雷克曼深受感動的除了族人生活的豐富程度，還有反映了他們生活方式的村子。他們會不斷出於實用性的考量或為滿足想像力，去重新設計自己住的地方。拉坎頓人會在連結住家與花園的塵土路上碰面，而正所謂「路是人走出的」，這些路的交會點會逐漸被踏平、變大，最後就會變成人的聚集處。而且當族人聚集的時候，他們會圍成一個個圈圈。隨著加入對談的人數增多，不同的圈圈也會融合變大。這些形狀反映的是村子裡親密的政治與社會動能。這片土地的阿哥拉廣場歡迎、也見得到每一位族人，就連小孩與大人之間也看不到隔閡。

在前後幾個月的時間裡，雷克曼結交了村裡的頭目昌琴韋耶和，他是個臉上的皺紋深邃如溝的人瑞，也是兩位女性的丈夫跟二十一個孩子的父親。在頭目家中煙霧繚繞的陰涼處，雷克曼承認在進入那哈之後，他長久以來的疏離感終於鬆動。第一次覺得社區兩個字不是說說而已，真的看到人在行為上表現出社群的意義，這是他自出娘胎以來的頭一回：他們會聚在一起，交談、會日復一日雞犬相聞，守望相助。可以的話，他真的不想走，但頭目叫他回去修好自己的村子。

方陣的霸權

回到波特蘭的雷克曼體認到，原本應該要是自家村鎮中心的地方，如今就埋在東南雪瑞街

（Southeast Sherrett）與東南九街口的柏油下。「為什麼塞爾伍德的人會不知道彼此的姓名，不會跟彼此講話，也不會想認識彼此呢？」雷克曼後來回憶說：「為什麼大家的行為舉止跟那哈村民不一樣呢？我後來了解到，問題有一部分出在設計上。」在筆直而空蕩的街道方陣上，他看到的是一種制度化了的、會殺死村里意識的監獄——這設計就位於那哈「交誼圈圈」的對立面。

有人會覺得雷克曼對街道方陣反應過度，但人類的歷史支持他的觀點。塞爾伍德，乃至於北美各城市比比皆是的井字形道路設計，其實是從古代帝國一代傳一代留下的東西，而帝國使用這樣的設計，是將其用作一種高壓統治的工具。亞述人在征戰打下某個地區後，就會在軍隊駐紮地跟俘虜的居留營用上井字設計。羅馬帝國也是這樣，軍事重鎮乃至於到最後連古羅馬的「巴西利卡」（basilica）[172]，採取的都是這種「直來直往」的交叉線條，而隨著羅馬帝國的東征西討，方陣也蓋掉了雷克曼祖先在英格蘭北部所建的圓形集會處。擊潰大英帝國後才不過短短四年，美國的湯瑪斯·傑佛遜（Thomas Jefferson）就說服了共和國的其他先賢，決議要在北美採行跟古羅馬一樣的陣列。早在一七八五年，「國家土地條例」（National Land Ordinance）就設定了方陣是俄亥俄河以西所有屯墾區核准的設計形式，當時的官方把這當成是殖民與建國的一項利器。說到怎樣能最快、最簡單地把土地加以分切成可以交易的單位，那就是方陣了。長方形的單位好勘查、好買賣、好課稅。因為方便讓各種服務進駐，所以方陣對經濟發展上的助益沒話說。問題是，出於這種設計的某些城市顯得極度「不平衡」。一七八五年版的土地條例，並沒有考慮到公園用地或開放空間，如此發展出來的城市就只有兩種東西：私人土地與公共道路，就好像城市的存在只是純粹為了商業一般，至於商業應該要造福的人類反而遭到忽視。在一個又一個的城鎮裡，規畫者面對公園與廣場的態度是挖牆腳，能

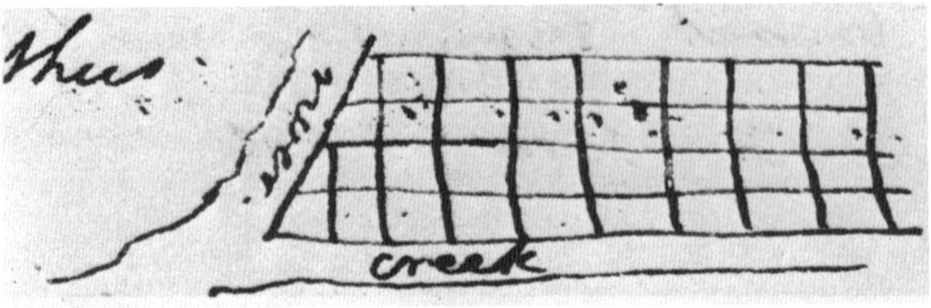

格狀的思維

一七九〇年，湯瑪斯．傑佛遜選定在哥倫比亞特區的卡洛斯堡（Carrollsburg）建都的草圖。其棋盤狀的設計基本上呼應了羅馬帝國的駐軍重鎮。這樣的格狀市區在北美洲大量被複製貼上，而公衆廣場與公園的保留地常遭到遺忘。

資料來源：From papers of Thomas Jefferson. Untitled sketch in the margin of a manuscript note, “Proceedings to be had under the Residence Act,” dated November 29, 1790. LC-MS

分切就分切，不能切就裝傻或能免則免。搞到最後變成城市若有蓋公園的需求，還得回頭向私人購買土地。

長此以往的結果，就是在大部分的社區裡，街道本身變成了僅存的能共享的公共空間。而隨著街道被蜂擁而至的車子占領，原本可以誕生於街道上的公共「廣場」或村里，也就跟著消失得無影無蹤。

方陣有其擁護者，特別是跟擴張區裡極度欠缺效率的高速公路與囊底巷開發比較起來，格狀的方陣更有其吸引力。新都市主義者仰慕著方陣的簡潔有力與「合縱連橫」，這些特色都讓格狀社區適於步行的發展。交通運輸的工程師點出，比起開枝散葉的樹狀系統或高速公路，緊緻的格狀幹道網更能免於車禍產生的嚴重回堵。

問題是，格狀或其他由當權者強加下來的平面設計，會讓居住在其中的民眾產生一種難以避免且影響至深的心態：居民會對形塑自身世界的過程變得漠不關心。

「明明住在街邊，我們對街道的鋪陳卻毫無置喙的餘地。我們從沒有投過票說：『嘿，我們來把這條街弄得左右對稱吧，然後馬路兩邊的規定要一模一樣，另外路口一定不要學我們故鄉的祖先一樣弄得像集會處喔。』」雷克曼這樣對我說：「我們有多少人真的說過：『嘿，美國傳統社區裡的那種公共廣場，我們一個都不要有喔。』但其實在傳統的美國村鎮裡，廣場數量根本就很多。」

你認不認同雷克曼所認知的方陣邪惡面是一回事，畢竟這觀念感覺有點迷信，但他確實點出了美國城市發展的一大矛盾：一個標榜自由而不受拘束、並且把自由解放寫在立國傳奇裡的國家，卻吝於給予民們一個形塑自身社區的機會。市級政府往往在建商的慫恿與推波助瀾之下，急急忙忙地訂定讓人綁手綁腳的分區管制法規，殺得居民們措手不及。對於街道、公園與集會場所的外貌，居民們就像個局外人一樣插不上話。而等到他們住進去了，居民們還受限於法規而不得調整公共場域的形貌，或者像我提過的，也不得把自家拿去做任何分區管制法規沒有開放的事情。

在富裕城市裡，大部分人並不主動參與自家或社區的建設，他們只是被動看好地段跟房子，然後裝潢進駐。而我們都知道，終極的「無村」（village-less）城市——也就是都會的擴張區——已經很徹底地讓居民的社交與政治資產流失殆盡。我在前面介紹過，擴張區的美國人最不常做志工、最不常投票、最少參加政黨，也最不常揭竿而起抗議不公不義的事情。這種漠不關心不是沒有原因的，其中一點就在於大家真的很安於現狀。但事實是，你要在離散城市裡找到「阿哥拉」真的有難度，你沒辦法在沃爾瑪超市的停車場抗議，也沒辦法在星巴克裡面示威。買東西不算，但北美洲真的找不到幾個能把人固定聚集起來的社區。

這就是為什麼那年春天，雷克曼回到塞爾伍德後所發生的事情，會那麼具有革命性。他激著自己的鄰居去把社區形貌的主導權拿回手中。

首先他在東南雪瑞與東南九街交叉口的角落，他爸媽那塊地上面的老樹旁，跟幾個朋友拿回收的木頭跟舊窗戶蓋了間簡陋的茶室。以這茶室為基地，他開始邀請鄰居來喝杯茶「止嘴乾」。這玩意兒對塞爾伍德來說新鮮得很。於是出於好奇，街頭巷尾的人紛紛跑來探個究竟。隨著春天捎來綠意，木棉的種子在微風中翱翔，周一晚間開始有人會一人一菜跑來聚餐，人數大概在幾十人之譜；到了夏天，幾十個人已經變成幾百個人。

街坊們會在這裡聊的都是社區的人事物：他們會聊一堆通勤的車子為了要到塞爾伍德橋，而從格狀街道中呼嘯而過的情況；他們會聊有小孩為了要去附近的公園而被車子撞到；還有他們會聊自己以前怎麼都不愛聊天。讓雷克曼喜出望外的是，有個周一的晚上，茶室邊的人潮滿到了路口中間，強勢地讓車子只能煞停，有人還忘情地在溫暖的晚風中跳起舞來。

終於，波特蘭的建物局（Bureau of Buildings）勒令拆除茶室這棟違章建築，但左鄰右舍只要看到路口，就會想起那個違法歸違法，卻讓人心嚮往之的村民廣場。

鄰居們現在記得的是，有個不知道是誰家的小孩、一名十三歲的少女，她召集了其他小孩，圍著一張以路口為中心、範圍涵蓋周遭四個街區的地圖，這群小孩拿著紅色簽字筆，開始在地圖上為鄰居「牽紅線」。首先是社區裡有個廚師，然後有很多愛吃鬼，接著又有位社工，然後有很多需要融入社會的人，有樂手，有愛聽音樂的人，有水電師傅各一位，有會修繕屋頂的黑手，有室內設計師、地景師、木匠、包商。畫完這些，意猶未盡的孩子們又補上了家庭主婦（夫）跟小朋友。這樣統統畫完以後，整張地圖彷彿布滿紅色毛線般，根本沒辦法看。但地圖中的這些人都是開車到外地去吃飯、社交、賺錢跟花錢。「我們了解到要建構村子，這裡已經萬事俱備，」雷克曼回憶說：

「我們欠缺的東風只是一個把各種條件串聯起來的中心點。」換句話說，這個鄰里沒有人力資源不足的問題，有的是人謀不臧的設計問題。

九月的一個周末，有三十名鄰居湊在一起，他們帶了油漆，開始在柏油地上漆起同心圓，並且以人孔蓋為中心向外輻射出去，直到路口的四個角落都可以連成一氣。從這一刻開始，路口不再是路口，而是一個廣場，他們喚之為「共享廣場」（Share-It-Square）。

這次換成波特蘭市的交通事務署立馬威脅要開出罰單，還說要拿噴砂機把油漆從路面上除去。路口是公共空間，「公共的意思就是大家都不准用！」這是某位市府員工的「名言」——知名的失言。

但雷克曼使出渾身解數，用他一堆與村子有關的故事迷倒了諸位市議員。市長於是出手逼著工務單位的公務員就範。短短幾星期，路口廣場就有條件地拿到了使用執照。

街坊們在路口的其中一個角落蓋了一個電話亭大小的圖書館，方便愛書人來這裡互通有無；另外他們在東北角設了留言板跟粉筆架，在東南角設了農產品分享攤位，在西南角設了個茶水亭，裡頭有大家一致同意要時時裝滿熱茶的大容量保溫瓶。

到最後，公私間的界線開始變得模糊。鄰人們一方面徵用了公共的路權，但他們也禮尚往來地開放了自己的土地。一對夫妻在後院蓋了社區用的蒸氣浴，各家院子的籬笆開始撤除，幾條街區外的居民跑來農產分享攤上拿自己需要的蔬菜——然後留下自己帶來的青菜作為交換。許多人會不嫌麻煩的互相幫忙，包括有位年長的女士出城一周，回來竟發現鄰居已經幫她把剝落的住家外牆給重新粉刷好了。

我走訪波特蘭的那個春日，正好是廣場一年一度油漆換新衣的那天。整條街上都是油漆罐、刷子還有小孩子，大家在給柏油路抹上的顏色有電光粉、土耳其藍與草葉綠。仔細看的話，你會發現韋恩這位以撿空瓶度日的拾荒遊民，在村民用黏土跟稻草蓋出來的凳子上休息，抽根菸聊聊天，好不愜意。跟他聊天的是派特羅．費貝爾，也就是在後院弄了蒸汽浴給社區使用的那位。一名年輕媽媽放下了滾筒刷，然後跟我說她是為了女兒才搬到附近，結果女兒現在的朋友大都是以路口為中心交到的。貝蒂．畢爾斯是位留著灰白長髮的年長女士，她到角落那個有頂的亭子處，拿起保溫瓶幫我倒了杯茶，然後跟我說她曾經不敢走在這裡的街頭，因為她不認識也不相信路上遇到的人。但那都是過去的事了。其他人則分享了他們生活的開銷變小了——這包括他們會跟朋友借工具，晚餐時間會更常找鄰居到家裡吃個便飯，不用老是外食。互相請吃飯當然跟二〇〇八年的金融風暴重創美國經濟有關，但要是人跟人之間的隔閡沒有先打破，那你也不可能找鄰居來家裡同桌吃飯。

這地方感覺就像那個出自於傳說中、而且搞不好只存在於人想像中的過往——曾經，住在一個地方代表你的名字大家都知道，不需要自我介紹，而且所有人都會關心你過得好不好。我幾乎覺得自己掉進了卡通中，我想這是因為這種場景在現代真的太稀奇了吧。要遇到這種好事幾乎只能看電視，但這裡發生的一切卻無比真實。

路口修復的心理效果也是「真貨」。而我們能確知這點得感謝詹．瑟曼沙（Jan Semenza）這位瑞典—義大利混血的流行病學專家。瑟曼沙在「共享廣場」誕生的兩年後來到波特蘭州立大學教授公共衛生課程。瑟曼沙會用他自己特殊的經歷與背景，拉近人與人的距離。一九九五年，他曾經親率美國疾病防治中心的人員，前往芝加哥調查造成七百人死亡的熱浪。歷經了數周令人毛骨悚然的明查

路口修復

波特蘭的左鄰右舍聚在路口重新油漆他們的「廣場」。第一次給路面上漆時，曾經有市府官員跳出來說這裡是公共場所，而「公共的意思就是大家都不准用」。街坊們沒有被嚇退，他們揭竿起義的行動已經蔚為風潮，成為一個名為「城市修復」的運動。
資料來源：作者自攝

暗訪，他總結死者的共通點是：他們與親友的聯繫都非常淡薄，甚至不少人是孑然一身。他始終未曾忘懷當時的經歷，也自此立志要終結病態的都會疏離[173]。

瑟曼沙與妻子莉莎．維索（Lisa Weasel）都覺得塞爾伍德的廣場實在太神奇了，於是他們說服了隔壁鎮的桑尼賽德與鄰居也自己來弄一個。不過因為瑟曼沙是個有強迫症的實證主義者，所以他想要先看到有鐵證般的資料來證明這麼做的效果。

他們首先打了電話給雷克曼與朋友在建好「共享廣場」後所成立的非營利組織

「城市修復」（City Repair）。在「城市修復」的幫助下，桑尼賽德的左鄰右舍開始組織起來。二〇〇一年，在歷經了九個月的街坊自助餐（帶菜來一起吃）、社區工作坊（一起學）與封街派對（一起玩）之後，時機終於成熟了。幾十個村民一起在東南三十三路（Southeast 33rd Avenue）與薯丘街（Yamhill Street）的交叉口畫起巨大的向日葵壁畫。這之後他們又混合了稻草跟黏土建了一堵浮雕牆，還在路口的其中一角用鐵架搭了涼亭。在要把極重的屋頂給放上去的時候，瑟曼沙的一位鄰居自告奮勇說他家有起重機。

「沒門兒！」瑟曼沙說：「我們要用手搬，所有人一起，大家一起。」在芝加哥歷經了孤立與死亡的震撼教育後，如今的他絕不放過任何一個把人與人的距離拉近的機會。雖然用上了幾十個人吃奶的力氣，但大夥成功把屋頂給放了上去。然後，他們就以此為理由開了個慶功宴。

在這段時間裡，瑟曼沙都在研究路口修復對於人的心理健康會產生何種效果。他找了一群公衛課的學生去訪問數百位社區居民。也讓學生去問在桑尼賽德跟其他修復計畫的前後，居民們的感受有何不同。然後再拿這些資料去跟未經修復的社區來比較。

比較的結果令人驚豔。兩相比較顯示，路口修復作為一種干預手段，其影響所及不僅是看得到的硬體地景，就連人內心的「心理風景」也產生了蛻變。在路口修復後，抑鬱的人變少了。受訪者說他們睡得比以前好，日子比從前愜意有趣，鄰居變可愛了，然後他們自認身體健康也比以前進步——別小看這點，因為就人類心理上的安心與感受而言，我們對自身健康的評價比專業醫師的看法更重要。說得簡單一點，就是維持原狀的隔壁社區或許沒有變糟，但住得離修復的路口近，卻讓人變快樂、也變健康了。路口修復的效果還包括方圓一個街區內的竊盜、傷害與竊車案件連帶減少，而這點在鄰近社區完全沒有看到。

新的空間，新的生活

城市修復證實了雷克曼從拉坎頓村帶回來的訊息為真：集會的場地、阿哥拉、村廣場都不是可以等閒視之的東西。它們不是城市的裝飾品，也不是只具有休閒的功能。這些場地是聚落生活不可或缺的一環。這就像要是少了面對面的互動，人的生活就會不夠強韌，不夠健康[174]。

如果你只知道新式廣場的顏色與形狀，那就是只知其一不知其二。無論是在塞爾伍德還是桑尼賽德，聯手對抗市府官僚在前、共同設計與建造廣場的努力在後的過程，讓左鄰右舍間開始產生了一種「團結力量大」的感覺。他們學會了彼此依賴，而這就有點像高中籃球校隊一起打進決賽的效應。如果用社會學的術語來形容，我們可以說這群人在彼此間建立起了關係較近、且志同道合的「結合型」（bonding）社會資本（social capital）。而在同一個時間，一個個核心團體也會被迫得與社區的其他部門進行接觸——那些憤世嫉俗的、不明就裡的、無家可歸的，還有單純不爽沒人要在人行道上種花的人，他們跟其他人建立起了關係較遠、但有著共同利益的「橋接型」社會資本。這兩個地方所做的事情，是許多城市居民早已遺忘的事；他們改變了城市，然後城市又回過頭來改變了他們。

你可以在雷克曼本人身上看到這樣的改變。雖然他還是相當不滿意——他還是想要蜿蜒的街道，還是想要隆起的廣場，也還是想有個地方不准車輛進來，然後把停車塔統統趕到社區外圍，但是他已經不再鬱鬱寡歡跟獨來獨往了。在塞爾伍德開完「油漆趴」的隔天早上，他跟我一起從住處咚咚咚地跑來看弄好的新廣場。他的褲子膝蓋有髒髒的磨痕，如果你以為這是因為他一早就在花園裡爬來爬去的話，那你就猜對了。他邊用高玻璃杯喝著水，一邊看著路口有兩名小朋友停下來把漆上去的荷葉當格子跳。一個媽媽從東南九街的半路上出現，她一認出是雷克曼，就大步走來，目光一整個鎖定在他的身上。

「雷克曼，」她說：「你下禮拜要幫我顧小孩。」

他的反應是點頭加微笑。

如果沒頭沒腦看到這樣的互動，你會以為他的笑是苦笑，是因為剛好被抓到而逃不掉。其實要是早個十年，鄰居之間根本不會有人敢提出這樣的要求，當時同社區的多半會是陌生人。但塞爾伍德已經脫胎換骨，塞爾伍德的字典裡不再有「陌生人」一詞，而身為村民有獲得的權利，當然也有付出的義務。總之對雷克曼而言，他覺得自己回到家了。

註釋

172 譯註：古羅馬的公共建築形式，呈長方形，原本是大都市裡的法庭或市集，後來也影響基督教教堂的設計風格。

173 芝加哥的「孤獨的地理」讓詹・瑟曼沙冷汗直流，也值得我們引以為鑑：一九九五年的夏天，瑟曼沙才剛開始在大西洋接受美國疾病防治中心的調查員訓練，美國中西部就遭到空前的熱浪襲擊。七月十三日，芝加哥的氣溫飆到攝氏四十一度，「炎熱指數」（the heat index）——結合熱度與濕度的體感溫度指標——

突破一二〇。路面塌陷、公寓外表乾裂，搭公車到學校暑修的學童已經反胃跟脫水到不得不由消防隊拿水柱沖水來舒緩狀況。其他人為了降溫，也已經被逼到行為脫序，幾千個消防栓因此被拆。打火弟兄不得不上街去關水，結果被在街上沖涼的人群憤而丟磚塊跟石頭攻擊。到了七月十五日，老弱與有疾病在身的人已經撐不下去，光那一天就熱死超過三百人。美國疾病防治中心派瑟曼沙前往芝加哥，調查重症者的身分，與重症發生的原因。待他飛抵歐海爾（O'Hare），已經有七百人死於熱浪引發的症狀。於是瑟曼沙與他手下共八十名的調查員，包括他太太莉莎·維索，分頭趕赴芝加哥的各個角落去訪查死者的親友。

行動剛展開沒多久的某天，瑟曼沙、維索與另外一名調查員，嘗試釐清一名中年男子為何死在獨居的房間內。他們聯絡不到死者家人，也查不到任何友人的行蹤，所以只得退而求其次地去問那間破落公寓旅店的經理。該名經理坐在旅店狹窄穿堂裡的一個小包廂內，不通風且悶。穿堂牆壁漆的是紅色，照明昏暗，從外頭的街上走進裡頭，就像走進巨獸的血盆大口，這是這地方給瑟曼沙留下的印象。

這位經理不讓調查員上樓去查看，他說沒意義，因為死者沒留下任何蛛絲馬跡，而且那個房間也已經租出去了。

「你知道死者什麼事情？」瑟曼沙問。

「我什麼都不知道。我完全不認識他。」經理回答的口氣不怎麼好。

接下來的對話是：他有家人嗎？不知道，沒看過有人來找他。朋友？應該沒有。這傢伙沒請過人來串門子。

瑟曼沙記得有熱氣從天花板壓下來，也記得旅店經理對他臭臉大小聲。瑟曼沙的汗流到襯衫都濕透了，但他還是鍥而不捨。總有什麼小事可以查到吧？難道這死者真的神祕到這種程度？

「沒有啦！這個人根本沒東西可以查，」經理回答：「他是徹徹底底的孤身一人，他完全沒有身分，也完全不是誰的誰。」一路查下來，瑟曼沙反覆聽到的都是類似的獨居故事。不知道有多少人這麼寂寞地活著，孤單地死去。他們曾經活在世上，卻沒有人知道他們姓誰名啥，他們共同的名字是「無名氏」。

調查員原本以為熱浪奪走的生命，會是原本健康就有問題、臥病在床的人，他們以為極端氣候會讓建築物頂樓或沒有冷氣又無處乘涼的人，像是住在鐵板燒上，進而出現令人最不樂見的結果。也的確，符合這些條件的人是罹難者當中的最大宗，但「沒有朋友」恐怕也是一個被大家忽視的可怕殺手。

「我們發現，若一個人在社交上顯得孤立，那你因為熱浪而死的機率就會上升七倍。」瑟曼沙後來告訴我。而且這還是比較保守的預估。美國疾病防治中心的調查並沒有包括連房東都沒有、孑然一身到極致的人，畢竟瑟曼沙的團隊查不到這種人的任何線索。這代表隱形的死者可能有數百人，他們可能一下子就被郡內法醫叫來的冷藏運屍車給載走、被人們遺忘了。

資料來源：Interviews with Semenza, and; "Dying Alone: An interview with Eric Klinenberg author of *Heat Wave: A Social Autopsy of Disaster in Chicago*." http://www.press.uchicago.edu/Misc/Chicago/443213in.html (accessed January 27, 2011).

Semenza, J C, et al. "Heat-related deaths during the July 1995 heat wave in Chicago." *New England Journal of Medicine*, 1996: 84-90.

174 瑟曼沙如今篤信「城市修復」模型有力量可以建立起人際間的社交聯結，而他也在與歐洲疾病防治中心的合作中，力推城市修復來作為一種公衛的介入手段。特別是他把城市修復視為一種讓弱勢民眾可以在極端氣候中存活的辦法，畢竟氣候變遷已經讓極端氣候出現的頻率愈來愈高。

結語 開始 就趁現在

起點，就在一念之間

有權在城市生活，不只代表人有權利用都會的資源，住在城市，代表我們有權經由改變城市來改變自己。

——大衛・哈維（David Harvey），二〇〇八年

細數有城市以來的歷史，人類的物質條件從沒有如此富裕過。人類的城市從沒有耗費過這麼多土地、這麼多能源與資源。進駐一個城市竟代表得把這麼多遠古的泥炭轉化為讓大氣暖化的二氧化碳，這是歷史上的頭一回。這麼多人可以享受到私人住家的舒適與交通代步的便利，也是從來沒有的事情。但即便我們投資了這麼多的資源在離散城市裡，這東西還是沒能讓我們在此把健康與幸福推到極致。離散在本質上是一件很危險的事情，離散會讓人變胖、讓身體變差，更讓人可能沒辦法壽終正寢。離散會讓生活的成本莫名變貴，會偷走我們的時間，會讓我們與家人、朋友跟鄰居的關係疏遠。面對經濟衰退的衝擊與未來必然會發生的能源危機，離散會讓我們變得更無處可躲，更加脆弱。作為一種體系，離散不只危害到地球的健康，也不利於我們下一代的幸福。

我們面臨的挑戰在於我們建築硬體的方式，也在於我們思考的模式。這是一個設計的問題，但也是一個心理層面的問題。這挑戰存在於我們每個人內心的掙扎、在於恐懼與信任在我們心中的永恆拉鋸；在於我們一邊想追求個人的功成名就，一邊又有想要與人合作的衝動；在於我們有時很想往洞裡躲，有時卻又需要與人有所互動。城市固然代表了人類的生活哲學，但它也在另一方面反映了人類心智之孱弱，反映了在需要長遠的眼光來判斷如何讓自己幸福時，我們每個人都傾向於會犯下的系統性錯誤。

我們真的犯了不少錯。

我們被錯誤的科技所引誘，為了虛幻的速度放棄了真正的自由，我們把身分地位看得比人際關係更重，我們面對城市的繁複之處不是想掌握它、利用它，而是想將之趕盡殺絕。我們讓有權力的人去決定建築、就業、居家與交通系統的配置，我們讓當權者採取了極度簡化的觀點去看待地理，看待生活。

尤有甚者，我們讓都市的發展像社會學家理查．桑內特所說的那樣，被「對暴露自己的莫名恐懼」[175]給帶著走，結果是我們讓都市生活裡的不確定性推著我們走向離居，而不是走向好奇與親近。出於害怕不舒服、害怕不方便，還有害怕被傷害的心情，我們設計出的城市不僅僅把我們孤立起來，而且還奪走了我們只要讓城市多一點層次，多一點繁複，多一點混亂，就可享受到的種種自在、愉悅與豐富。

要透過重建來恢復鄰里與城市生活的平衡，並且在重建的過程中打造出一個更強韌的未來，此時還不嫌晚。要做到這一點，我們必須傾聽我們內心的好奇心、信任感與合作精神。我們必須要承認我們在建構城市時忘記了的真理：人或許生來就是無法滿足，也或許會為了競逐名利而感到焦慮，但在我們的天性中，也有彼此信任合作時會感到快樂的人性。每個人都需要隱私，但我們也有獨特的秉性可以好好相處，我們需要的只是適當的場景，讓我們面對陌生人會想要去尊重對方、關懷對方，我們需要能做到這點的城市。生而為人，我們最好的那一面不會展現在非洲草原或州際公路上；唯有在群體裡，在團隊中，最美好的我們才會現身。人類的歷史、人腦的架構與人類基因的雙螺旋裡，都交纏著這項真理。我們每個人體內都藏著一個昂希．列斐伏爾所說的「市／住民」，也就是馬克．雷克曼所說的「村民」。

一座城市只要願意回應這些真理，尊重我們每個人內心裡都有的合作者、行人、村民，那這就一定也會是座健康的城市。這樣一座城市可以孕育人與人的關係，可以為我們抵禦經濟上的不景氣，可以讓我們得到充分的自由，去選擇要如何由A地移動到B地，體驗每日醒來與睡去間的點點滴滴；這樣的城市可以帶出那種無以名狀，但我們真正活出自我時都曾體會過的美好。

建立快樂城市必然是場長期抗戰。殘破的、失能的城市存在於規畫者、工程師與開發商的陳規與陋習當中，存在於律法與條文之中，也在水泥與柏油裡，存在於我們自己的習慣裡。我們若是在乎城市的生機，就必須走到街上，進入市府，跳進法律與社會的規條，爭取移動、生活與思考的模式。

快樂城市的戰士們已經為我們指出了努力的方向。

市府裡已經傳來了捷報。有遠見的市長、規畫者，甚至是交通運輸的工程師們，都已經用行動證明了改變硬體，我們就可以一併改革都市的生活體驗。

法律戰線上捎來了勝利的消息。因為採行了新規去開發與建設地方，數百座城市已經揚棄了極端現代主義在空間利用上所主張的涇渭分明與各自為政，這些城市已經設定好航向，穩健地朝著正確的改變邁進。

數以千計的鄰里與社區也是新出爐的贏家。居民們打破了成文與不成文的規定，重新思考自己應該如何移動與生活。無論是把家具拖到街上，舉辦社區的無車日；卸下院子間的圍籬，把跳錶的停車場改成迷你公園；還是像打游擊似的趁夜黑風高種下東西，讓都市一覺醒來又多了幾分綠意，行動派的都市主義者都正在把空間的設計（還有自己的未來）給抓在手裡。他們證明了，只要堅持加上想像力，我們與體制作戰就有勝算。勝利絕非必然，至少不是每次出擊都一定能贏，但只要我們每挺身而出一次，離散的力量就會被我們削弱一點，我們讓心重新跳動起來的機率就又多了一點。

選擇，就在你的腳下

確實，不是每個人都有資源、能力或條件去把城市打造成我們要的模樣。一身是膽跟滿腦子創意是不夠的，改造城市需要時間。如果你恰巧（或不巧）住在離散城市的擴張地區，那你很可能會因為工作、通勤、大老遠接送小孩跟應付「水平城市」的種種麻煩而分身乏術，這樣的你根本不可能去搞什麼革命；你或許只能每天重複上面的事情，才能在各種設計極其不良的城市體系裡抓住自己的一點點小確幸。壞消息是單軌電車或任意門，甚至新都市主義者的社區重建，都不會砰一聲地掉到你家門前，讓你好過一點。需要修復的擴張地區實在太大了，而我們根本沒有那麼多的金錢去改變一切。你可以抱怨，但把你困住的馬路決不會瞬間一台汽車都看不見，除非比二〇〇八年還嚴重的金融風暴重演，那樣的話大概還有點機率。

但這並不表示我們面對離散的枷鎖束縛就完全無計可施。你可以重設你與城市的關係，而且做法很簡單，你只要調整一下你在城市中的位置——金．賀布魯克就是這樣做的。還記得金嗎？那位雙親是超級通勤者的女兒。她的少女時代全都花在像媽一樣照顧跟她一起住在加州崔西市的弟弟，誰叫她爸媽為了上班得每天開車往返灣區。二十出頭的金開始跟她爹娘一樣開車到九十六公里外的地方去工作，後來是因為歷經了情緒上的大地震，加上在托兒所的兒子急病讓她哭著在公路上演真人版的「玩命關頭」之後，金才下定決心要找回自己被長途通勤給綁架的人生。上次跟她碰面，金跟先生凱文已經搬到沙加緬度（Sacramento），而且在附近就有學校、商店。她在新工作不遠之處租了間平民社區裡的小窩，每個月可以省下八百美元（約兩萬五千元台幣）的油錢，但更重要的是，他們可以每天陪著健健康康的兒子吃晚餐。這不是多大的一步，但他們總是踏出了一步。

即便是這種獨善其身的改革，也需要你去正視自己的慣性，審思自己與城市間的關係。踏出這步意謂著重新定義何謂美好人生，還有不一樣的幸福。這種嘗試本身就是一種都市行動主義的實踐，可以扭轉生活，然後透過無所不在的連結，新生的每個「你」，都可以帶動整座城市的重建。

有些幸運兒因為意外，來到相對快樂的城市；有些人是被逼急了才死馬當活馬醫，找到比較快樂的城市。有些人的快樂城市是自己蓋的，有些人的快樂城市是爭取來的。我們之中有人因為經歷過由暗而明的瞬間，因此能了解到人在城市中的相對位置跟人移動的方式，都有不容小覷的力量可以塑造我們想要的人生、促成城市的新生，並且讓世界的未來為之一振。這樣的我們深知快樂且低碳的城市，與可以拯救我們於苦難的城市，其實是同一座，而且是一座我們有資源、也有能力去打造的城市。

像陽光一樣灑落在通往快樂城市之路上的，就是這樣的一道真理。我們不用痴痴地等著誰來幫助我們，因為我們並不無助，我們可以選擇要在什麼地方、過著怎樣的生活，這就是打造快樂城市的辦法。我們只要朝著彼此靠近，就是在打造快樂城市；只要選擇放慢腳步、選擇放下對城市跟對人的恐懼、只要努力追求自己的幸福，都是在打造快樂城市。朝著能讓自己快樂的方式去做，我們就能推著城市跟我們一起蛻變。幸福城市，就在我們每個人的一舉一動裡。

註釋

175 「人類的造鎮理念，就是用牆把人跟人之間的差異給阻絕開來，這背後的想法來自於：差異或許可以刺激人與人之間產生不同的想法與火花，但更有可能的是會威脅到彼此的安全。」

資料來源：Sennett, Richard. *The Conscience of the Eye: The Design and Social Life of Cities.* (New York: W.W. Norton & Company, 1990), xii.

致謝

這本書原本只是一個靈感，而這個靈感後來變成雜誌與報紙的文章，然後又在幾十位貴人的善心與協助下變成了書，前前後後是一趟五年的旅程。

我很感謝許多朋友跟我分享他們的想法。首先當然是安立奎·佩尼亞婁薩，他以一篇勇敢的演講點燃了這本書的發想。但這把火能一直延燒不斷，還有賴於許多熱血心靈的澆灌，這當中我借用了許多人的創意與研究：艾瑞克·溥立敦、約翰·赫利韋爾、克里斯·巴靈頓—雷亞（Chris Barrington-Leigh）、派翠克·康登、高登·普萊斯（Gordon Price）、崔佛·巴迪（Trevor Boddy）、朗·拉克雷爾（Lon Laclaire）、希拉斯·阿爾查姆包特（Silas Archambault）、卡洛斯菲利浦·帕多（Carlosfelipe Pardo）、伊莉莎白·鄧恩、麥特·赫恩（Matt Hern）、艾蜜莉·塔倫（Emily Talen）、加麗娜·塔奇艾瓦、法蘭西斯·布拉（Frances Bula）、保羅·扎克、尼可拉斯·亨佛瑞（Nicholas Humphrey）、圭亞莫·佩尼亞婁薩、瑞嘉多·蒙特祖瑪、賈瑞特·渥克、陶德·李特曼與維多利亞運輸政策研究所（Victoria Transportation Policy Institute）、傑夫·門諾（Geoff Manaugh）、亞蘭·敦寧（Alan Durning）與視線研究所（Sightline Institute）、亞曼多·洛亞（Armando Roa）、菲力普·祖勒塔（Felipe Zuleta）、亞莉山卓·波林德——吉普森（Alexandra Bolinder-Gibson）與柯林·埃拉德。艾德華·柏格曼（Edward Bergman）是我的靈感與《紐約時報》文章的穩定來源。

我很感謝一路上朋友、家人、陌生人的善心，謝謝他們與我分享了他們私密的家、寶貴的時間與腦中的各種想法。大大的感謝要傳送給在墨西哥的莎拉・明特（Sarah Minter）、阿圖洛・賈西亞（Arturo Garcia）、布蘭柯（Branco）、莫里西歐・艾斯平諾沙（Mauricio Espinosa）、羅蘭妮雅・帕拉達（Lorenia Parada）、瑪瑞爾・羅艾沙（Mariel Loaiza）與多明尼蓋—弗羅雷斯（Dominguez-Flores）一家；此外我要感謝在波哥大的傑米・柯雷亞（Jaime Correa）、在波特蘭的凱薩琳・波爾（Katherine Ball）與亞歷克・尼爾（Alec Neal）、在多倫多的拜倫・法斯特（Byron Fast）與麥可・普洛柯保（Michael Prokopow）、在巴黎的奧利維爾・齊奧喬（Olivier Georger）、在倫敦的莎拉・帕斯寇（Sarah Pascoe）與珍妮・佛諾（Janet Fernau）、在哥本哈根的亞當・芬克（Adam Fink）、亞當・卡爾斯敦・派特森（Adam Karsten Pedersen）與亨利克・林格、在瓦本的桃樂絲・穆勒（Doris Muller）與佩特拉・馬夸（Petra Marqua）、在亞特蘭大的史提夫・菲爾曼諾維茲（Steve Filmanowitz）與班・布朗（Ben Brown）、在戴維斯的凱文・沃夫（Kevin Wolf）與琳達・克勞德（Linda Cloud）、在洛杉磯的圭亞莫・海梅斯（Guillermo Jaimes）、在柏克萊的克里斯・忒諾夫（Chris Tenove）、在聖華金郡的南西、藍迪與金・史特勞塞、在紐約的伊莉莎白・彭恩（Elizabeth Borne）、艾德華・柏格曼（Edward Bergman）與丹・普蘭柯（Dan Planko），還有BMW古根漢實驗室在紐約與柏林的全體團隊。艾瑞克・維拉戈梅茲（Erick Villagomez）與丹・普蘭柯（Dan Planko）很慷慨地捐出了他們的「資訊圖表」（infographics）；加麗娜・塔奇艾瓦、詹・瑟曼沙與卡洛斯菲利浦・帕多協助了圖像的取得；柯爾・羅伯森（Cole Robertson）幫忙處理了棘手的圖像、授權與資料的確認工作。西班牙文的翻譯源自卡拉・奎爾沃・帕拉達（Karla Cuervo Parada），德文翻譯則有賴於麥可・勒寇特（Michael

Leukert）。

我的研究能夠出現雛型，是因為一開始有各方向我邀稿，這包括《環球郵報》（*The Globe and Mail*）的傑瑞・強森（Jerry Johnson）與卡洛・托勒（Carol Toller）、《在途》雜誌（*enRoute*）的阿爾諄・巴蘇（Arjun Basu）與亞娜・懷茲曼（Ilana Weitzman）、《西界》雜誌（*Westworld*）的安・羅斯（Anne Rose）、《探索》雜誌（*Explore*）的詹姆斯・利托（James Little）、《安居》雜誌（*Dwell*）的傑夫・門諾（Geoff Manaugh）、《溫哥華》（*Vancouver*）雜誌的蓋瑞・羅斯（Gary Ross）與約翰・伯恩斯（John Burns）、《加拿大地理》雜誌（*Canadian Geographic*）的瑞克・波伊查克（Rick Boychuk）、網路雜誌《國王鮭魚》（*Tyee*）的戴夫・畢爾斯（Dave Beers）、《海象》雜誌（*The Walrus*）的艾咪・麥可法蘭（Amy Macfarlane）與傑瑞米・基恩（Jeremy Keehn）。作為一項理想與追尋，「快樂城市」能推展到目前的境地，而不只是雜誌上的一堆文章而已，這都是因為我聰明又有魅力的經紀人，也是我的好友安・麥克德米（Anne McDermid），還有她手下那支令人嘖嘖稱奇的菁英團隊。

書中有任何的錯誤都怪我，但這本書能不至於搖搖欲墜而整個散掉，不能不感謝的有事先讀過而不吝於給我指教與提點的歐瑪・多明蓋茲（Omar Dominguez）與麥可・普洛柯保（Michael Prokopow），還有我分屬三家出版公司的諸位編輯：道布戴爾出版（Doubleday）的的提姆・羅斯特隆（Tim Rostron）、企鵝出版（Penguin）的海倫・康弗特（Helen Conford）與法勒、斯特勞斯和吉魯出版（Farrar, Straus and Giroux）的寇特妮・賀戴爾（Courtney Hodell）與馬克・克洛托夫（Mark Krotov），其中我要特別感謝寇特妮的耐心與韌性，還要感謝馬克為本書貢獻了他身為都市主義者的熱情與獨到見解。我不知道該如何感謝克莉絲汀・瑪拉倫（Christine MaLaren），本書的每一篇文字，都曾受她的辛勤工作、報導專業與銳利剖析之益。她來的時候是位研究助理，走的時候是我的朋友，是我們前往美好城市路上的旅伴。

要說我這一路走來學到什麼東西，那就是幸福的寶藏就埋在人與人的關係裡。我能毫髮無傷地走這一遭，少不了身邊所有人的愛與支持，這包括了我的家人、玫瑰屋（Rose House）[176]、多明尼恩寫作會（Dominion Writers' Group）、溫哥華FCC[177]的各個成員，乃至於跟我同一掛的都市主義宅跟不安於室的愛玩客。當然最重要的，還有耐心與包容心有如江水般滔滔不絕的歐瑪．多明蓋茲（Omar Dominguez），你是我的英雄，謝謝你們。

註釋

176 作者於第五章所提到跟朋友凱利，外加兩人戀愛對象的共同住處。這是個位於東溫哥華的分享住居，在費用分攤上的概念上類似分租，但生活方式更緊密。

177 FCC是個由含本書作者蒙哥馬利在內，六至七名志同道合的作家所共同組成並發聲的報導文學組織，宗旨在透過故事與文字去喚醒社會對於時事的意識。FCC這三個字母，曾短暫代表東溫哥華的福溪聯盟（False Creek Coalition），後來變成海外特派員俱樂部（Foreign Correspondents Club），主要是因為成員經常不遠千里遠赴世界各地取材。唯自二〇一〇年起，FCC就是FCC，就是一群想要走出自己的路，想用一支健筆為人類找到方向的新聞人。

是設計，讓城市更快樂：找回以「人」為本的大街小巷，創造人與人的互動連結
查爾斯．蒙哥馬利 (Charles Montgomery) 著；鄭煥昇譯 .-- 初版 .-- 臺北市：時報文化，2016.11
面； 公分 .--(Earth；14)
譯自：Happy city : transforming our lives through urban design
ISBN 978-957-13-6817-7(平裝)
1. 都市計畫 2. 環境心理學
545.14 105019652

HAPPY CITY by Charles Montgomery
Copyright © 2013 by Charles Montgomery

This edition is published by arrangement with The McDermid Agency Inc.
through Andrew Nurnberg Associates International Limited
Complex Chinese edition copyright © 2016 by China Times Publishing Company
All rights reserved

ISBN 978-957-13-6817-7
Printed in Taiwan

Earth 014

是設計，讓城市更快樂

找回以「人」為本的大街小巷，創造人與人的互動連結

Happy City: Transforming Our Lives Through Urban Design

作者 查爾斯・蒙哥馬利 Charles Montgomery ｜**譯者** 鄭煥昇｜**副主編** 陳怡慈｜**特約編輯** 施舜文｜**美術設計** 許晉維｜**內文排版** 黃庭祥｜**董事長** 趙政岷｜**出版者** 時報文化出版企業股份有限公司 108019 臺北市和平西路三段 240 號 4 樓 **發行專線**——(02)2306-6842 **讀者服務專線**——0800-231-705・(02)2304-7103 **讀者服務傳真**——(02)2304-6858 **郵撥**——19344724 時報文化出版公司 **信箱**——10899 臺北華江橋郵局第 99 信箱 **時報悅讀網**——http://www.readingtimes.com.tw ｜人文科學線臉書——http://www.facebook.com/jinbunkagaku ｜**法律顧問** 理律法律事務所 陳長文律師、李念祖律師｜**印刷** 家佑印刷有限公司｜**初版一刷** 2016 年 11 月｜**初版十刷** 2023 年 5 月 26 日｜**定價** 新台幣 520 元｜**版權所有 翻印必究**（缺頁或破損的書，請寄回更換）

時報文化出版公司成立於一九七五年，並於一九九九年股票上櫃公開發行，於二〇〇八年脫離中時集團非屬旺中，以「尊重智慧與創意的文化事業」為信念。